普通高等教育市场营销专业系列教材

网络营销

第 4 版

主　编　杨文红　魏兆连
副主编　闫　敏　荆湘霞

机械工业出版社

本书从实用的角度出发，系统地介绍了网络营销的理论基础、操作方法和营销策略，体系完整、内容翔实、新颖，具有较强的可操作性和实战性。本书共 18 章，分别为网络营销概述、洞察网络、搜索引擎营销、搜索引擎优化、营销型网站的规划与推广、社群营销、淘宝运营与流量渠道、跨境电子商务营销、博客营销、微信营销、新媒体营销、大数据营销、人工智能营销、网络营销产品策略、网络营销价格策略、网络分销渠道策略、网络促销策略以及网络营销实训。实训项目以培养学生网络营销的动手能力为目的，均可以在互联网平台上实现。

本书可作为高等院校市场营销、电子商务专业的教材，也可作为经管类其他相关专业的教材，还可供企业营销人员参考。

图书在版编目（CIP）数据

网络营销 / 杨文红，魏兆连主编. -- 4版. -- 北京：机械工业出版社，2025.6. --（普通高等教育市场营销专业系列教材）. -- ISBN 978-7-111-78080-9

Ⅰ. F713.365.2

中国国家版本馆CIP数据核字第2025U8X951号

机械工业出版社（北京市百万庄大街22号　邮政编码100037）
策划编辑：曹俊玲　　　　　责任编辑：曹俊玲　单元花
责任校对：樊钟英　薄萌钰　封面设计：张　静
责任印制：任维东
天津市光明印务有限公司印刷
2025年6月第4版第1次印刷
184mm×260mm・18.5印张・456千字
标准书号：ISBN 978-7-111-78080-9
定价：59.00元

电话服务　　　　　　　　网络服务
客服电话：010-88361066　机　工　官　网：www.cmpbook.com
　　　　　010-88379833　机　工　官　博：weibo.com/cmp1952
　　　　　010-68326294　金　书　网：www.golden-book.com
封底无防伪标均为盗版　　机工教育服务网：www.cmpedu.com

网络不仅改变了人们的观念、生活方式和工作方式，而且正在改变和影响着企业的管理观念、生产方式和经营方式。网络营销是互联网技术与社会发展的必然产物。它是企业获取网上商机、开辟客户资源、扩大销售的有效手段。

结合网络营销快速发展的特点，为满足我国高等院校网络营销课程的教学需要，我们编写了本书。《网络营销》第 1 版自 2011 年出版以来，经过了三次修订，数次重印。本次修订相较于上一版，在传承原有体系结构的基础上，新加了洞察网络、社群营销、跨境电子商务营销、大数据营销、人工智能营销五章，同时将其他各章的内容结合实践与技术的发展进行了更新与整合。

本书的特点如下：

1. 框架体系结构完整、系统

本书框架基于基础—工具方法—策略—实训进行安排，循序渐进，符合学生及营销人员的学习规律。第 1 章、第 2 章属于基础部分，概述了网络营销的发展及基础理论，同时对数字经济时代的市场、消费者及企业营销活动进行了再认识，指出从事网络营销工作所应具备的互联网+思维，为后续学习打下基础。第 3 章到第 13 章属于工具方法部分，聚焦于不同平台，详细阐述了在其上开展网络营销工作的方法、技能与技巧。第 14 章到第 17 章属于策略部分，介绍了网络营销的产品策略、价格策略、分销渠道策略和促销策略，从工具方法部分的基层营销实践上升到中层营销策略。第 18 章为实训部分，结合前面章节介绍的理论，设计了对应的专项实训与综合实训，帮助学生实现从理论到应用的转化。

2. 注重实操能力

本书相对其他同类书的重要特点就是注重学生实操能力的培养。在工具方法部分，详尽地介绍了不同平台的营销价值与操作方法，同时与第 18 章的实训相互配合。二者可以采用线上与线下混合教学设计，实现从学中做到做中学，把主动性交给学生。本书安排的实训项目在网络平台上都可以实现，并给出了具体的知识背景与实现步骤及考核办法，有助于培养学生及营销人员的操作能力。

3. 前沿与经典相辅相成

网络营销自从产生以来，其工具、方法不断推陈出新，从 E-mail 营销到搜索引擎营销，从电商平台再到微博、博客、微信等新媒体平台应用，从免费营销到"病毒营销"，从内容营销到跨界营销，从平台应用到数据分析再到智能营销、元宇宙场景革新，无不体现了其创新属性。本书的内容安排兼顾了这些工具、方法的传承与创新，因为再老套的工具、方法都可以做到客户锁定，都有其最佳实践，再新奇的技术、方法都需要不断完善与发展。例如 E-mail 营销依然是跨境商贸沟通的利器，而智能营销还需要算法不断完善。本书内容在网络营销工具、方法传承与创新之间找到平衡，因为营销不拘于潮流，最适合的就是最好的。

4. 内容与资料丰富

本书内容丰富，共 18 章，涉及不同营销平台与方法，借鉴了管理学、经济学、行为学等学科的理论，结合新技术发展的实践，对网络营销中触及的方方面面进行了系统阐述。每一章理论、案例、拓展、习题、实训相互穿插，立体呈现。在案例选择中，一方面注重案例与所在章节理论相对应，另一方面注重对营销伦理及网络营销未来发展的讨论，致力于提升学生及营销人员解决问题的能力以及思政水平与职业素养。本书配有实用的课件、习题及答案、考试样卷、思政小课堂、教学大纲等资料包，用书教师可登录机械工业出版社教育服务网（www.cmpedu.com）注册后免费下载，或与编者联系（58503263@qq.com），深入沟通。

本书由杨文红、魏兆连担任主编，闫敏、荆湘霞担任副主编，参加编写工作的还有曹洋、严明茜。

在编写本书过程中，编者参阅了国内外许多相关资料，在此谨向这些资料的作者致谢。由于编者水平有限，书中不足之处在所难免，敬请读者批评指正。

编　者

目 录

前言

第1章 网络营销概述 ... 1
本章要点 ... 1
1.1 网络营销的产生与发展 ... 1
1.2 网络营销的基本概念、特点、职能与职业要求 ... 6
1.3 网络营销的理论基础 ... 10
案例与拓展 ... 13
关键术语与思考题 ... 14

第2章 洞察网络 ... 15
本章要点 ... 15
2.1 网络市场 ... 15
2.2 网络消费者 ... 23
2.3 企业数字化转型 ... 29
2.4 "互联网+"思维 ... 34
案例与拓展 ... 36
关键术语与思考题 ... 37

第3章 搜索引擎营销 ... 39
本章要点 ... 39
3.1 搜索引擎的分类 ... 39
3.2 搜索引擎的工作原理简介 ... 40
3.3 搜索引擎营销的原理与任务 ... 43
3.4 搜索引擎营销的主要模式 ... 44
3.5 搜索引擎关键词广告 ... 45
3.6 网络推广漏斗模型 ... 47
3.7 高级搜索指令 ... 51
案例与拓展 ... 53
关键术语与思考题 ... 53

第4章 搜索引擎优化 ... 55
本章要点 ... 55
4.1 正确认识搜索引擎优化 ... 55
4.2 选择搜索引擎喜欢的域名 ... 56
4.3 选择搜索引擎喜欢的空间 ... 59
4.4 关键词优化 ... 61
4.5 页面优化 ... 66

4.6 网站结构优化 ... 72
4.7 外部链接与搜索引擎优化 ... 79
4.8 搜索引擎优化作弊与惩罚 ... 80
案例与拓展 ... 82
关键术语与思考题 ... 83

第5章 营销型网站的规划与推广 ... 84
本章要点 ... 84
5.1 企业网站的一般特征 ... 84
5.2 营销型网站的阅读对象与应具备的特点 ... 85
5.3 营销型网站的规划 ... 86
5.4 营销型网站的推广方式 ... 90
5.5 营销型网站的推广效果 ... 93
案例与拓展 ... 94
关键术语与思考题 ... 95

第6章 社群营销 ... 96
本章要点 ... 96
6.1 社群概述 ... 96
6.2 社群的构建与运营 ... 99
6.3 社群运营的关键绩效指标 ... 104
案例与拓展 ... 106
关键术语与思考题 ... 107

第7章 淘宝运营与流量渠道 ... 108
本章要点 ... 108
7.1 网店装修 ... 108
7.2 产品分类、展示与描述 ... 109
7.3 信誉建设 ... 112
7.4 淘宝流量渠道 ... 112
案例与拓展 ... 115
关键术语与思考题 ... 116

第8章 跨境电子商务营销 ... 117
本章要点 ... 117
8.1 跨境电子商务的定义与分类 ... 117
8.2 跨境电子商务运营要素选择 ... 118

8.3　跨境电子商务营销推广 ················ 122
案例与拓展 ······························ 126
关键术语与思考题 ························ 127

第9章　博客营销 ························ 128
本章要点 ································ 128
9.1　博客营销概述 ····················· 128
9.2　企业博客营销的实施策略 ·········· 130
9.3　企业博客文章写作的一般原则 ······ 131
9.4　企业博客营销管理 ················ 131
案例与拓展 ······························ 132
关键术语与思考题 ························ 133

第10章　微信营销 ······················· 134
本章要点 ································ 134
10.1　微信营销的优势与劣势 ··········· 134
10.2　微信营销生态的主要构成 ········· 136
10.3　微信公众号的建设与运营 ········· 137
10.4　微信视频号的建设与运营 ········· 140
10.5　微信直播的建设与运营 ··········· 143
案例与拓展 ······························ 145
关键术语与思考题 ························ 146

第11章　新媒体营销 ····················· 147
本章要点 ································ 147
11.1　新媒体营销概述 ················· 147
11.2　新媒体营销的常用方法 ··········· 149
11.3　新媒体营销的未来发展 ··········· 155
案例与拓展 ······························ 156
关键术语与思考题 ························ 157

第12章　大数据营销 ····················· 158
本章要点 ································ 158
12.1　大数据营销概述 ················· 158
12.2　营销数据管理平台 ··············· 161
12.3　大数据营销的主要处理流程 ······· 162
12.4　大数据营销的应用场景 ··········· 169
案例与拓展 ······························ 171
关键术语与思考题 ························ 171

第13章　人工智能营销 ··················· 173
本章要点 ································ 173
13.1　人工智能概述 ··················· 173
13.2　人工智能技术对市场营销组合要素的启示 ···························· 176
13.3　人工智能营销的实施流程 ········· 179

13.4　人工智能营销伦理 ··············· 181
案例与拓展 ······························ 184
关键术语与思考题 ························ 185

第14章　网络营销产品策略 ··············· 186
本章要点 ································ 186
14.1　网络营销产品概述 ··············· 186
14.2　网络营销产品选择策略 ··········· 188
14.3　网络品牌策略 ··················· 191
14.4　网络服务策略 ··················· 194
案例与拓展 ······························ 197
关键术语与思考题 ························ 198

第15章　网络营销价格策略 ··············· 199
本章要点 ································ 199
15.1　网络营销价格概述 ··············· 199
15.2　网络营销定价策略 ··············· 204
15.3　免费价格策略 ··················· 205
15.4　基于消费心理学的定价技巧 ······· 207
案例与拓展 ······························ 211
关键术语与思考题 ························ 212

第16章　网络分销渠道策略 ··············· 213
本章要点 ································ 213
16.1　网络分销渠道概述 ··············· 213
16.2　网络直销 ······················· 215
16.3　网络间接分销 ··················· 217
16.4　双道法与新零售 ················· 224
案例与拓展 ······························ 226
关键术语与思考题 ························ 227

第17章　网络促销策略 ··················· 228
本章要点 ································ 228
17.1　网络促销概述 ··················· 228
17.2　网络促销的形式 ················· 232
17.3　网络广告 ······················· 236
案例与拓展 ······························ 242
关键术语与思考题 ························ 243

第18章　网络营销实训 ··················· 244
实训1　网络营销认知实训 ············· 244
实训2　网络市场调查实训 ············· 245
实训3　搜索引擎营销 ················· 249
实训4　搜索引擎优化分析 ············· 252
实训5　营销导向的企业网站规划与建设 ··· 253
实训6　制订网站推广计划 ············· 256

实训 7　SNS 营销 …………………… 259	实训 13　微信营销 …………………… 278
实训 8　在淘宝网开设个人网店 …………… 260	实训 14　新媒体营销 ………………… 280
实训 9　网上商店的管理 ……………… 265	实训 15　数据营销 …………………… 283
实训 10　B2B 电子商务平台免费推广 …… 269	实训 16　综合实训 …………………… 284
实训 11　网络商务信息的整理与发布 …… 273	**参考文献** …………………………………… 287
实训 12　博客营销 …………………… 277	

第1章

网络营销概述

本章要点

- 网络营销产生的基础与发展阶段
- 网络营销的含义
- 网络营销的理论基础

网络营销是以互联网为主要平台开展的各种营销活动。自出现起,网络营销就对市场环境、营销观念和营销策略产生了巨大的影响,不仅拓展了传统营销方式和渠道,而且改善了企业营销环境,对增强企业核心竞争力、实现企业经营目标具有重要意义。认识一个事物需要从其产生开始,从历史观的角度梳理其发展脉络,理解其含义,深入地探究其理论基础。

1.1 网络营销的产生与发展

1.1.1 网络营销产生的基础

在互联网高速发展的今天,网络已不仅是一种工具,而且成为人们生活、工作中密不可分的伙伴,为此利用网络进行商务活动的网络营销应运而生。网络营销的产生有其特定的基础。综合来看,它是由科学技术的发展、消费者消费观念的改变和日益激烈的商业竞争等因素促成的。

1. 技术基础——现代电子技术和通信技术的应用与发展

20世纪90年代初,网络技术得以广泛应用与发展,并对各个行业产生了重要的影响,在一定程度上改变了人们的生活、工作、学习方式,也极大地改变了人类社会信息交流的方式和商业运作的模式。互联网的出现与飞速发展,以及带来的现实和潜在效益,促使企业积极利用新技术来变革企业经营理念、经营方式和营销方法,网络技术为企业实施网络营销奠定了坚实的技术基础。

2. 观念基础——消费者消费观念的改变

当今企业正面临着前所未有的激烈竞争,市场由卖方市场转向买方市场,消费者主导的营销时代已经到来。面对更为纷繁复杂的商品和品牌,消费者心理与以往相比呈现出新的特点和趋势,主要表现在以下几个方面。

(1) 个性化消费正在回归　心理上的认同感已成为消费者做出购买产品或服务决策的先决条件。消费者不仅要自主选择产品或服务,而且更希望拥有最符合自己需求的个性化产品。

(2) 消费者的主动性增强　现代社会不确定性因素的增加和人们追求心理稳定及平衡的欲望,促使消费者的主动性逐渐增强。消费者主动通过各种可能途径获取与商品有关的信息并进行比较分析。

(3) 消费者的忠诚度下降　由于新生事物不断涌现,消费者的心理转换速度趋向与社会发展同步,消费行为表现为经常更换产品或品牌,消费者的忠诚度下降,产品生命周期不断缩短。

这些变化客观上促使企业必须采用新的、更有效的营销方式来维持和发展客户,而网络营销的实时性、交互性正好满足了企业的这种需要。

3. 现实基础——日益激烈的商业竞争

随着市场竞争的日益激烈,企业为了在竞争中占据优势,都想方设法吸引客户。一些传统营销手段即使在一段时间内能够吸引客户,也难以长久使企业盈利。经营者迫切需要营销变革,以尽可能降低产品从生产到销售整个供应链上所占用的成本和费用的比例,缩短运作周期。网络营销使产品销售成本降低,企业经营规模不受场地的限制,便于采集客户信息等,这些都使企业的经营成本和费用降低,运作周期变短,从根本上增强了企业的竞争优势。

由此可见,在网络技术发展的推动下,在消费者消费观念改变的引导下,在商业竞争的刺激下,网络营销应运而生。

1.1.2　网络营销的发展阶段

网络营销的出现源于电子商务的普及。1994 年被认为是网络营销诞生的"元年"。1994 年 8 月 11 日,美国的 NetMarket 公司成功完成了世界上第一笔网络零售交易。1994 年 10 月,美国《连线》(*Wired*)杂志网络版网站(Hotwired.com)上首次出现了 AT&T 公司等 14 家客户的旗帜广告,开创了网络广告的先河。基于互联网的知名搜索引擎雅虎(Yahoo)、WebCrawler、InfoSeek、Lycos 等也于 1994 年相继诞生。从这些事实来看,可以认为网络营销诞生于 1994 年。随后,网络营销的发展依托互联网技术的发展而不断创新形式。其发展历程可分为三个阶段,见表 1-1。

表 1-1　网络营销的发展历程

时间段	发展阶段	代表方法
1994 年—2004 年	Web 1.0 时代	网络广告、搜索引擎营销、电子邮件营销、即时通信营销、BBS[①]营销
2005 年—2015 年	Web 2.0 时代	博客营销、RSS[②]营销、口碑营销、体验营销、SNS[③]营销
2016 年以后	Web 3.0 时代	精准营销、嵌入式营销、Widget 营销、数据库营销

① BBS,全称为 Bulletin Board System,即电子公告板系统。
② RSS,全称为 Really Simple Syndication,即简易信息聚合。
③ SNS,全称为 Social Networking Services,即社交网络服务。

1. Web 1.0 时代的网络营销

Web 1.0 是第一代互联网，起始于 20 世纪 90 年代，主导其发展的就是以互联网和信息技术为代表的技术创新。以新浪、搜狐、网易为代表的综合性门户网站和谷歌、百度为代表的通用搜索网站是 Web 1.0 的典型体现。

Web 1.0 也可以理解为 2004 年以前的互联网模式。在这一时期，网民上网主要是浏览信息与搜索信息，流量和广告是这一时期互联网商业模式的核心体现。

Web 1.0 时代的网络营销与传统的线下营销在理论上并无明显差异，消费者还是作为"读者"或"听众"，延续着被动的信息接收。在这个时代，网民的身份只是一名网络读者，或者是一名网络信息接收者。这个时代的网络营销主要体现为以广告投放为主的网络宣传和推广。

在 Web 1.0 时代，网络营销的方式包括网络广告、搜索引擎营销、电子邮件营销、即时通信营销、BBS 营销等。

2. Web 2.0 时代的网络营销

Web 2.0 是互联网的一次革命性的升级换代，由原来的自上而下的由少数资源控制者集中控制主导的互联网体系转变为自下而上的由广大用户集体智慧和力量主导的互联网体系。

Web 2.0 的核心理念可以归纳为它所包含的三大文化，即自由、开放和共享。自由是个人化的前提，开放是自组织的基础，共享是信息化的核心。Web 2.0 代表了未来互联网的发展，其带来的是理念上的发展，具有去中心化、"草根"性、真实性、自组织协同性、主体参与性等独特属性。

（1）去中心化　去中心化是 Web 2.0 最显著的特征。可以发现，在现有的 Web 2.0 典型应用中，"人"被提到了一个新高度，每个人作为一个平等的主体而存在。人们在接收信息的同时也在创造信息，传播主体的不确定性，使得博客（Blog）、社会化网络服务（SNS）、维基（Wiki）等 Web 2.0 应用出现了去中心化的特征。Web 2.0 的去中心化，同时又意味着它具有开放性和共享性特征。

（2）"草根"性　"草根"性是 Web 2.0 的核心属性。以前撰写并发表专业文章的大多是作家、记者等社会精英，现在普通大众都可以通过写作来与大家分享自己的心情、经验或技术。此处的"草根"性，是指精英"草根"化和"草根"精英化。

（3）真实性　在 Web 1.0 时代，网络大多为虚拟社区、虚拟个体，但 Web 2.0 的基本原则是真实。亚马逊（Amazon）公司的前首席科学顾问安德烈亚斯·S. 维根认为："随着 Web 2.0 应用范围的扩大，它的内容的真实性和引导性会表现出来，用户长时间在网络上创作，已经建立了类似现实世界的声誉，只有这样才能在 Web 2.0 环境下的网络聚群中生存。"因此，真实性是 Web 2.0 的必然要求和本质属性之一。

（4）自组织协同性　Web 2.0 发挥的是自组织的力量。个人与个人之间、个人创造的内容与内容之间，以及个人汇聚的群体与群体之间都是通过标签（Tag）、简易信息聚合（Really Simple Syndication，RSS）自组织而成的，他们结合成为一个个有着共同特征的网络群体。因此，Web 2.0 发挥的是网络的自组织协同效应，以自组织的方式让人、内容和应用等充分"活动"起来，使协同力量最大限度地爆发。

（5）主体参与性　Web 2.0 采用的是一种用户参与和贡献的构架，改变了以往"只读"的属性，将网站变得既可读又可写。这种人人均可参与的性质，一方面体现在网站内容上，通过鼓励用户参与构建网络，使网站的服务更具吸引力；另一方面通过开放应用程序编程接口（Application Programming Interface，API），利用用户的参与和贡献，形成一个围绕网站服务的良性生态网络，增强了 Web 2.0 的服务功能与竞争力。

随着互联网发展至 Web 2.0 时代，网络应用服务不断增多，网络推广方式也越来越丰富，包括博客营销、播客营销、RSS 营销、SNS 营销、口碑营销等。

3. Web 3.0 时代的网络营销

Web 3.0 正处于孕育状态，尽管对其没有明确的定义，但是可以肯定的是，Web 3.0 时代是一个个性化的时代，个性化将成为网络营销的新特点，网络营销商要做的不再是漫无目的地乱发网络广告信息，只需要通过搜索引擎将自己的营销网络或信息与相应的搜索词进行结合，就能轻松地进行产品推广。与关键词竞价排名不同，Web 3.0 时代的个性化搜索结果完全基于用户的自身需求，是按照用户给定的智能化代理程序进行筛选之后得到的结果，因此更容易让人接受。

Web 1.0 以静态、单向阅读为主；Web 2.0 是以互动为特征的实时网络；Web 3.0 将以个性化为特征，提供更多人工智能服务。

基于 Web 3.0 时代网络营销的特点，目前已经出现了以下几种新的网络营销方法。

（1）精准营销　企业通过分析用户在互联网上的相关信息，了解用户的嗜好与消费倾向，向用户提供合适的营销广告。广告的呈现可以是传统的网页广告，也可以采用 Email 形式以及短信等数据库营销手段或者结合搜索引擎营销手段，采取搜索结果与广告相绑定的方式进行传播。真正实现精准营销，最大限度地降低企业投放广告的成本。精准营销在 Web 3.0 技术下可以实现为其他营销方式提供用户精确定位，进一步降低企业的成本，规避风险。

（2）嵌入式营销　在 Web 3.0 技术下，企业通过用户行为模拟可以方便地获得竞争对手的营销反应。企业在分析用户行为为其制订营销方案的同时，也把竞争对手的行为纳入分析，从而制订出符合用户价值与企业资源能力相匹配的营销方案，进而维持与用户的良好关系。

（3）Widget 营销　企业可以为用户在其博客或个性化主页提供 Widget。Widget 是一种提供在线的功能性和内容的应用软件，遍及潜在的海量的网站。Widget 代表着一种全新的广告方式。与其他传统的在线广告不同，Widget 是由用户上传到网站上的，因此 Widget 是用户驱动的，而不是由商家推动的。企业结合这种新的技术实现企业与用户间直接对话，能快速获得营销反馈，及时进行营销方法调整，提高营销效率。

（4）数据库营销　数据库营销是指企业通过收集和积累大量消费者数据，经过处理后预测消费者的购买倾向和估计消费者购买产品的概率，并利用这些数据为产品进行精确定位，有针对性地制作营销信息，以达到引导消费者购买产品的目的。当前数据库营销已经得到广泛应用，而在 Web 3.0 技术下，企业可获得更加精确与丰富的用户数据。

1.1.3　我国网络营销的发展概况

相对互联网发达的国家，我国的网络营销起步较晚，大致发展阶段如下。

1. 萌芽阶段（2000 年之前）

1994 年，我国国际互联网正式开通，此时我国的网络营销并没有清晰的概念。1995 年 4 月，第一家网上中文商业信息网站"中国黄页"开通，这是我国最早的企业信息发布平台，让上网的企业了解了最基本的网络营销手段——发布供求信息。1997 年，第一个商业性网络广告在 ChinaByte 网站上出现，开启了网络广告的应用大门。1997 年前后，我国也出现了一批影响力比较大的中文搜索引擎，如搜狐、网易、搜索客等，为企业利用搜索引擎开展网络营销提供了最初的试验园地。1998年，索易获得第一个邮件赞助商，这标志着我国专业E-mail营销服务的诞生。1999年，以阿里巴巴为代表的一系列电子商务平台的诞生，极大地推动了网络营销的发展，在2000年之前，网络技术在传统营销各个领域的应用如雨后春笋破土而出。

2. 规模扩张与专业化提升阶段（2001年—2008年）

2001年之后，网络营销正式进入实质应用和发展时期。该阶段网络营销的主要表现为：网络营销服务市场初步形成、企业网站建设发展迅速、网络广告形式和应用不断发展、E-mail营销市场改善、搜索引擎销售向深层次发展、网上销售环境不断改善。

在网络营销应用规模不断扩大的基础上，第三方网络营销服务市场蓬勃兴起，包括网站建设、网站推广、网络营销顾问等付费网络营销服务都获得了快速发展。这些第三方网络营销服务机构的出现，一方面促进网络营销的专业水平不断提高，另一方面不断为技术薄弱的企业涉足网络营销应用保驾护航。同时企业对网络营销的认识度和需求层次也进一步提升，更多的网络营销资源和网络营销方法不断出现。

3. 社会化、移动化发展阶段（2009年—2018年）

2009年，网络营销开始向全员网络营销发展。Web2.0技术的发展，使博客、微博、微信、论坛等成为人与人产生联系的桥梁。人们在共享生活见闻之时，也在不知不觉地传递着商业信息。微营销、社群营销的方法在企业营销实践中加以应用。一批有代表性的SNS网站，如人人网、开心网、新浪微博、腾讯微博等积极地与企业进行合作，拓宽盈利模式，助力企业宣传。

2013年，中国4G移动通信的正式启动和以3G为基础的移动互联网的深度渗透为网络营销移动化发展带来了新的契机。同时，内容产业的发展也为移动互联网的营销价值带来核裂变式增长，其中表现力更强的视频流量成为整个行业角逐的焦点。越来越多的人喜欢通过短视频来分享生活，分享自己的见闻，而企业也开始使用抖音、腾讯、优酷等视频平台开展营销活动。

4. 智能化、场景化发展阶段（2018年以后）

计算机技术及信息技术的迅猛发展，带动了互联网和物联网的高速发展，与此同时，产生了不计其数的数据。自大数据这一概念被提出，各行各业都在关注其商业价值，试图利用大数据来助力营销，提升企业价值。大数据的普及颠覆了传统的营销模式，许多领域已经在利用大数据进行营销了。我国企业纷纷利用大数据、人工智能技术为企业赋能。典型的例子有淘宝的首页商品推荐、抖音的个性化视频推荐等。我国政府在人工智能产业开始布局。2018年4月9日，中国首家无人银行在上海落地。这家银行没有笑脸相迎的大堂经理、柜员和理财顾问，有的只是机器人，颠覆了传统营销中对服务角色的认知。

在未来，虚拟世界的创意产业规模将远大于物理世界。在虚拟世界中，创意人员能够制造出比物理世界中更丰富多样的东西。元宇宙是另一个"真实"的世界：这个世界与现实世界紧密相关，并会产生相应的制造环境和经济环境。这一观点的核心为，虚拟世界和现实世界不再只是平行的关系，而是互相交融、互相影响的关系。在元宇宙中，营销的三要素"人""货""场"将会被重构，营销生态会发生巨大变化。数字替身（Avatar）、增强赋能（Augmentation）、全时互动（Always-on）、共创共生（Alliance）构成了元宇宙世界新的营销要素。围绕元宇宙营销的4A要素，去中心化将成为未来营销的主题，去中心化营销将成为营销的核心之一。国内互联网巨头，如腾讯、网易、字节跳动等在加注元宇宙，bilibili、芒果超媒这类视频平台在做元宇宙，就连"新国货"消费品公司也号称要进军元宇宙。由此可见，元宇宙将成为营销业务开展的新场景。

1.2 网络营销的基本概念、特点、职能与职业要求

1.2.1 网络营销的基本概念

2004年，美国市场营销协会（American Marketing Association，AMA）对市场营销的概念进行了重新界定：市场营销既是一种组织职能，也是组织为了其自身及利益相关者的利益而创造、传播、传递客户价值，管理客户关系的一系列过程；网络营销则是指组织运用信息技术创造、传播、传递客户价值，并对客户关系进行管理，目的是为组织和利益相关者创造收益。网络营销可狭隘地理解为，将信息技术应用到传统营销活动中。网络营销贯穿企业开展网上经营的整个过程，包括从信息发布、信息收集、网站建设与推广到开展网上交易为主的电子商务阶段。

为了更好地理解网络营销的概念，需要对其与相关概念进行辨析。

1. 网络营销与传统营销的关系

网络营销虽然以新的媒体、新的方式、方法和理念实施营销活动，但它脱胎于传统营销，是对传统营销的继承、发展与创新，两者有着不可分割的联系。具体表现在以下几个方面。

（1）两者的目标相同　无论是网络营销还是传统营销，其营销理念是一致的，都是通过各种手段与渠道，使顾客的需要和欲望得到满足，使企业的产品得到很好的宣传与销售。

（2）网络营销以传统营销为理论基础　网络营销的实质依旧是企业的市场营销，是借助了互联网这个新兴的技术形式，以传统营销为理论基础发展起来的，它无论如何发展都摆脱不了营销的本质。

（3）两者无法相互替代　网络营销与传统营销并行不悖，谁也无法取代谁，而且往往两者相互配合，网络营销手段可为传统商务服务，传统营销手段也可为电子商务服务。

（4）两者的方式、方法有所区别　网络营销是基于互联网与电子商务发展起来的，必然与传统营销存在差异，并且这种差异对传统营销产生了不小的冲击。网络营销与传统营销的区别见表1-2。

表1-2　网络营销与传统营销的区别

比较项目	网络营销	传统营销
营销载体	互联网	除网络以外的所有市场
沟通方式	交互式沟通，消费者处于主动地位	单向沟通，消费者处于被动地位
营销理念	以客户需求为导向，强调个性化需求	以市场为导向
营销公平性	相对平等竞争	不平等竞争

总之，网络营销是企业整体营销战略的一个组成部分，网络营销活动不可能脱离一般营销环境而独立存在。网络营销与传统营销之间并没有冲突，但由于网络营销依赖互联网应用环境而具有自身的特点。在企业营销实践中，传统营销和网络营销往往是并存的。

2. 网络营销与电子商务的关系

网络营销和电子商务是一对紧密相关又有明显区别的概念，初次涉足网络营销领域者

对这两个概念很容易混淆。例如,企业建设一个普通网站就认为是开展电子商务了,或者将在网上销售商品称为网络营销等,这些说法都是不确切的。网络营销不等于电子商务,这主要是基于下面两方面的考虑。

(1) 网络营销与电子商务研究的范围不同　电子商务的内涵很广,其核心是电子化交易。电子商务强调的是交易方式和交易过程的各个环节,而网络营销注重的是以互联网为主要手段的营销活动。网络营销和电子商务的这种关系也表明,发生在电子交易过程中的网上支付和交易之后的商品配送等问题并不是网络营销所能包含的内容。同样,电子商务体系中所涉及的安全、法律等问题也不适合全部包括在网络营销中。

(2) 网络营销与电子商务的关注重点不同　网络营销的重点在交易前阶段的宣传和推广,电子商务的标志之一则是实现了电子化交易。网络营销的定义已经表明,网络营销是企业整体营销战略的一个组成部分。可见,无论是传统企业还是基于互联网开展业务的企业,也无论是否发生电子化交易,都需要网络营销。但网络营销本身并不是一个完整的商业交易过程,而是为促成交易提供支持。因此,它是电子商务中的一个重要环节,尤其在交易发生之前,网络营销发挥着主要的信息传递作用。从这种意义上说,网络营销是电子商务的基础,电子商务可以看作网络营销的高级阶段。一个企业在没有完全开展电子商务之前,同样可以开展不同层次的网络营销。

1.2.2　网络营销的特点

市场营销中最重要的是在组织和个人之间进行信息的广泛传播和有效交换,如果没有信息的交换,那么任何交易都会变成无本之源。互联网技术发展的成熟、联网的方便性和成本的低廉,使任何企业和个人都可以很容易地将自己的计算机或计算机网络连接到互联网上。遍布全球的各种企业、团体、组织以及个人通过互联网跨时空地连接在一起,使相互之间的信息交换变得更加有效。因为互联网具有营销所要求的某些特性,这使得网络营销呈现出以下特点。

1. 跨时空

通过互联网能够超越时间约束和空间限制进行信息交换,因此使脱离时空限制达成交易成为可能。企业能有更多的时间和在更大的空间中进行营销,每周 7 天,每天 24 小时随时随地地向客户提供全球性的营销服务,以达到尽可能多地占有市场份额的目的。

2. 交互式

企业可以通过互联网向消费者展示商品目录,通过网上交易平台提供有关商品信息的查询,和消费者进行双向互动式的沟通,收集市场信息,进行产品测试与消费者满意度的调查等。因此,互联网是企业进行产品设计、商品信息提供以及提供服务的最佳工具。

3. 人性化

在互联网上进行的促销活动具有一对一、理性、消费者主导、非强迫性和循序渐进式的特点。这是一种低成本、人性化的促销方式,可以避免传统推销活动所表现的强势推销的干扰。企业可以通过信息提供与交互式沟通,与消费者建立一种长期的、相互信任的良好合作关系。

4. 整合性

在互联网上开展营销活动,可以完成从商品信息的发布到交易的收款和售后服务的全过程。这是一种全过程的营销渠道。另外，企业可以借助互联网将不同的营销传播活动进行统一设计、规划和协调实施，通过同样的传播资讯向消费者传达信息，从而可以避免不同传播渠道中的不一致性所产生的消极影响。

5. 高效性

网络营销应用计算机储存大量的信息，可以帮助消费者进行查询，所传送的信息数量与精确度远远超过其他传统媒体。同时，能够适应市场的需求，及时更新产品陈列或调整商品价格，因此能及时有效地了解和满足消费者需求。

6. 经济性

一方面，网络营销使交易的双方通过互联网进行信息交换，代替传统的面对面的交易方式，营销成本大大降低；另一方面，网络营销实际上是一种直销方式，因而可以减少商品流通的中间环节，并且可以减少库存压力，降低企业的经营风险。

7. 技术性

建立在以高技术作为支撑的互联网基础上的网络营销，使企业在实施网络营销时必须要有一定的技术投入和技术支持，必须改变企业传统的组织形态，提升信息管理部门的功能，引进营销与计算机技术的复合型人才，只有这样企业才能具备和增强在网络市场上的竞争优势。

1.2.3　网络营销的职能

网络营销的职能包括八个方面：网络品牌建设、网站推广、信息发布、销售促进、销售渠道建设、客户服务、客户关系增进、网上调研。网络营销的职能不仅表明了网络营销的作用和网络营销工作的主要内容，也说明了网络营销所应达到的效果。

1. 网络品牌建设

网络营销的重要任务之一就是在互联网上建立并推广企业的品牌。知名的网络品牌可以使企业在网上迅速得到推广，提升企业的整体形象。网络品牌建设是指以企业网站建设为基础，通过一系列的推广措施，达到客户和公众对企业的认知和认可的目的。从一定程度上说，网络品牌的价值甚至高于通过网络获得的直接收益。

2. 网站推广

网站推广是网络营销最基本的职能之一，尤其是对中小企业来说，由于经营资源的限制，开展大规模的促销活动的宣传机会比较少，因此通过互联网手段进行网站推广的意义显得更为重要。网站推广的目的是让更多的客户对企业网站产生兴趣并访问企业网站、使用网站的服务，从而提升品牌形象，促进销售，增进客户关系，降低客户服务成本。

3. 信息发布

网络营销的基本思想就是通过各种互联网手段，将企业的营销信息以高效的方式向目标客户、合作伙伴、公众等传递，因此信息发布是网络营销的方法，也是其基本职能之一。互联网为企业发布信息创造了优越的条件，企业不仅可以将信息发布在企业网站上，还可以利用各种网络营销工具和网络服务商的信息发布渠道向更大的范围传播信息。

4. 销售促进

市场营销的基本目的是为增加销售提供帮助，网络营销也不例外。网络营销方法大都直接或间接地具有促进销售的作用，并且这些促销方法并不限于促进网上销售，事实上，网络营销对于促进网下销售同样很有价值。

5. 销售渠道建设

网上销售是企业销售渠道在网上的延伸，网上销售渠道建设并不限于企业网站本身，还包括建立在专业电子商务平台上的网上商店，以及与其他电子商务网站不同形式的合作等。

6. 客户服务

互联网提供了更加方便的在线客户服务手段，如 FAQ（常见问题解答）、电子邮件、邮件列表，以及在线论坛和各种即时信息服务等。客户服务对网络营销效果具有重要影响。

7. 客户关系增进

客户关系对开发客户的长期价值具有至关重要的作用。通过网络营销的交互性和良好的客户服务手段增进客户关系，成为网络营销取得长期效果的必要条件。

8. 网上调研

网上调研具有调查周期短、成本低的特点。它不仅为制定网络营销策略提供支持，也是整个市场研究活动的辅助手段之一。合理利用网上调研手段对市场营销策略具有重要价值。

网络营销的各项职能之间并不是相互独立的，而是相互联系、相互促进的。网络营销的最终效果是各项职能共同作用的结果。只有各项职能充分协调和发挥各自的作用，才能让网络营销的整体效益最大化。

1.2.4 网络营销的职业要求

1. 网络营销的工作内容

网络营销是一项系统性的工作，主要工作内容包括但不限于以下几点。

（1）制定网络营销战略规划　例如，模式、定位、运营思路、团队组建、投入预算及效果预估。厘清思路，确定目标和发展步骤，明确专业分工，控制项目整体进度。

（2）制定网络营销策略　不同的企业在市场中处于不同的地位，在采取网络营销实现企业营销目标时，必须采取与企业相适应的营销策略，包括产品策略、价格策略、渠道策略和促销策略。

（3）策划与建设营销型网站　打造集销售力、传播力、公信力于一体的，具有良好的客户体验的营销型网站平台，同时要考虑搜索引擎优化（Search Engine Optimization，SEO）因素。

（4）提升网站销售力　销售力、转化率是网络营销的核心。

（5）整合、传播营销信息　利用网络技术手段解决企业的营销信息传播难题。

（6）分析网络营销数据　通过搜索引擎排名监测分析、网站访问统计分析、网站咨询统计分析、网站销售统计分析等，持续提升企业的网络营销效率。

（7）制定网络营销运营团队规划及管理控制规划　实现计划、组织、领导、控制的管理循环，打造高效的网络营销运营团队。

2. 网络营销人员的双元能力

在数字化时代实施有效的市场营销，仍然离不开营销从业人员的主观能动性。一方面，数字营销人员需要利用专业知识来指导整个市场营销活动；另一方面，网络营销人员需要与时俱进，充分把握网络相关技术及其在市场营销中的应用。因此，对网络营销人员而言，需要同时掌握营销管理技能和数字技术技能，表现为网络营销人员的双元能力。

数字技术技能不是传统营销管理技能的附属物，而是提升到了与之对等的技能维度。掌握必备的数字技术，往往可以帮助市场营销人员更精准地测量、监视和评估数字营销活动。反过来，这些基于数据的依据也能够进一步强化市场营销人员对未来市场的展望与预见能力。由此可见，网络营销人员需要对重要的数字技术有清晰的理解和把握，时刻关注如何有效地将其应用到网络营销实践中去，并在这个过程中不断革新自身原有的营销思维，最终统一到有效的网络营销活动中。

不过，对于网络营销人员而言，工作的重点仍然是以客户为中心。传统的项目管理沟通技能仍然适用于网络营销活动，并且文案技能在数字化时代变得更加重要。这是因为数字媒体中的内容营销不仅可以传递有关企业及其产品的价值信息，也可能成为损害企业的利刃。

此外，在数字化时代，随着机器人和人工智能等技术的发展，虚拟偶像、机器人员工、智能客服、数字人、虚拟人等新兴"群体"的代名词如雨后春笋般涌现。对这些新技术的理解，以及如何将其运用到数字营销活动，十分考验营销人员的双元能力。例如，阿里巴巴在虚拟营销方面寻求突破，培育了一系列虚拟员工。在此背景下，员工与虚拟员工的关系、虚拟员工与客户的关系等都给网络营销实践带来了翻天覆地的变化。再如，对客户而言，智能客服会提供高效率的服务，但也可能因拟人化让客户感到厌恶或恐怖。同时，机器人员工之间的冲突也可能不断升级。因此，如何在数字化时代充分利用这些技术并有效地开展营销工作就成为一项重要议题。

1.3 网络营销的理论基础

网络营销手段的变化，使传统营销理论需要进一步完善和发展，需要对网络的特性和新型消费者的需求、购买行为进行重新考虑，形成具有网络特色的营销理论。当前的网络营销理论基础主要包括整合营销、软营销、直复营销、关系营销等。

1.3.1 网络整合营销理论

整合营销是一种对各种营销工具和手段进行系统化结合，根据环境进行即时性的动态修正，以使交易双方在交互中实现价值增值的营销理念与方法。建立在互联网基础上的整合营销称为网络整合营销。

网络整合营销就是在深入研究互联网资源、熟悉网络营销方法的基础上，从企业的实际情况出发，根据不同网络营销产品的优缺点，整合多种网络营销方法，为企业提供网络营销解决方案。

网络整合营销主要有三个方面的含义：①传播资讯的统一性，即企业用一个声音说话，消费者从各种媒体所获得的信息都是统一的、一致的；②互动性，即公司与消费者之间开展富有意义的交流，能够迅速、准确、个性化地获得信息和反馈信息；③目标营销，即企业的一切营销活动都应围绕企业目标来进行，以实现全程营销。

网络整合营销从理论上离开了在传统营销理论中占中心地位的 4P（Product、Price、Place、Promotion，产品、价格、渠道、促销）营销理论，而逐渐转向以 4C（Customer、Cost、Communication、Convenience，消费者、成本、沟通和便利性）营销理论为基础和前提。20 世纪 90 年代中期，顺应营销实践的发展，美国学者唐·舒尔茨提出 4R（Relevance、

Reaction、Relationship、Reward，关联、反应、关系、回报）营销理论。4R 营销理论认为，随着市场的发展，企业需要从更高层次上以更有效的方式在企业与消费者之间建立起有别于传统的新型的主动性关系。在移动互联网时代，信息沟通的认知和行为逐渐改变，例如媒体的多元化、信息的碎片化、活动的社群化等。国内学者赵占波提出了以消费需求为中心、以互联网思维为灵魂的 4D（Demand、Deliver、Dynamic、Data，需求、传递、动态、数据）营销理论，4D 营销理论突出了移动互联网时代营销的新变化。网络整合营销理论把消费者的需求放到了首位，企业利润和产品定价应符合消费者的意愿，产品的分销应考虑消费者的便利性，促销形式应使企业和消费者真诚有效地进行双向沟通。

1.3.2 网络"软营销"理论

网络"软营销"理论是针对工业经济时代的大规模生产为主要特征的"强势营销"而提出的新理论，它强调企业在进行市场营销活动时，必须尊重消费者的感受和体验，让消费者乐意、主动地接受企业的营销活动。

1. 网络软营销与传统强势营销的区别

"强势营销"是工业化大规模生产时代的营销方式。在传统营销活动中最能体现强势营销活动特征的是两种常见的促销手段：传统广告和人员推销。对于传统广告，人们常常会用"不断轰炸"这个词来形容。它试图以一种信息灌输的方式在消费者的心目中留下深刻印象，至于消费者是否愿意接受、需不需要这类信息则从不考虑。这就是一种强势营销。人员推销也是如此，不考虑被推销对象是否需要，也不征得消费者的同意，只是根据推销人员自己的判断，强行开展推销活动。

"软营销"的特征主要体现在，在遵守网络礼仪的同时通过对网络礼仪的巧妙运用，达到一种微妙的营销效果。概括地说，软营销和强势营销的根本区别就在于：软营销的主动方是消费者，而强势营销的主动方是企业。个性化消费需求的回归使消费者在心理上要求自己成为主动方，而网络的互动特性使消费者真正成为主动方有了可能。他们不欢迎不请自到的广告，但他们会在某种个性化需求的驱动下自己到网上寻找相关的信息和广告。此时的情况是企业在那里静静地等待消费者的寻觅，一旦消费者找到企业了，企业就应该想方设法留住消费者。

2. 网络"软营销"中的两个重要概念

网络社区（Network Community）和网络礼仪是网络营销理论中特有的两个重要的基本概念，是实施网络"软营销"的基本出发点。

网络社区是指由那些具有相同兴趣、目的，经常相互交流、互利互惠，能给每个成员以安全感和身份意识等特征的互联网上的企业或个人所组成的团体。网络社区也是一个互利互惠的组织。

网络礼仪是指互联网自诞生以来逐步形成与不断完善的一套良好、不成文的网络行为规范，如分享知识、尊重他人隐私等。网络礼仪是网上一切行为都必须遵守的准则。

1.3.3 网络直复营销理论

直复营销（Direct Marketing）又称为直接营销。美国直复营销协会（American Direct Marketing Association，ADMA）的营销专家将它定义为："一种为了在任何地点产生可以度量的反应或达成交易而使用一种或几种广告媒体的互相作用的市场营销体系。"

直复营销是不经过门市,通过各种媒介直接在买卖双方之间完成交易的一种分销形式,也可以理解为一种无店铺销售。它是个性化需求的产物,是传播个性化产品和服务的最佳渠道。

直复营销中的"直"(其实是"直接")是指不通过中间分销渠道而直接通过媒体连接企业和消费者。在网上销售产品时,消费者可通过网络直接向企业下订单付款。直复营销中的"复"(其实是"回复")是指企业与消费者之间的交互,消费者对这种营销努力有一个明确的回复(买或者不买)。企业可统计到这种明确回复的数据,由此可以对以往的营销效果做出评价。

直复营销与直销(Direct Selling)两者的概念是有区别的,许多人把两者混为一谈。直复营销是运用产品目录、邮件、电话网络等媒介进行的,没有上门的推销员。人员直销则是雇用独立的直销员来完成销售,惯用的手法是一对一沟通、家庭聚会、拜访潜在客户等。

直复营销与传统的市场营销的根本区别是,前者能使直复营销人员和消费者之间建立起直接的联系。这样,直复营销人员就能了解每一位消费者的偏好和购买习惯,从而开展有针对性的营销。

直复营销强调营销者与消费者之间的"双向信息交流",以克服传统营销中的"单向信息交流"方式所造成的营销人员与消费者之间无法沟通的致命弱点。

直复营销活动强调在任何时间、任何地点都可以实现企业与消费者的"信息双向交流"。

直复营销的一对一服务,为每位作为目标的消费者提供直接向营销者反映情况的通道。这样企业可以凭借消费者的反馈,找到自己的不足之处,为下一次直复营销活动做好准备。由于互联网的方便、快捷性,消费者可以方便地通过互联网直接向企业提出购买需求或建议,也可以直接通过互联网获取售后服务。同时,企业可以从消费者的建议、需求和希望得到的服务中,找出自己的不足,从而改善经营管理,提高服务质量。

直复营销活动最重要的特性是其营销的效果是可以测定的。直复营销作为营销活动的一部分,与现代消费者的联系越来越密切。一方面,现代社会生活节奏不断加快,使消费者用于购物的时间渐趋减少;另一方面,信息、通信技术的发展以及信用系统的不断健全,给直复营销的发展提供了契机。总之,直复营销强调根据相关人的信息进行分析、决策,从节约交易成本方面减少消费者的感知付出,从而使消费者价值得到提升。

1.3.4 关系营销

关系营销是把营销活动看成一个企业与消费者、供应商、分销商、竞争者、政府机构及其他公众发生互动作用的过程。其核心是建立和发展与这些公众的良好关系。关系营销的本质特征可以概括为以下几个方面。

(1)双向沟通 在关系营销中,沟通应该是双向而非单向的。只有实行广泛的信息交流和共享,才能使企业赢得各个利益相关者的支持与合作。

(2)合作 关系一般有两种状态:对立与合作。只有合作才能实现协同,因此合作是双赢的基础。

（3）双赢　关系营销旨在通过合作增加关系各方的利益，而不是通过损害其中一方或多方的利益来增加其他各方的利益。

（4）控制　关系营销要求建立专门的部门，了解消费者、分销商、供应商及营销系统中其他参与者的态度，由此了解关系的动态变化，及时采取应对措施。

关系营销的核心是维护消费者，为消费者提供高度满意的产品和服务，通过加强与消费者的联系，提供有效的消费者服务，保持与消费者的长期关系，并在此基础上开展营销活动，实现企业的营销目标。实施关系营销并不是以损害企业利益为代价的。根据研究，争取一个新消费者的营销费用是维护一个老消费者的费用的 5 倍，因此加强与消费者的联系并提高消费者的忠诚度，是可以为企业带来长远利益的。关系营销提倡的是企业与消费者的双赢。

▶ 案例与拓展

乡村振兴下的农产品网络营销案例——以褚橙发展为例

自党的十九大报告提出乡村振兴战略以来，国家支持农村电商的系列政策不断推出，各大电商平台和各地政府纷纷响应，成果显著。各地也充分发挥自身农业资源的优势，利用政策红利大力发展，逐渐形成了"电商+产业"发展的新模式。从阿里巴巴的"千县万村"、京东的"新通路"、云集的"百县千品"再到拼多多的"农村包围城市"等，农村电商之间的角逐进入白热化阶段。2007 年，中华人民共和国农业部（现更名为中华人民共和国农业农村部）颁布了《农产品地理标志管理办法》，开启了对地理标志农产品的保护。除了赋予农产品地理标志带来的生态内涵，还要根据消费者的需求赋予文化符号、象征意义、品牌故事等高附加值。下面以褚橙的网络营销案例来进一步讲述乡村振兴背景下的农产品网络营销策略。

2012 年以来，褚橙引入互联网营销，通过微博接力营销，使其一经上线就获得广泛关注，甚至出现"褚橙难求"的局面；2016 年，褚橙上市销售总量达到 8000 多吨。褚橙整体的营销生态体系是建立在优质产品品质与产品文化基础之上的，通过网络传播途径被更多消费群体所认可，并在产品推广过程中传递产品价值，具体包括以下几个方面：

（1）虚拟化消费者体验——买手制　网络环境的虚拟性使得消费者无法真实了解与感受产品，尤其是农产品，产品品质无法得到有效保证。本来生活网借助"买手"代替消费者筛选、发掘、体验优质农产品，并以"买手笔记"的形式呈现给消费者，以此实现在虚拟环境中获得真实体验感，也可方便通过买手的视角真实记录产品所处的生长环境、地区风土人情等，为消费者提供产品背后的价值追求。

（2）重塑产品品牌价值——构建产品"文化"　每个优质的农产品一定蕴含其独特的差异性。线上营销与线下销售的主要区别在于替消费者挖掘到其个性化的地方。褚橙通过提炼褚时健跌宕起伏的人生历程，以"励志橙"为营销卖点，获得消费者的广泛好评。因而，注重开发产品自身的"文化"特色本身就是提升其竞争实力的一把利刃。

（3）颠覆传统营销渠道——新媒体营销　新媒体营销与传统营销的区别在于注重线上宣传推广，并利用大数据分析、预测消费者的消费行为，主要通过手机、网络媒体等终端实现与消费者的交互式沟通，内容侧重社交化、个性化。褚橙正是借助网站、微博、微信等工具进行价值传播，并通过各领域的企业家、行业模范达人等进行推广，最终使其目标消费群体从线下老年人市场向线上年轻人转移，获得大部分消费者认可与好评。

（资料来源：陈孝强. 联网时代十堰山区农产品电商发展研究：基于"褚橙"营销经验分析［J］. 湖北工业职业技术学院学报，2017，30（3）：40-43.

姬广绪. 数字时代的人技相遇：互联网人类学研究前沿［M］. 北京：社会科学文献出版社，2020.）

讨论题：

1. 农产品开展网络营销需要具备什么样的条件？
2. 你的家乡有何特色农产品，如果让你做网络营销你该如何谋划？

关键术语与思考题

关键术语

Web1.0　Web2.0　Web3.0　网络营销　API　整合营销　网络整合营销　4P 营销理论　4C 营销理论　强势营销　软营销　网络社区　网络礼仪　直复营销　关系营销

思考题

1. 简述网络营销的产生基础。
2. 简述我国网络营销的发展阶段。
3. 简述网络营销的特点。
4. 简述网络营销与传统营销及电子商务的关系。
5. 简述网络营销的主要工作内容。
6. 简述网络营销从业人员的能力要求。
7. 简述网络营销的理论基础。

第2章

洞察网络

本章要点

- 网络市场
- 网络消费者
- 企业数字化转型
- "互联网+"思维

网络市场和网络消费者对企业来说是网络营销工作开展的平台及目标对象。在数字经济环境下，网络市场和网络消费者相较于传统的市场与消费者呈现自身的特点及规律，客观认识这些特点及规律是网络营销工作成功的必要条件。同时，企业要实现响应网络市场需求，必须实现企业的运营与营销的数字化转型。营销人员开展网络营销工作，还需要具备"互联网+"思维，这样才能更好地适应新形态下的营销环境变化。

2.1 网络市场

2.1.1 网络市场概述

1. 网络市场的发展演化

经济关系的本质是交换价值。交易是在劳动分工和专业化的基础上，买卖双方之间交换价值的行为。多个交易就产生了市场。市场是各个经济单位产生经济关系、进行交易的制度框架，由买方、卖方、交易活动、商品、交易场所、交易价格和交易相关信息等构成，主要分为产品市场和生产要素市场。企业开展网络营销活动的空间称为网络市场。它是由互联网上的企业、政府和网络消费者等实体组成的。

从网络市场交易的方式和范围看，自20世纪60年代末以来，网络市场经历了三个发展阶段。

（1）数据交换时代　本阶段的基本特征是工业界内部为缩短业务流程时间和降低交易成本，采用电子数据交换系统所形成的网络市场，即所谓的电子数据交换（Electronic Data Interchange，EDI）。

（2）信息展示时代　其基本特征是企业在互联网上建立一个网站，将企业的产品信息发布在网上,供所有客户浏览,或销售数字化产品,或通过网上产品信息的发布来推动实体化商品的销售。如果从市场交易方式的角度讲,这一阶段也可称为"在线浏览、离线交易"的网络市场阶段。

(3) 完整交易时代　这是网络市场发展的最高阶段,其基本特征是虽然网络市场的范围没有发生实质性的变化,但网络市场交易的方式发生了根本性的变化,即由"在线浏览、离线交易"演变成了"在线浏览、在线交易"。这个阶段的到来取决于电子货币及电子货币支付系统的开发、应用、标准化及其安全性、可靠性。

2. 网络市场的价值

网络市场的主要目的就是建立资源配置的信息获取和利用机制,降低信息搜索和匹配的成本,从而提升资源配置的效率。

一个成功市场的首要任务就是将愿意交易的市场参与者聚集起来,这样就可以发现最佳交易机会。但是,众多的市场参与者又会让市场变得拥堵。从市场设计的角度看,良好的市场运作需要维持市场的稠密性、避免市场的拥堵性并保证市场的安全性。

网络市场突破了线下市场体系的约束,把一个现实的、有限的市场扩展为一个数字化的、无限的市场,扩大了消费者的福利。第一,网络市场扩大了单位时间交易所覆盖的空间范围。以前只能在一个城市半径内完成的线下交易,现在可以在全球完成。第二,网络市场延长了交易时间,实现了市场的每天24小时运行。第三,网络市场增加了交易主体,让更多经济体参与到市场中。以前一个线下柜台只能接待有限数量的客户,现在网络平台上一个商家可以接待成千上万的客户。这使单位时间交易对象成倍增多,形成了一个稠密市场。第四,网络市场极大地提高了市场的交易效率。在线下市场,交易双方需要很长时间才能完成一笔交易。在网络上,交易可以瞬间完成。这使单位时间交易量迅速扩大。第五,网络市场降低了信息搜索和匹配的成本,提高了市场信息搜索和匹配的效率,加快了供给和需求的匹配。第六,网络市场用客户对企业产品的信用评价、数字化信用背书、数字身份等方式实现了交易双方的信任,保证了市场的安全性。第七,网络市场实现了交易达成与交易完成的分离,在数字环境实现交易达成,在物理环境实现交易完成,使交易规模实现了"大爆炸"。

3. 网络双边市场——平台

随着互联网的发展,互联网平台逐渐成为主流的网络市场。平台的根本属性是促进交易撮合,即让交易双方有更多的信息掌握和交易选择。在这个过程中,平台起到了帮助客户进行信息搜索、匹配的作用。平台是一个数字化市场,而平台的运营方通常是一个企业,这使平台兼具了市场和企业两种属性。平台既要体现市场的公平性、开放性和竞争性,又要考虑企业自身的组织模式和商业模式。

大部分平台是一个双边市场。双边市场是指由两个独立的市场群体通过平台进行交易所形成的市场。一个双边市场通常涉及两种类型截然不同的、独立的市场群体,它们通过平台进行交易,每一类市场群体都是通过平台与另一类市场群体相互作用从而获得收益。双边市场中一边市场群体加入平台的收益取决于加入该平台的另一边市场群体的数量。这就是平台的网络效应或网络外部性,也是平台的核心特征。

双边市场至少涉及三方,包括买方、平台方和卖方。例如,在淘宝电商平台上,消费者构成一个市场群体,众多网店构成另一个市场群体,消费者通过淘宝电商平台与各家网店进行交易，这是一个典型的双边市场。如果在平台构成的市场中，平台方同时也是卖方，那么市场就是只有买方和卖方的单边市场。例如，如果消费者只能与平台企业自营的网店进行交易，这就是一个单边市场。在一个平台上，如果有多个双边市场，就构成了多边市场。例如，在今日头条的互联网媒体平台上，消费者构成了一个市场群体，头条号的信息内容提供者构成了一个市场群体，他们形成了一个双边市场；消费者与广告商的市场群体则构成了另一个双边市场。今日头条平台上的多个双边市场就形成了一个多边市场。双边市场在经济社会活动中很常见。许多传统产业如媒体、中介及银行支付系统等形成的市场都是典型的双边市场。随着互联网等数字技术的应用，网上出现了多种新型的双边市场，如B2B电商平台、B2C电商平台、网络媒体平台、移动应用商店平台、互联网外卖平台、互联网打车平台等。

在网络化时代，消费者的消费活动几乎离不开这些平台市场，因此平台的快速发展在为企业开展网络营销带来挑战的同时，也包含着新的营销机遇。其主要表现在平台的发展成为企业开展网络营销的重要基础设施；电商平台成为消费活动的主要场所；平台的发展促进了线上与线下的加速融合以及拓宽全球化市场；数据共享平台的建设一方面可以有效地解决企业内部各系统之间的数据孤岛问题，将企业全域海量、多源、异构的数据进行整合，加以分析利用，另一方面催生了链接无处不在和万物互联的商业现象以及虚实两大空间市场。

2.1.2 平台竞争的关键因素

竞争性瓶颈是指产业市场上有多个平台可供选择，参与者希望加入所有平台，形成所谓多宿主的情况。平台企业之间的竞争既是数字技术创新的竞争，也是对双边用户资源的竞争。平台竞争力的提升有多个影响因素，包括创新性、开放性、定价策略、数据产品的丰富性、用户异质性、用户多宿主等。

1. 平台的创新性

数字技术创新是平台市场结构形成的重要因素，技术垄断成为平台市场的主要垄断形式，企业往往通过技术创新确立行业标准和企业地位。技术创新既是平台差异化的基础，也是形成先发优势和比较优势的基础。例如，搜索技术的创新让谷歌和百度成为领先平台，移动社交的创新让微信成为领先平台，短视频的创新让抖音成为领先平台。平台企业的持续创新会使平台间的市场竞争更加激烈，一个平台企业不能永久拥有市场支配力量。互联网巨头企业的垄断地位在不断更迭。例如，搜索引擎从雅虎到谷歌、百度，电子商务平台在淘宝、京东之后仍涌现拼多多等平台，视频平台从优酷、爱奇艺到抖音等。

2. 平台的开放性

平台的开放性既是形成网络效应的前提，也是最终建立平台市场竞争力的关键。在开放性方面，平台需要在选择单边市场还是双边市场、是否兼容其他平台等方面做出选择。第一，平台选择单边市场，可以提高平台利润。但是，双边市场才能真正激发网络效应。因此，更多平台会选择双边市场。例如，淘宝一开始就是双边市场；京东在自营平台的基础上建立商家入驻平台，就是既有单边市场又新建双边市场。第二，平台需要选择是否兼容其他平台。两个平台彼此兼容，能够为消费者接入另一个平台提供便利，可以提高消费者的福利。一个平台企业并没有与竞争对手的平台兼容的动机，兼容成本太高。因此，很多平台企业会限制兼容的范围，只面向合作伙伴进行兼容性开放。例如，在微信平台上兼容的电商平台、支付平台、导航平台、视频平台等都是腾讯自己的或投资并购的平台。事实上，平台彼此不兼容会让消费者选择多平台。这为不同的平台竞争者保留了市场空间。

3. 平台的定价策略

平台的定价策略包括定价水平和定价结构两个方面，定价策略对网络效应的形成作用明显，将直接影响平台的市场竞争力。双边用户非对称定价是平台定价的基本策略，不同平台间竞争通常都会采取相同的定价策略，平台对于具有较强的跨边网络效应且具有单栖属性的用户的竞争将会更加激烈，免费、补贴等策略能帮助平台获取更多用户。

4. 数据产品的丰富性

平台企业竞争的核心在于平台能否提供足够多的供求信息给双边用户。因此，平台上信息内容的丰富性是形成平台竞争优势的关键。相对于其他平台企业，信息服务更丰富的平台企业更容易吸引双边用户。然而，信息是一种公共产品，平台提供的信息有很强的外部性，如果消费者只是使用平台信息，不在平台上进行交易，就产生了"搭便车"的现象，容易降低平台提供信息的积极性。当然，"搭便车"也会产生新的搜索成本、转移成本等，这些成本都会阻碍消费者"搭便车"。

5. 用户异质性

不同用户参与同一平台的需求可能差别很大，这在经济学中被称为用户异质性。例如，同样到阿里巴巴的电商平台上，有些消费者主要关注奢侈品，有些消费者主要关注名牌正品，还有些主要关注低价商品。用户异质性会影响平台间的市场竞争。当用户异质性较强时，平台间的竞争会弱化，使可能存在的平台数量增加。当用户异质性很强时，即使通过平台，他们的搜索成本也会变得很高。此时，跨边网络效应就会减弱，平台获取垄断地位的优势也会减弱。现有的双边市场理论大多强调用户同质性，这很难解释平台市场中广泛存在的平台分层现象。所谓平台分层，是指平台企业根据用户群体的异质性特征将其划分到不同层面或子平台中，进而在每一层面内或子平台上分别进行匹配和交易。例如，在电商领域，阿里巴巴从原来的淘宝中又细分出旗舰店平台"天猫"及二手商品交易平台"闲鱼"等。用户异质性是平台分层的重要原因。

6. 用户多宿主

针对某个市场，用户往往不会只使用一个平台，而通常会选择在多个平台上注册（这被称为多宿主）并进行交易。某个平台即使能获得很多用户，如果市场上存在多个竞争性平台，且用户转换平台的成本不高，其对用户的控制力就不会很强。例如，购书的用户从当当转换到京东的成本就不高。但是，如果平台对用户形成锁定效应，用户转换平台的成本就很高。例如，用户从微信转换到其他社交平台。

2.1.3 网络市场效应

1. 网络效应

网络效应也被称为网络外部性，是指用户连接到一个网络的价值取决于已经连接到该网络的其他用户的数量。梅特卡夫定律指出，网络的价值与其用户（节点）数的平方成正比。网络上的节点（用户）越多，网络及其连接的用户价值就越高，每个用户得到的价值也就越高。网络用户数量的增长将会带动用户总所得价值的几何级数增长。

基于双边市场的平台具有网络效应。例如，当只有一个人使用社交软件平台时，该平台是没有价值的；使用的人越多，该平台的价值越高。平台的网络效应包含同边网络效应和跨边网络效应两种类型。同边网络效应是指当某一边市场群体的用户规模增长时，将会影响同一边群体内其他用户所得到的价值。例如，电商网站上消费者越多，平台价值就越高，消费者获得的价值就越高。跨边网络效应是指一边市场群体的用户规模增长将影响另外一边市场群体使用该平台所得到的价值。例如，电商网站上消费者越多，商家就越多；平台价值越高，商家获得的价值就越高。

网络价值增加被称为"正向网络效应"，网络价值减少则被称为"负向网络效应"。平台的机制设计一般是为了激发正向网络效应，并降低负向网络效应。平台运营初期的发展重点就在于让双边用户入网，只要能够设法对一边的用户数量进行提升，另一边的用户数量就会相应提升，反过来又会带动原来一边的用户数量提升，从而实现螺旋式上升，推动平台的双边用户规模快速增长。平台吸引用户入场、激发正向网络效应的策略主要包括品牌推广、市场促销、补贴、免费等营销策略，目标是让一边或双边用户规模到达临界点，产生正向网络效应。用户规模增长并非总是带来正面影响，也可能存在负面影响，产生负向网络效应（或称为网络效应衰减）。例如，更多的观众对广告商有正向网络效应，而更多的广告商则对观众有负向网络效应。面对负向网络效应，平台企业需要采取相应的治理策略，用户分级是平台企业采取的重要策略。例如，通过设置 VIP 通道，让紧急用户以高价优先享受卖方服务，从而减少拥挤。平台企业如果忽视对负向网络效应的治理，一旦用户规模增加所带来的负面影响超过正面影响，就会导致平台走向衰落。

2. 用户锁定效应

网络效应不仅会增加用户规模，还会加大用户黏性，形成用户锁定效应。互联网产品或服务具有"用户锁定效应"，消费者不会轻易更换产品。用户锁定是指在平台双边用户都很多、产品选择范围也很广的情况下，用户对平台形成依赖性。此时，用户平台转换的成本很高，因而其不愿意或很难进行转换。转换成本来自多个方面，包括经济上、时间和精力上、情感上及社会网络关系上，如学习如何操作新产品、购买新的设备等。例如，一些习惯使用苹果开发的操作系统的人，可能不愿意再去购买安卓操作系统的产品。用户锁定效应可能使价格结构更有利于平台企业。例如，微信平台产生的用户锁定效应就很强，用户不会也不能轻易转换平台。因为产品转换已不是一个人的事，而是涉及整个关系网络的迁移，故微信社交网络平台强黏性所产生的锁定效应使需求方和供给方的规模经济高效协同，形成"赢者通吃"的局面。

由于锁定效应的存在，两个相同或高度接近的技术产品，第一个是较先进入市场，积累了大量用户，用户对其已产生依赖；第二个是较晚才进入市场。对于同种意义上的科技产品而言，用户对第一个已经熟悉了，而对第二个还需要重新学习与了解，则显得比较麻烦。因此，较晚进入市场的产品很难再积累到用户，从而慢慢退出市场。较先进入市场的产品相当于已经锁定了同种类型的科技产品，从而发展得越来越快。这种现象也被称为路径依赖。

锁定效应的强弱，既有产品的天然属性，也有企业的人为设计。例如，中国的电信服务提供商曾经为了锁定用户，不允许用户转到其他电信公司时继续保留原来的号码。由于变更电话号码会带来许多不便，因此电信公司当时能够较好地锁定相当一批老用户。电商、银行、航空公司则更倾向设置忠诚客户计划，如客户积分等。航空公司不仅常给旅客里程奖励计划，还给高端客户提供金卡、银卡，使其享受更好的服务，其目的就是要锁定高端客户。

对于某个行业以及某种产品的后进入者而言,破解"前辈"的锁定效应非常重要。创新、质量、性能、用户友好度、价格等都可以成为破解锁定效应的武器。今日头条能破除新浪、搜狐的锁定效应并很快获得巨大成功,其技术创新能力功不可没。

3. 小世界效应

某些复杂网络(如社交网络、生物网络)有一个特征,即小世界特性。网络中的大部分节点并不相连,但任意节点之间只需要经过几个节点就可以与其他节点连接。1967 年,哈佛大学教授、社会心理学家斯坦利·米尔格拉姆(Stanley Milgram)设计了一个连锁信件实验。实验展示了大型社会网络的一个重要事实,即六度分隔或小世界理论。简单地说,你和任何一个陌生人所间隔的人不会超过五个,最多通过五个人,你就能够认识任何一个陌生人。这并不是说任何人与其他人的联系都必须通过六个层次才会产生,而是表达了一个概念:任何两个素不相识的人,通过一定的方式,总能够产生必然的联系或关系。这体现了一个普遍规律:社会化的任何一个现代人类社会成员,都可能通过六度分隔而联系起来,绝对没有联系的 A 与 B 是不存在的。小世界网络有两个重要特征。一是平均路径短,即使在高度分离的网络,任何节点只需经过一些节点就可以与其他节点连接。也就是说,人们经过数量不多的中间人就可以找到想要找的人。二是传递性好。一个人的众多朋友当中的大多数彼此也是朋友。每当我们在朋友圈点赞时,你就会发现许多朋友也是被点赞的那个朋友的朋友,你不禁会感叹世界真小。

脸书、推特、新浪、微博等社交媒体之所以能快速找到朋友,传播信息,就是因为有小世界效应。人们通过社交媒体提供的关系网络,可以找到老同学、老同事,也可以结识新朋友,扩展人脉关系。社交网络两节点间包含丰富的短路径。人们通过"有意识地转发"能够自动找到短路径,甚至不需要通过人际关系纽带就可以联系社交网络里的每个人。社交媒体的小世界效应正日益强化,分隔数字更接近 5。

4. "种草"效应

"种草"效应是指分享推荐某一商品的优秀品质,以激发他人的购买欲望的行为,或自己根据外界信息对某事物产生体验或拥有欲望的过程。在网购中,"草"通常是指长势凶猛、意愿强烈的购买欲。"种草"的过程实际上是接收一种广告或意见的过程,它在实质上也是人与人之间因社交互动而传播意见的过程。此时,广告或意见传播不再是费尽心机的宣介,而是接收者自动受到来自外界的观点与主张的影响,是一种基于社交互动的传播模式。"现代营销学之父"菲利普·科特勒(Philip Kotler)在《营销革命4.0:从传统到数字》中提出,在当下这个时代,最重要的因素是家人、朋友和自己关注的人,他们最能左右人的观点和选择。这种熟人间的"种草"建立在强关系上的口碑传播,强关系意味着较高的信任度。福布斯的一项研究显示,81%的受访者表示来自朋友和家人的评论会直接影响他们的购买决策。"种草"要靠人际口碑传播,而社交媒体帮助人们不断打破社交屏障,给人们提供外来信息的参考。社交媒体带动网络社群兴盛,人们越来越倾向在群体中获得某种认同,共同分享消费兴趣和偏好。

在后流量红利时代,人们的注意力越来越分散,选择越来越多元,那些"种草人"不再是商家或推广机构,而是论坛上的专业人士和民间"达人",他们就像一台台爆款"种草机",为商品和意见传播带来了广阔的空间。

当然,除了社交互动之外,要种的"草"还要能引燃人们的情绪才行,无论是明星、网红还是草根,无论是美文、美音、美图还是视频,都有着共通之处:好看、好听、好玩,具有强感染力和高情感饱和度,能触发人们的情绪燃点。网上各种阅读量超过10万次的爆款文章,大多是通过种草引起大量转发的。

5. 临界点效应

临界点效应即超越临界点阈值,打破原有均衡引起变化的现象。如冰在超过0℃之后就会化为水,水在超过100℃之后又会化为水蒸气。临界点现象存在于很多学科领域。其中心理学领域有一个阈值理论,该理论认为人对同一种刺激的兴奋程度当到达某个临界点后会随着刺激频率的增加而降低,也就是喜新厌旧。其中,那个导致人们从喜新到厌旧的拐点就是刺激频率的临界点。网络市场也存在临界点现象。市场调研公司Localytics针对移动端推送的调查显示:当超过某个推送次数时,移动端通知打开率随着每周推送通知次数的增加而降低。当每周只推送一条通知时,打开率高达12%,而推送10条通知时打开率会下跌一半,10条通知就是人们的心理阈值或临界点。信息推送需要满足用户需求,如利用时间、地理位置、偏好、购买记录有针对性地进行推送。接收推送的心理阈值并非绝对值,对于信息需求不高的产品,如唱歌软件、词典等工具,每周推送一次是最好的频率。一旦超过这个心理阈值或临界点,推送通知就可能使用户厌烦。

社交网络分析专家马克西姆·茨韦特瓦(Maksim Tsvetovat)等人在实验中发现,如果一件事情最初传播的人群的比例就接近网络社群人数总量的7%这个临界点,那么信息将呈"病毒式"扩散。换句话说,当采纳某个信息、转发某个视频的人数最初就占所谓的网络社群总人数的7%时,其他人就会迅速跟进采纳或转发。大部分产品或内容没有流行起来,其中一个原因就是最初推广的范围有问题,想在全网或全社会铺开,却忽视了小社群及其临界点,最终在传播过程中没有达到临界点。学者们通过统计不同类型事件的转发深度和转发次数的临界点,可以预测一个事件是否会发酵成为舆论热点。

6. 幂律分布效应

无论是自然界还是人类社会,其网络都表现出显著的异质性,其网络结构各个节点之间的连接状况(度数)具有高度不均匀的分布性:网络中大部分节点只和很少节点连接,而有极少数节点与非常多的节点连接,极少数节点对网络运行起着主导作用,这种网络被称为无标度网络。1999年,艾伯特-拉斯洛·巴拉巴西(Albert-László Barabási)及其同事发现,网页的链接分布不是通常认为的离散型概率分布,而是幂律分布,基本上是由少数具有大量超链接的网页串联起来的,绝大部分网页的链接很少。他们将这一特性称为网络的无标度性。其现实效果就是,网络结构中大多数节点的连接数较少,但会产生少量连接数极大的枢纽节点。

这种现象可以用幂律分布来描述。什么是幂律分布?用数学语言描述,它就是一条没有峰值、不断递减的曲线,且曲线最终会留下一个长长的重尾,即对一件事情起决定作用的往往是少数几个因素,其他大部分因素无关紧要。互联网络节点的连接也是如此。互联网实质上是各个网站之间的关系,它们通过页面链接建立关系,绝大部分网站没有多少与站外的相互链接,但少数网站被很多其他网站链接。我国香港学者研究发现,新浪微博共有5亿多个账户,核心用户只有5%,他们所发的信息占微博上所有信息的90%以上,另外1.9亿个用户很少自己发信息,而主要在转发这1000多万个账户的信息,还有约3亿个账户很不活跃,基本是空号。这种幂律分布特征说明,无标度网络中总是由少数节点连接着大部分节点,呈现出一种枢纽效应。网络中最常见的情况是居于中心节点的明星、头部主播或意见领袖拥有巨大的关注度。

7. 长尾效应

长尾效应由美国人克里斯·安德森（Chris Anderson）在2004年提出。长尾效应认为，由于成本和效率等因素，当产品储存流通展示的场地和渠道足够宽广，产品生产成本急剧下降以至于个人都可以进行生产，并且产品的销售成本急剧降低时，几乎任何以前看似需求极低的产品，只要有人卖，都会有人买。这些需求和销量不高的产品所占据的共同市场份额，可以和主流产品的市场份额相当，甚至较之更大。

根据克里斯·安德森对亚马逊书店、Netflix网站以及国外著名搜索引擎的研究，大量另类的、销售量极小的产品，其销售总数并不少于流行排行榜中的热门产品。这类网站典型的销售数字曲线，也就是著名的长尾示意图，如图2-1所示。

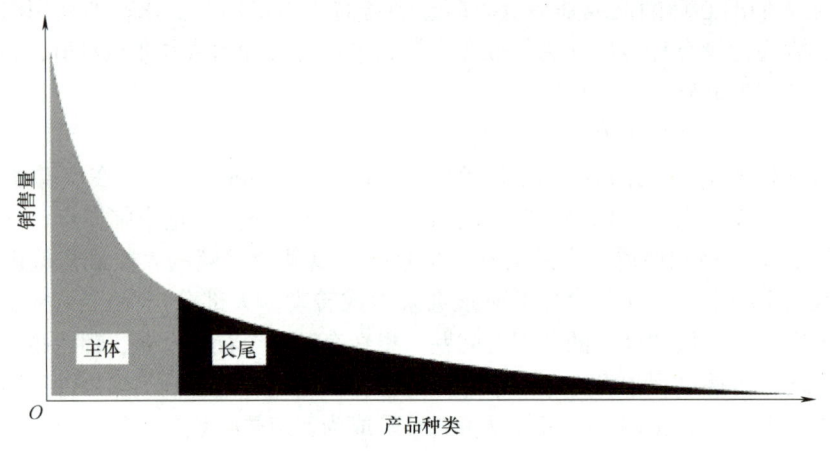

图2-1　长尾示意图

（资料来源：巅峰网）

在图2-1中，曲线横坐标表示产品种类，纵坐标显示的是相应的销售量。可以看到，左侧所谓的主体部分，种类不多，销售量很大。长尾指的是右侧部分，即种类很多，但每一个单个产品需求量和销售量都很小的那部分。长尾可以延长到近乎无穷。虽然长尾部分每个产品销售量不大，但因为长尾很长，总的销售量及利润与主体部分可以媲美。这就是只有在互联网上才能实现的长尾效应。

长尾理论是对经典商业活动中的"二八定律"的颠覆。"二八定律"指的是80%的结果，往往来自20%的出处。例如，对一个公司来说，80%的利润常常来自20%最畅销的产品，80%的利润来自最忠诚的20%客户等。

"二八定律"与长尾理论相对照，营销人员的行动方向就可能产生分歧。按照长尾理论，那些需求量、销售量不大的80%产品或80%的普通客户所贡献的总销售额和利润，并不一定会输给20%的处在头部的产品或20%的最忠诚的客户，所以不能忽视处于长尾中的市场。"二八定律"则建议不要浪费时间在这部分长尾上。

原因就在于长尾理论的前提是产品销售的渠道足够宽，并且产品生产运送成本足够低。例如，在亚马逊书店上，由于网站规模足够大，已经有了几十万甚至上百万的不同产品，这种情况下就能显示出长尾效应。但对很多中小企业的网站来说，只有几十种产品，或者多至几千种产品，这都不足以产生长尾现象，起支配作用的依然是"二八定律"。

长尾效应对网络营销人员选择利基市场的思路有积极的指导意义。

2.2 网络消费者

2.2.1 消费者角色转变

数字经济的发展让消费者的角色正在发生改变，消费者不仅是企业的客户，也是与企业合作的市场建设者、产消者（Prosumer）和数据资产的投资人。

1. 市场建设者

网络效应是数字经济的基本规律之一，有两种类型。一种是直接网络效应，即某个商品或服务对新消费者的价值取决于其他消费者的总数。例如，在电子商务网站上，购买量大的商品往往会获得更大的新销售机会，新消费者觉得这些商品的购买人数多、口碑好、性能可靠，会更加愿意购买。另一种是间接网络效应，即市场有两种及以上类型的互补客户时，对一方客户的价值取决于另一方客户的规模。例如，在采购智能手机时，消费者更喜欢具有大量应用程序的操作系统，而App开发人员也更喜欢具有大量消费者的操作系统。

消费者加入网络平台，为平台企业贡献了消费者流量和网络效应，使平台价值不断增加。因此，消费者已经转变为平台企业的市场建设者。消费者的互动和评价成为一种群体力量，影响着商家的经济活动。平台上消费者的参与可以被看作一种无酬的数字劳动。虽然平台企业对消费者采取了免费策略，但事实上消费者没有免费，他们贡献了时间和注意力，也贡献了自身的行为数据。在很多数字经济企业的项目融资中，消费者点击量和消费者留存率等指标是企业获得投资的前提条件，这从另一个方面证明了消费者对平台企业市场建设的价值。消费者花在互联网上的"劳动时间"，以及对免费互联网内容的消费，其实并没有被计入生产率提升和GDP的统计中。

2. 产消者

产品的创意来自人的思想和创造力。消费者是产品创意的源泉，消费者参与创新能让企业的创新成果源源不断地产生。

消费者能通过企业建立的消费者社群参与产品创新的过程。企业可以在消费者社群中与消费者沟通并理解其个性化需求，然后将其快速迭代至新产品的功能中。企业对消费者需求的快速满足和产品迭代能推动整个供给侧的联动，促进企业的产品创新和发展。这就是所谓的消费者参与制造（Customer-to-Manufacturer，C2M）的新模式，消费者的身份也转变为"产消者"，他们既是消费者，也是生产者。

消费者不仅可以参与产品的需求设计过程，也可以利用生产者提供的产品数据模型进行3D打印。例如，消费者可以通过玩具产品的三维CAD模型，利用3D打印机自己"生产"出这些玩具产品。这时的消费者也就成了生产中的劳动者。

3. 数据资产的投资人

消费者为获得信息服务，通过某种协议的方式允许平台企业留存消费者数据。但是，消费者并未允许平台企业将这些数据用于再生产。当然，消费者可以主张数据资产的权益，也可以采用数据资产投资的方式,作为一种资本投入,让平台企业使用消费者数据进行新的生产。在这种情形下,消费者事实上已经成为平台企业的投资人,可以共享投资收益。

2.2.2 网络消费者的需求特征

1. 需求结构的层次性

在传统商业模式下,人们的需求一般是由低层次向高层次逐步延伸的,而在网络消费中,人们的需求是由高层次向低层次扩展的。在网络消费的开始阶段,消费者偏重精神产品的消费,到了网络消费的成熟阶段,在消费者对网络消费规律和操作有了一定的了解,对网络购物产生了一定的信任感后,消费者才会从侧重精神消费品的购买转向日用消费品的购买。

正因为如此,目前无论是以销售各类产品为直接目的的商业网站,还是其他各类非商业性网站,都不约而同地将书籍、网络游戏等精神类消费作为推动网站各项业务发展的基础。

2. 需求内容的个性化

在消费内容上,消费者开始制定自己的消费准则,个性化消费成为消费主流,大众化消费日渐失势。一方面是由于社会的发展,网络技术的应用,消费品市场变得越来越丰富,产品设计多样化,消费者进行产品选择的范围开始全球化;另一方面是由于目前的网络购买者多以中青年消费者为主,具有独立的见解和想法,对自己的判断能力比较自信,对产品的要求也越来越独特,在接受产品或服务时的"非从众"心理日益增强。内外因素的驱动使得个性消费成为网络消费最明显的特征。

3. 需求目标的多样性

在需求的价值目标上,对购物结果的关注与购物过程的关注并存。网络消费者不仅仅关注得到怎样的产品,而且更关注如何得到这一产品,购物乐趣成为购买的一部分。消费者的网络购买行为除了目标导向型购买以外,体验购买也是最主要的一种购买行为。例如,消费者可以充分感受购物的快捷性、方便性,体验网络技术带来的生活改变。

2.2.3 网络消费者的购买动机

动机是指推动人进行活动的内部原动力,即激励人们行为的原因,人们的消费需要是由购买动机引起的。消费者的网络购买动机是指在网络购买活动中,能使网络消费者产生购买行为的某些内在的动力。

消费者的网络购买动机基本上可以分为两大类:需求动机和心理动机。

1. 网络购买的需求动机

消费者的网络购买需求动机是指由需求引起的购买动机。要研究消费者的购买行为,首先必须研究网络消费者的需求动机。马斯洛把人的需求划分为五个层次,即生理需求、安全需求、社交需求、尊重需求和自我实现需求。需求理论对网络需求层次的分析具有重要的指导作用。网络技术的发展,使现在的市场变成了网络虚拟市场,但虚拟社会与现实社会毕竟有很大的区别,在虚拟社会中人们希望满足以下三个方面的新需求。

(1)兴趣的驱动　互联网作为一种生存方式的科技进展引发了许多人的探究兴趣,这种兴趣的产生,主要出自两种内在驱动力:

1)内在的探索驱动力。蕴藏丰富内容的网络包容了各种各样的知识与信息,人们出于好奇心，驱动自己沿着网络提供的线索不断向下查询，希望能够找出符合自己预想的结果，有时甚至到了不能自拔的境地。

2）内在的成功驱动力。当人们在网络上找到自己需要的资料、软件、游戏时，自然会产生一种成功的满足感。这种源于探索与成功的兴趣会使消费者不由自主地选择网络这一媒介。

（2）聚集的需求　人是社会性的动物，从本质上来说，人们都有参与社会集体活动的需求。由于现代生活节奏的加快，人们很难找出共同的闲暇时间来进行集体活动。虚拟社会提供了具有相似经历的人们聚集的机会，这种聚集不受时间和空间的限制，给孤独的人提供了交友聊天的便利，如聊天室、游戏室等，并以此形成富有意义的个人关系。此外，通过网络聚集起来的群体是一个极为民主的群体。在这样一个群体中，所有成员都是平等的，每个成员都有独立发表自己意见的权利，使得在现实社会中经常处于紧张状态的人们在虚拟社会中得到放松。

（3）交流的需求　聚集起来的网民，自然产生一种交流的需求。随着这种信息交流频率增加，交流范围也在不断扩大，从而产生示范效应，带动对某些种类的产品和服务有相同兴趣的成员聚集在一起，形成产品信息交易的网络，即网络产品交易市场。这不仅是一个虚拟社会，而且是高一级的虚拟社会。在这个虚拟社会中，参加者大多是有目的的，所谈论的问题集中在产品质量的好坏、价格的高低、库存量的多少、新产品的种类等。他们所交流的是买卖信息和经验，以便最大限度地占领市场，降低生产成本，提高劳动生产率。也就是说交流需求可以分为两类：一类并不涉及经济利益，纯属沟通的需要；另一类则是希望通过沟通，能获得某些经济利益。

2. 网络购买的心理动机

消费者的网络购买心理动机是由人们的认识、感情、意志等心理过程引起的购买动机。网络消费者购买行为的心理动机主要体现在理智动机、感情动机和惠顾动机三个方面。

（1）理智动机　这时购买动机是建立在人们对在线商店推销的产品的客观认识基础之上的。众多网络购物者是中青年，具有较高的分析、判断能力。他们的购买决定是在反复比较各个在线商店的产品之后才做出的，对所要购买的产品的特点、性能和使用方法早已心中有数。理智购买动机具有客观性、周密性和控制性的特点。在理智购买动机驱使下的网络消费购买动机，首先注意的是产品的先进性、科学性和质量高低，其次才注意产品的经济性。这种购买动机的形成，基本上受控于理智，而较少受到外界气氛的影响。

（2）感情动机　感情动机是由人的情绪和感情所引起的购买动机。这种购买动机还可以分为两种形态：一种是低级形态的感情购买动机，它是由喜欢、满意、快乐、好奇而引起的，具有冲动性、不稳定性等特点；另一种是高级形态的感情购买动机，它是由人们的道德感、美感、群体感所起的，具有较高的稳定性、深刻性等特点。而且在线商店提供异地买卖送货的业务，大大促进了高级形态的感情购买动机的形成。

（3）惠顾动机　这是基于理智经验和感情之上的，对特定的网站、图标广告、产品产生特殊的信任与偏好而重复地、习惯性地前往访问并购买的一种动机。惠顾动机的形成，经历了人的意志过程。它的产生，或者是由于搜索引擎的便利、图标广告的醒目、网站内容的吸引，或者是由于某一商标具有相当的地位和权威性，或者是由于产品质量在网络消费者心目中树立了可靠的信誉。这样，网络消费者在为自己做出购买决策时，心目中首先确立了购买目标,并在每次购买活动中克服和排除其他同类水平产品的吸引和干扰,按照事先的购买计划行动。具有惠顾动机的网络消费者,往往是某一网站的忠实浏览者。他们不仅自己经常光顾这一网站,而且对周围的网民也具有较大的宣传和影响作用,甚至在企业的产品或服务一时出现某种过失的时候,也能予以谅解。

2.2.4 影响消费者网上购物的外在因素

影响消费者网上购物的因素有社会阶层、家庭环境、风俗时尚、个人心理等多方面。除此之外,在网络环境中主要还受到以下几个外在因素的影响。

1. 商品的价格

按照销售学的观点,影响消费者消费心理及消费行为的主要因素是价格,即使在今天完备的营销体系和发达的营销技术面前,价格的作用仍是不可忽视的。只要价格降幅超过消费者的心理界限,消费者因此心动而改变既定的消费原则也是在所难免的。对一般商品来说,价格与需求量常常表现为反比关系,同样的商品,价格越低,销售量越大。像计算机软件、书籍、娱乐产品等,这些商品的价格一般不太高,加上网上直接销售减少了许多中间环节,使得网上销售的商品价格低于传统流通渠道的商品价格,因此对消费者产生了越来越大的吸引力。

2. 购物的时间

这里所说的购物的时间包含两个方面:购物时间的限制和购物时间的节约。传统的商店,每天只能营业十几个小时,而网上商店全天候营业,使消费者在任何时间都可以上网购物,没有任何时间的限制。

现代社会中人们生活节奏的加快,使时间对于每个人来说都变得更加宝贵,人们用于外出购物的时间越来越少。拥挤的交通、日益扩大的购物场所,延长了购物所消耗的时间和精力;商品的多样化使得消费者眼花缭乱,而层出不穷的假冒伪劣商品又使消费者应接不暇,人们迫切需求新的快速方便的购物方式和服务,而网上购物满足了人们的这种愿望。人们可以坐在家里与厂商沟通,及时得到邮寄的商品或获得上门服务,从而节省了购物时间。

网上购物顺应了现代社会生活的快节奏,理所当然地成为人们上网购买的动机之一。

3. 购买的商品

从购买方式上看,目前在网上销售的一些商品尤其能体现方便快捷的特点。下面来分析一下网上销售的部分商品的特点。

(1)软件 销售者可以借助网站来发布试用版本的软件,让消费者试用,然后在一定期限内提供服务,如果消费者满意就会购买。

(2)书籍或杂志 在网上可以提供试阅读版本,使消费者先了解该书籍或杂志的基本内容,然后再订购。这种把自主权交给消费者的做法是比较受欢迎的,而不是那种"强迫"式的购物方法。

(3)鲜花或礼品 由于网络是跨时间、跨地域性的媒体,在网上可以订购任何地方的鲜花或礼品,并由对方送货上门。

纵观这些商品都具有某些网络化的特点,借用网络可以使它们更易传播和出售。消费者在比较后觉得,网上购物的方便程度超过亲自去商店,当然愿意到网上购买。

4. 商品的选择范围

在互联网这个全球化的市场中，商品挑选的余地大大扩展，而且消费者可以从两个方面进行商品的挑选，这是传统的购物方式难以做到的。

一方面，网络为消费者提供了多种检索途径，消费者可以通过网络方便快速地搜寻全国乃至全世界相关的商品信息，挑选满意的厂商和满意的商品，从而获得最佳的商品性能和价格。另一方面，消费者可以通过新闻组、电子公告牌等，告诉千万个厂商自己所需要的商品，吸引众多的厂商与自己联系，从中筛选符合自己要求的商品或服务。有这样大的选择余地，精明的消费者自然会倾向于网上购物。

5. 商品的新颖性

追求商品的时尚与新颖是许多消费者，尤其是青年消费者重要的购买动机。这类消费者一般经济条件较好，他们特别重视商品的款式、格调和流行趋势，而不太在意商品使用价值和价格的高低。他们是时髦服装、新潮家具和新式高档消费品的主要消费者。网上商店由于载体的特点，总是跟踪最新的消费潮流，适时地为消费者提供最直接的购买渠道，加上最新商品的全方位网上广告，对这类消费者所产生的吸引力越来越大。

6. 卖方的控制系统

卖方的控制系统包括后勤支持（支付、配送）、技术支持（网站设计、智能代理）、客户服务（常见问题集、电子邮件、呼叫中心、一对一服务）等。

7. 商品购后评价

购后评价越好，专家评论给出的评分越高，消费者的购买欲望越强。

2.2.5 网络消费者的购买过程

网络消费者的购买过程是网络消费者购买行为形成和实现的过程，这一过程对企业实现最终的利润、赢得良好的消费口碑、维持客户关系等都是至关重要的。与传统的消费者行为学里的购买理论一致，网络消费者的购买过程大致分为五个阶段：动机产生、信息收集、比较选择、购买决策和购后评价，见表2-1。

表2-1 网络消费者的购买过程

购买过程	购买阶段	影响因素
售前	动机产生	营销作用、生理反应
售前	信息收集	个人来源、商业来源、公共来源、经验来源
售前	比较选择	商品属性、属性权重、评估模型
售中	购买决策	他人态度、意外因素
售后	购后评价	满意、不满意

1. 动机产生

网络购买过程的起点是引发需求。如上节所述，消费者的需求是在内外因素的刺激下产生的。当消费者认为现有的物品不能满足需求时，便开始对市场中待售的某种商品或某种服务产生兴趣，从而可能产生购买欲望。所以，动机是消费者做出消费决定不可缺少的基本前提。

对于网络营销来说，引发需求的动因只能局限于视觉和听觉，不能像传统的人对人营销一样，使消费者有亲身体验。在电子商务中，企业往往通过网页文字的表述、图片的设计和声音的配置来引发消费者的购买冲动。这要求从事网络营销的企业或中间商注意了解与自己产品有关的实际需求和潜在需求，了解这些需求在不同时间的不同程度，了解这些需求是由哪些刺激因素引发的，进而巧妙地设计促销手段去吸引更多的消费者浏览网页，引导他们的需求欲望。不过，消费者十分精明，特别是在网上购物产生过不愉快的经历之后，他们不再轻易相信网页呈现的信息（如服饰的质地、颜色），而是去线下实体店感受，因此当前零售业面临的一个重大挑战便是消费者精于"线下看、线上买"。如果企业能够很好地掌握消费者的这种心理和行为变化，能有效地结合线上、线下的广告和促销手段去刺激消费者的需求，相信会有很好的效果。

2. 信息收集

在最终购买之前，消费者需要收集商品信息。收集信息的渠道可分为内部渠道和外部渠道。

内部渠道是指消费者个人所储存、保留的市场信息，包括购买商品的实际经验、对市场的观察，以及个人购买活动的记忆等；外部渠道则是指消费者可以从外界收集信息的通道，包括浏览各专业网站、商业网站和公共网站。

在传统商务贸易中，消费者的信息收集手段相对单一，信息总是被动地被送达。企业采用"广而告之"的传播方式，受众虽多但无的放矢，广告效果有限。

在电子商务时代，消费者的信息收集方式与传统购买时的信息收集方式大不相同，消费者更加主动地去收集自己真正感兴趣的商品信息，对信息的深度、广度和来源都有很好的控制。企业应该注意到这种变化，不但要制定更加灵活的广告策略，而且要学会利用用户生成内容（User-generated Content，UGC）等来自消费者群体的信息，增加广告的可信度，提高信息的覆盖范围。

3. 比较选择

消费者需求的满足是有条件的，这个条件就是实际支付能力。没有实际支付能力的购买只能停留在"欲望"阶段，不可能导致实际的购买。为了使消费者的需求与自己的购买能力相匹配，比较选择是购买过程中必不可少的环节。消费者对各个渠道汇集而来的资料进行比较、分析、研究，了解各种商品的特点和性能，从中选择最为满意的一种。一般来说，消费者的综合评价主要考虑商品的功能、可靠性、性能、样式、价格和售后服务等，同时，商品购后评价、专家评论也是重要的影响因素。

网络购物中消费者直接接触实物的机会变少，消费者对网上商品的比较更多地依赖厂商对商品的描述，包括文字描述和图片描述。如果网络营销商对商品描述不充分，就不能吸引众多的客户；如果对商品的描述过分夸张，甚至带有虚假的成分，则可能永久地失去客户。所以，企业既要做好"引导"工作，帮助消费者下定决心，又要把握好"度"，以防过犹不及。

4. 购买决策

网络消费者在完成对商品的比较选择之后，形成购买意向，进入购买决策阶段。在购买决策阶段，网络消费者基于对需求的识别、信息的收集、商品的比较选择以及对可能的购买结果所做的综合分析做出最终决策。购买决策包括购买数量、购买地点、购买方式、付款方式等。

通常，网络消费者做出购买决策要具备三个条件：对商家有信任感、对网上支付有安全感和对商品有好感。网络消费者的安全戒备程度更高，促成交易的难度要高于网下交易。互联网的信息保密性、付款安全程度、物流配送及时程度等可能导致消费者推迟甚至放弃网上购买。网上交易的方便快捷和成本低等特点又决定了特定消费者一旦拥有一次成功、满意的网上购买经历后，就更容易对网上交易方式产生信赖和忠诚感，对成功消费过程所涉及的品牌和商品都会产生高于网下消费的信任度。

他人的态度对网络消费者的购买决策起着重要的影响。他人是指：①家人、亲友、邻居、同事等，通常这些人的态度和建议对购物决策可以起到决定性的作用；②广告商、推销员、经销商等，这些人对于商品的宣传和介绍也能影响和改变消费者的决策；③大众传媒、杂志、专家学者、专业网站等中立者的评价。消费者会综合上面各个角色的评估信息，对每个方案进行比较，同时依照自己的偏好，给出各种商品的优劣顺序。

5. 购后评价

消费者购买商品并使用后，会对自己的购买选择进行检验和反省，重新考虑这种购买是否正确，效用是否理想，服务是否周到等问题。这种购后评价往往决定了消费者今后的购买意向，也会影响客户口碑的形成。

过去，企业为了提高自身的竞争力，为了持久地占有市场，必须倾听消费者反馈的意见和建议。如今，企业更应该多关注消费者的购后评价，因为这些评价不仅会影响现有客户的重购意愿，也会影响潜在客户的购买意愿。

人们常常将互联网形容为"双刃剑"：一方面，企业可以很容易地了解到消费者使用商品和服务后的态度；另一方面，其他消费者也能很轻易地看到这些评价以及企业对待这些评价的态度和做法，从而作为自己是否购买该商品和服务的一个参考因素。所有从事电子商务的企业都应该及时地从网络上收集这些评价，通过计算机辅助和数据挖掘等方法，迅速找出消费者反映的热点问题，了解消费者的意见和建议，尽快改进商品性能和售后服务，以求赢得客户忠诚和良好口碑。

2.3 企业数字化转型

2.3.1 企业数字化转型的含义

在技术推动下，人们日常生活消费的供给端和需求端都发生了巨大变化。这些变化进一步促进了企业全链路数字化转型。越来越多的大消费企业走在数字化转型的路上，并选择以营销数字化作为切入点，开启了企业数字化转型之旅。

数字化转型是指运用5G、人工智能、大数据、云计算等新一代数字技术，改变企业为客户创造价值的业务方式，进而推动企业业务实现新的增长。数字化转型对业务的流程、场景、关系、员工等要素进行了重新定义，内部完成全面在线，外部适应各种变化，从前端到后端实现自动化和智能化，最终创造价值。如今，数字技术正融入企业的业务模式、生产运营、产品与服务当中，用以转变企业客户的业务成果及商业与公共服务的交付方式。这通常需要客户的参与，也涉及核心业务流程、员工，以及与相关方交流方式的变革。

数字化转型是在数字化转换和数字化升级的基础上，进一步触及企业核心业务，以发展和建立新的商业模式为目标的高层次转型。

首先，数字化转换反映的是"信息数字化"，是从模拟形态到数字形态的转换过程，如从模拟电视到数字电视、从胶卷相机到数码相机、从物理打字机到办公软件。其变革的本质是将信息以 0 和 1 的二进制数字化形式进行读写、存储和传递。

其次，数字化升级强调的是"流程数字化"，运用数字技术改造业务流程，为产生新的收益和价值创造机会。例如，企业资源计划（ERP）系统、客户关系管理（CRM）系统、供应链管理（SCM）系统等，都是将工作流程进行了数字化，从而提升了工作协同效率和资源利用效率，为企业创造了信息化价值。

最后，数字化转型是更大程度地开发数字化技术及支撑能力，目标是新建一个富有活力的数字化业务商业模式。数字化转型完全超越了信息的数字化或流程的数字化，目标是实现"业务数字化"，使企业在一个新型的数字空间里发展出新的业务和新的核心竞争力。

数字经济时代，各行各业都在变化，其中不乏数字技术的颠覆性力量所带来的翻天覆地的变化：淘宝、京东、美团、饿了么、拼多多颠覆了传统商业与传统餐饮，改变了人们的购物模式与消费习惯；滴滴、高德颠覆了传统出行，改变了人们的出行习惯；互联网造车新势力特斯拉、蔚蓝、小鹏、理想正在颠覆传统汽车行业，改变了汽车产业的发展格局与商业规则；猿辅导、跟谁学颠覆了传统教育行业，改变了人们的学习方式；微信、钉钉、抖音、今日头条颠覆了人们传统的沟通方式，改变了人们信息获取的途径与传播习惯；谷歌 AlphaGo、IBM Watson、百度 AI、科大讯飞掀起了新一轮的人工智能革命，迫使人们开始思考——未来人类到底如何驾驭机器智能……

在数字技术浪潮的巨大冲击下，传统企业的业务模式、组织、流程、员工越来越无法满足复杂商业环境的多变需求，急需做出调整，以保持业务的有效性和持续竞争力。

2.3.2 营销数字化——大消费企业数字化转型的突破口

大消费企业包括医药保健、食品饮料、品牌服装、旅游、零售、新型 IT 技术、家电、汽车、地产等。大消费企业是数字化转型的前沿，普遍选择以营销场景为切入点，开启企业数字化转型。通过渠道销售的大消费企业，已经把广告投放渠道从电视、报纸、室外广告牌等传统媒体，转向投放更精准、策略更丰富和灵活的数字化媒体上，并且加强数字化用户运营，建立并运营私域流量池。数字化营销已经是大消费企业数字化转型的普遍实践。在产品和服务创新方面，喜茶、书亦烧仙草、新作的茶、天然呆、沪上阿姨等一批新式茶饮企业陆续数字化，我们购买茶饮的方式在不知不觉中从门店柜台前转移到了微信小程序上，这也使得新式茶饮行业可以基于私域流量池实现"超级个性化推荐"的营销。在零售环节，云POS、智能导购、直播导购、无人门店、会员数字化及会员营销等营销数字化应用都成了品牌零售的标配，良品铺子、久久丫等企业都是很好的案例。

这些大消费企业选择以营销数字化为数字化转型的第一战略和最佳切入点的主要原因有以下两个方面。

第一，从企业角度，自 2019 年以来，中国企业规模增长速度放缓，特别是随着营收规模的扩大，营收增速普遍减缓。大消费企业的生意越来越难做，销售瓶颈也越来越明显。营销数字化转型是大消费企业在危机和阵痛双叠加下的一个明智选择，企业可以通过营销数字化创新,通过精细化运营以及"品牌、市场、销售、服务一体化"设计的营销数字化应用,找到新的市场机会和增长点,形成对用户持续的影响,目的还是突破增长。

第二,从供应商角度,很多国内厂商的技术已经超越了国际厂商,更能贴合国内企业营销创新诉求,尤其是在营销场景创新、运营设计、应用开发及数据启动运营等方面,将给企业营销数字化提供强大的助力。

同时,这些大消费企业要做到营销数字化转型,需要具备四个要素。

1)企业要转变营销思维。未来企业营销方面的竞争体现在用户体验上,企业要有好的用户体验运营。从公域运营到私域运营,意味着企业要在私域流量的运营上下功夫,要基于用户的整个生命周期进行营销设计,设计"引流获客—精准服务—高效转化—留存激活—信任传播"的获客转化循环,得以让企业真正从用户体验的角度出发,设计营销方案,提升用户价值,顺利进入下一个留存的良性循环。

2)企业要基于数据挖掘用户的真实需求,重塑营销策略。有大数据的辅助,企业可以建立用户画像,结合人、货、场信息,分析不同场景下用户的消费需求,为精准分群、制定不同的引流获客策略打下基础。

3)企业要创新营销方式,精细化运营每个用户。随着大消费企业围抢下沉市场、经营规模持续扩大,新用户增长的空间正在逐渐缩小。在用户体验思维指引下,企业营销数字化的起点是精细化运营每个存量用户。

4)企业要有高效的转化交易场,把企业引流、留存及激活的成果高效变现。企业营销用户的最终目的是转化变现,这就需要企业为用户提供丰富的、便捷的、高效的交易渠道,让用户买得到、买得对、买得值。

2.3.3 营销数字化的三个关键实现

数字时代,营销不再是单一地获取流量,而是涉及消费者行为洞察、触点沟通以及决策影响的全链路消费者运营。数字时代的新营销解法是运用数据智能来做消费者运营,是要实现端到端业务在线,实时连接消费者,基于此打造消费者旅程的营销闭环数据资产,从而用数据驱动消费者运营,最终目的是打造好的消费者体验,实现业务增长。

1. 实现端到端业务在线

在我国,探究营销数字化的真实动因是消费者数字化行为的演变。消费者的信息获取、购买决策和购买行为等环节已经实现了数字化,并逐步倒逼零售商运营和品牌商供应实现数字化。大消费企业(包括消费品品牌商、流通商、零售商)营销数字化要了解和迎合目标消费群体的数字化行为与喜好,从公域到私域,实现产品与服务从品牌到消费者双向端到端业务在线,也就是要实现企业营销从消费者角度出发的全链路营销业务数字化,能够实时连接目标消费群体的数字化行为。

大家都知道海底捞的服务好,海底捞为了让服务连接到更多消费者,开发了自己的私域App,这样客户可以通过私域App订位、选菜品、下单,在约定的时间内到门店直接用餐。同时,海底捞也把服务"移植"到美团等公域平台,对接目标消费群体,支持消费者在线下单,并可以通过微信或支付宝在线支付。当然,消费者还可以在公众号、头条、抖音、小红书上的小程序中预定海底捞的在线服务。通过线上产品和服务的布局,海底捞已经在端到端业务在线的过程中摸索出了一条自己的路径。

实现端到端业务在线，即商品从企业流出到消费者整体过程的两个主要通路（零售和渠道）的业务实时在线，完成全链路数据资产沉淀，实时连接消费者。端到端业务在线需要品牌一体化，供给侧和需求侧共同发力，重塑和融通零售和渠道，共同服务消费者。

2. 基于消费者旅程的营销数据闭环

商品从企业流转到消费者手里，涉及公域品牌推广、市场活动引流、渠道及交易、消费者及服务等内容，这就是传统的营销链条。

在数字时代，由于消费的场景化、渠道的多元化、产品与服务的一体化，企业开始利用数字重构营销链条。以消费者为中心，基于消费者旅程打通产品、营销、销售和服务环节，通过对消费者全方位洞察和全生命周期管理，使业务与数据形成营销闭环，达成业务到数据的一体化、数据到业务的运营化，从而提高获客数量、提升客户价值。这就是营销数字化的第二个关键，即从消费者运营的视角，围绕消费者旅程构建营销闭环，以营销闭环的设计为抓手提升消费者体验。

以日化企业为例，日化企业拥有强大的用户基础，运营数据涉及产品数量及种类、消费者数量、消费者特征及行为偏好、区域市场销量等各个方面。当前，大部分日化企业虽已开始探索营销数字化、场景营销，但对其数据的开发程度不足，没有形成消费者旅程的营销数据闭环，数字化也只覆盖了局部。

未来，移动互联网和物联网应用将会拓展到更深层次，产品从研发、生产、制造，再到消费者手中，每个环节都会产生大量的对象、时间、场所、种类、数量等数据，如何通过整合、加工这些数据支撑企业进一步开发消费者市场、研发新产品、开发新商业模式，需要消费品企业拥有更强的数据开发、分析、整合能力。

3. 实现数据驱动的智能业务

营销数字化的本质是连接、沉淀消费者数据，"数据+算法"产生智能，并赋能业务，从而推动业务的新增长。这就需要营销新技术把通过业务在线沉淀的消费者数据资产化、智能化、服务化、价值化，并利用内嵌到各个环节的智能应用，激活数据的商业价值。例如，基于大数据算法精准预测客户购买时间，有效提升活动投资回报率的黄金购买时间模型；基于多维数据结合大数据算法精准洞察会员健康度的会员健康模型；融合多源第三方数据进行精准广告策略投放，促进公域转私域有效转化的精准营销模型；基于用户订单交易及行为数据洞察，用深度学习算法构建用户与商品的"千人千面"个性化推荐模型；基于大数据算法赋能经销商生意经营管理全过程的经销商生意参谋模型等。

这些都是基于企业在线业务沉淀数据资产后，进一步智能化加工、服务化输出，赋能到业务环节的数据价值转化案例。企业持续产生的数据会补充并完善现有的算法模型，进一步训练学习，做出更加智能的决策，从而形成良性反馈闭环，最终帮助企业实现业务智能化。

2.3.4　营销数字化覆盖的环节

基于互联网中台架构的营销数字化创新所覆盖的环节包括数字中台、洞察与策略、内容与创意、投放与触达、服务与体验和渠道与销售。

1. 数字中台

数字中台是营销数字化的第一个创新环节，数据取代人的主观决策成为营销业务的核心驱动力，获取、管理、利用数据的能力成为企业营销数字化转型的核心竞争力。借助互联网平台及营销数字化服务商的数字中台相关产品，企业能够获取、管理、利用海量数据，发现数据规律，为多环节营销业务创新和决策提供帮助。

此外，营销数字化的3个关键实现，即端到端业务在线、基于消费者旅程的营销数据闭环及数据驱动的智能业务，迫切需要企业建设数字中台，通过业务中台、数据中台、技术平台相关产品，构建扎实的"业务+数据"能力，奠定高效开发、快速复用的基础，并实现数据的实时采集、治理、存储、查询、分析、展示，积累数据资产，使数据资产成为赋能业务应用场景的基石。

2. 洞察与策略

洞察与策略是营销数字化的第二个创新环节，基于大数据动态、全面的市场研究与精准洞察工具，取代了传统的市场研究方法，依托数据智能而非少部分人的主观经验，使营销决策得以优化。

洞察与策略领域的颠覆依靠"消费者洞察""行业与品类洞察""内容趋势洞察""社交洞察""渠道分析与洞察"相关产品，为企业战略制定、新品研发、价格优化、品牌增长、广告投放、内容创意、渠道选址提供决策支撑。

3. 内容与创意

内容与创意是营销数字化的第三个创新环节，将内容与创意生产领域的"一键生成"与"千人千面"变为现实，基础的内容创意降维至元素，摆脱了对人的依赖，实现创意的高效、批量化、个性化。创意评价也由人的主观判断变为数据驱动的创意优化，使内容管理与内容工作流更为高效。内容与创意领域的数字化关键节点包括：依靠"创意供给平台"工具整合外部创意供应链，依靠"智能创意制作""创意数据分析与优化"工具实现创意内容智能生产及优化，依靠"内容平台"工具实现对创意内容的高效管理，依靠"规范与合规"工具使内容规范，规避内容风险。

4. 投放与触达

投放与触达是营销数字化的第四个创新环节，包括全用户的精准触达、全渠道的智能投放、实时动态的效果监测与优化。覆盖人群、媒介类型及广告类型不断拓宽，且实现人群的全链路追踪，在广度与深度上都实现了触达效率的飞跃。

用户投放与触达领域的数字化关键节点包括："程序化广告"实现精准的目标受众定向与投放，在"搜索营销与优化""社交媒体营销""内容平台营销""社交平台营销""移动应用广告""数字户外广告"等不同类型媒介平台实现不同类型广告的精准投放。

同时，依靠全域测量进行单平台或跨平台监测，量化企业与消费者的每一次接触，实现广告投资优化。

此外，借助"关键意见领袖（KOL）营销"相关工具，科学评估 KOL 的价值、实现 KOL 与用户之间的精准匹配，通过"直播"完成"种草"与带货。

5. 服务与体验

服务与体验是营销数字化的第五个创新环节。营销从流量时代进入存量时代，由于企业与用户的关系需要从粗放转为精细与深耕，因此企业需要不断制造与用户的"相遇""种草"直至"收割"并进入下一轮循环。在服务与体验领域的数字化关键节点包括：通过"消费者体验"设计消费者体验旅程，依靠"流量运营"完成流量的有效分配，通过"社群运营""用户运营""内容运营""商品运营"等为消费者提供服务，提升消费者体验。

6. 渠道与销售

渠道与销售是营销数字化的第六个创新环节，即企业建立对消费者、商品、渠道终端、销售人员的即时连接、数据获取、状态监控、服务支持等能力。渠道与销售的数字化关键节点包括：依靠"平台电商""数字门店""自建电商""客户服务"，覆盖从品牌官方商城、线上购物平台及社交商城、线下数字门店到客户服务的全渠道构建过程，通过仓储物流、零售商运营、经销商运营完成渠道拓展、铺货、分销、动销，实现智慧营销与渠道运营。

2.4 "互联网+"思维

1. 用户思维

用户思维是互联网思维的核心。用户思维是指站在用户角度思考，使用用户的语言表达用户关注的点，以帮助用户思考和判断，从而让用户能快速获取自己所需的过程。在互联网蓬勃发展的今天。用户思维格外重要，因为消费者通过互联网搜索掌握了更多的产品、价格、品牌方面的信息。消费者在掌握这些信息之后，有能力分辨出更好的产品。如果不通过用户思维满足消费者需求，以用户为中心，做到全程用户体验至上，把产品和服务做到极致，把用户体验做到极致，超越用户预期，企业很难在数字营销中立于不败之地。企业要把握用户思维，需要准确定位自己的用户，实现人与人之间更好的连接，增强用户对产品的黏性，利用"场景化"培养用户的使用习惯。

2. 大数据思维

互联网思维下通过数据挖掘与分析会提高企业的核心竞争力。数据就是资源，提炼出的信息就是商业价值所在。然而，大数据并不在于"大"，而在于"有用"。大数据思维首先要能够充分理解数据的价值，并且知道如何利用大数据为企业经营决策提供依据，即通过数据处理创造商业价值。大数据思维的核心就是通过数据处理创造商业价值。大数据时代带给人们的是一种全新的思维方式，具体可以从以下三个方面进行分析：从样本思维转向总体思维；重视数据的可能性，弱化精确性；关注数据的相关性，而非因果关系。

3. 跨界思维

跨界思维是指一种多角度、多视野地看待问题和提出解决方案的思维方式。随着互联网和科技的发展，很多产业的边界变得模糊，营销人员需要的是打破传统的营销思维模式，避免单独作战，寻求非业内的合作伙伴，发挥不同类别品牌的协同效应，基于用户体验的互补，进而实现多个品牌从不同角度诠释同一个用户的特征。跨界的深层次原因在于，当一个品牌符号需要更全面、更深入地满足其目标消费人群的心理需求时，就需要为品牌添加更多的文化元素和品牌意义。其主要目的在于让原本毫不相干的元素相互渗透、相互融合，给品牌一种立体感和纵深感，从而丰富品牌的既有内涵，让品牌更具人性化特征，更有亲和力，更容易让目标人群对品牌产生认同感和归属感。

4. 迭代思维

在互联网大环境下，迭代不限于产品的开发，它还是一种思维方式。产品要根据消费者需求的变化进行快速迭代。只有快速地对消费者需求做出反应，产品才容易贴近消费者。在迭代思维中，需要掌握两个法则。一是小处着眼，微创新。要长久持续而快速地在产品、体验方面进行改进，持续改进多了，就促进了创新，甚至产生颠覆性的创新。二是快速反应，快速行动。快是互联网产品的发展根基，产品开发要快，发展用户要快，这样才能立足于市场，赢得竞争。两个法则互为依存，微创新是快的内在表现形式，快是微创新的外在结果。互联网信息日新月异，企业的营销意识应该紧跟环境变化的步伐，实时关注用户，把握用户需求的变化，及时吸取经验，及时改进。

5. 极致思维

在互联网时代，极致思维是关于产品和服务体验的一种思维方式，要求产品经理能够把产品和服务做到极致，把用户体验做到极致，甚至超越用户的预期。极致思维是产品和服务存在的关键，一个产品如果无法做到极致，就不会形成自身的特色，也就无法打开市场，获得消费者的认可。企业要用极致思维去做极致产品，抓住产品的需求，做好每个细节。极致思维的两个法则是抓准需求和极致体验。前者要求营销人员找到用户工作和生活中的需求，给用户带来有新意的感觉。后者要求把产品体验及服务做到极致，就像"海底捞"一样给用户带来良好的消费体验。

6. 简约思维

简约思维是对品牌和产品规划的理解，定位力求简单，设计上简洁，专注某个点，少即是多，避免复杂的功能影响用户体验，短时间内琢磨透用户的心理，专注于用户的核心痛点。例如，企业的广告需要集中力量将一个重点清楚地打入消费者心中，突破人们痛恨复杂的心理屏障。简约思维是指提供的产品方案是最简化的，却能够解决用户期待解决的所有问题，而且操作步骤极为简单。这对产品来说，无疑具有很强的吸引力。

7. 平台思维

平台思维是对商业模式、组织模式的理解。互联网的平台思维就是开放、共享、共赢的思维。打造多方共赢的生态圈，不具备这种能力的企业要善于利用现有生态圈，打造平台化的商业模式、平台化的营销载体等。在互联网时代，要构建平台生态圈，首先要找到价值点，实现立足。把握诸多价值链有共性的一个环节，做到相对高效，为一个或多个价值链提供更多价值，就可以此为基础，建立一个平台。其次要建立核心优势，扩展平台。在平台的基础上，建立起如品牌、数据、用户习惯等自己容易复制、别人很难超越、边际成本极低的无形资产优势，才能在网络效应的推动下，将平台迅速做大，以实现更大的价值。最后要不断衍生更多的服务，构建生态圈并进行战略升级，加以巩固。

8. 社会化思维

所谓社会化思维，是指组织利用社会化工具、社会化媒体和社会化网络，重塑企业和用户的沟通关系，以及组织管理和商业运作模式的思维方式。企业所面对的员工和用户都是以"网"的形式存在的，沟通和交流更加便捷。在这个"人人都是自媒体"的时代，口碑传播在社会化媒体平台可以产生巨大的裂变效果，为企业带来可观的销售数额。通过社会化媒体，企业可以达成产品与用户的连接，促进产品在用户的社交圈传播，实现产品和品牌的裂变式推广。社会化思维是主流的营销思维模式，学会利用社会化思维可以更好地营销，如小米公司，善于用社区聚集产品的使用者，迅速获得了成长。

9. 流量思维

流量是商业模式得以改进的基础，缺乏流量基础则一切无从谈起。流量按持有者的不同，可以分为公域流量与私域流量。其中，私域流量属于个人或商家的"私有财产"，存在于各种社交媒体之中，如公众号、朋友圈、头条号、微博、社群、抖音等。私域流量是一种需要不断沉淀和积累才能获取的流量，也是一种拥有更高精准度和转化率的垂直流量。公域流量总是与"平台"挂钩，因此可以称为"平台流量"。它是一种集体共有的流量，如淘宝、京东等平台的流量。商家可以通过"花钱购买"的方式，将平台的公域流量转变为自己的私域流量。流量思维是对业务运营的理解，流量是互联网企业的生命之源，流量代表的是大用户量和优秀的服务，更是用户习惯。它需要长期运营，需要掌握用户的行为习惯。互联网企业需要流量，但是更需要流量的转化，如果流量维持多，但是用户留存低，那么依然是失败的流量。正确的思路是，不但要提升产品的质量和客户服务，而且要实现真实流量的转化和长期运维。

10. 免费思维

免费思维是指前端绑定后端的产品或服务来进行获客。前端的产品或服务是免费的，后端的是付费的，从而达成最终的转化，以实现利益最大化。免费思维类似于传统商业行为中的捆绑销售，其核心是获取流量，通过延长利润链条实现后端盈利。免费思维模式可以为企业带来巨大的用户效应，在短时间内汇聚大量用户，在普惠用户的同时，也为企业带来收益。对用户而言，免费思维模式可以让其免费获得试用产品，获得良好的体验和服务。对于企业而言，免费思维模式可以带来流量和用户，提高品牌的知名度。

11. 连接思维

连接思维已经渗透社会的各行各业中，也演变出了各种新型的产品、服务和商业模式。连接背后的行为逻辑是：连接的动机是互动，在互动中构建关系，获得关系后可以得到社会资源。由于网络移动设备的不断普及，云计算、物联网等技术的发展，人们可以方便地通过移动终端随时随地根据自己的需要连接相应信息、商品和其他人，实现共享与共建、共赢。例如，阿里巴巴通过连接人和商品形成了电商场景，腾讯通过连接人和人形成了社交场景，百度通过连接人和信息形成了搜索场景。场景就具有连接思维，不管是线上场景还是线下场景，连接后可以让场景充满变化，更加立体，同时还能够带来更多的市场机遇。未来的商业竞争将会在线上、线下两个场景同时展开。因此，企业必须依托互联网和大数据的优势，重构线下和线上的场景用户体验，并将其融合在一起，构建新的空间、时间连接，打造自己的核心竞争力。

▶ 案例与拓展

社会化平台搭建与运营——以小红书为例

当前，中国社会正处于全面数字化转型期，"平台化"成为一种重要的基础设施建设逻辑。在此过程中，平台被看作一套社会操作系统，因而成为数字化转型的核心发力点，同时也是网络营销开展工作的重要场所。接下来，以小红书为例，来看看它是如何以平台为基础打造真实、美好、多元的社区氛围的。

小红书以搭建场景、注重长尾、算法平权这三重发展逻辑为出发点，很好地统合了不同身份的内容创作者的利益，并不断催生"产消者"这一新型用户生成内容（UGC）角色，在高质量的内容沉淀中逐渐形成了自己的社区调性。

1. 搭建场景

搭建场景是小红书平台初创期的核心问题，彼时用户的主流分享阵地是私域流量：泛滥的微信和随时随地发现新鲜事的微博，但在这两种场景下，人们的记录欲和分享欲未必能得到持续的正面反馈，微信朋友圈的3天可见功能与微博热搜榜的饭圈倦怠皆是其表征。因此，小红书的初衷是让女性用户记录并分享海外美妆和时尚购物信息，创造出基于国别、种族、性别等信息差的场景。小红书率先通过时尚美妆这个领域积累了一、二线城市的白领女性这批"种子用户"，随后开始了它的品类扩张之路。场景的多元化为小红书带来了人群规模的扩大，并且进一步稳固了小红书的内容调性。

2. 注重长尾

小红书在诞生之初，就自带长尾的基因，并在此后的内容生态建设中一步步将其放大。由于小红书的场景价值点是生活，而人们生活在不同的城市，拥有不同的人生经历与体验，所以"标记你的生活"实质是长尾效应的注脚。每个人的生活轨迹不同，因此不存在绝对的话语权优势。与生活越贴近的内容，离商业变现就越近，因此一个哪怕粉丝量不多的博主也能找到收益或出路。社区里的长尾效应被发挥到哪种程度，决定了社区流动的方向和速度，也框定了社区发展的规模与特征。

3. 算法平权

小红书的算法推荐机制依据点赞行为进行内容的实时反馈，点赞过的内容会以同类型的形式出现在后续信息流中。当你的行为发生迁移后，推送机制会回归到你的长期兴趣里。兼顾实时反馈与热度衰减的算法推送机制，体现了小红书在用户画像、内容标签等内容生态建设方面的精耕细作。熟悉小红书平台运营规则的用户都知道，小红书给每个用户的点赞行为都设置了一样的权重，这种匿名机制能够有效消除环境噪声、撕开KOL光环，寻求社交线索消除后最真实的沟通与反馈，因为小红书相信一个普通人在独立决策的情况下是倾向于说真话并且善于与他人共情的。

（资料来源：胡承勇. 场景、长尾、平权：可供性视角下小红书平台化发展的三重逻辑. [J]. 视听, 2024（1）：142-146.）

讨论题：

1. 小红书平台搭建的价值传达与运营逻辑是什么？
2. 你平时喜欢登录哪些平台？其吸引你登录的价值传达、业务内容及市场定位是什么？

关键术语与思考题

关键术语

网络市场　EDI　双边市场　平台分层　网络效应　梅特卡夫定律　同边网络效应　跨边网络效应　正向网络效应　负向网络效应　用户锁定效应　小世界效应　"种草"效应　临界点效应　无标度网络　幂律分布效应　长尾效应　数字化转型　迭代思维　公域流量　私域流量　UGC　KOL

思考题

1. 简述平台竞争的关键因素。
2. 网络经济下,消费者的角色发生了什么转变?
3. 简述网络消费者的需求特征。
4. 简述网络消费者的购买动机。
5. 简述影响消费者网上购物的外在因素。
6. 简述网络消费者的购买过程。
7. 简述"互联网+"思维的内容。

第3章

搜索引擎营销

本章要点

- 搜索引擎的分类与工作原理
- 搜索引擎营销的原理、任务与主要模式
- 搜索引擎的关键词广告
- 网络推广的漏斗模型

随着我国互联网的迅速发展,搜索引擎已经成为人们在网络中获取信息来源的重要组成部分,成为各个企业认可的网络推广手段之一,也成为网络营销服务商最主要的服务项目。搜索引擎营销是利用互联网用户对搜索引擎的依赖,依托搜索引擎平台,将营销信息传递给目标客户的一种营销方法。作为网络营销人员有必要对搜索引擎平台的工作原理进行学习并加以利用,通过该平台将企业与用户进行匹配,为企业创造营销价值。

3.1 搜索引擎的分类

搜索引擎按其工作方式主要可分为三种,分别是全文搜索引擎(Full Text Search Engine)、分类目录(Search Index/Directory)和元搜索引擎(Meta Search Engine)。

1. 全文搜索引擎

全文搜索引擎是通过搜索引擎蜘蛛(Spider)程序沿着链接爬行和抓取各个网站页面,经过预处理,建立索引数据库供用户查询,当用户在搜索框输入关键词后,搜索引擎排序程序从数据库中挑选出符合搜索关键词要求的页面,在很短的时间内反馈大量的结果。

需要说明的是,这些信息并不是搜索引擎即时从互联网上检索得到的,而是从数据库中挑选出来的。通常所说的搜索引擎,其实是一个收集了大量网站/网页资料并按照一定规则建立索引的在线数据库,蜘蛛的爬行、页面的收录及排序都是自动处理的。

全文搜索引擎是真正的搜索引擎,具有代表性的有谷歌和百度。

2. 分类目录

分类目录是一套人工编辑的多个层次的分类,站长可以在不同分类里提交网站,目录编辑在后台审核所提交的网站,将网站放置在相应的分类页面。有时候编辑也主动收录网站。

典型的网站目录包括雅虎目录、hao123等。

分类目录不是本书所讨论的搜索引擎优化（Search Engine Optimization，SEO）所关注的搜索引擎，分类目录虽然有搜索功能，但从严格意义上说，它算不上是真正的搜索引擎，仅仅是按目录分类的网站链接列表而已。

限于人力，目录能收录的通常只是网站首页，而且规模有限，不过收录的网站通常质量比较好。目录收录网站时存储的页面标题、说明文字都是人工编辑的，比较准确。

全文搜索引擎数据更新快，而目录中收录的很多网站内容陈旧，甚至网站可能已经不存在了。

3. 元搜索引擎

元搜索引擎又称多搜索引擎，通过一个统一的用户界面帮助用户在多个搜索引擎中选择和利用合适的搜索引擎来实现检索操作，是对分布于网络的多种检索工具的全局控制机制。

3.2　搜索引擎的工作原理简介

搜索引擎的工作过程非常复杂，这里只能简单介绍搜索引擎是怎样实现网页排名的。搜索引擎排名大致上可以分为四个步骤。

1. 爬行和抓取

搜索引擎派出一个能够在网上发现新网页并抓取文件的程序，这个程序通常被称为蜘蛛（Spider）或机器人（Robot）。搜索引擎蜘蛛从数据库中已知的网页开始出发，就像正常用户的浏览器一样访问这些网页并抓取文件。

搜索引擎蜘蛛会跟踪网页上的链接，访问更多网页，这个过程就叫作爬行（Crawl）。当通过链接发现有新的网址时，蜘蛛将把新网址记录入数据库等待抓取。搜索引擎为了提高爬行和抓取速度，都使用多个蜘蛛并发分布爬行。

跟踪网页链接是搜索引擎蜘蛛发现新网址的最基本方法，所以反向链接成为搜索引擎优化的最基本因素之一。没有反向链接，搜索引擎连页面都发现不了，就更谈不上排名了。

搜索引擎蜘蛛抓取的页面文件与用户浏览器得到的完全一样，并将其存入数据库。

由此可见，虽然理论上蜘蛛能爬行和抓取所有页面，但实际上不能，也不会这么做。SEO人员要想让自己的更多页面被收录，就要想方设法吸引蜘蛛来抓取。既然不能抓取所有页面，蜘蛛所要做的就是尽量抓取重要页面。哪些页面被认为比较重要呢？有以下几个影响因素。

（1）网站和页面权重　质量高、资格老的网站被认为权重比较高，这种网站上的页面被爬行的深度也会比较深，所以会有更多内页被收录。

（2）页面更新度　蜘蛛每次爬行都会把页面数据存储起来。如果第二次爬行发现页面与第一次收录的完全一样，说明页面没有更新，蜘蛛也就没有必要经常抓取。如果页面内容经常更新，蜘蛛就会更加频繁地访问这种页面，页面上出现的新链接也自然会被蜘蛛更快地跟踪、抓取。

（3）导入链接　无论是外部链接还是同一个网站的内部链接，要被蜘蛛抓取，就必须有导入链接进入页面，否则蜘蛛根本没有机会知道页面的存在。高质量的导入链接也经常使页面上的导出链接被爬行，深度增加。

（4）与首页点击距离　一般来说，网站上权重最高的是首页，大部分外部链接是指向首页的，蜘蛛访问最频繁的也是首页。离首页点击距离越近，页面权重越高，被蜘蛛爬行的机会也就越大。

2. 索引

搜索引擎把蜘蛛抓取的网页文件分解、分析，并以巨大表格的形式存入数据库，这个过程就是索引（Index）。在索引数据库中，网页文字内容、关键词出现的位置、字体、颜色、加粗、斜体等相关信息都有相应记录。

搜索引擎索引数据库存储巨量数据，主流搜索引擎通常都存有几十亿级别的网页。

3. 搜索词处理

用户在搜索引擎界面输入关键词，单击"搜索"按钮后，搜索引擎程序即对输入的搜索词进行处理，如中文特有的分词处理，去除停止词，判断是否需要启动整合搜索，判断是否有拼写错误或错别字等情况。搜索词的处理必须快速。

（1）中文分词　分词是中文搜索引擎特有的步骤。搜索引擎存储和处理页面及用户搜索都是以词为基础的。英文等语言单词与单词之间有空格分隔，搜索引擎索引程序可以直接把句子划分为单词的集合。中文词与词之间没有任何分隔符，一个句子中的所有字和词都是连在一起的，搜索引擎必须首先分辨哪几个字组成一个词，哪些字本身就是一个词。例如，"减肥方法"将被分词为"减肥"和"方法"两个词。

中文分词方法基本上有两种：一种是基于词典匹配，另一种是基于统计。

基于词典匹配的方法是指，将待分析的一段汉字与一个事先造好的词典中的词条进行匹配，在待分析的汉字串中扫描到词典中已有的词条则匹配成功，或者说切分出一个单词。词典匹配方法计算简单，其准确度在很大程度上取决于词典的完整性和更新情况。

基于统计的分词方法是指分析大量文字样本，计算出字与字相邻出现的统计概率，几个字相邻出现越多，就越可能形成一个单词。基于统计的方法的优势是对新出现的词反应更快速，也有利于消除歧义。

基于词典匹配和基于统计的分词方法各有优劣，实际使用中的分词系统都是混合使用两种方法的，既快速高效，又能识别生词、新词，消除歧义。

中文分词的准确性往往影响搜索引擎排名的相关性。例如，在百度搜索"搜索引擎优化"，从快照中可以看到，百度把"搜索引擎优化"这六个字当成一个词。在谷歌搜索同样的词，快照显示谷歌将其分切为"搜索""引擎""优化"三个词。显然百度切分得更为合理，搜索引擎优化是一个完整的概念。

（2）去除停止词　无论是英文还是中文，页面内容中都会有一些出现频率很高，却对内容没有任何影响的词，如"的""地""得"之类的助词，"啊""哈""呀"之类的感叹词，"从而""以""却"之类的副词或介词。这些词被称为停止词，因为它们对页面的主要意思没有什么影响。英文中的常见停止词有"the""a""an""to""of"等。

搜索引擎在索引页面之前会去掉这些停止词，使索引数据主题更为突出，减少无谓的计算量。

（3）去重　同一篇文章经常会重复出现在不同网站及同一个网站的不同网址上，搜索引擎并不喜欢这种重复性的内容。所以在进行索引前还需要识别和删除重复内容，这个过程就称为"去重"。

（4）索引　搜索引擎索引程序将页面及关键词形成词表结构存储进索引库。这样当用户搜索某个关键词时，排序程序在索引中定位到这个关键词，就可以马上找出所有包含这个关键词的文件。

简化的索引词表结构见表3-1。

表3-1　简化的索引词表结构

关键词	文件
关键词1	文件1，文件2，文件15，文件58，…，文件 l
关键词2	文件1，文件3，文件6，…，文件 m
关键词3	文件5，文件700，文件805，…，文件 n
⋮	⋮
关键词 n	文件1，文件2，文件6，文件100，…，文件 x

4. 排名

经过搜索引擎蜘蛛抓取页面，索引程序计算得到索引后，搜索引擎就准备好可以随时处理用户搜索了。用户在搜索框填入关键词后，排名程序调用索引库数据，计算排名，排名过程是与用户直接互动的。

在计算排名过程中，相关性计算是搜索引擎算法中最令SEO感兴趣的部分。影响相关性的主要因素包括以下几个方面。

（1）关键词常用程度　经过分词后的多个关键词，越常用的词对搜索词的意义贡献越小，越不常用的词对搜索词的意义贡献越大。

假设用户输入的搜索词是"我们冥王星"。"我们"这个词常用程度非常高，它对"我们冥王星"这个搜索词的辨识程度和意义相关度贡献就很小。找出那些包含"我们"这个词的页面，对搜索排名相关性几乎没有什么影响，有太多页面包含"我们"这个词。

常用词的极致就是停止词，对页面意义完全没有影响。

（2）词频及密度　一般认为，在没有关键词堆积的情况下，搜索词在页面中出现的次数越多，密度越高，说明页面与搜索词越相关。

（3）关键词的位置及形式　页面关键词出现的格式和位置都被记录在索引库中。关键词出现在越重要的位置或格式越明显，如标题标签、黑体、H1等，说明页面与关键词越相关。

（4）关键词距离　切分后的关键词完整匹配地出现，说明页面与搜索词最相关。例如，在搜索"减肥方法"时，连续完整出现"减肥方法"四个字的页面是最相关的。如果"减肥"和"方法"两个词没有连续匹配出现，出现的距离近一些，也被搜索引擎认为页面的相关性稍微大一些。

（5）链接分析及页面权重　除了页面本身的因素，页面之间的链接和权重关系也影响关键词的相关性，其中最重要的是锚文字。页面以搜索词为锚文字的导入链接越多，其相关性越强。

3.3 搜索引擎营销的原理与任务

企业利用被用户通过搜索引擎检索的机会达到信息传递的目的,这就是搜索引擎营销。

1. 搜索引擎营销的基本过程

1)企业将信息发布在网站上,成为以网页形式存在的信息源(包括企业内部信息源及外部信息源)。

2)搜索引擎将网站/网页信息收录到索引数据库。

3)用户利用关键词进行检索(对于分类目录则是逐级目录查询)。

4)检索结果中罗列相关的索引信息及其链接统一资源定位符(Uniform Resource Locator,URL)。

5)用户根据对检索结果的判断选择有兴趣的信息,并点击 URL 进入信息源所在的网页。

这样便完成了企业从发布信息到用户获取信息的整个过程,这个过程也说明了搜索引擎营销的基本原理。

2. 搜索引擎营销的基本任务

根据搜索引擎营销的基本原理可以看出,搜索引擎营销的基本任务包括以下几个方面。

(1)构造适合搜索引擎检索的信息源　网页信息源被搜索引擎收录是搜索引擎营销的基础,这也是网站建设成为网络营销基础的原因。由于用户通过检索之后还要来到信息源获取更多的信息,因此这个信息源的构建不能只是站在搜索引擎友好的角度,应该包含用户友好,这就是在建设营销导向的企业网站中所强调的。

(2)创造网站/网页被搜索引擎收录的机会　无论网站设计多么精美,如果不能被搜索引擎收录,那么用户便无法通过搜索引擎发现这些网站中的信息,当然就不能达到网络营销信息传递的目的。因此,尽可能多的网页被搜索引擎收录是网络营销的基本任务之一。

(3)让网站信息出现在搜索结果中靠前的位置　网站/网页仅仅被搜索引擎收录还不够,还需要让企业信息出现在搜索结果中靠前的位置,这就是搜索引擎优化所期望的结果。

(4)以搜索结果中有限的信息获得用户关注　通过对搜索引擎检索结果的观察可以发现,用户通常需要对搜索结果进行判断,从中筛选一些相关性最强及最能引起自己关注的信息进行点击,这就要求对搜索引擎进行有针对性的设计,主要包括网页标题、网页摘要信息、网页 URL 等。

(5)为用户获取信息提供方便　用户通过点击搜索结果进入网站/网页,是搜索引擎营销产生效果的基本表现形式。

用户来到网站之后可能要了解产品信息,如产品质量、款式、价格等。在此阶段,要为用户获取信息提供方便。同时,与用户建立密切的关系,使其成为潜在客户,或者直接购买产品。

3. 搜索结果显示格式

百度"网络营销"的搜索结果列表,主要分为三部分,如图 3-1 所示。

第一行是页面标题,通常取自页面超文本标记语言(Hype Text Markup Language,HTML)代码中的标题标签(Title Tag)。这是结果列表中最醒目的部分,用户点击标题就可以访问对应的网页。可见页面标题标签的写法,无论对排名还是对点击率都有重要意义。

> 网络营销培训,网络营销课程,网络营销师运营中心
> 中国电子商务协会职业经理认证管理办公室网络营销师运营中心专门致力于网络营销培训,培训
> 利用网络技术开展商务、经营及管理活动的复合型网络营销商业人才的培养、认证
> www.emet.org.cn/ ▾ - 百度快照 - 评价

图 3-1　百度"网络营销"的搜索结果列表

第二行、第三行是页面说明。页面说明有时候取自页面 HTML 中的描述标签（Description Tag），有时从页面可见文字中动态抓取相关内容。

第四行显示三个信息——网址、百度快照和评价。①网址：用户可以看到页面来自哪个网站。②百度快照：用户点击快照，可以查看存储在百度数据库中的页面内容。当页面被删除或者有其他技术问题导致不能打开时，用户至少还可以从快照中查看想要的内容。③评价：点击后进入百度口碑，用账号登录后可对当前网站进行评论。

3.4　搜索引擎营销的主要模式

搜索引擎营销的主要模式可归纳为以下三种。

1. 登录分类目录

最早的分类目录网站推广的方法至今仍适用，只不过现有的分类目录已经不重要或者不再像早期那样免费收录网站，而是当网站缴纳费用之后才可以获得被收录的资格。例如，百度旗下的 hao123 导航网站以及百度网址大全、搜狗网址导航等都仅提供部分大型网站的链接。与传统分类目录不同的是，这些导航网站不一定有详细的行业分类，并且通常不轻易接受新网站登录申请。

随着基于超级链接的全文搜索引擎重要性的提高，现在传统分类目录网站的影响力已经越来越小。

2. 搜索引擎优化

搜索引擎优化即通过对网站栏目结构和网站内容等基本要素的优化设计，提高网站对搜索引擎的友好性，使网站中尽可能多的网页被搜索引擎收录，并且在搜索引擎自然检索结果中获得好的排名效果，从而通过搜索引擎的自然检索获得尽可能多的潜在用户。搜索引擎优化是 2004 年之后最重要的搜索引擎营销模式之一，通过网站优化才可以获得一定的网站访问量。

3. 搜索引擎关键词广告

搜索引擎关键词广告即通过为搜索引擎服务商付费的方式，当用户用某个关键词检索时，在搜索结果页面专门设计的广告链接区域显示企业的广告信息。由于关键词广告信息出现在搜索结果页面的显著位置且与用户搜索的内容有一定的相关性，因此比较容易引起用户的关注和点击，是快速扩大搜索引擎可见度的有效方式，也是目前搜索引擎营销市场成熟的推广模式。

基于网页内容定位广告也是关键词广告的一种模式（关键词广告联盟），只有广告客户才能选择是否启用内容网络联盟。启用内容网络联盟意味着广告主的广告可以出现在更多内容相关的网站而不局限于搜索引擎的搜索结果页面，由于单位时间内广告展示和被点击次数

更多，这也就意味着可能需要更多的广告预算。

3.5 搜索引擎关键词广告

搜索引擎优化是基于搜索引擎自然检索的推广方法，并不是每个网站都可以通过搜索引擎优化获得足够多的访问量，尤其是在一个竞争激烈的行业中大量的企业网站都在争夺搜索引擎检索结果中有限的用户注意力资源时，很多企业会受到搜索引擎自然检索推广效果的制约，因此企业往往采用付费搜索引擎广告与搜索引擎优化的组合策略。

关键词广告是搜索引擎服务商的主要盈利模式，因其更加灵活和可控性高等特点得到企业的认可。本节讨论付费搜索引擎广告的形式、特点，以及网站投放搜索引擎广告的基本方法和主要问题。

3.5.1 搜索引擎关键词广告及其表现形式

目前，在国内影响力较大的各大搜索引擎都有各自的关键词广告服务，在表现形式上也有较多的相似之处，只是在具体的广告投放模式、广告管理方式、每次点击的价格等方面有一定的差异。下面以百度为例做介绍。

百度关键词广告，最初叫竞价排名，后来称为"百度推广""商业推广""广告"。竞价排名是指在搜索引擎检索结果中，依据付费的多少来决定广告的排名位置，付费最高的网站信息将出现在搜索结果最靠前的位置。这里所说的付费，是指用户每点击一次检索结果的费用。由于纯粹按照付费多少来决定排名的方式可能出现广告与搜索结果的相关性不高或者容易引起误导的情形，因此逐步演变为考虑了更多因素形成的综合排名模式，也就是百度推广。2016年5月17日，中共中央网络安全和信息化领导小组办公室（简称"国家网信办"）要求百度修改竞价权重过高的问题，并对搜索结果中商业推广标识不清的问题进行优化，原来模糊不清的"推广"两个字，修改成了"商业推广""广告"，以此来确保搜索结果更加公正客观，避免误导广大用户。2016年6月25日，国家网信办发布《互联网信息搜索服务管理规定》，要求信息搜索服务提供商明确付费搜索信息页面比例上限，醒目区分自然搜索结果与付费搜索信息，对付费搜索信息逐条加注显著标识。

3.5.2 搜索引擎关键词广告的十大特点

关键词广告是目前最广泛的付费搜索引擎推广模式，这与关键词广告自身的特点密不可分。

1. 关键词广告是"立竿见影"的网络推广模式

搜索引擎是目前用户获取信息的主要渠道，只要投放了关键词广告，当用户搜索时，企业的推广信息会立刻出现在搜索结果页面，广告显效快，远比搜索引擎优化效果更为直接。而且由于广告展示在自然搜索结果前列，用户关注程度更高。对于竞争激烈的行业，关键词广告的优势更为显著。

2. 搜索引擎关键词广告的灵活自主性

关键词广告管理系统的功能越来越强大，广告用户可以实现灵活自主的广告投放，包括广告投放的区域、时段、每天每月最多消费金额等。

3. 按有效点击次数付费，推广费用相对较低

按点击次数付费是搜索引擎关键词广告模式的主要特点之一，对用户浏览而没有点击的信息不收费，相对于传统展示类网页网络广告按照千人成本（Cost Per Thousand Impressions，CPM）收费的模式来说，更加符合广告用户的利益，使网络推广费用相对较低，而且完全可以自行控制。因此搜索引擎关键词广告成为各种规模的企业都可以利用的网络推广手段。

4. 关键词广告的用户定位程度较高

由于关键词广告信息出现在用户检索结果页面，与用户获取信息的相关性较强，因而搜索引擎广告的定位程度高于其他形式的网络广告。而且由于用户是主动检索并获取相应的信息，具有更强的主动性，符合网络营销用户决定营销规则的思想，属于绿色健康的网络营销模式。

5. 关键词广告形式简单，降低了广告制作成本

关键词竞价的形式比较简单，通常是文字内容，包括标题、摘要信息和网址等要素。关键词不需要复杂的广告设计，因此降低了广告设计制作成本，使小企业、小网站，甚至个人网站、网上店铺等都可以方便地利用关键词竞价方式进行推广。

6. 关键词广告投放及管理效率较高

关键词广告推广信息不仅形式简单，而且整个投放过程很快捷，大大提高了投放广告的效率。与其他广告模式相比，关键词广告管理更为高效。

7. 关键词广告引导用户到达页面的针对性更强

关键词广告所链接的页面，通常被称为着陆页，即广告用户到达的第一个页面。关键词广告所链接的URL由广告主自行设定，可以引导用户来到任何一个期望的网页。当然更加理想的方式是广告主设置一个专门的着陆页。在自然检索结果中，搜索引擎收录的网页信息是网站运营人员无法自行确定的，出现哪个网页无法自行选择，因而这也是关键词广告针对性更强的一个原因。

8. 关键词广告效果一目了然

当购买了关键词广告服务之后，服务商会为广告用户提供一个管理入口，可以实时在线查看推广信息的展示、点击情况以及广告费用信息。经常对广告效果统计报告进行记录和分析，对于积累搜索引擎广告推广的经验、进一步提高推广效果具有积极意义。

9. 关键词广告是搜索引擎优化的补充

搜索引擎优化是网站基本要素优化的反映，通常无法保证很多关键词能在搜索引擎检索结果中获得好的排名优势，尤其是当一个企业拥有很多产品线时，搜索引擎优化难以做到覆盖面很广。这时采用关键词广告推广是对搜索引擎自然检索推广的有效补充，综合利用关键词广告与搜索引擎优化更有利于提升搜索引擎营销的效果。

10. 关键词广告可增加网络营销竞争壁垒

搜索引擎营销的竞争是对搜索引擎可见度资源的竞争。利用关键词广告及搜索引擎优化的搜索引擎营销组合策略占据有限的搜索结果推广空间，也是一种合理的网络竞争方式，有助于增加网络营销的竞争壁垒。因此，策略性关键词广告投放也是企业竞争的需要。

3.5.3 关键词广告排名的算法规则

管理百度搜索推广账户，最重要且最常见的几个点就是质量度、搜索排名、出价。虽然是竞价排名，但绝对不是谁出价高谁就排在前面。

那么关键词的质量度、搜索排名、出价之间是什么关系呢？下面介绍几个相关概念。

1. 关键词的质量度

质量度是搜索推广中衡量搜索网民、搜索词与推广结果之间相关性的综合性指标，在账户中以 10 分制的形式来呈现，分值越高则相关性越强，越能得到网民的关注与认可，展现概率越大。质量度是根据关键词与创意相关性、关键词与目标网页的相关性、关键词点击率、账户表现（账户生效时间、其他关键词点击率）等因素计算的综合指标。

2. 创意撰写质量

创意撰写质量反映了广告展示以后对搜索网民的吸引力。创意撰写得越好，越有可能给网站带来流量。

3. 目标网页体验

目标网页体验反映了搜索网民点击广告以后目标网页对其需求的满足程度。网页体验越好，越有可能发生转化。

4. 关键词的搜索排名

（1）平均排名　在每次展现时，系统会按照质量度和出价计算得到推广结果的综合竞争力，并按照该综合竞争力自动得到推广结果的排名。关键词的平均排名就是推广结果排名的一个平均表现。从整体上来说，平均排名越高，说明推广结果在展现时获得的排名位置越优，网站获得客户访问的次数也可能越多。值得注意的是，平均排名只是反映了当前关键词的整体表现，推广结果的展现位置以实际线上表现为准。

（2）左侧排名　此处的左侧排名是指关键词在该地域中的左侧排名（通常认为左侧排名才算有排名，右侧的都不算有排名，只叫有展示）。

百度推广中的排名取决于很多因素，其中有两个重要的因素，即最高每次点击成本（Cost Per Click，CPC）和广告点击率（Click Through Rate，CTR）。每次点击成本是指广告商设定的关键字的单次点击费用，也就是针对一个关键词愿意出的竞价价格。广告点击率是指广告的点击次数除以展示次数所得到的比率。广告点击率越高，说明广告相关性越强，也就是说广告点击率越高，广告越受欢迎。

这意味着，单纯提高 CPC 并不一定能使广告排名靠前，而广告展示次数多，但没有点击率也不能使广告排名靠前。因此，百度竞价的排名最终取决于出价和关键词的质量度二者的乘积，数值越大，排名越靠前。百度推广的这一做法是为了鼓励广告商制作质量高的广告。好的广告点击率高，即使客户愿意出的竞价价格较低，其广告排名也可能被逐步提前。如果按照"谁出钱最多，谁就排在搜索结果的最前面"这种方式来进行排名，对搜索者来说并不是好事，很多时候排名靠前的企业，其广告质量度非常差，不仅浪费了搜索者的时间，也导致了企业搜索引擎营销成本的提高。

百度竞价实际每次点击价格取决于客户自身和其他客户的排名、出价和质量度，每个关键词的点击价格最高不会超过客户自身为关键词所设定的最高出价。

3.6　网络推广漏斗模型

了解典型的网络营销漏斗模型，有助于从系统的角度理解网络营销，更易于找到企业做网络营销潜在的瓶颈和突破机会，从而更有效地提升网络营销的整体业绩。

3.6.1 网络推广漏斗模型的概念

要弄清楚网络推广漏斗模型到底是什么，可以先来了解一下网民的购买过程。

一个网民通过搜索引擎购买产品，从开始搜索与产品相关的关键词到最后下单，大致会经历五个环节。

搜索：使用百度或站内搜索引擎搜索商品信息。

点击：在搜索结果中点击感兴趣的推广信息。

浏览：打开企业网站或推广平台的页面进行浏览。

咨询：就产品与企业销售人员进行咨询。

下单：买到合适的商品。

作为企业，在网络推广中，从推广信息获得展现到最后获得订单，也有五个环节。

创意展现：推广信息在搜索结果页面展现。

获得点击：推广信息获得网民的点击。

网页得到访问：网站或网页被网民浏览。

与网民互动：企业与网民互动交流。

获得订单：将商品卖出去。

在企业网络推广过程中，推广信息获得的展现量、点击量、访问量、咨询量和订单量，从上往下，依次减少，把企业推广的全过程通过一个图形象化、数据化地呈现出来，发现这个图形呈漏斗状，所以人们形象地称之为网络推广漏斗模型，如图3-2所示。

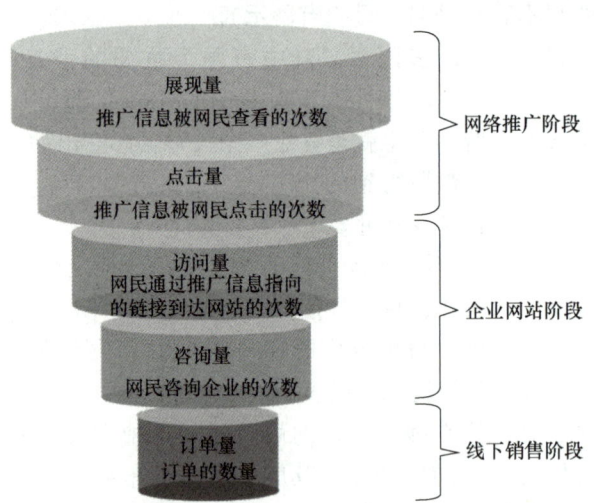

图 3-2　网络推广漏斗模型示意图

企业做推广的效果可用漏斗中的五个量、四个率来帮助人们进行评估。

展现量：推广信息被网民查看的次数。

点击量：推广信息被网民点击的次数。

访问量：网民通过推广信息指向的链接到达网站的次数。

咨询量：网民咨询企业的次数。

订单量：订单的数量。

根据这五个量，接着可以得到四个率，分别是：点击率、访问转化率、咨询转化率和订单转化率。

$$点击率=\frac{点击量}{展现量}$$

$$访问转化率=\frac{访问量}{点击量}$$

$$咨询转化率=\frac{咨询量}{访问量}$$

$$订单转化率=\frac{订单量}{咨询量}$$

3.6.2 分析网络推广漏斗，提升网络推广效果

为了分析网络推广效果，将网络推广漏斗分为五个过程，这五个过程又可以分为三个阶段。

第一阶段：企业网络推广阶段（展现量、点击量）。

（1）展现量小，即推广结果有效展现次数较少　在漏斗的顶端，常见的问题是展现量偏小，低于期望或者行业平均水平，导致推广不能完整覆盖受众人群，使企业主错失潜在客户。面对这种情况，应重点诊断关键词本身可能存在的问题，通常从以下四个方面分析。

1）关键词。在对关键词进行选择的时候，无论是竞价排名还是自然排名，都要考虑是否存在关键词不够精准、关键词类型单一或关键词数量不够的问题，带来的搜索量大不大。如果有这类问题，则需要对关键词进行拓展，根据地区、盈利模式及产品的合理命名选择适当数量的、针对性强的长尾关键词，尤其要注意站在用户角度选择长尾关键词，拓展受众来源。

2）排名位置。排名对于展现量的影响是巨大的，如果排名靠后会直接导致网民对推广信息的关注度下降，甚至根本看不到推广信息。

若出现排名靠后的问题需要立即进行调整：一是在竞价排名中对创意的出价及文案进行调整，提高关键词的质量度；二是在自然排名中对网页加强站内优化和站外优化，检查是否有关键词密度不合理等情况存在，并提高网站的更新频度。

3）匹配方式。在竞价排名中要考虑关键词匹配模式的选择是否灵活。如果仅适用精准匹配或短语匹配会错过相当一部分流量，建议使用"广泛匹配+否定匹配"的组合进行测试，观察效果。

4）地域和时段。在竞价排名中，是否对推广时段设置时间较短，错过了投放的最佳时机，是否推广预算分配不合理，导致计划提前下线等。

（2）点击率低，即展现量正常，但点击量小　点击率低不仅会造成用户的流失，而且对推广账户的质量度会有非常大的负面影响。那么应该从哪几个方面找问题呢？

1）创意质量、Meta 标签中的 Title 和 Description。推广创意或 Title 是否过于平淡，没有突出产品的卖点及折扣信息，造成了与竞争对手的差异度不足，无法吸引用户点击。这就需要重写文字信息，增加图片，吸引用户点击。

2）相关性。需要考虑关键词与推广创意或 Title 的相关性是否出现问题。是不是投放了

流量很大的很宽泛的关键词,因为该关键词含义宽泛,与推广创意或 Title 相关性差,满足不了客户的搜索需求,所以点击率不高。

3)排名位置。排名靠后,处于受众不容易发现的位置,对点击率会产生明显影响。

第二阶段:企业的网站阶段(访问量、咨询量)。

这个阶段相当于通过搜索引擎推广,已经把客户带到网站来了,但并不是带来的客户都会浏览网站内容,这与网站建设质量有关。

(1)访问转化率低,即点击量正常,但访问量很小 在点击量和访问量这两者之间出现一定的损耗是正常的,通常搜索损耗在 20%~30% 之间,如果损耗数值过大,就要及时检查。

1)页面打开速度。检查页面的加载速度是否过慢,使用户在页面加载完全之前就选择了离开。最常见的是使用 Flash 页面,动辄十几秒几十秒的加载速度,会直接耗尽用户的耐心,造成用户的大量流失。另外,检查一下网站是不是使用了跳转,跳转有可能会使访问的来源信息丢失,也可能会给网站的稳定性带来问题。除此之外,页面中的图片数量、体积过大的图片、过多的页面特效、网站空间的带宽和稳定性等也会影响页面的打开速度。

2)相关性。检查推广创意、关键词、Title 标题与着陆页是否存在相关性不强的问题。如果与着陆页中的产品内容差异很大,就可能造成页面监测代码未完成载入时用户就跳出页面。

需要注意的是恶意点击及作弊流量也具有到达率较低的特征,但在做出作弊相关判断时,需要综合多方面的数据加以分析,才可以最终确定。

(2)咨询转化率低,即访问量正常,但咨询量很小 虽然网络推广为网站带来了优质流量,但电话咨询和在线咨询却很少,咨询转化率低的问题与网站体验有着紧密联系,需要综合网站分析的数据做出有针对性的优化,通过良好的网站体验提升咨询转化率。咨询量很小可以从以下几个方面找原因。

1)网站定位不准,页面设计缺乏销售力。就像一个说话吞吞吐吐的推销员,无法将客户说服。

首先产品定位要准,网站首页要"秀"出核心产品的卖点,牢牢地吸引住客户;其次客户定位要准,要根据客户的思路按先后顺序展示相关内容,让客户很容易看到自己关心的内容;最后要增加网站的公信力和说服力,没有信任就没有成交。

2)咨询方式单一。不同的客户喜欢不同的咨询方式,多一种咨询方式就有可能多一些咨询量。

3)咨询入口不醒目。联系方式的位置既要醒目,又要不影响整体体验。有些网站从用户进来到结束,一直弹出窗口,导致无法浏览整个页面,用户只能弃之而逃。

第三阶段:线下销售阶段(订单量)。

漏斗最下层是成交的关键。掌握漏斗转化数据能够提升转化率,将意向客户转化为成交客户。

订单转化率低,即网站咨询多,而订单少。

订单转化率低可以从以下几个方面找原因。

(1)客服能力 客服的作用不可小觑,其对订单的转化有着很大的影响。客服人员是否对产品有深入理解,并且引导客户做出决定;是否能定期收集用户反馈,并反馈给业务部或者产品部,确定是否优化;是否能与客户进行有效沟通,保持良好的服务态度。上述因素都将对客户是否能够在线下单产生影响。因此,企业应该对网站的客服能力进行评估与反馈,及时发现客服人员的短板,并对其进行专业能力的培训。

(2)促销活动能力 如果促销活动对客户产生了正面影响,则能促使其做出购买决定。好的促销活动具有隐性益处:如果客户接受了"买二送一"的促销折扣,那么在使用企业的产品时,他们就不会购买竞争对手的产品。客户对企业的产品或服务的良好体验也会对以后的购买行为产生重大影响,所以如果订单转化率低,网站或店铺不要忽略促销活动,以便刺激客户做出购买决策。

3.7 高级搜索指令

用户除了可以通过搜索引擎搜索普通关键词外,还可以使用一些特殊的高级搜索指令。这些搜索指令对普通用户来说很少用到,对于网络营销人员进行竞争对手研究和寻找外部链接资源却非常有用。本节简单介绍常用的高级搜索指令。

1. 双引号

把搜索词放在双引号中,代表完全匹配搜索,也就是说,搜索结果返回的页面包含双引号中出现的所有词,连顺序也必须完全匹配。

例如,搜索"飞机微博图片",返回的结果中大部分页面出现的关键词并不是完整的"飞机微博图片",有的页面中"飞机""微博""图片"这三个词出现在不同地方,中间有间隔,顺序也不相同。把"飞机微博图片"放在双引号中再搜索"飞机微博图片",可以看到,返回结果完全按顺序出现"飞机微博图片"这个搜索字符串的页面。

使用双引号搜索可以更准确地找到特定关键词的竞争对手。

2. 减号

减号(-)代表搜索不包含减号后面的词的页面。在使用这个指令时,减号前面必须是空格,减号后面没有空格,紧跟着需要排除的词。

例如,搜索"新加"这个词时,返回结果排在前面的很多是关于新加坡的页面。如果搜索"新加 -坡",返回的结果则是包含"新加"这个词,却不包含"坡"这个词的结果。

使用减号也可以更准确地找到需要的文件,尤其是在某些词有多种意义时。例如,搜索"苹果 -电影",返回结果页面就排除了《苹果》这部电影的结果,而不会影响苹果计算机和苹果作为水果的内容。

3. 星号

星号(*)是常用的通配符,也可以用在搜索中,其中的*号代表任何文字。百度不支持星号搜索指令。

4. "inurl:"指令

"inurl:"指令用于搜索查询词出现在URL中的页面。"inurl:"指令支持中文和英文。

例如,搜索"inurl:搜索引擎优化",返回的结果都是网址URL中包含"搜索引擎优化"的页面。由于关键词出现在URL中对排名有一定的影响,使用"inurl:"搜索可以更准确地找到竞争对手。

5. "inanchor:"指令

"inanchor:"指令返回的结果是导入链接锚文字中包含搜索词的页面。百度不支持"inanchor:"搜索指令。

例如，在Google搜索"inanchor：点击这里"，返回的结果页面本身并不一定包含"点击这里"这四个字，而是指向链接锚文字中出现了"点击这里"这四个字的页面。

链接锚文字是影响关键词排名最重要的因素之一，有经验的SEO会尽量使外部链接锚文字中出现目标关键词。因此，使用"inanchor:"指令可以用来找到某个关键词的竞争对手，而且这些竞争对手往往是做过SEO的。研究竞争对手页面有哪些外部链接，就可以找到很多链接资源。

6. "intitle:"指令

"intitle:"指令返回的是页面标题（Title）中包含关键词的页面。

标题是目前页面优化的重要因素，SEOer（搜索营销者）都会把关键词放在标题中。

使用"intitle:"指令找到的文件是更准确的竞争页面。如果关键词只出现在页面可见文字中，而没有出现在标题中，大部分情况是并没有针对关键词进行优化，所以也不是有力的竞争对手。

7. "allintitle:"指令

"allintitle:"指令搜索返回的是页面标题中包含多组关键词的文件。

例如，"allintitle:SEO 搜索引擎优化"，就相当于"intitle:SEO intitle：搜索引擎优化"。返回的是标题中既包含"SEO"的页面也包含"搜索引擎优化"的页面。

8. "allinurl:"指令

"allinurl"指令与"allintitle:"指令类似。

例如，"allinurl:SEO 搜索引擎优化"，就相当于"inurl:SEO inurl：搜索引擎优化"。

9. "filetype:"指令

"filetype:"指令用于搜索特定文件格式。

例如，搜索"filetype：pdf SEO"，返回的就是包含SEO这个关键词的所有.pdf文件。

百度支持的文件格式有.pdf、.doc、.xls、.ppt、.rtf、.all，其中的".all"表示百度所有支持的文件类型。

10. "site:"指令

"site:"指令是SEO最熟悉的高级搜索指令，用来搜索某个域名下的所有文件。

例如，"site:seozac.com"，返回的就是seozac.com这个域名下的所有页面。这个指令是查询网站收录页面数最直接的方法。

不过，"site:"指令并不准确，返回的收录页面经常有大幅度波动，只能作为参考。

11. "link:"指令

"link:"指令也是SEO常用的指令，用来搜索某个URL的反向链接，既包括内部链接，又包括外部链接。例如，"link:seozac.com"，返回的就是seozac.com的反向链接。

> **案例与拓展**

搜索引擎 Bing 与 ChatGPT 的融合

面对 ChatGPT 的冲击,搜索引擎除被代替外,还有一条路可以选择,就是与 ChatGPT 结合。微软率先做出了这样的探索。2023 年 2 月 7 日,微软正式推出采用 ChatGPT AI 技术的全新 Bing 搜索引擎,并将新版 Bing 整合进新版 Edge 网络浏览器中,以提高其搜索准确性和效率,致力将"搜索、浏览和聊天进行整合,为用户提供更优质的搜索场景、更全面的回答、全新的聊天体验和内容生产能力"。

新版 Bing 体现出三个不同于传统搜索引擎的特征。

首先,在新版 Bing 上进行搜索后,可以质询结果,而不仅仅是重新输入关键词查询。比如,通过传统搜索引擎的搜索框查询搜索"占比最大的软件类型"时,它给出的答案可能是"企业软件",并给出了这一答案的信息来源于何处。而使用新版 Bing,在搜索结果页面的顶部不仅会出现结论,在其下方还增设了一个聊天文本框,方便人们对结论提出疑问。比如,有人质疑搜索结果——输入"是真的吗",新版 Bing 会提供更多的内容来验证之前的结论,让搜索体验更佳。

其次,新版 Bing 提供的搜索结果可以超出搜索的内容范畴,这能够帮助搜索者了解更多相关的内容。比如,人们在传统搜索引擎中输入"如果我想了解德国表现主义的概念,我应该看、听和读哪些电影、音乐或文学作品",传统搜索引擎可能会列出代表德国表现主义的电影、音乐、文学作品的链接,但也仅限于这些。而将同一问题输入新版 Bing 后,它还能额外提供有关这一艺术运动的相关背景信息。这个搜索结果看起来就像维基百科上关于德国表现主义的条目,同时配有链接原始材料的脚注,以及符合提问要求的流派示例。

最后,新版 Bing 能提供更人性化的建议。比如,用户想要一个健身与饮食计划,在传统搜索引擎上输入"创建一个体重为 57kg、身高为 180cm 的 1 个月增重 4kg 的男性健身与饮食计划",传统搜索引擎会显示关于男性健身饮食计划的相关内容,但并非针对性的建议。而在新版 Bing 上,它的回答会显示出一个项目符号列表,列出它建议的健身计划和饮食计划,同时它还会指出,一个人在 1 个月内增重 4kg 可能是不现实的,并警告这样做对人体健康有"潜在危害",获得这么多的肌肉量可能"需要良好的遗传潜力或类固醇,或两者兼而有之"。当新版 Bing 意识到搜索查询结果中包含一个潜在的有害前提时,它还会建议用户"请调整你的预期,设置一个更合理和可持续的目标"。

(资料来源:陈根. ChatGPT:读懂人工智能新纪元[M]. 北京:电子工业出版社,2023.)

讨论题:
1. 相较于传统搜索引擎,与人工智能融合的搜索引擎有哪些特点?
2. 你认为当前搜索引擎还可与哪些技术加以融合发展?

> **关键术语与思考题**

关键术语

搜索引擎营销　全文搜索引擎　元搜索引擎　搜索引擎蜘蛛　索引　停止词　搜索引擎优化　搜索引擎关键词广告　着陆页　左侧排名　CPC　CPM　CTR

思考题

1. 简述搜索引擎的工作原理。
2. 简述搜索引擎营销的原理与任务。
3. 简述搜索引擎关键词广告的特点。
4. 简述网络推广漏斗模型的内容及诊断过程。
5. 百度的竞价排名取决于哪两个主要因素?
6. 在竞价排名中,"谁出钱最多,谁就排在搜索结果的最前面"这种说法是否正确?为什么?
7. 综合应用搜索指令对一个行业或产品,如"有机蔬菜",通过分析行业网络营销竞争情况及用户检索行为,为其设计一个扩大搜索引擎可见度的方案。

第4章

搜索引擎优化

本章要点

- 域名与关键词的优化
- 网站页面与结构的优化
- 外部链接
- 搜索引擎优化的作弊与惩罚

搜索引擎营销中的关键词广告虽然可以达到立竿见影的营销效果，但因其昂贵的费用及其投放风险，对企业的网络营销意愿构成了投入壁垒。企业需要寻找其他途径在搜索引擎平台上实现营销目标。搜索引擎优化（Search Engine Optimization，SEO）就是根据搜索引擎的检索原则，在符合用户友好性的基础上，对网站内外部进行相关优化，使网站在搜索引擎中的自然排名靠前，从而增加网站访问量，最终实现产品销售或提升网络品牌。

4.1 正确认识搜索引擎优化

1. 搜索引擎优化适合哪些人

（1）网站设计人员　网站设计人员掌握网站的代码，有能力和权限修改网站的结构，可以从代码层面开始构建或者优先优化网站。网站设计人员包括网站的前台、后台、美工、构架等人员。

（2）网站管理人员　网站管理人员可以使用SEO，使网站达到看得见的营销宣传效果。网站管理人员包括企业站站长、产品站总监、网站运营总监、网站策划总监等。

（3）内容编辑人员　SEO不只是技术及设计人员的任务，在搜索引擎越来越强调内容后，内容就成为提高搜索引擎权重、改善和促进用户转化率的关键因素。网站的内容编辑人员目前在SEO方面的重要作用不可忽视。网站的内容包括许多方面，如新闻资讯、产品信息、公司简介、联系方式、促销信息等。网站编辑从内容组织、段落结构、标题设置、关键词分布、内容隐藏链接和相关链接等方面来优化文章，使普通的文字稿变成一篇生动的符合搜索引擎营销优化规则的软文，这一点是至关重要的。网站编辑的岗位包括专职的网站内容编辑、营销部门的方案策划人员、市场销售人员、新闻工作者等。

（4）网络创业人士　想以SEO技术作为自己创业出路的人士包括个人站长、网络商店的店主等。

2. SEO 不等于作弊

SEO 不是钻空子找窍门，而是做强网站。很多人认为，SEO 是利用搜索引擎算法的漏洞钻空子，实际上，SEO 是遵循搜索引擎的"爬行"规律，去迎合搜索引擎的做法，从各个角度把网站做强。在 SEO 过程中，有些人运用不正当的手法，所以有的网站被搜索引擎惩罚，完全不收录网站任何页面。

3. SEO 与 SEM 的关系

SEM 是 Search Engine Marketing 的英文缩写，中文意思是搜索引擎营销。SEM 是一种新的网络营销形式。SEM 提供的服务主要有竞价排名、固定排名和搜索引擎优化。目前，SEM 正处于发展阶段，它将成为今后专业网站乃至电子商务发展的必经之路。

SEM 与 SEO 的关系体现在以下几个方面。

1) SEO 属于 SEM 的一部分，SEO 和 SEM 最主要的区别是最终目标不同。

2) SEO 通过对网站进行优化设计，使网站在搜索结果中靠前。

3) SEM 的目的就是全面而有效地利用搜索引擎来进行网络营销和推广。SEM 追求最高的性价比，以最小的投入获得最大的来自搜索引擎的访问量，并产生商业价值。

国外有一些相关的书籍和文章把 SEM 和 SEO 放在并列的位置来看待，认为 SEM 就是付费排名，SEO 就是自然排名。这样的提法也无不可，但本书还是把 SEO 看作 SEM 的一部分。

4. SEO 与付费排名的关系

投放搜索引擎的付费广告有一个前提，即必须事先规划好关键词。网页中绝大多数文字内容都能被搜索引擎索引到，这就意味着网站的任何文字都有可能成为目标关键词。当用户搜索某个关键词时，网站可能在搜索结果中出现，通过 SEO 有目的地对这个关键词进行优化，也可能使其在搜索结果中的排名提升，但是可能排在数十页之后，这样网站被用户点击的可能性几乎为零。通过分析和实践，如果一些关键词确实能带来有效的访问者和潜在客户，而网站在这个关键词的搜索结果中的排名又不是非常理想，同行的竞争也比较激烈，就有必要购买相关关键词的付费广告。

网站实施 SEO 确实会减少某些关键词的广告投放量，但通过 SEO，网站各方面都会得到改善，客户转化率提高了，企业就可能加大在其他关键词上的广告投放量，而且通过 SEO 工作，能够分析出更多的相关关键词，从而使企业在更多关键词上投放广告。

综上所述，SEO 和付费排名并不矛盾。从事 SEM，必须把二者有机结合起来，以期通过搜索引擎带来尽可能多的目标客户，使搜索引擎的价值最大化。

4.2 选择搜索引擎喜欢的域名

SEO 首先要从域名开始，域名虽小，但是也会造成优化结果的千差万别。域名的后缀、长短以及拼写不同都会带来不同的结果。

4.2.1 域名的后缀

域名的后缀有以下几种。

国际顶级域名：.com、.org、.net、.biz、.info.、mobi 等。

国家顶级域名：.cn、.us、.ca、.uk 等。

其他域名：.tv、.io、.ws、.vc、job、.pro 等。

域名的后缀有数百种，不同域名的后缀在搜索引擎中的权重（搜索引擎对域名质量的认可程度）是不同的。

一般情况下，.edu、.gov 域名在搜索引擎中的权重比一般的域名高。原因是.edu、.gov 域名具有被信任的特征，它们在任何情况下都不可以被转移，包括买卖、出租等任何形式的转移。.edu 域名只可以被教育机构注册，.gov 域名只可以由政府机构注册。而.com 是国际域名，.cn 是我国域名，.com 域名会得到更高的权重。

尽管.gov、cn 等域名的权重高，但它不是个人能注册下来的。从 SEO 及商业的角度来看，应该首选以.com 为后缀的域名。

如果注册了国外的域名，那么对使用地点也有了限制。例如，注册了德国的域名，使用中文建站，那么在中国搜索相关的网站时，这个德国"籍贯"的网站就会比我国国内的网站权重低。相反，如果在德国使用搜索引擎输入中文关键词，则这个网站的权重就会高于我国国内的网站。在域名后缀的选取上，这点也是需要强调并注意的。

4.2.2 域名的长短与域名的历史

大部分短域名，包括人们比较喜欢的数字域名已经被注册殆尽，现在所谓的好的域名，也只能从比较有创意的角度来定义。

域名越短越容易记忆，但域名长短并不能影响网站在搜索引擎中的排名。例如，http://www.mamashuojiusuannizhucedeyumingzaichangbaidudounengsousuochulai.cn/的意思是：妈妈说就算你注册的域名再长百度都能搜索出来，输入这个域名后大家会发现，已经指向了百度首页。尽管域名长达 60 多位，但在搜索引擎中照样有不错的排名。

从 SEO 整体的角度来看，短域名便于用户记忆，提高回访度，所以短域名是首选。

域名历史包括注册时间以及第一次被搜索引擎抓取到页面的时间。显然，注册越早的域名被信任度越高。对网站来说，收购老域名会让新网站快速发展。不过收购老域名的前提是，之前这些域名绑定的网站没有作弊行为。

4.2.3 域名的选择

1. 域名应该简明易记，便于输入

一个好的域名应该具备以下特点：短、顺口、便于记忆，最好让人看一眼就能记住，读起来发音清晰，不会导致拼写错误。此外，选取域名还要避免同音异义词。

2. 域名要有一定的内涵和意义

用有一定内涵和意义的词或词组作为域名，不但方便记忆，而且有助于企业的品牌建立。如果和企业品牌相关的名称被抢注了，那么域名一定要选择符合网站总体运营思路的，且必须与网站的需求一致。

3. 域名包含关键词

这一点主要适用于英文网站。域名中包含关键词，是搜索引擎排名的一个比较重要的因素：一是域名中的关键词本身就给予了排名权重；二是很多网站转载文章时留的链接就是原文的 URL。如果域名中含有关键词，那么就相当于链接锚文字中包含了关键词，锚文字是

页面排名的重要因素之一。

从SEO的角度来看,最好选择简短易记含关键词的域名,可以考虑关键词的拼音组合或者英文组合,但在国内主要针对的是百度,应该首选拼音组合。

4.2.4 域名的取名技巧

在我国,对域名的管理按照《中华人民共和国商标法》执行,受国家法律保护,以其他公司域名或产品商标名来命名自己的域名属违法行为。在不违背以上原则的前提下,谁先注册域名就属于谁。综合考虑以上因素,在为域名取名时应该注意以下几点。

1. 用企业名称的汉语拼音作为域名

这是企业选取域名的一种较好的方式,实际上我国大部分企业也是这样选取域名的。例如,新飞电器的域名为 xinfei.com,海尔集团的域名为 haier.cn,四川长虹集团的域名为 changhong.com.cn,华为技术有限公司的域名为 huawei.com。这样的域名有助于提高企业在线品牌的知名度,即使企业不做任何宣传,其在线网站的域名也很容易被人想到。

2. 用企业名称相应的英文名作为域名

这也是我国许多企业选取域名的一种方式,这样的域名特别适合与计算机、网络和通信相关的一些行业。例如,长城计算机深圳股份有限公司的域名为 greatwall.cn,中国电信的域名为 chinatelecom.com.cn。

3. 用企业名称的缩写作为域名

有些企业的名称比较长,如果用汉语拼音或者用相应的英文名作为域名就显得过于烦琐,不便于记忆。因此,用企业名称的缩写作为域名不失为一种好方法。缩写包括两种方法:一种是汉语拼音缩写;另一种是英文缩写。例如,广东步步高电子工业有限公司的域名为 gdbbk.com,泸州老窖集团的域名为 lzlj.com,石家庄市环保局的域名为 sjzhb.gov.cn,计算机世界(计世网)的域名为 ccw.com.cn。

4. 用汉语拼音的谐音形式给企业注册域名

在现实中,采用这种方式的企业也不在少数。例如,美的集团的域名为 midea.com,康佳集团的域名为 konka.com,格力集团的域名为 gree.com.cn,新浪的域名为 sina.com.cn。

5. 以中英文结合的形式给企业注册域名

这样的例子有许多,如中国人网的域名为 chinaren.com。

6. 在企业名称前后加上与网络相关的前缀和后缀

常用的前缀有 e、i、net 等,后缀有 net、web、line 等。例如,中国营销传播网的域名为 emkt.com.cn,IT168 的域名为 it168.com。

7. 用与企业名不同但有相关性的词或词组作为域名

一般情况下,企业选取这种域名的原因有多种:企业的品牌域名已经被别人抢注不得已而为之,或者觉得新的域名可能更有利于开展网上业务。例如,The Oppedahl & Larson Law Firm 是一家法律服务公司,而它选择 patents.com 作为域名。很明显,用"patents.com"作为域名要比用公司名称更合适。又如,Best Diamond Value 公司是一家在线销售宝石的零售商,它选择了 jeweler.com 作为域名,这样做的好处是:即使公司不做任何宣传,许多顾客也会访问其网站。

8. 不要注册其他公司拥有的独特商标名和国际知名企业的商标名

如果选取其他公司拥有的独特商标名作为自己的域名,很可能会惹上一身官司,特别是当注册的域名是一家国际或我国国内著名企业的商标时。换言之,企业在挑选域名时,不要挑选其他企业的注册商标名作为域名。

9. 检查域名是否被使用

在注册域名时,要检查此域名是否曾经被使用过。部分使用过的域名因为使用不当被搜索引擎封杀,导致不能收录,以致放弃,注册到这样的域名只会影响网站的发展。通常,使用过的域名会在网络中留下一些痕迹,这时可以搜索域名的名称,检查是否有相关结果。

10. 选择权威的域名代理商注册域名

在注册域名时,不要贪图便宜,去很小的域名代理商那里注册。有的人反映,自己第一年注册时只要 30 元/年的注册费,但在续费时,却开出上百元的价格。还有的注册商因为机构小,技术能力不强,导致域名经常出问题。所以选择一家权威的域名代理商是必需的,如新网、万网等运营商。

4.3 选择搜索引擎喜欢的空间

4.3.1 主机的地理位置会影响网页排名在不同国家的表现

搜索引擎会根据主机的地理位置、域名类型、用户的地理位置,对排名做一定的调整。例如,如果一个网站的主机放在英国,那么这个网站排名在 google.co.uk 中的排名表现就会比在 google.com 中好一些。来自英国的用户在 google.com 中搜索,主机在英国的网页的排名也会好一些。

那么,如何知道网站的空间位置呢?通过 IP 查询网站可以查询到空间所在的位置。打开 www.ip138.com,在 IP 查询输入框内输入想要查询的网址或 IP,就可以得到该网站所在的位置,如图 4-1 所示。

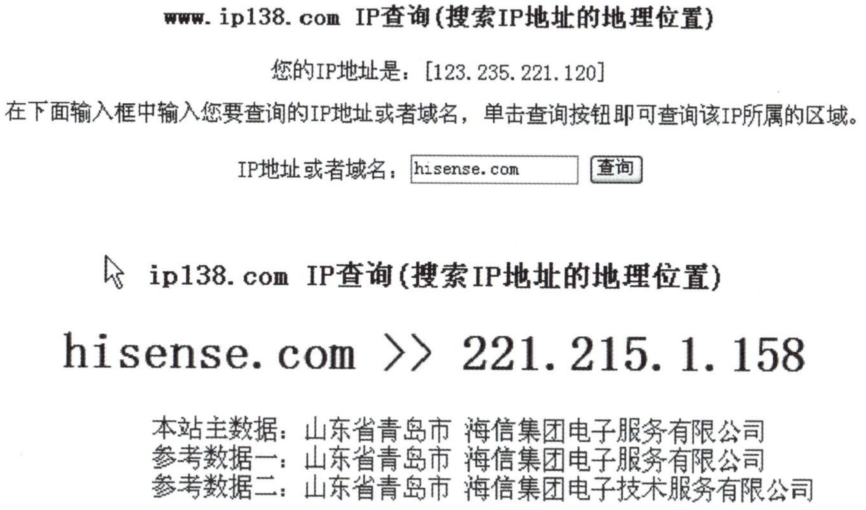

www.ip138.com IP查询(搜索IP地址的地理位置)

您的IP地址是:[123.235.221.120]

在下面输入框中输入您要查询的IP地址或者域名,单击查询按钮即可查询该IP所属的区域。

IP地址或者域名: hisense.com [查询]

▷ ip138.com IP查询(搜索IP地址的地理位置)

hisense.com >> 221.215.1.158

本站主数据:山东省青岛市 海信集团电子服务有限公司
参考数据一:山东省青岛市 海信集团电子服务有限公司
参考数据二:山东省青岛市 海信集团电子技术服务有限公司

图 4-1 IP 查询页面

4.3.2 网站空间速度对 SEO 的影响

网站空间速度的快慢对用户来说非常重要,一个网页 6s 之内打不开,则被用户直接关掉的概率非常大。网站打开的速度,不仅影响用户的体验,还影响 SEO 的排名。搜索引擎在 Spider 抓取网页内容的同时,会判断网站的打开速度,将其作为进行网站排名的一个依据。

网上测试空间速度的工具有很多,"百度一下"就能找到。

打开 http://www.linkwan.com/gb/broadmeter/speed/responsespeedtest.asp,在输入框内输入想要查询的域名或 IP,就可以得到该空间的反应速度,如图 4-2 所示。

查询网站	反应时间
http://211.64.192.2	0.06秒

图 4-2 网站空间反应速度测试

4.3.3 选择空间还是选择服务器

从搜索引擎的角度来讲,选用服务器要比选择虚拟主机占优势。通常情况下,成百上千个虚拟主机共用一个 IP 地址,假设有一个或多个作弊网站在当前 IP 下,其他网站则会被牵连受到惩罚(即使一个网站受到惩罚,其他网站也会受到拖累)。服务器则不同,它单独使用一个 IP,不会出现被连带惩罚的情况。虚拟主机与服务器的性能参数对比见表 4-1。

表 4-1 虚拟主机与服务器的性能参数对比

功能	虚拟主机	服务器
操作系统平台	支持 Windows 和 Linux	由用户自行安装操作系统
性能	运行不稳定,安全性差,速度较慢	运行稳定,安全高效
适用范围	适合初级使用者	适合高级使用者
支出费用	低	高
用户隔离	用户通过访问权限进行隔离,效果较差,容易受其他用户的影响	用户拥有服务器上的所有资源,完全自主分配
硬件资源	和其他用户共享,无资源保障	用户完全独享
网络资源	和其他用户共享,无资源保障	用户完全独享
用户自主管理	仅有最基本的读/写权限	具有独立管理服务器硬件和软件的权限
管理工具	部分提供简单的控制面板工具	由用户自己设置相应的管理软件
软件安装自由	无	自由地安装应用软件
数据库	数据库种类、大小均受限	可以使用自己喜欢的数据库
电子邮件设置	邮件服务大小、账户数受到限制	可以使用自己喜欢的邮件服务,不限大小、账户数

(续)

功能	虚拟主机	服务器
扩展性	较差	最高
优势	价格便宜，在线管理，操作方便。可针对入门级的电子商务应用	可完全自主管理控制服务器硬件，适合大型企业电子商务应用
劣势	功能限制较多，可管理性不高，性能一般	价格高，自主管理成本高

4.4 关键词优化

4.4.1 认识关键词

什么是关键词？所谓关键词，就是用户所关注信息中的核心词汇。通俗地讲，当用户通过搜索引擎查找相关信息的时候，在搜索框里输入的那些核心词就是关键词，它可以是一个字，也可以是一个词、一句话、一个英文字母或一个英文单词、一个数字、一个符号等任何可以在搜索框中输入的信息。

网站核心关键词不能想当然地选用，必须经过研究确保这个关键词有网民在搜索，没人搜索的关键词没有任何价值。对 SEO 没概念的人确定目标关键词时，常常会首先想到公司名称或产品的名称，但是当企业或网站没有品牌知名度时，没人会搜索公司名称或网站名称。产品名称如果不包含产品的通用名称，也往往没人搜索。

关键词的选择应该在网站设计开始之前就着手。关键词选择不当，会影响整个网站的写作内容，要想更正不是一件轻易能做到的事情。

每个关键词就是一个业务员，一个好的关键词就是一个优秀的业务员，一个公司有 3~5 个优秀的业务员就可以了。选择一个好的关键词，会直接影响推广的效果。

4.4.2 关键词的选择

1. 列出泛关键词，让大量用户找到

泛关键词是指被用户大量搜索的关键词，包括类别名称、产品或服务统称，是具有广泛意义的关键词。例如，女人、笔记本、台式机、服务器、显示器、减肥、保健品、药品、家具、汽车等。

在选择泛关键词的时候，要同时考虑泛关键词的定义扩展，包括别名扩展和地域扩展两种。别名扩展，如选择"酒店"作为泛关键词，就一定同时使用"饭店""旅馆""住宿""旅店""宾馆"等别名。地域扩展要考虑到同一种东西在不同的地方有不同的叫法，如"米粉""米线"。

由于泛关键词使用用户多，搜索量比较大，使用泛关键词进行搜索引擎优化时有以下缺陷：

1）在搜索泛关键词的用户中，只有很小的比例是自己的用户。

2）对中小企业和个人站长来说，要把泛关键词优化到搜索结果的前几位，难度非常大。可以说，没有强大的资源、人力支持，几乎不可能做到。

3）如果用泛关键词来投放网络广告，尤其是参与竞价排名，那么被点击量越大，成本将会越高。那些靠流量赚取广告费的行业网站，比较适合使用泛关键词投放广告。

所以，对一般企业网站而言，一开始不要试图使用泛关键词进行搜索优化。

2. 找到长尾关键词，让用户准确找到

（1）长尾关键词　长尾关键词是用选择的泛关键词配合厂商、品牌、产地、产品特性等做组合，形成与自己业务相关性更高的关键词。例如，"海信高清电视""2016新上真皮沙发"。泛关键词前面、后面加上了界定词，就形成了特定指向的长尾关键词。

长尾关键词和企业业务紧密度更高，搜索量小，转化率高。

在企业网站的搜索引擎推广营销中，长尾理论发挥着不可替代的作用。例如，有用户需要购买一款FAG进口轴承（带有滚珠的轴承）。为了节省时间成本，他不会在搜索引擎上宽泛地搜索"轴承"这样抽象的关键词。为了更准确地找到自己需要的产品，用户一般会搜索"FAG进口轴承"或者"青岛FAG进口轴承"这样的长尾关键词，在搜索的结果中出现在前面的网站则会被用户注意。

当然，不仅是企业网站，门户网站同样需要长尾关键词来进行SEO。例如，优酷网的所有视频网页，都会有"在线观看""视频"等这样的组合长尾关键词，以达到更高的搜索量与曝光率。

实际上很多时候，长尾关键词的搜索量要明显大于泛关键词。因为它们有很强的针对性与目的性。更重要的是，如果可以准确地选择长尾关键词作为网页优化的关键词，那关键词本身的竞争压力也会下降很多，很快就能让企业网站在搜索结果页面的前面呈现出来。

（2）长尾关键词的选择技巧　长尾关键词的扩展可以通过以下几种方式实现。

1）关键词工具。最常见的工具还是百度指数。首先利用百度指数网站查询任何一个泛关键词，它都会列出相关关键词，再取其中的任何一个重新查询，又可以带出另外的相关关键词。当然最好多选几个，再分别对每个词查询一下，看看每个词的搜索走势及关注度。通过这种联想式的不断挖掘，扩展到几百上千个长尾关键词轻而易举。

百度指数是以百度海量网民行为数据为基础的免费海量数据分析服务，用以反映不同关键词在过去一段时间里的"用户关注度"和"媒体关注度"。通过它可以发现、共享和挖掘互联网上最有价值的信息，直接、客观地反映社会热点、网民的兴趣和需求。

2）搜索建议。在百度搜索框中输入泛关键词，搜索框会自动显示与此相关的建议关键词。

3）相关搜索。在搜索结果页面最下面可以看到搜索引擎给出的相关搜索。

4）关键词扩展工具。使用站长工具网站，通过一个关键词可衍生出多个相关词。

5）关键词多维组合。泛关键词、同义词、近义词、相关词、别名、地名、品牌等限定词，放在一起可以交叉组合出数千个长尾关键词，见表4-2。

表4-2　长尾关键词多维组合表（摄像机）

品牌	地区	用途/应用 （卖给谁）	产品特性	产品/服务 （主要做什么的）	盈利模式 （怎么卖）
丹诺	深圳	监舍	高清	摄像机	工厂
华泰	山东	校园	低照度	液晶监视器	招商

(续)

品牌	地区	用途/应用（卖给谁）	产品特性	产品/服务（主要做什么的）	盈利模式（怎么卖）
	成都	道路	超广角	拼接屏	加盟
	陕西	连锁店	防爆	硬盘录像机	经销
			红外	矩阵	总经销
			网络	球形摄像机	招商加盟

3. 设立问题关键词，让用户轻松找到

用户上网搜索总是奔着解决某个问题而来的。大部分时候，他们总是直接把想解决的问题或者把想要的结果在搜索框里直接写出来。用户想要的功能或者想要解决的问题，就是大家所说的问题关键词。

怎样才能找到问题关键词？很简单，站在用户想要解决问题的角度，模拟用户思维，写下用户可能遇到的和你的产品有关的所有问题。例如，"没钱怎样打品牌？""网上赚钱""怎样找用户？"这些都是问题关键词。在搜索问题关键词的用户中，其搜索数量不太多，但是潜在用户比例会很高。更重要的是，搜索问题关键词的用户成交率很高，因为用户是奔着解决问题来的，比那些随机"冲浪"而来的用户对产品的需求更迫切。

问题关键词一般有站内优化和站外优化两个方面。

（1）站内优化问题关键词　这类关键词常常以 FAQ 的形式出现。FAQ 是英文 Frequently Asked Questions 的缩写，中文意思就是用户"经常问到的问题"，或者更通俗地叫作"常见问题解答"。用户在深度了解企业和产品的时候，经常会遇到一些问题，这些问题的解决有助于用户做出购买决策。FAQ 给用户提供了一种在线帮助，包括某些网站的功能或者服务。用户遇到的问题，专业人员或者管理员自己看起来很简单，但不经过说明可能用户很难搞清楚，有时甚至会因为这些细节问题而失去用户。其实在很多情况下，只要经过简单的解释就可以解决这些问题，这就是 FAQ 的价值。

（2）站外优化问题关键词　一般情况下，通过"百度知道""百度贴吧""爱问"（新浪），用自问自答的方式回答自己提出的问题。

4. 巧借借力关键词

借力关键词是借用热点事件或者使用竞争对手的企业名称、产品名称或者借助本行业事件做关键词，来提升网站的流量。

例如，北京奥运会吸引了全世界的眼球，2008 年 8 月到 9 月，如果能把"奥运会"和企业的业务结合，一定能吸引更多的用户进入网站。如果搜索"奥运旅游"，立即就会看到排在第一位的是一家叫作"www.soohotel.com，搜好特"的网站。其没有使用付费广告排名，只是把"北京奥运旅游线路""奥运酒店预订"作为自己的关键词，这是非常聪明的借力关键词。

借力关键词通常用于行业动态、企业新闻栏目中，作为文章/软文推广。

在使用借力关键词尤其是使用竞争对手的企业名称、商标、产品名称的时候，有以下两点一定要注意。

1）除非你是一家代理商，否则不建议使用竞争对手的专属品牌或者产品名称作为关键

词去投广告。因为这样做会涉及知识产权的纠纷。

2）使用竞争对手的专属品牌或者产品名称作为自己的借力关键词时，可以相对公正地比较不同产品的差异，最好使用第三方的数据来做比较。但绝不能贬低对方，尤其不要恶意攻击对方，否则会让用户不喜欢自己的品牌。

5. 确定核心关键词

SEO 工作的第一步是选择合适的关键词。一般来说，一个网站会有很多备选关键词，这些关键词要合理地分布在首页和各个内页上面。其中，企业在某个阶段希望能够占有的几个重要的关键词，称为核心关键词。核心关键词是进行优化的重中之重，它们的数量不会太多，一般只有两三个。它们是难度最大、搜索次数最多的关键词。对于核心关键词的确定要慎之又慎，通常按照下面几个步骤来进行。

（1）头脑风暴　确定核心关键词的第一步是通过"头脑风暴法"列出所有与自己网站主题相关的、比较热门的搜索词作为备选核心关键词。

这就需要从用户的角度出发来考虑用户会使用那些搜索词来找到我们：你的网站能为用户解决哪些问题？当用户遇到这些问题时会搜索怎样的关键词？如果你遇到了这些问题，会通过搜索哪些词来找到答案？

只要对自己网站的主题足够明确，就能通过"头脑风暴法"找到一系列比较适合作为核心关键词的备选词。

（2）集思广益　一个人的思维总是有限的，所以在确定核心关键词的时候，除了自己冥思苦想之外，还要善于发动身边的人帮你想，集思广益。有时候自己对网站的产品和服务过于熟悉，不容易从别的角度出发考虑问题。这时候问一下家人、朋友，就会得到更贴近用户的搜索关键词。

（3）竞争对手　充分了解竞争对手，对确定核心关键词也是大有裨益的。通过站长工具网站（http://tool.chinaz.com），可以查询竞争对手网站的 Meta 信息。一般网站的标题、描述和 URL 中都会包含关键词，网站正文部分也会包含关键词，锚文字中也会包含关键词。http://tool.chinaz.com 还会给出网站收录和反向链接的参考数据，可以从中了解网站反链中关键词的使用情况。通过分析对手网站关键词的使用情况，可以扬长避短，确定更有利于自己网站的核心关键词。

（4）搜索次数　通过上面三个步骤，应该已经有了一系列备选的核心关键词了。接下来，可以利用百度提供的百度指数工具来查询这些关键词的搜索次数。可能有一些关键词是我们没有想到的，而百度指数提供的相关关键词会帮助我们。

从找到的备选核心关键词中选出搜索次数较多的几十个，记录它们的搜索次数并列出它们对应的竞争指数。

（5）确定核心关键词　有了前面列出的几十个备选关键词后，结合网站的实际情况，选择其中的两三个作为自己网站的核心关键词。

中小企业网站以及个人网站，最好选择搜索次数相对较多、竞争程度相对较小的词作为网站的核心关键词。这样既能保证足够的搜索量，又兼顾了优化的可行性。

有一定的实力、资源丰富的企业，如果有决心，也可以以搜索次数最多的词作为目标关键词。这个词不要太宽泛，而且要与企业网站的主题相关。

4.4.3 关键词的选择原则

1. 内容相关

SEO 早期曾流行在页面上设置甚至堆积搜索次数多，但与本网站没有实际相关性的关键词，希望招来最多的用户。现在也有不少人这么做。这是作弊手法，网站可能随时被惩罚、被封掉。

网站需要的不仅仅是流量，更是有效流量，可以带来订单的流量，欺骗性的关键词会带来流量但不能完成转化。

2. 站在用户的立场选择关键词

大家很熟悉自己的产品，容易按照自己的立场去设置关键词，用户的思考方式和商家不一定一样。例如，一些技术专用词、行业用语，普通用户可能很不熟，也不会用它去搜索，但卖产品的人却觉得这些词很重要。例如，专业术语"超微半导体焊接设备"，在行业里大家习惯把它叫作"焊线机"。试想，如果使用"超微半导体焊接设备"这个关键词做优化，没有用户会来搜索。用"超微半导体焊接设备"这个词做优化，搜索的人往往是行业的专家或研究者，而不是真正要货的用户。

所以在选择关键词的时候应该做一下调查，如问问亲戚朋友，如果要搜索这类产品，他们会用什么词。

3. 选择被搜索次数最多、竞争最小的关键词

最有效率的关键词就是那些竞争网页最少，同时被用户搜索次数最多的词。这样既能保证 SEO 代价最低，又能保证流量最大，可惜现实不是这么理想。大部分搜索次数多的关键词，也是竞争大的关键词。不过，通过大量细致的关键词挖掘、扩展，列出搜索次数和竞争程度数据，还是可以找到搜索次数多、竞争相对小的关键词的。所以应该做详细的调查，列出综合这两者之后效果最好的关键词。

4. 核心关键词不要太宽泛

关键词宽泛，竞争太激烈，所花代价太高，搜索词目的不明确，转化率也将降低。例如，房地产企业优化"房地产"这个词，广告公司优化"广告"这个词，都犯了核心关键词过于宽泛的错误。搜索"房地产"的人，他的目的是买房子吗？不一定！

把目标定在宽泛关键词上，要么排名做不上去，要么费了九牛二虎之力排名做上去了却发现转化率很低。

5. 核心关键词不要太长、太特殊

太长、太特殊的词，搜索次数将大大降低，甚至没人搜索，所以不能将这类词作为核心关键词。例如，"律师"这个词太宽泛，北京地区选择"北京律师"比较适当，如果选择"北京新街口律师"就太特殊了。特殊的关键词还包括企业名称、品牌名称等。

4.4.4 关键词的布局

核心关键词出现的位置一般是：Meta 标签，网站导航、副导航、导航地图、栏目、网页文章标题，网页文章内容，外部链接文本，竞价排名关键词，整个主体（Body）文本的靠前位置，网址，网页 H1 或者 H2 标签，图片标签的 Alt 属性。

进行关键词布局时还要注意以下几点。

1）除了首页，把几个核心关键词分别放在不同的页面上，不能过多。这样才能在页面写作时有针对性，使页面主题突出。

2）避免内部竞争。每个页面针对的两三个关键词，不要重复出现在网站的多个页面上。有的站长认为，同一个词用多个页面优化，获得排名的机会会多一点。其实这是误解，只能造成不必要的内部竞争。无论为同一个关键词建造多少个页面，搜索引擎一般来说也只会挑出最相关的一个页面排在前面。使用多个页面反而分散了内部权重及锚文字效果，很可能使所有页面没有一个是突出的。

3）关键词研究决定内容策划。从关键词布局可以看到，网站要策划、撰写哪些内容在很大程度上是由关键词研究决定的，每个板块都针对一组明确的关键词进行内容组织。关键词研究做得详细，内容策划就顺利。内容编辑部门可以依据关键词列表不停地制造内容，将网站做大、做强。虽然网站大小与特定关键词排名没有直接关系，但内容越多，创造出的链接和排名机会就越多。

4.5 页面优化

网站内的优化大致可以分两部分：一是页面优化，二是网站结构优化。页面和网站结构是自己可以控制的，优化好这两个方面就给 SEO 打下了良好的基础。

Meta 标签指的是网页 HTML 文件里面的一些文件标签。其中最重要的是标题标签（Title Tag）、描述标签（Description Tag）和关键词标签（Keyword Tag）。

Meta 标签的 HTML 代码如下：

```
<head>
<meta http-equiv="Content-Type"content="text/html;charset=utf-8"/>
<title>SEO 综合查询-站长工具</title>
<meta name="keywords"content="seo 综合查询,网站综合查询,网站收录查询,域名信息查询,网站优化"/>
<meta name="description"content="seo 综合查询可以查到该网站各大搜索引擎的信息,包括收录、反链及关键词排名,也可以一目了然地看到该域名的相关信息,比如域名年龄相关备案等,及时调整网站优化。"/><link rel="icon" href="/Chinaz.ico" type="image/x-icon"/>
</head>
```

4.5.1 标题标签

页面标题是包含在标题标签（Title Tag）中的文字，是页面优化最重要的因素，是搜索引擎判断相关性最重要的提示。

在用户访问时，页面标题显示在浏览器窗口最上方。

在搜索结果页面上，页面标题是结构列表中的第一行文字，是用户浏览搜索结果时最先看到的、最醒目的内容，如图 4-3 所示。

页面标题优化要注意以下几点。

图 4-3　搜索结果列表中的标题和描述

1. 独特不重复

页面标题不能重复，每个页面都需要自己独特的标题标签。不同页面使用相同标题或无标题是 SEO 的极大浪费，既不能让搜索用户通过页面标题方便地识别页面内容，又不能让搜索引擎通过页面标题判断页面相关性。

每个页面生成独特标题并不是一件简单的事。例如，电子商务网站的分类页面，同一个分类下产品数量比较多时，产品列表页面必然需要翻页，大型网站可能会翻几十到几百页。这些分类页面的标题通常都是"分类名称—网站名称"的格式。这时程序员就需要在标题中加入页数，使翻页页面标题标签不同。分类第一页不必加页号，从第二页开始在页面标题最前面加上"第二页""第三页"等文字，形成的标题大致如下：

第一页：分类名称—网站名称

第二页：第二页—分类名称—网站名称

2. 准确相关

每个页面的标题都应该准确描述页面的内容，让用户看一眼就能知道将要访问页面的大致内容，搜索引擎也能迅速判断页面的相关性。

很自然，准确描述页面内容，就必然会在标题中包含关键词。唯一要注意的是，不要在标题中加上搜索次数高，但与本页面无关的关键词。

3. 字数限制

从纯技术角度说，标题标签可以写任意长度的文字，但搜索结果列表页面标题部分能显示的字数有一定的限制。百度最多显示 30 个中文字符，标题标签中超过这个字数限制的部分将无法显示，通常在搜索列表标题结尾处以省略号代替。

用户搜索的关键词会在显示的标题中被加红色高亮。如果搜索词位于标题标签后面超出显示字数部分，百度会显示标题中后面包含关键词的那部分文字。所以标题标签不要超过 30 个中文字符，为保险起见，最好不要超过 25 个中文字符。实际上为了提高用户体验及突出目标关键词，通常建议标题标签 15~20 个中文字符比较合适。

标题标签之所以不宜超过搜索结果列表所能显示的字数限制，主要有以下两个原因。

1）搜索结果列表标题不能完整显示时，结尾会被切断，用户不知道完整内容。

2）标题越长，在不堆积的前提下，无关文字必然越多，不利于突出关键词的相关性。

4. 简练通顺，不要堆积

堆积关键词也是初学 SEO 的人很容易犯的错误，为了提高相关性，在标题中不自然地多次出现关键词。例如，把标题写成"女装 | 女装批发 | 女装零售 | 女装批发零售 | ××女装网"，其实这样的页面只要写成"女装批发零售 | ××女装网"就可以了。

SEO 人员不仅要考虑搜索引擎，还要考虑用户，不能让用户一看标题就感觉这是一个为关键词而关键词的页面，而需要把标题写成一个正常通顺的句子。在这一点上，百度百科是最好的教材，标题干净利索，一句废话没有。SEO 人员都知道现在百度百科在百度本身及 Google 都非常好用，简练通顺的标题很可能是重要原因之一。

5. 关键词出现在最前面

在可能的情况下，目标关键词应该出现在标题标签的最前面。经验和一些统计都表明，关键词在标题中出现的位置与排名有比较大的相关性，位置越靠前，通常排名就越好。

标题标签可以理解为倒置的面包屑导航，比如在海信商城页面中所在位置的面包屑导航是：

首页—空调—立柜式空调

那么页面的标题就写成：

海信立柜式空调—海信空调—海信商城

这个页面的目标关键词是海信立柜式空调，出现在标题最前面。考虑到字数限制和突出目标关键词，也可以拿掉分类名称，把标题缩减为：

海信立柜式空调—海信商城

面包屑导航是网页导航设计的一种方法。面包屑导航指出了当前页面与整个网站的层次结构，不仅可以让用户了解自己的位置，而且可以使用户更快地找到自己想要到达的页面。

6. 吸引点击

提高关键词相关度和排名是带来搜索流量的一个方面。点击率是搜索流量的另一个决定因素。标题标签能够吸引用户的目光，让用户欲罢不能，非要点击看个究竟，才能达到最好的 SEO 效果。例如，这样的标题属于中规中矩的：

减肥茶—减肥产品—××减肥网

如果写成这样，点击率就可能有所上升：

减肥茶：无须节食，无须运动，快乐减肥—××减肥网

减肥茶：10 天减轻体重 5.5kg，真实用户证言—××减肥网

减肥茶：免费样品大赠送—××减肥网

索然无味的页面标题即使出现在搜索结果前面也可能很少有人点击，好的标题即使排在

后面也可能点击率很高，带来的流量很大。单纯的排名没有意义，有人点击才有效果。

SEO 除了要了解基本优化技术，还要研究用户心理、文案写作等。

7. 组合两三个关键词

一般来说，一个页面最多针对两三个关键词进行优化，不宜再多。

如某品牌网站把图书、手机、数码、家电、化妆品等都放在一个页面的标题中，就不是一个好的策略，普通企业和站长不能看到品牌网站这么做就跟着学。某品牌这种级别的网站流量肯定不是靠 SEO，页面优化得怎样并不那么重要，而且大部分原因不是从 SEO 角度出发的。

要针对四五个或更多关键词优化页面，往往使页面内容不能突出，文案写作上也会顾虑太多，无法自然融入这么多关键词。一个页面如果需要优化很多关键词，往往是关键词研究没有做好，没有正确把关键词分组并分布到各个栏目和内页中。

有时候，两三个关键词只要并排放在标题标签中即可。例如，在做关键词研究时发现"韩版女装"和"韩国女服"这两个词搜索次数都不少（只是假设），而这两个词的意义显然完全一样，在标题中可以写成这样：

韩版女装，韩国女服—××服装网

有的时候，三四个关键词还可以组合为更通顺的一个词组。例如，"SEO 技术""SEO 教程""SEO""免费 SEO"这四个词，可以组合为"免费 SEO 技术教程"。这是一句很通顺的话，而且搜索引擎可以拆分、组合出所有目标关键词。

当然，这样组合出的关键词有时不是完整匹配的。例如，上面例子中的"SEO 教程"就不是完整匹配出现在标题中的。但与用户体验相比，为了刻意完整匹配而用一个不自然的标题，如"SEO—SEO 技术—SEO 教程—免费 SEO"，可能被搜索引擎认为有作弊嫌疑，所以要首先考虑用户体验。

8. 企业或品牌名称

通常把企业或品牌名称放在标题的最后是个不错的做法。虽然用户在搜索企业名称、网站名称时，一般只有首页才会被排在最前面，分类页、具体产品页等内页既没有必要也没有可能针对品牌名称做优化，但是品牌名称如果多次出现在用户眼前，就算没有被点击也能让用户留下更深的影响。

有时品牌名称比任何关键词都重要，在写标题时关键词就不是考虑的重点了。例如，搜索"网上银行"的次数不少，但银行网站首页标题如果写成这样：

网上银行，网上银行查询转账—招商银行

那就真是捡了芝麻，丢了西瓜。

9. 不要用没有意义的句子

标题标签是最宝贵的优化资源，不要浪费在没有意义的句子上。例如，"公司欢迎您""用户是我们的上帝"之类，既不能提高相关性，也不能吸引用户目光和增加点击量。

4.5.2 描述标签

描述标签（Description Tag）不出现在页面可见内容中，而是显示在搜索结果页面上，直截了当地告诉搜索用户网页上的信息。良好的描述标签是网页的"广告词"，直接吸引用户点击。

描述标签的重要性比标题标签低很多。目前，主流排名算法不考虑描述标签。描述标签对排名没有影响，但对点击率有影响。

大部分情况下，搜索结果列表中页面摘要来自描述标签。如果描述标签中不包含所搜索的关键词时，搜索引擎经常会从页面可见内容中动态抓取包含搜索词的部分显示为页面摘要。

当搜索引擎动态抓取可见内容作为说明文字时，通常会从不同段落提取文字，因而句子中会出现省略号。在下面几种情况下，搜索引擎更可能动态抓取它认为合适的文字：①描述标签包含大量堆积关键词时；②描述标签与标题标签内容重复时；③描述标签只是关键词的罗列，不能形成通顺的句子时；④描述标签不包含用户所搜索的关键词时。

大部分标题标签写作要点依然适用于描述标签，如文字需要准确相关、简练通顺、吸引点击，切记不要堆积关键词，每个页面有自己独特的描述标签，而且包含目标关键词等。

另外，与标题标签不同的是，搜索结果列表说明文字部分通常会显示 77 个中文字符，比标题标签写作空间大一点。因此，这一点跟竞价推广中的编写描述标签是类似的，因此站在网站推广的角度，建议大家最好把描述标签的字数控制在 70 个中文字符内。

最后要说明的是，如果不能生成恰当通顺、不重复的描述标签，就不要写描述标签。

4.5.3 关键词标签

关键词标签（Keyword Tag）本意是用来指明页面的主题关键词。由于在关键词标签中大规模滥用、堆积关键词和无关的热门关键词，所以目前主流 SEO 在排名算法中不考虑关键词标签的内容。

大部分人相信，搜索引擎会给予标题标签比较高的权重，对描述标签和关键词标签完全忽略，或会把描述标签和关键词标签作为排名的一个很不重要的因素。

既然所有的搜索引擎排名算法都是保密的，而且是不断变换的，谁也不敢保证，今后搜索引擎一直不看重这些标签。

所以，每一个网页都应该认真写出好的标题标签、关键词标签和描述标签，这样做至少没有坏处。

4.5.4 正文中的关键词

1. 关键词密度

关键词密度（Keyword Density）与关键词频率（Keyword Frequency）实质上是同一个概念，用来度量关键词在网页上出现的总次数与其他文字总词数的比例，一般用百分比表示。例如，如果某个页面可见文字共有 100 个词，关键词在其中出现 5 次，则可以说关键词密度为 5%。相对于页面总字数而言，关键词出现的频率越高，关键词密度就越大。

一般来说，在网页中关键词出现的频率越高，搜索引擎便会认为该网页内容与相应关键词的相关性越高，从而越容易将该网页列在搜索结果页面的前端。

在大多数搜索引擎中，关键词密度在 3%~8% 是一个较为合适的范围，有利于网站在搜索引擎中的排名，同时也不易被搜索引擎视为关键词填充，做多了反而会触发关键词堆砌过滤器（Keyword Stuffing Filter）。

相信大家都见过一些排名很靠前的网站，其关键词密度特别不符合这个要求，有的关键词密度甚至高达 30%，而有的也可能完全没有关键词。例如，一些 SEO 网站导航的每个栏目上都有 SEO 关键词存在，这种堆积符合逻辑，从另一个角度来说这是栏目设计的需要。

所以只要按逻辑、按语法正常写自己的网页，就不必太顾及关键词密度。一个页面中出现关键词密度很高的情况，只要是实际需要的，便可以保留，毕竟网站尽量提供最有价值的信息给用户，才是其考虑的重点。

2. 关键词的位置

正文前 50～100 个词出现的关键词有比较高的权重，建议第一段的第一句就包含关键字，文章头部权重在整个文章中还是最高的，所以不能浪费这么好的位置。在内容页面上，遵循从上到下、从左到右的原则，尽量在开头和结尾的地方多布置一些关键词。除此之外，还可以考虑以下位置：①合理利用标题、关键词、描述区域，指定合适的关键词；②图片的 Alt 属性，利用这个属性可以布置一些有效的关键词；③友情链接区域，选择一些与行业相关的链接进行友情链接交换；④底部区域，可以加上网站说明性质的字样。

3. 关键词的匹配

这里所说的匹配主要是针对关键词的完整匹配，切忌将关键词分隔成几部分放入文章中。举个例子，"金属衣架"这个关键词，如果需要放入文章中，要尽量在文章头部保证其完整，而在其他部分可以适当地将"金属""衣架"分隔开出现在文章中。

总体来说，文章内容的关键词不能过多，需要有一个度。关键词问题需要谨慎对待，只要按逻辑、按正常的语法来写网页，关键词密度就完全不必考虑。切忌关键词堆积，关键词堆积只会适得其反。

4.5.5　H 标签

H 标签按重要性分六层，从 H1 到 H6，H1 最重要，H6 重要性最低。在 H1 标签和 H2 标签中融入关键词有助于提高相关性，H3 以下的标签权重已经很低了，和普通页面文字差不多。

H1 标签相当于正文标题，是关键词优化的另一个页面元素，重要性仅次于页面标题。

需要注意的是，一篇文章只能有一个标题，H1 标签也只能出现一次，H1 标签里面的内容就相当于这篇文章的标题。

很多人认为，既然 H 标签可以提升关键词排名，为什么不多添加一些呢？于是就开始了 H 标签添加工程，在写文章时每遇到一个关键词，就用 H 标签重点突出一下。这样下来，一篇文章满满的全是 H 标签，但是这样做的后果就是导致 H 标签泛滥，搜索引擎在面对大量 H 标签时，反倒不能分辨哪个是重点。这样 H 标签突出关键词的作用也就没有了。所以，H 标签使用要恰到好处，适可而止。

4.5.6　Alt 文字

Alt 属性可以为无法看到图片（可能是浏览器无法下载图片、浏览器不支持图片显示或者浏览者禁用了浏览器的图片显示功能）的浏览者提供文字说明。某些浏览器，如 IE7 以前的版本，将鼠标放到图片上时，Alt 文字会被显示出来。

一些网站为了追求美观，不管是首页还是内容页都用了较多的图片，而文字非常少，搜索引擎只认字不认图，所以为了尽可能多地出现一些文字就可以考虑使用 Alt 做一些简要描述或介绍，就像文字链接锚文本中那样包含你想要出现的关键词。在近几年中，越来越多的网站或 SEO 都这样使用 Alt 文字，从而提高了网站的相关性和关键词密度。

网站的 Logo 应该在 Alt 文字中包含目标关键词。

Alt 文字对 SEO 有一定的作用，但是不要在 Alt 文字上下太多功夫，它的作用相对于锚文字或友情链接对 SEO 的作用还是很有限的，所以 Alt 文字中不要堆积关键词，只出现一次关键词即可。

一定不要为了网站漂亮，网站首页整个是一张图片，然后用 Alt 文字充当正式文字来增加关键词密度，那样会得不偿失。

4.5.7 内部链接与锚文字

内部链接对爬行与收录有很重要的意义，内部链接对页面关键词相关性也有很大的影响，最主要的是在内部链接中使用锚文字。

锚文字是告诉搜索引擎被链接页面主题内容的最重要的依据之一，外部链接锚文字大多数是无法控制的，而内部链接锚文字则完全由站长自己控制，同时锚文字中出现完全匹配的关键词，有助于提高链接目标页面的相关度，以及发出链接页面的相关度。但为了避免过度优化，除了使用一些完全匹配的关键词做锚文字外，最好还有一些长尾关键词做锚文字，使锚文字具有多样性。

锚文字出现的位置不能够集中在导航或者页脚中，而需要分散在正文中。需要注意的是，在页脚加上非常多重要页面的链接，锚文字使用完全匹配的关键词，曾经是很流行的优化方法，这种页脚不能过度优化，以免遭到惩罚。

4.5.8 页面更新

页面更新频率是吸引搜索引擎蜘蛛返回抓取的因素之一。更新内容使搜索引擎认为内容有时效性，也能提高排名。

4.6 网站结构优化

网站结构是 SEO 的基础。SEO 人员对页面优化讨论得比较多，如页面上关键词如何分布，标题标签怎样撰写等，而对于网站结构的讨论比较少。其实网站结构的优化比页面优化更重要，掌握起来也会比较难。

4.6.1 网站结构优化的目的

从 SEO 的角度出发，网站结构优化要达到以下四个目的。

1. 用户体验

什么是用户体验？国际标准定义为：人们对于针对使用或期望使用的产品、系统或者服务的认知印象和回应。应该说这是个很宽泛的概念，为便于理解和记忆，简单归纳可分为七个要素：网站性能、视觉设计、导航分类、站内搜索、网站内容、交互设计、登录（付款）方式。

（1）网站性能　网站打开速度对用户体验有很大影响。一些抽样调查结果显示，访问者认为打开速度较快的网站质量更高、更可信。很多企业在网站中放置一些放大图、高清图，以此为用户提供更多的信息，但是必须注意，应该在保证图片清晰的前提下，尽量使用小图片，一张图片最好控制在 50KB 以内。

（2）视觉设计　颜色搭配是否符合网站定位，风格设计是否符合目标用户喜好，这是决定用户是否驻足停留的关键。

（3）导航分类　对于没有明确目的的用户，一般都会按图索骥，从导航分类进入各个频道。导航分类是否合理，分类标题与内容页面是否有效对应，这些将直接影响用户的浏览体验和完成任务的效率。

（4）站内搜索　对于那些有明确目的的用户（如就是想购买某商品），登录网站后的首要行动就是站内搜索。尤其是一个电商网站，站内搜索功能的易用性（搜索速度是否快，搜索结果是否准确，是否支持各种组合搜索等）将极大地影响销售成绩单。

（5）网站内容　网站运营，内容为王，这是恒久不变的真理。媒体类网站的内容主要看资讯内容更新是否及时，撰写角度是否公正理性等；而电商类网站的内容则主要包含上架商品及促销活动。

（6）交互设计　交互设计包含三个方面：界面设计、导航设计和信息设计。界面设计不仅涉及视觉色彩，还包含提供给用户做某些事的功能。导航设计是指通过一定的技术手段为网站的访问者提供一定的途径，使其可以方便地访问到所需的内容。信息设计就是通过网站传达给用户某些信息，用户可通过这些信息了解自己正在进行的某些任务和下一步应该如何完成某些任务。

（7）登录（付款）方式　登录方式的多样性在最近几年变得越发重要。网站是否支持使用新浪微博、豆瓣、QQ 等账户登录，已成为用户使用网站不可或缺的一个便捷功能。付款方式多样主要是指电商类网站，因个人线上付款习惯差异较大，因此是否支持网银、支付宝等多方式付款，将直接决定订单的成交率。

用户体验是检测一个网站好坏的标准。从根本上说，用户体验好的网站也是搜索引擎喜欢的网站，用户在网站上的行为方式也很可能会被计入排名的算法中。

2. 收录

网站收录是企业比较关心的问题，也是企业比较看重的一个方面。网站收录在很大程度上依靠良好的网站结构。理论上，一个清晰的网站结构会吸引蜘蛛抓取，而且方便蜘蛛抓取。可是在实际操作中，大中型网站往往会形成一个异常复杂的链接结构，怎样吸引蜘蛛抓取会成为一个重要课题。

3. 权重分配

网站页面权重的高低会影响网站页面的排名，因此 SEO 人员必须有意识地规划好网站所有页面的重要程度，通过链接把权重倾向于重要的页面。

4. 锚文字

锚文字是网站排名的一个重要算法，网站内部的锚文字是站长自己能控制的，所以也是最主要的增强关键词的一种方法。在这方面要向维基百科学习。

网站结构优化的目的主要是督促完成整个网站内部的优化，最终达到的目的是网站有好的排名，有更多的人阅读，有高的转化率。

4.6.2 搜索引擎友好的网站设计

网站设计美观，用户体验好，并不是全部，企业要做到的是网站美观和对搜索引擎友好兼顾。

要打造对搜索引擎友好的网站，首先得站在搜索引擎的角度去看待一个网站，在网站抓取、收录、排名中会遇到哪些问题？解决了这些问题的网站设计就是对搜索引擎友好的网站。

1. 搜索引擎蜘蛛能不能找到网站网页

要让搜索引擎蜘蛛找到网页，就得有外部链接导向网站首页。蜘蛛找到首页，才能沿着内部链接找到更深的内容页。所以，网站要有良好的结构，包括物理结构和逻辑结构，现在网站结构大多是树形的，网页间有良好的链接结构，最好以文字链接，图像链接也可以，但是对 JavaScript 链接、下拉菜单链接、Flash 链接等搜索引擎蜘蛛一般不能跟踪爬行，搜索引擎就很难收录。当然，网站有个不错的网站地图也是很好的。

2. 找到网页后能不能抓取页面内容

被搜索引擎蜘蛛找到的 URL 必须是能抓取的，应尽量使用一些静态的 URL。例如，数据库动态生成、带过多参数的 URL 容易出错，应当尽量避免。同时，也要减少一些百度不能读的东西，如 Flash、框架结构（Frame）、图片、视频、音频、弹窗等。可疑的转向、大量的复制内容都是对搜索引擎不友好的表现。

3. 抓取页面怎样提炼有用信息

为方便蜘蛛抓取一个页面内容，提炼有用的信息，要考虑页面关键词是否合理分布在页面的重要位置、重要标签如何撰写、HTML 如何精简、是否具备兼容性等一些问题，解决了这些问题能够帮助搜索引擎蜘蛛更快、更好地抓取页面的有用信息。

4.6.3 避免蜘蛛陷阱

"蜘蛛陷阱"是阻止蜘蛛程序爬行网站的障碍物，一般是指对搜索引擎不友好的网站制作技术。常见的应该避免的蜘蛛陷阱总结如下。

1. 登录要求

有些企业网站和个人网站的设置一定要注册登录后，才能看到相关的文章内容，这种设置对蜘蛛不是很友好，蜘蛛不会注册，也不会登录。

2. 动态 URL

动态 URL 是指数据库驱动的网站生成的带有问号、等号及参数的网址，动态 URL 不利于搜索引擎蜘蛛的爬行和抓取。

3. 强制用 Cookies

部分站长为了让用户记住登录信息，强迫用户使用 Cookies，如果未开启，则无法进行访问，访问页面的显示也不会正常，这种方式让蜘蛛无法进行访问。

4. 框架结构

现在的网站已经很少使用框架结构，因为框架结构已经越来越不利于搜索引擎抓取了。

对搜索引擎来说，访问一个使用框架结构的网址所抓取的 HTML，只包含调用其他 HTML 文件的代码，并没有包含其他文字信息，搜索引擎也就无法判断这个网址内容是什么，即使搜索引擎跟踪调用其他 HTML 文件，这些文件也是不完整的页面，所以建议取消框架结构，和 Flash 一样，不要浪费时间研究怎么让搜索引擎收录框架结构。

5. 各种跳转

对搜索引擎来说，301 跳转相对来说比较友好，其他形式的跳转都比较敏感，如 JavaScript 跳转、Meta Refresh（刷新标签）跳转、Flash 跳转、302 跳转。有些网站用户访问首页时会自动转向其他页面，如果是按用户地理位置转向至最合适的目录，那也情有可原，但是大部分网站的首页转向看不出任何理由和目的。这种转向不推荐使用。如果非要做转向，只推荐用 301 永久跳转，可以将权重进行传递，因为很多其他转向用来欺骗用户和搜索引擎，也是作弊的一种手段，所以建议大家不要使用，以免网站被降权，甚至被搜索引擎除名。

6. Flash

有的网站页面使用 Flash 增强视觉效果是很正常的，如用 Flash 做的 Logo、广告、图标等，这些对搜索引擎抓取和收录是没有问题的。很多网站的首页是一个大的 Flash 文件，这种就叫蜘蛛陷阱。在蜘蛛抓取时，HTML 代码中只是一个链接，并没有文字，虽然大的 Flash 效果看上去很好，外观也很漂亮，但搜索引擎看不到，无法读取任何内容。所以，为了能体现网站优化的最好效果，不提倡使用这种 Flash 做首页图片。

4.6.4 物理结构和逻辑结构

网站结构包括物理结构和逻辑结构。

1. 物理结构

网站的物理结构是指网站真实的目录及文件所在的位置所决定的结构。静态网站才有物理结构，动态网站或伪静态网站不存在物理结构。

一般来说，比较合理的物理结构有两种：扁平式物理结构和树形结构。

（1）扁平式物理结构　这种结构所有网页文件都存在网站根目录下。

这种扁平式物理结构对搜索引擎而言是最为理想的，因为蜘蛛只要一次访问即可遍历所有页面。但是，如果网站页面比较多，太多的网页文件都放在根目录下的话，查找、维护起来就显得相当麻烦，所以扁平式物理结构一般适用于只有少量页面的小型、微型网站。

扁平式物理结构的一个优势是，很多人认为根目录下的文件比深层目录中的文件天生权重高一点。例如，如果其他条件相同，URL：http://www.domain.com/pageA.html 比 URL：http://www.domain.com/catA/pageA.html 排名能高一点。

（2）树形结构，又称为金字塔形结构　这种结构其根目录之下以目录形式分成多个产品分类（或称为频道、类别、目录、栏目等），然后在每一个分类下再放上属于这个分类的具体产品（或称为文章、帖子等）页面。

树形结构逻辑清晰，页面之间的隶属关系一目了然。

需要说明的是，这里说的物理结构是"真实的目录及文件所在的位置所决定的结构"，只是为了方便说明和理解。数据库驱动、程序生成的网站并不存在真实的目录和文件，URL 中的目录和文件都是程序实时生成的，但就网站结构来说，它们与真实存在的目录和文件没有什么区别。

2. 逻辑结构

逻辑结构又称为链接结构，是由网站内部链接形成的链接的网络图。比较合理的链接结构通常是树形结构，如图 4-4 所示。其中的链接关系如下：①首页链接向所有分类首页；②首页一般不直接链接向产品页，除了几个需要特殊推广的产品；③所有分类首页链接向其他分类首页，一般以网站导航形式体现；④分类首页都链接回网站首页；⑤分类首页链接向本分类下的产品页；⑥分类首页一般不链接向其他分类的产品页；⑦产品页都链接向网站首页，一般以网站导航形式体现；⑧产品页链接向所有分类首页，一般以网站导航形式体现；⑨产品页可以链接向同一个分类的其他产品页；⑩产品页一般不链接向其他分类的产品页。

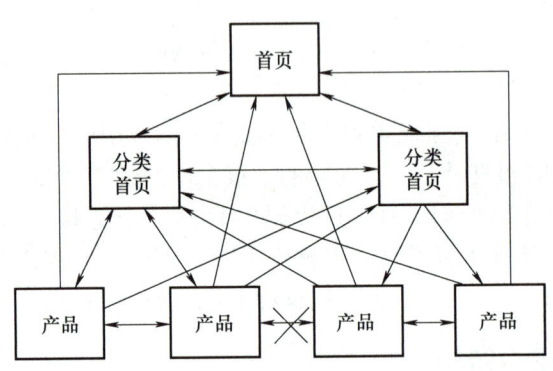

图 4-4　树形网站链接结构示意图

从图示和说明可以看到，这些链接会很自然地形成树形的网络图。这种链接网络可以与物理结构重合，也可以不一样，如扁平式物理结构网站完全可以通过链接形成链接上的树形结构。

当然实际网站的链接结构要复杂得多，一级分类不可能只有两个，并且下面还可能有二级分类、三级分类，末级分类可能有很多个翻页，还可能有各种排序页面等。但网站链接基本形式大体相同。

对搜索引擎来说更重要的是链接结构，而不是物理结构。不少人有误解，认为物理结构比较深的页面不容易被搜索引擎收录，例如，http://www.domain.com/catC/product-f/introduction.html，像这样物理目录结构比较深的 URL，是不是就不容易被收录呢？那不一定。如果这个页面在网站首页上有一个链接，对搜索引擎来说它就是一个仅次于首页的链接结构意义上的二级分类页面。收录容易与否，在于页面处于链接结构的什么位置，离首页有几次点击距离，而不是它的目录层次。

一般来说，网站首页获得的内外部链接最多、权重最高。首页链接到一级分类页面，这些一级分类页面权重次于首页。大部分网站有多层分类，权重依次下降，权重最低的是最终产品页面。

有些重点的页面如利润率最高或新推出的重点产品、为特定节日或促销活动制作的专题页面，这些页面按照经典树形结构安排，离首页很远的通常权重不会太高。要让这些网站获得较高的权重，最简单的方法就是在首页上直接加上几个重点页面的链接，甚至可以在侧栏推荐、促销部分加上全站链接。把产品内页链接放在首页上，就算没有其他外部链接的支持，这些内页的排名也会有显著提高。

4.6.5 清晰导航

一个清晰的导航在网站的建设中是十分重要的,因为清晰的导航能够让用户知道此刻自己停留在哪个页面上,而且能知道下一步去哪里。如何才能建立网站清晰的导航呢?

1. 站在用户角度,网站导航系统需要解决的问题

(1) 我现在在哪里 用户进入网站点击多个链接后,可能已经忘记自己是怎么来到当前页面的,导航系统这时就要清楚地告诉用户现在处在网站总体结构的哪一部分。

页面设计风格的统一、面包屑导航的使用、主导航系统当前所在分类高亮都有助于用户判断自己现在在哪里。

(2) 下一步要去哪里 有时候用户知道自己想做什么,页面的导航设计要告诉用户点击哪里才能实现他们的目标。有时候用户也不知道自己该干什么,网站导航就要给用户一个最好的建议,引导用户流向网站目标完成页面。

合理的导航及分类名称、正文中的相关链接、引导用户把产品放入购物车的按钮、相关产品推荐、网站地图、站内搜索框等都有助于帮助用户点击到下一步。

2. 站在 SEO 的角度,网站导航系统应该注意的问题

(1) 文字导航 文字导航是最常见的导航形式,清晰易懂。在做文字导航的时候,尽量采用 HTML 的文字导航形式,若采用图片形式的文字导航会在一定程度上影响网站的优化效果,更不要用 JavaScript 生成导航系统,也不要用 Flash 形式做导航,否则不容易让搜索引擎抓取。

普通的文字导航对搜索引擎的爬行阻力是最小的,文字导航系统是整个网站最重要的收录内链环节,做好这一点才能让搜索引擎蜘蛛更好地爬行和抓取。

(2) 减少点击距离 网站中的页面离首页的点击距离越近越好,所以这就要求在建设网站目录的时候,小网站保持在 3~4 次点击就可以到达最底页,大网站 4~5 次就可以点击到底页。要做到这一点,尽量让网站在链接结构上呈现出扁平化的状态。

(3) 锚文字包含关键词 除了导航链接中的文字能够给搜索引擎带来较好的流量外,锚文字对目标页面相关性也有相当大的影响,因此分类名称应尽量使用目标关键词。当然,要顾及用户体验,导航中不能堆积关键词,分类名称以 2~4 个词为宜。

(4) 面包屑导航 对用户和搜索引擎来说,利用面包屑导航来分析此刻在网站中的位置是一种最好的方法,在建设网站清晰目录时缺少了面包屑导航是万万不行的,特别是在一些大中型的网站中。

(5) 避免页脚堆积 很多人为了在网站中建立更多的引导蜘蛛的链接,就在网站的尾部添加上很多富含关键词的链接,但是搜索引擎对这种做法极为反感,很有可能对网站做出惩罚。

4.6.6 子域名和目录

搜索引擎通常会把子域名(或称为二级域名)当作一个基本独立的网站看待,也就是说 http://www.domain.com 和 http://news.domain.com 是两个互相独立的网站。

而目录 http://www.domain.com/news/纯粹是 http://www.domain.com 的一部分。

如果抛开其他因素,只看这两个 URL:http://news.domain.com,http://www.domain.

com/news/，子域名 http://news.domain.com 的权重稍微高一点，因为搜索引擎会把这个 URL 当作网站的首页。

但从 SEO 角度来看，尽可能使用目录，而不是子域名，原因如下：

子域名和主域名是两个完全不同的网站，要推广的也是两个网站，所有的优化工作都要多做一遍，尤其是外部链接建设，网站 PR 值、权重都会被这两个独立的网站分散。主域名经过外部链接建设获得高权重，不意味着子域名就获得了高权重。子域名的使用会使网站变多，同时使每个子域名网站变小。目录会使一个网站越做越大。网站越大，包含的内容自然就越多，对用户的帮助就越大，它所累积的信任度就越高。

当然这只是对一般网站而言的，在某些情况下，子域名是更适当的。

1）网站内容足够多，每一个子域名下包含的内容都足以成为一个独立的网站而丝毫不逊色。有很多这样的网站，如各类门户网站，像新浪、搜狐这种级别的网站，任何一个频道的内容都比绝大多数网站多得多。

2）跨国公司在不同国家的分部或分公司，采取子域名有利于建立自己的品牌。而且各个分公司的网站内容很可能是由不同国家的团队自行维护的，与独立网站没什么区别。

3）公司有不同的产品线，而且相互之间关系不大，或者完全是以不同的品牌出现的，这时每一个品牌或产品线可以用子域名甚至独立域名。例如，几乎所有汽车公司每一个品牌甚至每一个车型都有自己独立的品牌和网站，手机公司也是如此。门户网站推出不同服务时，如博客、微博、论坛、邮件，也以子域名为宜。

4）分类信息网站，不同城市使用不同的子域名。这类信息网站通常都有海量数据，某一个省份或城市的内容都能独立成站。而且不同城市、省份很可能有不同的发展目标和安排，也是由不同的团队管理的。

5）平台类网站，如 B2B 和淘宝类的商城，每个用户都有自己相对独立的展示平台，使用自己的子域名对品牌建设、推广有好处。

4.6.7 复制内容

下面这些原因可能造成复制内容。

1）代理商和零售商从生产商转载产品信息。

2）网站结构造成的各种页面版本，如产品按价格、属性、评论等形成不同的列表。

3）网页实质内容太少，如果网页的正文部分太少，内容数量还抵不上通用部分（导航条、广告、版权信息），可能被认为是复制内容页面。

4）转载或抄袭。

判断页面是否有复制内容的方法是：从正文中取出一句话，加双引号，在搜索引擎中搜索，返回结果中是否有多个页面。

搜索引擎并不会因为网站有少量复制内容而对其惩罚或降权，搜索引擎做的只是从多个页面中尽量挑选出真正的原创版本给予应有的排名，对复制版本不在搜索结果中返回，或排在比较靠后的位置。网站出现大量复制内容时，搜索引擎会对网站质量产生怀疑，可能导致惩罚。

4.6.8 网站地图

网站无论大小，单独的网站地图都是必需的。通过网站地图，不仅用户可以对网站所有内容一目了然，搜索引擎也可以跟踪链接爬行到网站所有主要部分。

一般情况下，网站地图分为以下两种。

1）普通 HTML 格式的网站地图，英文是 sitemap（首字母小写 s）。它的目的是帮助用户对网站进行整体把握。HTML 格式的网站地图根据网站结构特征制定，尽量把网站的功能结构和服务内容有条理地列出来。一般来说，网站首页有一个链接指向该格式的网站地图。

2）XML Sitemap，通常称为 Sitemap（首字母大写 S），而不叫"网站地图"。简单来说，Sitemap 就是网站上链接的列表。制作 Sitemap，并提交给搜索引擎可以使网站的内容完全被收录，包括那些隐藏比较深的页面。这是一种网站与搜索引擎对话的好方式。

4.7 外部链接与搜索引擎优化

网站优化分为网站内优化及网站外优化。网站内优化主要是对网站的结构以及页面进行优化，站长完全可以自己操作完成；网站外优化主要是外部链接建设。一般认为，外部链接因素占了搜索引擎优化 60%~70% 的比重，远超过网站内优化的重要性。

4.7.1 外部链接的定义

外部链接常被称为"反向链接"或"导入链接"，是指通过其他网站链接到自己的网站的链接。外部链接建设是指有目的地进行增加外部链接的动作。

外部链接对网站优化来说是非常重要的一个过程。外部链接的质量直接决定了网站在搜索引擎中的权重。

4.7.2 外部链接的表现形式

（1）超链接　超链接就是当鼠标单击这个链接时，就会跳转到链接所指向的页面。这种链接对于传递权重、引导蜘蛛爬行有一定的作用。

（2）锚文本　锚文本是指在文字上加入超链接，一般都选择网站的目标关键词。锚文本对于实现外部链接有很好的表现效果，对被链接的网站的某一个关键词的排名好坏有较大影响。

4.7.3 增加外部链接的方法

首先需要说明的是，获得外部链接的根本在于提供对用户有用的信息，只要写出独特的有用的文章，用户就会自动链接。

1. 网站目录提交

被高质量的目录收录对 SEO 有重要意义，因为能带来不错的外部链接。提交网站目录的方法是：在百度上搜索"网站目录""目录提交""网站大全"等关键词。然后再一个一个地提交。网站目录并不抓取网站上的页面，只记录网站的网址、标题、说明等。

2. 参与论坛、博客等社区

虽然论坛、博客等都不允许发广告性的东西或垃圾链接，但只要能够提供有用的信息，对社区有贡献，如回答其他人的问题，很多浏览的人会把你当作专家，点击你签名中的链接。搜索引擎也同样。搜索引擎目前给论坛、博客里的链接的权重都很低，但可以积少成多。

3. 软文发布

写一些对人们有帮助的文章，网上有很多自由发表文章的地方，像博客平台、各大门户网站以及其他一些比较权威的网站，每篇文章中都可以留下指向主站的链接。如果文章投稿通过了，其他网站采集的时候就会顺带把你的文章和链接转载到他的网站上。

但要注意一点，每篇文章都要先在自己的网站上发表，等搜索引擎收录后再到其他网站发表。

4. 友情链接

这是影响 SEO 的重要因素之一，可以到有名的站长论坛去交换友情链接。另外，有一种友情链接是单向的链接，就是你链接向我，而我不链接向你，这样就不用互分流量了，对被链接的一方有很大好处。所以单向的友情链接效果更好。

需要注意交换网站的相关性与稳定性以及权重。交换的友情链接一定要有较高的质量，不要过分追求数量。

5. 百科及问答类网站

可以在百度百科、百度知道、搜狗问问、天涯问答等搜索自己网站的关键字，回答相关的问题并留下网站网址。需要说明的是，目前这种 SEO 外链的搭建属于低效的方法，很多论坛必须达到一定的等级才能在论坛签名中带锚文本。

还可以在百度百科中编辑一些词条，这些词条都带上链接。

6. 可以建立一些免费的网站

利用免费空间建立多个不同的网站，网站上都带上网站链接，只要收录了就又是一个外部链接了。

需要注意的是，增加反向链接要重视质量，不要单纯追求数量。如果网站想长久获得好的排名，外部链接的质量会比数量更加重要，增加反向链接，最好找有相关度的。如果有很多无用的垃圾网站的外部链接，那是非常有害的。

4.8 搜索引擎优化作弊与惩罚

4.8.1 "白帽"与"黑帽"

在搜索引擎优化业界，人们把使用作弊手段优化网站称为"黑帽"，使用正当手段优化网站称为"白帽"。

"白帽"技术在于确保搜索引擎索引抓取的内容与用户将看到的内容是一样的。"白帽"技术一般归结为满足用户的需要去创建内容，而不是为搜索引擎去创建内容，然后用一些合理的技术使这些内容很容易被蜘蛛程序接触到，而不是试图引导算法。

"黑帽"SEO 是指在优化过程中使用作弊手段，如垃圾链接、关键词叠加（Keyword

Stacking）、隐藏文字（Hidden Text）、隐藏链接（Hidden Link）等。"黑帽"技术大多被人用来做短期优化，以最快的速度获取收益。

搜索引擎会对 SEO 的方法进行判断，发现使用"黑帽"SEO 的网站，轻则降权，重则被封。

4.8.2 常见的搜索引擎优化作弊手法

1. 关键词叠加

关键词叠加是指为了增加关键词密度，在网页上大量重复关键词的行为。最基本的叠加方式是在网页中用户看不见 HTML 文件的一些地方，如标题标签、描述标签、图片的替代文字中等使用叠加。比如：

网站策划　网站策划　网站策划　网站策划　网站策划　网站策划　网站策划　网站策划　网站策划　网站策划

策划　策划　策划　策划　策划　策划　策划　策划　策划　策划　策划　策划　策划

这些词语或许大家已经看到了，经常被一些人放在网页的尾部，字体很小，其目的就是让搜索引擎看见，"认识"这个网页的主题是"网站策划"或者"策划"，从而试图让搜索引擎给予此页在这两个关键词搜索中以有利排名。

关键词叠加是一种典型的 SEO 作弊行为，搜索引擎判断这种作弊行为的算法已经相当成熟，所以一旦网页上出现关键词叠加现象，一般整个网站会被搜索引擎封掉。很多网站不被搜索引擎收录，往往也是因为这个原因。

2. 隐藏文字

隐藏文字是指在网页中放上含有关键词的文字，但这些文字不能被用户看到，只能被搜索引擎看到。可以有几种形式，如超小字号的文字、与背景同样颜色的文字、放在表格 input（输入）标签中的文字、通过样式表把文字放在不可见的层上，或者通过样式表把文字放在远远超出屏幕尺寸的地方等。其目的也是提高网页的相关性和关键词密度。

有的人选择很热门的关键词隐藏在与内容无关的网站上，希望网页能在搜索这些热门关键词时得到好的排名和流量。

3. 隐藏链接

隐藏链接和隐藏文字相似，其区别是把关键词放在链接中，而这个链接也是用户看不到的。

4. 链接工厂

链接工厂（Link Farm）也称为链接农场。建立大量没有什么实质内容的网站，其目的是互相链接或者整个链接工厂一起推一个目标网站，企图获得好的搜索引擎排名或者流量。通常通过工具自动建立的与大量内容无关的链接，是一种公认的网络垃圾，常常让用户陷入链接工场而找不到一点相关内容。那些运用"黑帽"技术的人利用链接工场，在一个页面中增加大量链接，希望通过这种方式使搜索引擎误认为这个页面很有链接的价值。

4.8.3 域名被封怎么办

打开百度网站，在百度网站的搜索栏中输入"domain：＊＊＊.com"，如果有记录，则使用"site：＊＊＊.com"；如果无记录就说明域名被封了。

首先要确定网站哪里违反了百度的规则，一般被封都是某些所谓的优化技术不当造成的。

（1）网站是否过度优化　前面谈了很多具体的优化技巧和手段，如关键词选择、标题标签的写作、关键词密度、网站结构等。如果把这些技术都用上，那离出问题就不远了。过度优化往往是排名被惩罚的重要原因。这里有个度的问题，做到哪种程度是适当优化，哪种程度是过度优化，只有靠经验来掌握了。

（2）是否有大量交叉链接　有不少站长会同时掌握很多网站，并且在这些网站之间互相交叉链接，这很可能导致出现问题。一个人拥有四五个网站，可以理解，但如果拥有四五十个网站，每个网站都不大，质量也不高，还都互相链接起来，这就可疑了。

（3）是否链接向其他有作弊嫌疑的网站　检查导出链接，是不是只链接向相关网站，是不是只链接向高质量网站，你链接的网站有没有被封或被惩罚的。如果有，你的网站离被封或被惩罚的日子就不远了。

（4）仔细检查有没有用隐藏网页　检查有没有发大量垃圾链接。在检查这些的时候，不能骗自己。在网站上用了哪些手段，只有站长自己最清楚，外人很难一眼看出来。

确定好你的网站有没有违规，接下来就是写信给百度了，承认错误，保证不会再犯错，这样一般是会被解封的。

案例与拓展

人人诉百度案

2008年，在《中华人民共和国反垄断法》（简称《反垄断法》）生效不满一年之际，中国反垄断就迎来了一个巨大的挑战——唐山人人信息服务公司（简称"人人"）起诉北京百度网讯科技有限公司（简称"百度"）滥用市场支配地位。

人人诉称，全民医药网是其运营的一家提供医药咨询服务的导航网站，自2008年3月起与百度签订竞价排名协议。之后在人人因自身运营原因减少后，百度屏蔽了全民医药网，造成全民医药网访问量骤减，给人人造成了巨大的损失。10月31日，人人向国家工商总局反垄断与反不正当竞争执法局提交了举报信，要求对百度处以同年营业额10%——1.74亿元的巨额罚款，并于同年12月向北京第一中级人民法院起诉要求百度赔偿人人的损失110.6万元。此案是《反垄断法》实施后的第一例重大案例，被告在具有极高的知名度的同时，还是一个互联网企业。由于互联网企业的相关市场界定一直是反垄断领域的一个难点，因此本案格外引人注目，被称为"互联网反垄断第一案"。

人人主张百度在中国搜索引擎上占有市场支配地位，对其网站进行屏蔽的行为，违反了我国《反垄断法》的规定，构成滥用市场支配地位强迫其进行竞价排名交易的行为。而百度则辩称，其确实对原告人人所拥有的全民医药网采取了减少收录的措施，实施该措施的原因是人人的网站设置了大量垃圾外链，搜索引擎自动对其进行了作弊处罚。但是，该项处罚措施针对的仅仅是百度搜索中的自然排名结果，与原告人人所称的竞价排名的投入毫无关系。

案件两审的结果是百度大获全胜。法院认可了百度的抗辩，即其屏蔽原告人人的网页的行为具有正当理由，百度采用了统一的、公开的反作弊机制，对原告网站的"垃圾外链"

进行识别并对其进行了"减少收录数量"的处罚措施。

（资料来源：张江莉. 反垄断法在互联网领域的实施［M］. 北京：中国法制出版社，2020. 郭子升. 人人诉百度案的再思考［J］. 法制与社会，2018（9）：43-47.）

讨论题：

1. 百度获胜的原因是什么？
2. 你从案件中得到了什么启示？

关键术语与思考题

关键术语

SEM　SEO　关键词　泛关键词　长尾关键词　百度指数　借力关键词　核心关键词　Meta 标签　面包屑导航　关键词密度　H 标签　Alt 文字　锚文字　用户体验　蜘蛛陷阱　网站物理结构　网站逻辑结构　动态 URL　外部链接　白帽　黑帽　关键词叠加　隐藏链接　链接工厂

思考题

1. 简述 SEO 与 SEM 及付费排名的关系。
2. 如何设置搜索引擎友好型的域名？
3. 简述 SEO 中的关键词优化过程。
4. 简述页面优化的内容。
5. 简述网站结构优化的目的。
6. 简述常见的蜘蛛陷阱。
7. 如何设计清晰的导航系统。
8. 简述常见的 SEO 作弊手法。

第5章

营销型网站的规划与推广

本章要点

- 营销型网站的含义
- 营销型网站的规划
- 营销型网站的推广

网站是网络营销的重要组成部分,是企业最基本的自有营销平台。有效地开展网络营销离不开企业网站功能的支持,网站建设的专业水平同时也直接影响着网络营销的效果,表现在品牌形象、在搜索引擎中被检索到的机会等多个方面。因此,在网站策划和建设阶段就要考虑将要采用的网络营销方法对网站的要求,同时网站建成后也要积极进行网站推广,以期与用户实现对接。

5.1 企业网站的一般特征

与专业的网络公司网站或者大型电子商务网站相比,企业网站具有明显的特点:企业网站不一定规模很大,也不一定要建成一个"门户"或者"平台",它的根本目的是为企业的经营活动提供支持。企业网站是企业网络营销的工具,而网络公司和大型电子商务网站本身是一个经营场所,两者既有相同的地方,也存在明显的区别。表5-1从建站目的、技术要求、投入预算、收益模式、主要内容、网站功能等方面对企业网站与专业电子商务网站做了简单比较。

表 5-1　企业网站与专业电子商务网站的比较

项目	企业网站	专业电子商务网站
建站目的	为企业经营服务,作为一种营销工具	新企业形式,网站服务和内容几乎代表了企业的全部
技术要求	通常比较简单,小型企业网站甚至不需要专门的技术人员	对网站运行要求较高,网站无法访问就意味着企业关门
投入预算	根据企业网站的功能不同,从几千元到几十万元之间	与网站规模相关,通常要比一般企业网站投入更多资金

(续)

项目	企业网站	专业电子商务网站
收益模式	本身并不是利润中心，对企业经营是一种辅助作用，网站的价值体现在企业经营的多个方面而不仅仅是销售额的增加	有多种收入模式，如网络广告、技术服务、中介服务、信息服务、网上销售等
主要内容	主要为企业介绍、企业动态、产品信息、客户服务、购买意向等，高级应用还包括B2B、B2C在线销售、在线采购等功能	没有统一模式，与各网站的经营领域有关，内容通常比较丰富，服务也比较完善
网站功能	以信息发布为主，通常比较简单，电子商务型企业网站才有订单管理、用户管理等高级功能	要求比较高，要提供完善的在线服务、在线订单等功能
运营维护	根据企业的需要，发布重要新闻、新产品等情况下需要更新，通常更新量比较小	要不断提供新内容、新产品，不经常更新的网站很难聚集人气
推广方法	搜索引擎、企业宣传资料、E-mail营销、网络广告、在线黄页、信息发布等	拥有丰富的内容，并且代表了新经济模式，容易受到媒体关注，因此经常通过新闻、公关等渠道获得推广效果，同时也采用常见的媒体广告、网络广告、网站合作营销手段

通过上述简单对比可以看出，一般的企业网站相对比较简单，其目的也比较明确。企业网站一般具有下列一个或者多个目的。

1）通过网站的形式向公众传递企业品牌形象、企业文化等基本信息。
2）发布企业新闻、供求信息、人才招聘等信息。
3）向供应商、分销商、合作伙伴、直接用户等提供某种信息和服务。
4）网上展示、推广、销售产品。
5）收集市场信息、注册用户信息。
6）其他营销目的。

企业网站的目的性也决定了一个企业网站并不需要包罗万象，也不一定像电子商务网站那样一开始就必须拥有各种完备的功能。企业网站的功能、服务、内容等因素应该与企业的经营策略相一致，因为企业网站是为企业经营服务的，如果脱离了这个宗旨，就无法为企业的经营活动发挥作用。

5.2 营销型网站的阅读对象与应具备的特点

营销型企业网站是指以现代网络营销理念为核心，以搜索引擎良好表现、用户良好体验为标准，能够更好地将访客转化为用户的企业网站。

营销型企业网站，首先要符合SEO，SEO排名是最重要的网站推广手段之一，如果一个企业网站没有从SEO的角度去设计，做好之后，还需要请专业的SEO公司进行网站优化；其次要有良好的用户体验，网站不是艺术品，一定要设计得清晰明了，方便用户浏览。

5.2.1 营销型网站的阅读对象

营销型网站有两大阅读对象，即目标用户和搜索引擎。

1. 锁定目标用户

明确网络目标用户群体，针对网络潜在目标用户群体的习惯以及需求思维，站在他们的角度在网站首页排布他们感兴趣的内容，进而塑造企业公信力、核心产品等，为他们答疑等，目的是通过良好的用户体验，帮助企业产生询盘或直接购买，从而更好地将访客转化为用户。

2. 锁定搜索引擎

营销型网站前端页面是给目标用户看的，但是后台却是给搜索引擎看的。所以，营销型网站的后台系统必须具备独立的产品 SEO 系统、文章 SEO 系统、图片 SEO 系统、站内互相链接、流量统计分析软件等功能，方便以后的营销推广。锁定搜索引擎的目的是专门针对搜索引擎优化设计，让目标关键词排名到首页或靠前，让网站脱颖而出。

5.2.2 营销型网站应具备的特点

1. 定位要准

完美的策划方案能够让自己的网站在同行中异军突起，让自己的产品更快速、最大价值化地销售出去，更让目标用户第一眼就爱上自己的产品。

2. 营销要广

如何让用户在成千上万的网站中找到自己，对企业营销来说是相当重要的一步。搜索引擎作为网站推广的重要方式，企业应该重视它的力量。

3. 体验要好

营销型网站以营销为最终目标，因此用户体验是非常重要的一个环节。对于用户体验最基础的就是打开网页的速度如何、导航是否明确、网页之间有没有死链接、页面之间的链接是否良好等。只有拥有友好的用户体验，才能增加访客对网站的友好度，最大化地体现营销能力。

4. 有信任感

要让用户在网站上下单，首先就要让用户信任网站。企业的证书、荣誉、用户案例、新闻报道、企业环境等信息的展示对提升用户信任度是非常重要的。证书以及荣誉是提升信任度最直接的表现。

5. 形象要靓

标榜企业或产品的形象是营销型网站的基本要求，一个好网站需要具备超强的视觉营销效果，以求令目标用户记住，从此奠定自己的行业地位。

6. 有黏度

网站的内容规划在很大程度上决定了网站的黏度。所谓黏度，就是访问者对网站的依赖性，体现在重复来访频率上。如果一个人经常访问某网站，证明这个网站有他所需要的有价值的信息，那么这个网站对这个人就具备了很强的黏性。企业在建设网站前需要进行市场分析、用户分析、竞争分析、优势与劣势分析等，然后才能够有的放矢，制作出适合行业特点、能够抓住消费者心理特征的网站。

5.3 营销型网站的规划

普通的企业展示型网站就是把企业的产品信息、企业信息、联系方式放入网站，而营销型网站是为实现某种特定的营销目标，将营销思想、方法和技巧融入网站的策划、设计与制作中，从而刺激用户的购买欲望，最终达到与用户达成订单的具有营销能力的网站。

营销型网站在网站结构、网站优化、网站美观、用户体验等方面要合理、科学，以营销为主，技术为辅，才能避开普通网站的缺陷。

5.3.1 营销型网站的定位

定位的选择是网络营销的基础和核心。如果没有清晰的定位，推广效率、转化率和团队的工作效率就无法得到保证。

不同的定位决定了不同的策略方向和不同的成长重点。定位准确，就等于选对了方向，锁定了重点。定位不仅会影响决策，还会影响企业成长的速度；定位不准，后面做得再多都是无用功。

1. 盈利模式定位

企业进行网络推广的时候，必须很清楚自己的盈利模式到底是零售、是招商，还是定制批发。因为不同的盈利模式，需要不同的网络沟通对象。一个网站最好只有一个方向的用户。零售类网站只针对终端用户，招商类网站只针对加盟商，批发类网站只针对批发商。

在做网站推广的时候，如果人力、物力和财力都有限，就必须找一个重点作为突破点。以什么为重点，需要以网站的定位为依据。例如，某企业是做批发的，在网站上则要体现出该企业的批发盈利模式，要体现出企业能够给予用户什么样的优惠。

2. 核心竞争力定位

网络营销和传统营销一样，也是在做市场，也会面对激烈的竞争，对同类产品来说，企业之间抢夺的永远都是同一类用户。用户需要比较企业的优劣，企业就应该把最好的一面展示出来。这个最好的一面就是企业的核心竞争力。

下面采用SWOT方法来分析企业的核心竞争力。所有优势（S）、劣势（W）、机会（O）、威胁（T）都是相对于竞争对手而言的。

（1）优势 如果是生产型的企业，那么技术优势应该排在第一位，有形资产居于第二位。有形资产包括厂房、设备、资金等诸多方面。第三是无形资产，可以是企业的品牌、商誉、品牌知名度、美誉度等。这是一种软实力，而今天企业之间的竞争，更多的是靠软实力。对中小企业而言，软实力有着非常重要的意义。第四是企业的人力资源，如有经验的经营团队。第五是渠道和用户资源。网络营销有时候也依赖线下渠道，二者相互依存，相得益彰。有些人片面地认为，有了网络营销，就不需要线下渠道了，其实这是一种非常错误的观念。事实上，今天在网络上做得好的企业，都是那些能把已有的线下渠道和自己的网站结合得比较好的企业。线下渠道、用户资源正是企业竞争的优势所在，是绝对不可以丢掉的。

（2）劣势 上面所说的五个方面：技术、有形资产、无形资产、人力资源、渠道和用户资源，经过分析，如果不是优势，那就是企业的劣势。找劣势的目的是将劣势转化为优势。所有的分析结果都是相对的，都是可以转化的。对于网络营销来说，这种转化更容易实现。

（3）机会 机会可以通过市场细分来寻找。网络上存在海量人群，海量人群的存在，让细分市场成为可能。在传统市场经验中，人们常说，在小城市要做杂货店，在大城市要做专门店。城市小，什么都要做，才能吸引人气；城市大，人流量大，就要做精，做出特色来，才会有人光顾。这个经验同样适合网络空间。网络细分市场可以从多个方面着手，如细分人群、细分产品、细分功能。

（4）威胁　威胁就意味着危险。企业看到的机会，其他企业也同样可以看到；企业现在拥有的优势，或许几年后就会被别的企业超过。所以要充分利用机会，看看有没有其他企业在细分本企业的市场，有没有其他企业在与本企业竞争，有没有其他企业在整合当中，这可能会消耗掉本企业的优势。

通过 SWOT 分析，企业可以理性地找到自己的核心竞争力，定位自己的核心竞争力，找到自己的独特卖点，并用一句广告语将核心竞争力表达出来。广告语要有营销力，排版要有秩序性，产品的特点、卖点要放在突出、显眼的位置，这样用户才能快速找到他想要的东西，从而提升用户体验。在网络营销过程中，懂得用 SWOT 分析定位企业的核心竞争力，可以极大地提高网络营销的成功率。

3. 目标用户定位

谁在使用本企业的产品？

谁从本企业这里买走产品？

找出这些共性，企业的目标用户自然就浮出水面了，这也是判断谁是企业的目标用户的准则。

1）占到销售额 80% 的那群人，是最直接的目标用户。

2）对企业产品或者服务有需求的群体。无论是自身的需要，还是基于他人的需要。

3）目标用户必须是有决策权的人。如果对购买没有决策权，即使他有需求，也算不上目标用户。有决策权是选择目标用户的重要参考因素。

4）具有较强的消费能力和购买欲。只有那些能够消费得起、愿意消费的人，才是目标用户。

4. 核心产品定位

核心产品简单来说就是企业最有优势、最核心的产品，是企业要主推的产品或者说企业要营销的产品。只要把企业的优势力量集中到一个产品上来，企业就可以获得很好的营销效果。同样，在建设营销型网站前要把企业的核心产品定位好，让营销型网站发挥最大的营销力。核心产品定位应该怎么做呢？

1）选择核心产品的五大要素：代表类别特点的，代表实力、技术核心的，有竞争优势的，容易找到沟通元素的，能延伸消费的。

2）如何选择核心产品？选择企业的核心产品可以从以下三点来考虑：①选择有优势、赚眼球又赚钱的产品；②选择有优势、少赚钱，但是能赚人气、能直接帮助赚钱产品销售的产品；③选择有优势、不赚钱，但是能赚足眼球的产品。不建议企业发起疯狂的秒杀，不计成本的秒杀是不理性的。不赚钱和亏钱是不一样的。

3）核心产品在营销型网站上的应用。首先，核心产品要在网站上的主要位置显示，让用户能够记住它。一定要强化用户对核心产品的记忆。例如，设在网站首页的中上部，要让用户一进入网站就能立即看到核心产品。其次，在进行网站推广时，要以核心产品为推广的重心。线上与线下的推广工作可以结合起来，这样可以达到事半功倍的效果。最后，选择核心产品有关的长尾关键词作为核心关键词，并且重点优化这一组长尾关键词，以此来吸引目标用户浏览网站。

但是，定位核心产品并不是说只卖这一个产品，而是以这个核心产品的销售来带动企业其他产品的销售，这才是核心产品定位的最终目的。

5. 网络营销差异化定位

仅做好核心产品的定位是不够的，还需要知道核心产品的卖点在哪里，通过差异化方式突出产品独特的卖点，使自己的产品与竞争对手的产品或服务区别开来。

核心产品好的方面有很多，但不一定要把所有方面都拿出来做宣传。在对核心产品进行介绍时，要抓住消费者的心理，迎合这种心理并真实地把自己做得最好的那一面讲给消费者听。例如，在卖空调时，可以向那些希望快速得到舒适温度的人说，"快速制冷"是我们的最大优势。这样就迎合了消费者的心理，同时也展示出了产品最好的一面。

营销的目的就是让消费者记住自己。所以要把独特卖点总结成一句话，并放到营销型企业网站中最显眼的位置。总结出的这句话，不但要表达清楚内容，而且要尽量口语化。

互联网时代，网站已经在企业的整个运营和管理中起到了非常重要的作用，很多企业都投入了大量的人力、物力、财力来维护网站的运行。现代企业若想抓住这一在网络空间发展的机遇并获得回报，就必须给自己的网站正确定位，找到市场的切入点，把自己与对手区隔开来，为自己找一个空间，让自己成为第一，在某个领域成为消费者的首选品牌。

6. 关键词定位

关键词的精准定位是网络营销的基础，通过关键词的组合来实现网站流量的提升，当然还要分析消费者的路径。这样能够知道消费者是通过什么样的方式找到网站的。对关键词的定位，最重要的就是长尾关键词，简单来说就是由核心产品的关键词再加上各种修饰词组合而成的，这样搜索过来的消费者也是精准的目标用户。

5.3.2 网站结构清晰，视觉冲击力强

网站结构就是网站的骨干，是高度抽象的脉络，就像房子的框架。网站结构相当于指南针和地图，起到引导用户的作用。网站结构规划让可能购买的用户都能对号入座。这就是主要考虑用户思维习惯，通过引导用户操作顺利实现预期目标。这要求规划者首先要分析用户心理和自己产品的核心优势。用户最关注的是什么？先让用户了解什么内容？然后了解什么内容？用什么打动用户？规划网站结构一定要有引导用户购买的意识。

网站结构不清晰是很多企业网站的通病，核心价值不突出、重点不明确、内容杂乱，没有引导用户购买的意识。用户就像在一个迷宫中转，进不去、退不出，找不到自己需要的内容。采用面包屑技术和网站地图，能够方便用户跳转到其他页面，对网站的 SEO 也有很多好处，可以更多地强调网站关键字。

视觉是网站用户接触的第一个因素。所以一个网站想要让用户喜欢，首先就得在视觉上打动用户。网站视觉一定要从用户的审美习惯出发，切忌凭自己的主观愿望来确定视觉表现。一般来说，网站视觉规划先要确定基本主色调和辅助色调，然后画出首页布局图，由美工进行设计。F 结构布局是比较通用的视觉结构，有时候也可以突出个性。

规划网站的结构还需要考虑搜索引擎的喜好，通过合理的层级结构和内部链接方便蜘蛛搜索。

5.3.3 产品展示是企业网站永恒的主题

产品展示是网站规划的核心要素，能不能打动用户，主要看产品页面是否具备强有力的销售力。

产品展示的销售力的核心就在于提炼产品的核心卖点——USP，然后利用图、文、视频等各种形式围绕和强化核心卖点。

FABE 法则是一套非常系统的、行之有效的说服公式，在营销界被广泛使用，同样适用于网站产品展示页面规划或网站规划。其中，F 表示产品的基本特征，A 表示产品特征具备的优点，B 表示这些优点带给用户的利益，E 是用证据来支撑前面的描述。

5.3.4 用户信赖感的快速建立

FABE 中的 E 就是用来增加公信力和信赖感的。要想实现销售，一定要让用户信任自己和自己的企业，增加信赖感可以从以下方面做工作。

1）庞大的资产和规模，先进的设备技术。这就是企业的硬实力，主要体现在企业的固定资产上。

2）专业资历。这体现在企业拥有的专家团队、核心人员的资历水平、服务时间等方面。

3）权威媒体的报道。企业被权威报纸、专业杂志、电视台等正面报道过，会增强用户对企业的信赖感。

4）名人或专家的见证。这无疑是一个很好的建立信赖感的方式，名人名家见证有着无形的号召力与社会影响力。

5）明星用户的感言或见证。有行业影响力、话语权的用户见证或者合作感言也会提升企业的公信力。

6）企业的荣誉、奖励或行业的权威认证。

7）技术优势展示。

8）销售渠道以及规模。

5.3.5 健全的用户服务体系

客服沟通是整个销售体系的关键一环。企业首先要架起最方便的用户沟通方式，如 400 电话、客服系统、QQ、微博、微信等在线方式，让用户在任何需要的时候，能迅速、方便地和客服人员沟通。更重要的是客服人员一定要专业，对产品或服务细节都了如指掌，并且具备较全面的销售技巧和能力。这不是售后服务，而是销售。

5.4 营销型网站的推广方式

网络推广的方式有两种：付费推广方式和免费推广方式。这两种推广方式具有各自的优势和劣势，在进行网络推广时，可以考虑付费推广与免费推广相结合。这样既能带来更多的流量，又能更好地突出企业产品的特色与品牌力度。具体的推广实操，本书将在实训环节进行具体介绍。

5.4.1 付费推广方式

付费的网络推广一般是大企业或者有大量资本的公司或个人采用的方式,其最大的优势是快速展现与稳定排名,能在第一时间使企业及其产品出现在用户面前,同时也能给潜在用户一定的信任感。它的最大弊端在于:需要付出大量的资金;过了付费期限自然下线,外围没有任何可以展示品牌或产品的信息;付费时相对比较固定,若是换平台或是互动位置,则找不到原来平台的信息;需要长久持续进行推广,否则效果不明显;若是坚持长期付费推广,费用不菲;找专业的人员进行操作,人员成本也会比较高;要时时了解投放平台的页面更新与新规则、制度的变化。

付费推广方式包括相关网站广告位、搜索引擎竞价以及付费软文几种。

1. 相关网站广告位

人们经常看到一些流量比较大的网站,在网站上出售自己的广告位。这里要切记不能盲目租用网站的广告位,首先要看网站的访问人群是不是你的精准潜在用户。一般一个网站的广告位会有很多,有的在网站首页,有的在文章内页,相对来说,首页的广告位价格会更高一些。对于什么样的广告位才适合投放,很多人可能认为是首页的,因为流量相对较大。其实不然,对于适合推广的广告位,内容页是最有价值的,因为用户都停留在内容页而不是首页。

2. 搜索引擎竞价

搜索引擎竞价是一种常用的付费推广方式,但是从推广效果来看,搜索引擎竞价有几个缺点。首先,消耗的资金过大。对中小型刚起步的网站来说,用这种方法推广还是比较困难的,而且一般中小型网站都不会使用这种走捷径的方法。其次,容易出现无效点击及恶意点击。大部分恶意点击都来自对手,而且这种恶意点击目前还很难控制。再次,实用性比较差,如果遇到同行也做相关的关键词竞价,谁出的单次点击费用高谁就排在前面。所以搜索引擎竞价推广不适合中小型网站。

3. 付费软文

软文是一种可以获取长期性效果的推广方法。目前看来,无论是大型网站还是中小型网站,都可以使用软文来推广。因为不管企业的资金如何,也不管企业的网站名气的大小,只要会写文章,而且文章质量过得去都可以使用软文推广。由于软文推广的实用性强,而且效果还是长期的,许多站长自己不会写就付费请他人代写、代发。

5.4.2 免费推广形式

免费推广最大的优势是节省开支与预算。除此之外,由于外围免费的信息多了,还会给企业带来更多的曝光量。免费推广的弊端体现在:比较耗时间,要经过相当长一段时间推广才能使排名靠前;要做大量工作,需要每天发布一定数量的产品信息或商业信息;需要执行力强的人员持续执行下去;多方位、多平台操作发布,需要时时关注已发布信息被删除的情况;免费平台都有一定数量的信息发布限制或信息显示时间限制。免费推广的方式有很多,这里只介绍搜索引擎优化、社交网络服务推广、论坛推广、博客推广、问答推广、百科推广、分类信息推广、视频推广、资源合作推广等方式。

1. 搜索引擎优化

搜索引擎推广有竞价排名和搜索引擎优化（SEO）两种方法。搜索引擎优化则是搜索引擎推广的根本解决之道，是目前所有网络推广方法中性价比最高的一种。目前，国内主要考虑的搜索引擎是百度和360。在规划网站时，要注意搜索引擎的友好度，目的就是以低成本获取良好的搜索引擎排名效果。

2. 社交网络服务推广

通过社交网络服务网站这种网络应用平台，利用其各种功能进行宣传推广，从而达到提升品牌知名度、促进产品销售等目的的活动，称为社交网络服务（Social Network Service，SNS）推广。国内的SNS主要有人人网和开心网，还有社交媒体的微博、微信等。

企业利用人人网和开心网，主要是在申请开通公共主页之后进行宣传活动，上传企业、品牌、产品、活动的图片，经常更新状态和日志。

微博方面，主要以新浪为主，前期通过互粉获得基础的粉丝，或者通过微博活动获得粉丝。日常的维护也很重要，如发一些有趣的又与企业品牌相关的信息，及时回复粉丝的留言。

3. 论坛推广

论坛推广是指以论坛、社区、贴吧等网络交流平台为渠道，以文字、图片、视频等为主要表现形式，以提升品牌、口碑和美誉度等为目的。通过发帖的方式进行推广的活动也叫发帖推广。

4. 博客推广

企业或个人利用博客这种网络应用平台，通过博文等形式进行宣传展示，从而达到提升品牌知名度、促进产品销售等目的的活动，称为博客推广。由于博客推广易于操作、费用低，并且针对性强、细分程度高，所以越来越受到营销推广人员的喜爱。

5. 问答推广

问答推广是指利用问答网站这种网络应用平台，以回答用户问题或模拟用户问答的形式进行宣传，从而达到提升品牌知名度、促进产品销售等目的的活动。主要的问答平台有百度知道、新浪爱问、天涯问答、搜狗问答等，其中百度知道的市场占有率最高。

6. 百科推广

利用百科网站这种网络应用平台，以建立词条的形式进行宣传，从而达到提升品牌知名度和企业形象等目的的活动，称为百科推广。主要的百科平台有百度百科、互动百科、搜狗百科等，其中以百度百科的市场占有率最高。

7. 分类信息推广

利用分类信息网站这种网络应用平台，以发布信息为主要宣传手段，从而达到提升品牌知名度、企业形象等目的的活动，称为分类信息推广。主要的分类信息平台有58同城、赶集网、口碑网、百姓网等。除了这些专业的分类信息网站外，许多门户网站也设有分类信息频道，如天涯（最大的中文社区之一）、中关村在线（中国最大的IT门户之一）等。

8. 视频推广

以视频为载体，通过在视频中添加合适的推广信息，将各种视频短片以各种形式放到互联网上，达到一定的宣传目的的营销手段，称为视频推广。视频的主要内容就是企业的产品或者服务。视频的制作比较关键，要巧妙地将企业网站等相关信息嵌入其中，这样才能为企业网站带来一定的流量。

9. 资源合作推广

企业之间通过交换各自的优势资源，以此达到相互宣传推广效果的活动，称为资源合作推广。例如，广告互换、流量互换等。这种方式最大的特点和优势是能够在投入资金的情况下，利用自己手中已有的资源达到营销推广、扩大收益的目的，可以让手中的资源发挥最大的效用，且适合任何规模的企业、单位和个人。但是其难点也非常明显，成功的关键是如何深入挖掘自身资源，有效提升资源价值。所以这就需要在实际操作时充分发挥想象力，合作方式不要拘于一格，好的合作创意将会带来更佳的效果。

5.5 营销型网站的推广效果

1. Alexa 排名查询

Alexa 排名查询工具是一个能够对网站访问量进行估算的工具。企业自己的网站，可以安装 CNZZ 等统计代码进行访问量的精确统计，但是如果想了解其他网站的情况就很难做到。这时就可以借助 Alexa 工具来分析竞争对手的网站，从而了解同领域其他网站的情况。

使用 Alexa 排名查询工具主要了解以下三方面的信息。

（1）网站排名　网站排名主要是由网站访问量来决定的。一般来说，访问量越高的网站排名越靠前。

全球综合排名是指该网站在全球所有网站中的排名。中文排名是指该网站在所有中文网站中的排名。通过排名情况，能够很直观地了解不同网站的档次。

（2）网站的日均 IP 和日均 PV（访问量）　这里的数值是一个估算值，虽然不是精确的数字，但是非常具有参考意义。一般来说，数值越大，数据越准确。

（3）各大频道的访问比例　比较大的网站，不同频道一般都是以二级域名的形式存在的。这样的话，就能对每个频道的访问情况有一个了解。"近月网站访问比例"主要是以用户 IP 地址为统计数据的访问比例情况，"近月页面访问比例"主要是以用户 PV 为统计数据的访问比例情况。

2. PR 值查询

PR 值是 Google 对于网页的一个评级标准，级别是从 0 到 10。一般来说，如果一个网站的 PR 值达到 4，就说明这个网站是一个很不错的网站。如果一个网站的 PR 值达到 7，就说明这个网站是一个非常优秀的网站。

同一个网站的不同页面有不同的 PR 值，传统意义上的网站 PR 值是指网站主页的 PR 值。在做友情链接的时候，一定要看清对方友情链接页面的 PR 值。因为主页的 PR 值高，并不代表友情链接页面的 PR 值也高，很可能友情链接页面的 PR 值是 0。不同频道的 PR 值也是不一样的。

3. 收录查询

对一般的网站来说，直接输入带有 WWW 的域名就可以查询网站的收录数。如果一个网站包含多个二级域名，就应该输入不带 WWW 的一级域名，这样才能得到所有页面的收录结果。

4. 反链查询

反链查询地址和收录查询地址是一个页面，只要勾选"百度反链""Google 反链""雅虎反链""有道反链"的选项，就可以获得网站反链的数目。由于每家搜索引擎采用的搜索技术不同，所以它们认可的网站反链数也是不同的。

5. 友情链接检测

通过数据，可以清楚地看到对方网站的收录数、PR 值、百度快照、反链关键词等信息。如果某网站显示的文字是"无反链"，就说明该网站没有做反链，或者对方使用的反链方式不被搜索引擎认可。因为有些网站采用 JavaScript 代码来添加友情链接，这种方式是不被搜索引擎认可的，对于 SEO 也是没有作用的。

6. 关键词排名查询

对进行 SEO 的网站来说，优化的关键词少则 3~5 个，多到几十个。如果在百度手动输入关键词来查看排名情况，那是非常麻烦的，可通过关键词排名查询工具获得网站不同关键词的排名情况。

案例与拓展

网页功能与网页形态哪个更重要

无论在什么领域，网页设计师都会受到网页功能与网页形态两种表现手法选择的困扰，处理好网页功能与网页形态之间的比重是设计优秀网页的关键。与偏重于网页的可用性、功能性、目的性的设计相比而言，仅仅重视形态的设计只能称为艺术家的创作作品，然而只注重网页功能的设计又会缺乏审美性。因此，网页的功能与形态之间的协调是网页设计师必须解决的重大课题。由于设计是"从目的出发"，通过造型与布局的手法更容易达到所设定的目的，所以网页设计最终是使用户达到目的。因此，网页的功能与形态的优先顺序是由设计课题所决定的。

网页布局形态即容纳网页布局结构的框架形态，也就是说，网页的布局形态取决于网页布局结构。如果说网页布局结构作为一种功能研究，是指为用户提供便利的用户界面、提高逻辑思维表现，那么作为视觉语言的网页布局形态，就是让用户认识网页外观风格时的一种感性表现形式。

搜索引擎网站就是典型的以功能为导向的网站，在功能与布局形态两个方面更侧重于网页功能，使用户能够轻松、方便地使用其提供的搜索功能。

对许多以宣传推广为目的的网站而言，网页布局形态比网页功能更重要。设计师需要设计出独特、新颖的表现形式，有效突出网站主题，给浏览者留下深刻的印象，从而达到宣传的目的。

在网页设计过程中，由于网页设计师比较注重网页布局结构的可用性，所以往往会忽略网页布局形态要素。但是，网页布局形态在构建独创性的网站时，是非常有效的设计要素，它有助于网页设计师拓展设计思路，激发创作灵感。因此，在设计网页时，有必要兼顾网页布局结构与网页布局形态。

为了设计出更加优秀的网页作品，在设计网页布局形态的过程中，在保证页面功能与目的的前提下，要通过多样化和独特的创意来设计网页的布局形态，通过优秀的布局形态设计突出表现网页的功能与目的。

（资料来源：张晓景. 网站布局与网页配色设计［M］. 北京：人民邮电出版社，2018.）

讨论题：

1. 如何看待网站功能与网页形态的重要性？
2. 找一个网站，分别阐述一下其网站功能与网页形态特点。

关键术语与思考题

关键术语

营销型企业网站　SWOT 分析　软文　社交网络服务推广　资源合作推广　FABE 法则　Alexa 排名　PR 值

思考题

1. 简述独立企业网站与专业电子商务网站的区别。
2. 简述营销型网站的阅读对象。
3. 如何规划营销网站建设？
4. 如何选择企业的核心产品？
5. 营销型网站的推广方式有哪些？
6. 如何快速建立用户信赖感？
7. 网站推广效果的验证指标有哪些？

第6章

社 群 营 销

本章要点

- 社群的含义
- 社群的构建与运营
- 社群运营的关键绩效指标

互联网的本质就是建立连接。社群也不例外，其本质是在互联网基础上做进一步的连接，即连接人与信息、连接人与人、连接人与商品，通过让成员对社群产生信任来降低广告成本、搜索成本和交换成本。在进行口碑传播、收集用户需求、提高用户忠诚度等方面，社群有着其他渠道无法比拟的天然优势。一个高质量、运营出色的社群甚至能够进行产品销售，或者是让用户直接参与产品研发。企业、个人看到了社群的巨大潜力，积极地布局社群。

6.1 社群概述

6.1.1 社群的概念

社群就是有共同社交属性的一群人的集合。例如，一群人因相同的兴趣爱好、价值观等而聚集在一起，成为一个群体。

一般来说，社群具备三个特征：①有稳定的群体结构和较为一致的群体意识；②有一致的行为规范和持续的互动关系；③彼此可以分工协作，为实现同一个目标而采取一致的行动。

社群中的人和人是有交叉关系的，即人与人之间相互了解，并会产生交流。例如，两个人是好朋友，都有对方的电话号码、微信号、QQ 号、电子邮箱等，当有了这些深入的交叉关系后，即使其中一个人离开了社群，他们之间的情感连接也不会轻易消失。情感连接是指社群成员之间的情感度。社群运营者要想在一个社群中创造情感，就得让大家互相了解、互相关注。

6.1.2 社群的商业价值

社群的商业价值包括广告价值、品牌营销价值、交易价值、新媒体营销价值等。

1. 广告价值

社群由于聚集了很多有共同需求、共同兴趣的人，在某种程度上可以看作一个能精准投放广告的媒体。借助社群，企业不仅能够精准地找到很多消费者，将广告内容直接传达给他们，还能够与他们实时互动，了解他们的身份、兴趣、情绪、偏好、状态、真实位置等信息，甚至可以通过位置的连接，使后续的营销本地化、场景化，满足这些消费者即兴的消费需求，建立实时的营销通路。

企业可以利用社群交叉和关联的特性，与某个消费者建立关系，进而影响这个消费者所在的社群。企业也可以与消费者互动，挖掘他们的社交关系，找到他们所在的其他社群，从而精准地找到更多的潜在用户。

2. 品牌营销价值

借助社群，企业可以构建全新的营销模式——品牌社群营销。品牌社群营销有助于企业将营销理论中的关系营销、情感营销、体验营销和口碑营销充分融合，进而重塑品牌、社群、消费者之间的关系。

在社群中，社群成员可以作为消费者进行实时、深入的社交分享。对未成为消费者的社群成员来说，来自群友的好评远比传统的广告更能影响自己的行为与决策。因此，企业可以通过策划并激励社群成员参与社群活动，激发社群成员的积极性和创造力。社群要调动社群成员参与推广的积极性，就应该保证社群品牌与用户特质相匹配。

3. 交易价值

社群的交易价值，主要体现在售卖产品或服务上。社群电商就是基于社群的交易价值而创建的。商家可以利用优质内容吸引用户，并将用户聚集在一起形成社群，然后在社群运营中不断扩大社群规模，持续获得用户信任，最终将其转化为消费者，完成商业变现。下面通过介绍四种社群电商模式来说明社群的交易价值。

（1）粉丝买单模式　拥有粉丝的名人可以在社群里直接售卖产品或服务，由粉丝买单。例如，罗辑思维就尝试过在社群里卖书、卖年货。这是一种直接的交易模式，其成功的关键在于引入或生产高复购率的优质产品。如果产品或服务的口碑不好，社群的口碑可能会受到影响。

（2）预售消费模式　当企业生产出或市场上出现了某种适用于社群成员的产品后，一些产品型社群或兴趣型社群就可以通过预售来引导社群成员消费。

（3）商业联盟模式　行业社群中往往会聚集一些拥有各种产品资源的成员。这些社群成员可以把自己的产品资源放到所在的行业社群中，并通过社群运营者的协助将其整合成新的产品或新的合作项目，然后通过每位社群成员在其他社群进行推广并销售。

（4）渠道分销模式　社群在某种程度上可以看作一种分销渠道，社群成员则可以视为分销商或合伙人。在得到产品信息后，作为分销商的社群成员会各自组建社群销售产品。

4. 新媒体营销价值

在各类新媒体营销中，社群发挥着举足轻重的作用。社群可以承接通过不同的新媒体营销方式吸引的流量，将不同来源的公域流量转化为私域流量，并通过对私域流量的运营"反哺"新媒体营销。

微信公众号、微博、短视频和直播等渠道都可以为社群引流，假如每个渠道为社群引流1000人，那么社群中很快就会有4000人。此时，社群就会"反哺"新媒体营销。正是基于这个道理，一些做微信公众号起家的运营者会把微信公众号、小程序、个人微信号、社群结合在一起灵活运营，从而通过微信营销实现价值变现。

对新媒体营销来说，社群是一个高效的流量承接与流量管理工具。借助"社群+"，新媒体营销能更好地实现流量变现。

6.1.3 社群的构成要素

1. 同好

同好是社群的第一要素，它是社群成立的前提。所谓同好，是指对某种事物的共同认可或行为。社群成员为什么会聚到一起？就是因为同好。

1）社群成员可以基于某一个产品聚在一起，如华为手机、苹果手机、小米手机、无人机。

2）社群成员可以基于某一种爱好聚在一起，如爱旅游、爱阅读。

3）社群成员可以基于某一种标签聚在一起，如家长、律师。

4）社群成员可以基于某一种空间聚在一起，如小区、街道。

5）社群成员可以基于某一种关系聚在一起，如老乡、校友、同学、家人。

2. 结构

结构是社群的第二要素，它决定了社群的存亡。很多社群之所以会很快走向沉寂，就是因为最初没有对社群的结构进行有效的规划。社群结构包括组成成员、交流平台、加入规则、管理规范。这四个组成部分做得越好，社群生存的时间就越长。

（1）组成成员　发现、号召那些有共同爱好的人抱团形成金字塔或环形结构。

（2）交流平台　找到有共同爱好的人之后，要有一个聚集平台作为日常交流的大本营，目前常见的交流平台有 QQ 群、微信群等。

（3）加入规则　建好社群平台后，慢慢会有更多的人慕名而来，这时候可以设立一些加入规则作为门槛。

（4）管理规范　随着人越来越多，社群必须有管理制度，否则大量的广告会让很多人选择退群。所以，一要设立管理员，二要不断完善社群规范。

3. 输出

输出是社群的第三要素，它决定了社群的价值。持续输出能力是考验社群生命力的重要指标之一。大部分社群在成立之初有一定的活跃度，但若不能持续提供价值，社群活跃度就会慢慢下降，社群也迟早会解散。为了防止这种情况出现，社群一定要能给成员提供稳定的内容输出，这样才能吸引成员加入该群、留在该群。

4. 运营

运营是社群的第四要素，它决定了社群的寿命。没有通过运营管理的社群很难有比较长的生命周期。一般来说，运营要建立"四感"，即仪式感、参与感、组织感及归属感。

（1）仪式感　社群作为一个团体，必须有社群规则，这样才能维持良好的秩序。例如，加入社群要通过申请，要接受群规，违规要接受惩罚等。

（2）参与感　要让社群成员参与当下的话题，让参与话题讨论的社群成员有分享的成就感，让保持沉默的社群成员有收获。这样社群每天就会有不同的话题。例如，通过有组织的讨论、分享等，保证社群成员有话说、有事做、有收获。

（3）组织感　例如，通过对某主题事物的分工、协作、执行等，保证社群的活跃性。社群要正常运行，社群成员就必须有组织感。

（4）归属感　例如，通过线上与线下的互助、活动等，保证社群成员有归属感和凝聚力。只有社群成员认同社群，社群才能长久发展。

5. 复制

复制是社群的第五要素，它决定了社群的规模。社群一定要能给社群成员提供稳定的内容输出，这是吸引社群成员加入该群、留在该群的价值。

6.2 社群的构建与运营

6.2.1 明确目标与定位

社群是相对封闭的场景，核心在于社群价值。社群定位不明确，会导致群内内容杂乱无章，成员不知道社群有何作用，难以发现社群价值。如此，社群就无法吸引人入群或留群。社群定位是一个社群发展的指挥棒，而确定社群定位则是社群建立的第一步。只有社群定位准确，社群运营才能有的放矢。这里要注意，定位的主题一定是细分领域的、比较精准的。因为只有社群成员的方向、话题相同，才能形成讨论并且产出价值，也才能使社群成长起来。

在构建社群前，一定要想好为什么构建社群。一般来说，建群的目的主要有以下几种。

1. 销售商品

销售商品是构建社群的一个重要目的，这里的"商品"可以是实体商品，也可以是虚拟商品或服务。微商群就是典型的以销售商品为目的的社群，商家通过批量加友，然后拉群，再推荐商品，最终达到把商品卖出去的目的。

2. 提供服务

提供服务，即为用户提供商品使用帮助、商品功能体验、售后咨询等服务。常见的、提供服务的社群有商品售后群、粉丝群、课程群、会员群等。

3. 拓展人脉

拓展人脉也是构建社群的重要目的之一。企业可以在社群内进行与商业无关的知识分享、技能分享，甚至是兴趣分享，在得到社群成员的信任后，再开始销售商品。

4. 聚集兴趣

吸引一批人一起维持共同的兴趣，打造一个有共同爱好的小圈子，也是构建社群的目的之一。对很多人来说，日复一日的学习与成长需要借助同伴效应才能持续下去。大家在一起相互打气、相互激励，于是就出现了考研群、考证群、健身群等社群。在这种社群内，不管是社群运营者还是社群成员，都希望能在一定时期内实现目标。

5. 打造品牌

为打造品牌而构建的社群的目的在于与用户建立更紧密的关系。这种关系并不是简单的交易关系，而是交易之外的情感连接。社群的规模越大，社群的传播力就越强，对品牌打造的影响力也就越大。

6. 树立影响力

树立影响力也是间接获得商业利益的方法。一般而言，社群运营者比较容易树立自我影响力。社群运营者虽然不是一个正式组织的负责人，但是他管理一个社群、维护一个社群，就相当于一条关系链上的连接人，拥有相应的影响力。

6.2.2 社群用户画像

用户画像是根据用户的社会属性、生活习惯和消费行为等信息抽象出的一个标签化的用户模型，以便社群运营者掌握用户的准确信息，并通过画像分析结果对用户进行分群、分层，最后有针对性地进行用户运营。做社群还需要考虑社群目标人群有哪些，先通过分析确定他们的特点，再找与他们有相同特点和兴趣爱好的人。

成熟的社群运营，必然会构建用户画像，将信息转化为特定标签，使用户形象得以具体化，以便为其提供有针对性的服务。构建用户画像可以帮助社群运营者更好地了解社群现有的用户群体，从而为社群拉新指明方向；同时可以帮助社群运营者更好地了解社群成员的需求，从而提供他们更加感兴趣的内容，策划更能激发他们参与兴趣的活动。构建用户画像是做社群精细化运营的基础。

社群用户画像的分析方法主要有三种，分别是私信沟通、问卷调查、大数据分析。其中前两种都是收集用户的信息的，最后一种是分析用户的其他数据的。

6.2.3 构建内在生态结构

一个能够长期生存的社群，必然具有一个足够稳定的内在生态结构。社群的生态结构主要有金字塔形结构和环形结构两种。

1. 金字塔形结构

金字塔形结构社群如图6-1所示。社群中的人员组成像金字塔一样，社群的创始人、管理员、意见领袖等处于金字塔顶端，这些人具有高度的影响力，给用户分享各种干货，并且是社群制度和规则的制定者。金字塔形结构一般适用于教育类、培训类、咨询类等以学习功能为主的社群。为了保持社群的分享效率，最佳的运营方式是创始人或意见领袖定期分享知识，管理员负责维护社群和解答社群成员的问题，社群成员之间互相学习。

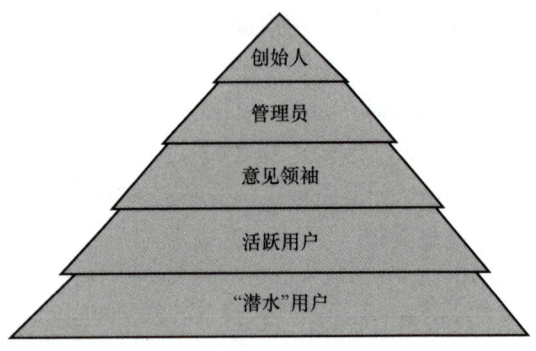

图6-1 金字塔形结构社群

优点：金字塔顶层的创始人和意见领袖属于同行业中的佼佼者，并且拥有大于普通用户的能量，具有一定的权威性，很容易得到社群成员的认同。

缺点：金字塔形结构社群需要塔顶人物持续投入精力去打造内容和维护社群，做价值输出，一旦灵魂人物没有足够的精力关注社群或离开社群，这个社群就会迅速沉寂。

2. 环形结构

环形结构更倾向于建立平等的关系，它适合因共同兴趣爱好或社交需求而建立的社群。

环形结构社群的特点是社群成员之间能量平等且互相影响,同时没有太强烈的跟随关系。社群中的意见领袖不止一个人,持续性输出内容的也不止一个人,而是轮流交替进行,社群成员彼此的交流沟通比较频繁。环形结构一般适用于兴趣群、爱好群、情感交流群等以兴趣爱好为主的社群。环形结构社群如图6-2所示。

如果这样的社群中存在三五个意见领袖,那么社群不但具有很强的生命力,而且在思维碰撞中会产生很多火花。同时,一些活跃的参与者也是必需的,他们可以为社群增加话题、活跃气氛。为活跃群内氛围,意见领袖提供深度内容,群主维持群内管理,围观者也会参与进来,从而使环形结构社群更具活力和吸引力。

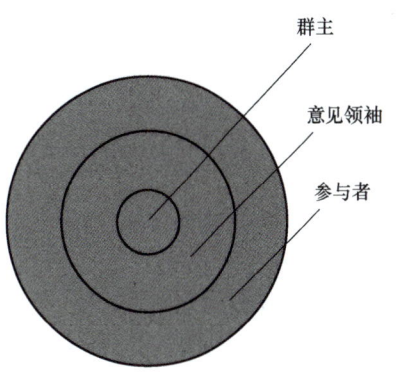

图6-2 环形结构社群

优点:环形结构社群相对稳定,不容易沉寂。因为有多个价值输出者,所以每个人平时不需要投入太多的时间、精力去维护社群,某个意见领袖或管理者离开时,也可以暂时由另一位代替,不会影响社群的正常运转。

缺点:环形结构社群没有领头羊,向心力不够强,群内容易出现不同意见,因此管理起来比较麻烦。此外,社群中多人具备影响力,很容易形成小圈子,如果管理不当,就有可能导致社群分解。

6.2.4 制定社群规则

没有规矩,不成方圆。构建社群时需要制定一些符合社群价值观的规则。这样不仅能让社群成员第一时间清楚社群的价值,还能规范社群成员的行为,提高社群管理的效率。社群规则是一个社群良性发展的基础。常见的社群规则包括四个方面,即入群规则、拉人规则、行为规则和淘汰规则。

1. 入群规则

入群规则是入群后所有社群成员都应该遵守的一系列规范。入群规则包括群格式、群欢迎语、群公告。

(1)群格式 大部分社群会有这种规则:①让新入群的人能直观感受到自己也是社群内的一员,从而建立归属感;②方便社群成员间的资源对接;③方便管理和贴标签。

(2)群欢迎语 一个好的欢迎语可以给社群加分不少,让新入群的人感受到群管理者的热情与亲切。人性化的社群更容易打动人心。

(3)群公告 群公告用于发布通知、宣布规章制度,可以让群内所有成员第一时间了解群内的最新活动和规章制度。

入群规则对社群非常重要。从某种程度上来说,社群就是一个有界限的圈子。界限的存在不是为了将圈外人拒之门外,而是为了给圈内人打造一个安全的内部环境。设置入群规则就是一种表现界限的好方法。

2. 拉人规则

根据社群属性,社群运营者应制定相应的拉人规则。拉人规则的门槛主要有五类,即邀请制、付费制、申请制、任务制、举荐制。

（1）邀请制　找一些关键意见领袖来捧场，借助他们的影响力做宣传推广。

（2）付费制　常见的模式是社群成员付费加入社群。当一个人为了进群付费的时候，就证明了这个社群的价值。

（3）申请制　新成员需要像申请工作岗位一样提出申请，经过考核后才能入群。筛选过程较麻烦，审核可以通过问卷调查、发邮件、一对一私聊等形式完成。此类门槛一般适用于高端社群。

（4）任务制　新成员一般需要完成一定的任务后方可加入社群。设置门槛旨在筛选入群人员的质量。所以门槛越高，社群的质量就越高，或者说社群成员的自我认同度就越高。

（5）举荐制　入群要经过群内人的推荐。一般推荐人都会给被推荐人解释群的价值，让被推荐人对群有所了解。因为推荐人和被推荐人本来就互相认识，更容易互动，所以便于社群的管理。

3. 行为规则

行为规则虽然是对行为做出要求和限制，但是不宜使用强势的、禁止型表述。因为禁止型行为不但需要专人监督管理、费时费力，而且容易造成社群成员因无法判断自己的发言是否违规而更倾向于保持沉默。一个社群如果总是在告诫社群成员不能做什么，即使它表达的内容都是合理的，也不利于社群运营。试问，谁愿意在一个处处要求"不能说"的社群中发言呢？这就是禁止型行为规则的弊端。那么，如何用行为规则来引导社群成员的行为呢？

社群运营者首先要弄清楚一个问题：行为规则的作用到底是什么？行为规则不是要规定什么能做、什么不能做，而是要解释和传达社群文化。

4. 淘汰规则

一个成长中的社群，定期淘汰不遵守群规的成员是非常必要的，这可以提高社群活跃度。而且淘汰制会给成员以紧张感，让成员觉得社群有价值，愿意付出努力留下来。常见的社群淘汰规则有人员定额制、积分淘汰制、犯规移出制、主动劝退制四种。

6.2.5　打造社群成员的荣誉感与归属感

在社群运营中，运营者强调得更多的是荣誉感与归属感，让社群成员体验到"家"的感觉。那么，怎样才能打造社群成员的荣誉感与归属感呢？

所谓社群成员的荣誉感，是指社群成员因为做出了出色的成绩得到社群管理者的认可和赞誉，从而内心产生的一种自豪且积极向上、富有正面意义的感受及情绪。让社群成员高度参与是提升社群成员荣誉感的最佳方式。提升社群成员荣誉感的方法包括创意征集、参与设计等。

社群的稳定发展离不开社群成员较强的归属感。提升社群成员归属感的方法包括定期组织活动、适时举办大型活动，多举办线下活动，通过真实的交流互动可增进成员之间的好感。例如，可以组织各种各样的同城会、举办网友线下见面会。成员可通过这些见面会进行交流，分享彼此对社群的看法。这些活动能提高成员对社群的归属感。

6.2.6　社群裂变

裂变原意是分裂，就像细胞的分裂，一个变两个，两个变四个。社群裂变是社群运营者通过社群活动的设计和引导，让每一个参与成员去拉动自己的好友参与活动，从而建立新的社群，并利用一些裂变工具进行高效的群管理。社群裂变的常见模式有平级裂变、不同级裂变、分化整合裂变、地域裂变等四种。

1. 平级裂变

平级裂变是最简单且最易上手的裂变模式，在主题明确且单一的产品群或兴趣群中最常见，即裂变出的每个群与主群目标一致、讨论话题一致、管理模式一致，每个群不会有太大的差别，裂变的原因是主群人数太多。

2. 不同级裂变

不同级裂变就是对主群进行精准划分，即从普通群里找到优质的人，组成核心群，或者是根据不同的级别分别组群。例如，从服装销售群中分出销售经理群、销售成员群等。毕竟成员级别相同，才会有更多的共同话题。

3. 分化整合裂变

一个大群中的所有成员虽然有着共同的标签，但因各自具体的需求不同，社群成员很难在某些小点上达成共识，也就容易出现话题分散、成员对一些具体话题不感兴趣等情况。这时进行社群裂变，就能保持社群活力。例如，育儿社群可以根据宝宝的年龄分出不同的社群，以便后期的运营管理具体化。

4. 地域裂变

地域裂变是指当社群成员达到一定人数时，可以根据地域复制同城群。这种同城群是很受欢迎的。例如，主群为美食社群，就可以根据地域分出各地区群。这样不仅能增加社群成员之间的亲切感，还便于组织各种线下美食交流活动。

6.2.7 社群变现

社群的价值需要通过社群变现来体现。社群变现主要有以下四种模式。

1. 社群服务变现

社群服务变现的本质在于给成员提供更专属、更有效的价值输出，主要可以采取收取会员费的方式来实现。设立会员费的相关门槛，也可以把社群中活跃和有归属感的粉丝聚集在一起，进一步增强专属圈子的黏性，给会员提供专属的社群增值服务，并且通过各种运营方式让会员之间产生关系和合作。

2. 社群产品变现

社群产品变现是企业通过社群运营的方式，让社群成员参与产品的设计和制作等各个环节，并且与社群成员形成更深入的关系，使其产生更多的信任，让其在对社群价值认可的同时，认可社群品牌的自有产品。社群产品主要分为实物类产品和内容类产品。实物类产品社群在运营过程中，可以通过各种方式展示实物类产品的各种特点和优势，让社群成员对产品更加了解和认可；内容类产品社群可以通过知识 IP 的打造，塑造老师的个人形象和社群的专业优势，从而推出相关的专属知识内容。

3. 社群广告变现

社群广告变现是人数较多的社群的主要变现方式，也叫流量变现。社群运营者可以通过收取渠道费的方式给别人做广告，或者代理别人的产品，从中获取分成。无论是对实物产品还是对虚拟产品，都可以使用这种方法。

4. 社群合作变现

社群合作变现的方式有很多，如"换粉互推""资源交换""合作产品"，都是可以尝试的合作方式。如果是做职场类课程的社群，可以和同样带有一定流量的老师合作互推，两者的粉丝类型相似，联合推广能够聚集更高的势能。

6.3 社群运营的关键绩效指标

所谓关键绩效指标（Key Performance Indicator，KPI），是指通过对组织内部流程的输入端、输出端的关键参数进行设置、取样、计算、分析，衡量流程绩效的一种目标式量化管理指标，是把企业的战略目标分解为可操作的工作目标的工具，是企业绩效管理的基础。

KPI 可以使部门主管明确部门的主要责任，并以此为基础确定部门人员的业绩衡量指标。建立明确、切实可行的 KPI 体系是做好绩效管理的关键。关键绩效指标是用于衡量员工绩效表现的量化指标，是绩效计划的重要组成部分。

KPI 符合一个重要的管理原理——"二八原理"。在一个企业的价值创造过程中，存在着"80/20"的规律，即 20%的骨干人员创造企业 80%的价值。在每一位员工身上"二八原理"同样适用，即 80%的工作任务是由 20%的关键行为完成的。因此，必须抓住 20%的关键行为，对之进行分析和衡量，这样才能抓住业绩评价的重要核心。

6.3.1 什么样的社群需要设置 KPI

从社群的规模上来说，规模较小的社群存在较多不确定因素，引入 KPI 反而会降低效率，所以一般不建议规模小的社群采用 KPI。对规模较大的社群来说，由于人数众多，如果不采取目标考核管理方法，社群的运营就会比较困难，所以大规模的社群可以考虑设置 KPI。

从中不难看出，社群应该根据自身的需求来确定是否设置 KPI。KPI 只是达到目标的一种工具，社群运营设置 KPI 是为了将社群战略目标进行进一步的细分和发展，其最终目的是达到社群的发展目标。

社群运营有一定的生命周期，在不同的发展阶段，社群的目标也有所不同。当社群运营的重点发生转移时，KPI 也需要同时进行修改，以适应社群新的战略目标。

社群在初期（第一阶段）常见的基本战略目标是提升用户黏性和建立自有传播渠道，这种目标无法用简单、粗暴的 KPI 来考核。因此，社群运营的第一阶段无须设置 KPI，但该阶段要有明确的目标和简单的运营数据分析。

有的社群以项目驱动、以产出质量来衡量社群的运营是否达到了预期目标，因清楚地知道应该采取何种行动能够达到目标，所以无须设置 KPI 作为辅助手段。例如，"秋叶 PPT"团队的工作模式是合作开发在线课程，他们将课程的质量作为考核回报的标准，并没有设置 KPI。

有的社群工作团队存在无序、信息不对称等情况，同时又存在商业利益分配的问题，所以为了保证社群管理者做到公平公正、不暗箱操作，并让社群核心成员认可管理者的管理工作，就需要设立 KPI 这种具备一定的主动性的、契约式目标管理制度来提高成员的执行力并控制管理成本。

6.3.2 社群 KPI 的类型

最常见的社群运营 KPI 可以分为结果导向型 KPI 和过程导向型 KPI 两大类。其中，结果导向型 KPI 包括用户新增量、社群活动频次、活动参与度、转化率和复购率等，过程导向型 KPI 包括活跃度、活动频率等。

1. 用户新增量

用户新增量是指社群用户增长量或者平台用户增长量，它是考核社群运营的最基础的指标。

有的社群过于看重用户新增量，采取各种方法为社群"拉粉"。虽然社群的粉丝数量有可能上升，但大多是一些"无效粉"，对社群的发展并没有帮助。还有一些公众号为了"吸粉"，过度使用"标题党"的手段，文章内容与标题完全无关或关系不大，给用户的使用体验造成了不良影响。结果不但不能为公众号"拉粉"，还让很多旧用户取消了关注。

2. 社群活动频次

组织活动是提升社群成员对社群认可度的有效手段，因此是否定期组织活动是评估社群运营规范与否的另一个标准。

有些社群为了活跃社群氛围，没话题找话题，讨论一些"没有营养"的话题。这样做不仅没有使社群气氛得到活跃，还会让人觉得群里充斥着垃圾信息，从而使得一些人只能选择屏蔽或退出。

3. 活动参与度

社群只有活动是不够的，还需要对活动参与度进行评估，如社群活动是否引发了成员的积极参与、成员在活动中是否保持一定的活跃度等。

很多活动会将朋友圈点赞数作为评价指标，但这种方法并不合适，这容易导致朋友圈信任被透支。当你收到"请你为我的朋友圈第一条点赞"这样的信息时，你勉强点完赞后，真的会对朋友产生好感吗？一段时间后，你也许对点赞内容没有任何印象了。因此，这种点赞活动往往会被潜在用户认为是一种骚扰。

4. 转化率和复购率

如果社群存在商业化产品，可以将产品转化率和复购率作为评价指标。产品转化率高表示社群能收到回报，复购率高则表示社群能获得稳定的回报。

有的社群运营者还没有培养出用户黏性，也没有想好用何种产品去做转化，就盲目地推出产品，并且为了实现转化率和复购率对产品进行大规模的推广宣传，要求社群成员购买。这种做法非常容易引起社群成员的反感，往往事与愿违。

6.3.3 如何设置社群运营 KPI

用户新增量、社群活动频次、活动参与度、转化率和复购率作为社群运营 KPI 均存在一些问题，那么究竟应该如何设置社群运营 KPI 呢？

1. 社群运营应以过程导向为主而非结果导向

在社群运营中，KPI 只是衡量社群运营质量的关键指标，而不是管理社群运营过程的工具。KPI 只能作为评估社群整体战略目标进展情况的辅助工具，而不能作为评估社群日常工作量和效率的标准。

社群运营是一个尚未成熟的产业，所有人都还处于探索期。在运营过程中，过于强调结果只会让整个社群陷入困境。所以，在社群运营时，可以先不考虑"转化率""复购率""活动参与度"等评价指标，而采用一些过程导向型指标，如"活跃度""活动频率"等，这些指标往往更有可操作性。在社群运营初期，应该将更多的精力放在了解用户上。

2. KPI的设置需要由运营团队成员共同商讨决定

与企业KPI不同，社群KPI不能由社群运营团队的上级强行确定并下发，而应该经社群团队内部共同讨论达成共识而形成。社群内不能搞"一言堂"，不能以上压下，决策者可以先让运营人员拟定一个KPI，给出这个KPI的逻辑思路，然后决定是否采纳。

此外，不能搞普遍化的绩效考核，但可以对运营核心团队、有利益回报的人进行绩效约束。

3. 运营社群是想好了再做而非做了再说

在做社群运营时，切不可对运营规划一无所知，只是想方设法地往群里拉人。通常用户对"大咖"有一定的容忍度，愿意成为"大咖"的粉丝，但对一般人的容忍度就很低。此外，如果在社群运营之前没有定好社群的基调，运营一段时间后要想再改变社群的基调是非常困难的。

因此，在社群运营之初就应该先想清楚，如何设置整个游戏的规则，如何搭建用户价值闭环和自己的商业闭环。确定规则模式之后，先从一个社群做起，验证模式的可行性，模式可行后再进行大规模的复制。

总之，社群运营要有清晰的规划，要根据社群所处的不同阶段来灵活地设置KPI。

▶ 案例与拓展

××团队的社群营销

社群营销应该结合自己的特点和风格选择一个切入口，最有生命力的社群是共同的文化价值观和优质产品的结合。越来越多的企业开始进驻各个碎片化的社会化媒介渠道，管理者也纷纷上阵经营企业的社群，以社群营销的方式为企业创造价值，其中不乏一些成功的典范。下面，我们以××团队的社群运营为例来了解这种营销方法的运作过程。

××团队是致力在线教育的一个互联网社群，主要受众为大学生和职场新人。主推"和××一起学PPT""和××一起学职场技能""和××一起学信息图表"等课程。

××团队的社群分两部分：第一部分为69人组成的核心群，各有擅长的领域，基于互联网众包协作开发课程，写电子书……第二部分为PPT爱好者，其中很大一部分已经是课程学员，还有很多喜欢读书、喜欢新媒体、喜欢分享的年轻人。

其PPT社群成员最初是以PPT爱好者为发轫端，在××的引导、发现、培养之下又聚集了一批爱阅读、爱思考、爱学习、爱分享的核心群体。要入群，买课程就是门票，想升级到核心群，就多努力学习展示优秀的作品。不同用途的群所设置的管理结构不同，学员群管理模式是金字塔结构，平时禁言，而核心群是环形结构，极度活跃。

平台主阵地是QQ群，××的学员群功能：一是答疑服务，二是定期分享。××会筛选出优秀的人才纳入核心团队，进行培养。核心人物的输出主要还是优质课程的不断开发与升级，周五定期有群内干货分享，经常送书鼓励学员动手做读书笔记PPT，让学员赚回学费等。在××主导、群员分工协作的情况下：他们一起做成了PPT领域内最有影响力的微信公众号；他们一起写出了单期下载量破20万的电子书；开发出了付费学员人数破2万的在线课程……虽然社群成员都来自天南地北，但是通过网络分工协作，每天交流创意和进度。他们还组织过多次线下活动朋友会，增进成员对社群的归属感。

××团队的核心文化就是：玩耍起来无节操，认真起来无人敌——玩的同时把活儿干好，还能挣到钱。以学员群为核心分化出很多不以××为中心的变种社群，如××的群殴PPT群、××的×友团群、××的信息图表群等，多点开花。×× PPT之后的路线正逐步转向职场技能定位，进入职场3~5年的人群，规模还是可观的，未来这个规模还有很大潜力。

（资料来源：秋叶，秦阳．玩转移动社群营销的三种路径［J］．销售与管理，2019（10）：28-33.）

讨论题：

1. 案例中社群营销的关键因素有哪些？
2. 平时你喜欢进入哪些社群或论坛，其吸引你的核心是什么？请根据本章理论知识为其梳理运营思路。

关键术语与思考题

关键术语

社群　情感连接　社群电商　用户画像　社群生态结构　社群金字塔形结构　社群环形结构　社群裂变　KPI

思考题

1. 简述社群的商业价值。
2. 简述社群的构成要素。
3. 如何构建社群？
4. 简述常见的社群规则。
5. 简述社群裂变的常见模式。
6. 简述社群变现模式。
7. 如何设置社群运营KPI？

第7章

淘宝运营与流量渠道

本章要点

- 网店的装修
- 产品的分类、展示与描述
- 信誉建设
- 淘宝的流量渠道

随着电子商务的发展,越来越多的企业和个人通过电子商务平台创业与拓展业务,实现企业渠道的线上转型。经典的电子商务平台分为 B2B(企业对企业)、B2C(企业对消费者)、C2C(消费者对消费者)三类。电子商务平台体现了明显的幂律分布效应,流量往往聚在头部电商平台上,本章以 C2C 最大平台淘宝为例,以点带面地带领读者领会电商平台上的店铺运营与推广。其他电商平台的店铺运营与其具有类似机制,读者可以知识迁移,加以实践。

7.1 网店装修

网店装修就像线下实体店装修一样,会直接对顾客的心情和购买欲望产生影响。人们在实体店中会有这样的体验:有的服装店,在踏入其店门的一瞬间,便有购物的冲动;有的服装店,看了一眼便会转头离开。又如同一件衣服,挂在 A 店的橱窗中,会觉得很高档,也很漂亮;挂在 B 店的橱窗中,却感觉那是地摊货。原因就在于购物环境和购物体验不同。

购物环境对网店的影响比线下实体店还要大。因为线下可以看到实物,可以真人面对面地交流,但是在网店里只能通过页面来解决。所以开淘宝店的第一步就是平台建设。

1. 店面装修的风格和色调要统一

在装修网店时应该对整体风格和色调进行分析。不同的人有不同的喜好,怎么统一起来呢?

(1)风格统一 风格统一是指网店装修给人的视觉感受一致,如复古、时尚、高雅、非主流等。现在网购风潮已经席卷了整个网络市场,站在顾客的角度去思考和观察,常常有这样的感受:如果点击进入一家淘宝店,风格是自己喜欢的,就会多看两眼;淘宝店做到皇冠的已经数不胜数了,而对于低信誉店铺,顾客都不愿多停留几秒。如果顾客多停留几秒,就有可能转化为订单。所以,让顾客留步就显得特别重要了。如今VI(视觉识别)系统已经比较普及,需要的是打造品牌。打造属于自己风格的品牌,需要结合产品的属性和特质来完成,需要标准化、系统化地去规划网店。

(2)色调统一　其实色调与风格是相辅相成的。风格离不开色调,色调也离不开风格。色调对风格的影响作用是很大的。因此,需要合理运用色彩,且一定要有一个主色调,其他颜色做辅助,切忌"面面俱到"。

目前,淘宝内模板多样,在选择模板时,一要考虑网店产品的颜色,二要考虑网店风格视觉统一的要素,三要考虑拓展性(如果需要改版,是否可以在原来基础上进行)。切忌店铺装修东拼西凑。

例如,卖小饰品的店铺,惯用可爱的店铺装修风格。因为大部分到此店购买饰品的小女生都喜欢粉红色系,而且饰品的颜色基本都是偏浅色的,产品与装修的搭配会使人感受到一种青春的气息。此时切忌在粉色装修中添加大面积黑色,因为黑色破坏了整体风格。

2. 常见的装修风格

(1)大气简约派　其特点是以清晰优雅为主,以灰色渐变色居多,突出产品,给人比较淡雅的感觉,适用于销售家具、灯具、服饰、鲜花等的店铺,可以融合多种品牌,并且适用于风格不明确和产品颜色比较杂的产品。

(2)妖艳多彩派　其特点是个性张扬、活动感强等,适用于销售各类时尚产品、运动产品、化妆品等的店铺,运用得当可使感染力大大增强。

(3)小公主派　其特点是温馨、可爱、小女生型等,一般以粉色调为主,适用于销售童装、内衣、化妆品、小饰品等的店铺。

(4)酷黑帅气派　其特点是酷、摸不透、神秘等,以黑色等暗色调为主,适用于销售稀奇古怪、时尚新潮的物品,或重金属感强的产品的店铺。

(5)复古原始派　其特点是古朴、原始、天然提取、无污染等,适用于销售美食、木头雕塑品、布艺、家居等的店铺。

(6)乡村田园派　其特点是环保、自然,以黄绿色为主色调等,适用于销售鲜花、童装、化妆品、草帽、家具等的店铺。

(7)蓝透清新派　其特点是清透、水灵、有科技感、纯净等,以蓝色调为主,适用于销售洁具、小电器、生活小家居等的店铺。

(8)喜庆中国红　其特点是喜庆、热情、有感染力、视觉冲击力强,适用于销售年货、糖果、干果等的店铺。

7.2　产品分类、展示与描述

7.2.1　产品分类

店铺产品栏目的设置一定要符合用户的检索习惯,要避免浪费用户的时间,不要让用户在你的店铺"迷路",因为用户的耐心是有限的。千万不要一味地追求标新立异而忽视用户的习惯。

栏目导航的分布和设计应该醒目、明确,与右边(或左边)的产品区分开,不要让用户产生视觉混淆。90%以上的网店是把掌柜档案和分类导航放置在左边栏。所以不建议网店装修时把网店的基本信息设置在右边，也不建议把店铺信息和分类导航隐藏。导航条尽量不要设置得过长，如果产品太多，需要设置多级栏目，级别也不要太多，尽量不要超过三级。

网店栏目分类通常需要做好以下几个方面。

1）按产品特点分类。同一品牌、同一类别或同一厂家生产的产品，可以按产品货号、款型、颜色、尺寸等分类，这适用于品牌专卖店或产品品牌少（产品比较单一）的店铺。例如，ONLY 淘宝旗舰店，这类专卖店的产品分类几乎都是按款型分的，每个款型都有自己的货号，这样在众多的产品中一眼就能找到自己需要的产品。

2）按时间分类。例如，"夏季新品""××月××日新品上架"等。

3）按类别分类。这是最基本的分类方式，适合于杂货铺式的网店。例如，一级分类设置成服装、厨具、数码等。

4）按价格分类。例如，500元、100~200元、200~400元等。

5）按活动分类。例如，"情人节活动专栏""春节特卖"等。

6）按风格分类。例如，服装可以设置成"正装""休闲"等。

7）按品牌分类。例如，网店专卖运动鞋，一级分类就可以设置成李宁、安踏、耐克、阿迪达斯等。

8）按销售情况分类。例如，"热卖单品"等。

9）按功能分类。例如，洗衣机可以分成"全自动""半自动"等。

7.2.2 产品展示

淘宝店最重要的就是产品展示页面，因为这是淘宝店的入口页面。用户在第一次光顾一家网店时，基本上都是先从产品展示页面开始的。而且用户最终能不能下单，在很大程度上取决于产品展示页面是否能够打动他。所以，一定要在这个页面上下足功夫。

1. 产品标题的设置

在淘宝中，大部分用户是通过淘宝搜索来查找感兴趣的产品的，所以产品标题至关重要，就像网站的 SEO 一样。一定要做好标题的优化，这样才能获得更多的展示。

标题中的词汇应该符合用户的搜索习惯，需要换位思考，站在用户的角度，去分析他们在搜索相关产品时会搜索哪些词语。

在优化标题的同时，也要兼顾产品卖点的展示，不要顾此失彼。标题中要将产品最耀眼的亮点突出出来，如超值的赠品、低廉的价格、贴心的服务、免运费等。

2. 正确设置产品属性

在上传产品时，一定要正确设置产品的各项属性，如品牌名称、货号等。这样会增加在淘宝搜索中的展示率，因为许多顾客会按照这些类别进行精准搜索。

3. 产品图片

产品图片至关重要。因为在网络上看不到实物，只能通过图片来判断，正所谓"一张好图胜千言"。

在展示产品图片时需要注意以下几点。

1）根据自己的产品特点，提前设计好适合产品的拍摄方案和风格。

2）充分考虑美感、取景、构图等元素。要原汁原味地呈现产品，可以用摄影技术去美化产品，但尽量避免用软件去修改。例如，不要用 Photoshop 软件修改颜色等。

3) 产品图片一定要清晰，减少色差，同时摄影时要考虑与店铺整体风格色调的搭配。

4) 通过模特展示。如果卖的产品可以用真人展示，那就太好了。通过真人展示的冲击力更强，这也是淘宝模特如此走红的原因。注意，在找模特时，多找一些不同类型和风格的模特，多方对比，找出最适合的模特。对于服装等产品，可以多找几个模特，效果会更佳。同时，尽量把模特的身高、体重等数据标注出来。

5) 多方位展示产品。在拍摄产品时，要从不同角度、多方位展示产品，整体图片要有，细节图片也要有，如产品材质、尺寸、配件最好也通过图片展示出来。最重要的是，一定要将产品的特色和卖点展现出来。

6) 产品图片切忌太大。在保证图片品质的情况下，每张图片最好能控制在 100KB 内。

7.2.3 产品描述

除了产品图片外，文字描述也很重要，相当于实体店中的售货员的描述。那些善于表达的售货员，往往业绩比较突出。

文字描述的核心是突出产品的卖点，如信誉、产品的品质、售后服务等。关键是要从产品中挖掘亮点。这里讲一个真实的案例，相信大家看完后会受到启发。

有 A、B 两家店铺在销售同一款太空保温杯，就是用不锈钢制作的水杯，它们的信誉水平也差不多，其中 B 店的产品标价是 A 店的 1.5 倍。但是 B 店的销售量却比 A 店高出了十几倍。为什么 B 店的产品贵，却销售得如此好呢？秘诀就是产品描述。

A 店的产品描述中规中矩，先是几张简单的产品图片，然后是基本的产品描述，如材质、质量等，之后写了一堆宣传语，如"为了冲×钻成本价出售"等。

而 B 店的产品描述，重点突出了"健康"两字，B 店强调了"病从口入"这个理念，通过一系列文字告诉大家，只要与"嘴"有关的产品，一定要注意安全和健康，特别是选择水杯，一定要慎之又慎，并列举了简单的案例，说明其重要性和危害性。然后 B 店在对产品的具体描述中，重点强调了这个水杯的安全性，如用于制造这个水杯的钢是进口的，通过了国际认证；杯口的胶圈选用了优质的天然橡胶，无毒无害等，同时还列举了劣质杯的危害等。

除了挖掘卖点外，还要将网店内的产品描述做到最好，应要注意以下几点。

1) 告诉买家如何验证正品。既然卖的产品是正品，就不怕买家去检验，告诉买家如何验证正品，会让买家更加信任。

2) 明确发货时间。告诉买家正常的发货时间或规律，让其做到心中有数。

3) 做好买家、卖家约定。古人云："先说断，后不乱。"如果有一些产品需要特殊说明，要提前约定好，以免引发纠纷。例如化妆品、消耗品等是不能退货的，要提前说明。还有邮费，页面中要详细说明邮资标准，以免买家按照低邮费支付后，卖家再联系补邮费，那样就不好了。

4) 进行视频展示。随着带宽的发展，在线看视频越来越流畅了，所以在有条件的情况下，用视频展示产品的效果会更好。

5) 保证售后服务。如果有相关的配套服务，那么一定要在页面中说明，完善的售后服务也是打动顾客的因素之一，也能更容易提升购买成交率。

除了产品页,第二重要的应该就是首页了。限于篇幅,这里不过多介绍。重点强调一点,首页的冲击力一定要强,要能够让人产生购买的冲动。例如,设置动态的图片,将新品及促销品重点展示,将最新的活动放在显眼的位置等。

7.3 信誉建设

对网络购物来说,最大的壁垒是诚信,所以只有让顾客相信商家的信誉,他们才会放心地购买。如何才能提升网店在顾客心中的信誉度呢?具体的网店的信誉建设方法如下。

1)加入消费者保障服务。这需要缴纳一定的保证金。

2)线下实体店展示。如果有实体店,可以将实体店用图片等方式向顾客展示;若没有实体店,则可以附上办公地址。

3)加入商家联盟,做好营销外包服务。淘宝中有各种各样的诚信商家联盟,网店可以根据自己的实际情况选择合适的联盟加入。加入方法是先进入淘宝社区,然后进入淘宝商家联盟,找到想要加入的商家联盟,之后对比其加入条件。如果觉得自身条件符合,即可以找相应的人事部或区长填写入盟申请表。

4)特别认证。这主要是指该行业的某种特殊认证,如卖食品的网店,需要食品卫生许可证等。经过认证,网店会得到更多顾客的认可。

5)利用好评价营销。当产品评价中累计出一定量的好评价时,将这些评价截图,并放置到产品说明中。原因主要有两点:①淘宝普通店铺不会永久保留这些评价,一段时间后就会自动删除;②直接将这些评价放置到产品说明页中,也会极大地打消顾客心中的顾虑。

7.4 淘宝流量渠道

7.4.1 淘内免费流量渠道

淘内免费流量简称"免费流量",指的是访客通过淘宝免费流量渠道直接进入网店或商品详情页产生的流量。免费流量渠道细分为200多种,本书可以把免费流量渠道分成三类:工资型、绩效型、奖金型,如图7-1所示。

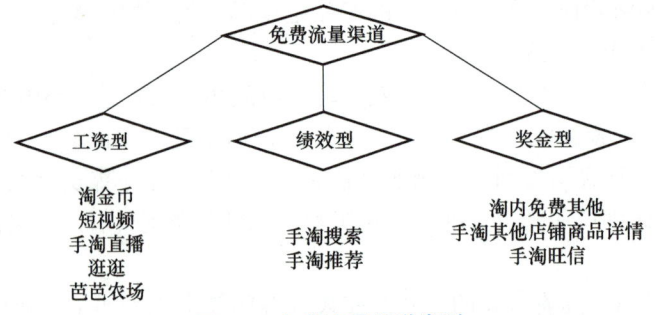

图7-1 免费流量渠道类型

1. 工资型免费流量

这类流量的渠道包括淘金币、短视频、手淘直播、逛逛、芭芭农场等。工资型的免费流量渠道属于设置了就有流量，不做设置就没有流量的渠道。这些流量渠道也是淘系"内功型"流量渠道。作为电商运营从业者来说，都会先把这个流量渠道作为首要突破点。

通过路径"生意参谋→流量纵横→网店来源→时间（最近30天）→流量来源"，可以查看网店内的免费流量，把所有工资型的免费流量统计出来，看看有多少个流量渠道入口，如手淘直播、逛逛、芭芭农场等，再通过路径"生意参谋→流量纵横→网店来源→同行→同行优质商家→时间（最近30天）"，与同行优质商家进行对比，查找自身缺乏哪些流量渠道。找到后可以去生意参谋功能说明书中找设置方法，只要完成了设置就会获得工资型免费流量。

2. 绩效型免费流量

这类渠道有两种：手淘搜索和手淘推荐。绩效在一个企业里是管理者手里的指挥棒，绩效型免费流量就是平台的指挥棒。绩效型免费流量的考核指标每年都会调整变化。平台企业文化中有一句话"永远的不变就是变化"，绩效型免费流量指标变化就是平台变化发展的方向，这两个渠道是平台流量最多的渠道，而且每年都会发生变化，在此不再赘述，营销人员可以实时跟进关注。

3. 奖金型免费流量

这类流量包括淘内免费其他、手淘其他店铺商品详情、手淘旺信等。网店超过行业考核指标平均值（常见指标包括销售额、销售量、转化率、独立访客价值等）后，平台给的流量就是奖金型免费流量。只有超额完成了平台的流量任务，才能打开奖金型免费流量渠道入口。

（1）淘内免费其他 "淘内免费其他"主要来源是淘内或者淘外 App 的一些弹窗或者视频展示位，类似手淘推荐渠道，需要商品销售量高、转化率高才会获得推荐。例如，网店在做网店直播期间拉高了网店转化率指标，在转化率上升期，"淘内免费其他"流量会上涨，所以"淘内免费其他"流量受转化率、销售量的指标影响。

（2）手淘其他店铺商品详情 在商品详情页里有3个展示位"店内推荐""看了又看""精选好货"。所以"手淘其他店铺商品详情"流量有很多来自自身详情页，而不是全部来自竞品页面，因此做这个渠道需要"先节流再开源"。

1）节流方法。在自身详情页做完后，在详情页最后连续放几屏空白的页面，顾客把详情页拉到下面后就不会再下滑，通常会直接拉回到详情页上半部分或者在店内再流转，从而防止顾客流失到竞争对手页面，起到节流作用。

2）开源方法。商品转化率很高的时候，获得"手淘其他店铺商品详情"流量的概率会比较大。例如，今天店内在做淘宝客活动，转化率明显高于同行，"手淘其他店铺商品详情"流量就会有明显上升。

7.4.2 淘内付费流量渠道

淘内付费流量简称"付费流量"，指的是访客通过淘宝内付费推广渠道直接进入网店或商品详情页产生的流量。付费流量渠道其实有很多种，如常规付费型的推广工具（包括直通车、引力魔方、万相台、淘宝客、超级直播、超级短视频等）、品牌型广告（包括明星网店、品牌专区、品牌首推等）、活动型广告（包括聚划算、红包签到等）。

1. 直通车

直通车是按每次点击成本（Cost Per Click，CPC）付费的营销推广工具，包含搜索关键词推广和非搜索定向等不同的推广方式，商家可以用直通车进行网店单品的推广，顾客可以在搜索的展示位看到广告投放的商品。

2. 引力魔方

引力魔方是手淘猜你喜欢、首页焦点图等推荐场景中的信息流推广商品，基于阿里巴巴大数据推荐算法，赋能全方位定向体系，从商品、网店、类目、内容、粉丝等多维度精准找到潜在顾客，实现拉新。

3. 万相台

万相台是指访客通过点击手淘万相台广告位直接进入网店或商品详情页的推广工具。阿里妈妈通过万相台跨渠道一站式整合投放产品，覆盖淘内搜索、推荐广告位。

4. 淘宝客

淘宝客是一种按成交计费的推广工具，帮助商家推广商品，顾客通过推广链接进入完成交易后，商家按照设置的佣金费率支付给淘宝客费用。

5. 超级直播

超级直播是一款专为淘宝主播和商家提供的在直播过程中快速提升观看量、增加粉丝互动，进而促进转化的直播营销工具。

6. 超级短视频

超级短视频是阿里妈妈推出的一款商家专用的淘内短视频内容推广工具。

7. 明星网店

明星网店是天猫品牌旗舰店广告投放的推广工具，按千次展现计费，是根据竞价高低排序的，但要投一个品牌词或者词包需要品牌方授权，所以一般都是由品牌方定好内部需求，再根据地域、人群、时间等分配明星网店或者品牌专区资源。

8. 品牌专区

品牌专区是天猫品牌旗舰店的一种广告投放工具，采用按时长付费方式计费，品牌方需要单独和阿里妈妈沟通报价。如果同一品牌有多家店，可以进行分流，则需要跟阿里妈妈申请。

9. 品牌首推

品牌首推是天猫品牌旗舰店的一种广告投放工具，是 PC 端的竞价方式，按千次展现计费。品牌方需要单独和阿里妈妈沟通报价。

10. 聚划算

聚划算是阿里巴巴重要的营销平台，是助力品牌成长的加速器。

11. 红包签到

手机淘宝每个顾客每天可以领取 1 个红包，金额在 2 元左右，而且可参与签到挑战，连续若干天进入签到页面，还可以累计获得一个手机淘宝通用红包。

7.4.3 淘宝其他流量渠道

1. "我的淘宝"流量

1) 在淘宝 App 中，通过"我的淘宝"频道内的查看订单、宝贝收藏、查看物流、评价、足迹、支付成功页、确认收货页等方式进入网店或查看商品详情页产生的流量。

2）在天猫 App 中，单击"我"选项，通过待付款、待发货、待收货、待评价、全部订单、收藏商品和网店优惠券等页面进入网店或商品详情页产生的流量。

3）通过手机浏览器，单击"我的淘宝"选项，通过全部订单、商品收藏、网店收藏、查物流、浏览历史等页面进入网店或商品详情页产生的流量。

2. 购物车流量

访客通过淘宝 App、天猫 App、手机浏览器中淘宝/天猫的购物车直接进入网店或查看商品详情页产生的流量。

3. 直接访问流量

通过手机浏览器链接或淘口令，直接访问网店或商品产生的流量。

4. 淘口令分享流量

站外平台复制被分享的淘口令，打开手机淘宝直接访问商品产生的流量。

5. 大促会场

平台每年会主办很多大型的活动，如"双11""双12""38节""99大促"，这些大促活动也会给网店带来巨大流量。

6. 淘外媒体

网店在小红书、抖音、快手等各种渠道平台上去完成"种草"，可带来回流流量，这些流量对整个网店的贡献度会非常高，对于网店拉新有很大的贡献。

▶ 案例与拓展

阿里妈妈"全版图"

如果你不是广告行业的从业者，你大概不知道阿里妈妈这个平台。当听到"阿里妈妈"这四个字时，不少人的脑中满是问号，甚至会认为这是阿里巴巴的山寨版。但实际上，阿里妈妈对阿里巴巴生态内广告营销的发展起着不可替代的作用。

阿里妈妈官网的首页顶端写着一句类似的话——"让天下没有难做的营销"。与百度搜索广告的崛起路径类似，阿里妈妈最初瞄准的同样是中小商家，蕴藏在中国互联网生态长尾市场中的巨大潜能令不少观察者心动。

由于背靠阿里巴巴电商场景这个巨大优势，任何广告形式嫁接到这个场景中都可以迸发出强大的商业势能。例如，阿里妈妈在 2007 年诞生后，其推广的第一个广告产品便是淘宝直通车，你可以将它理解为电商场景中的"搜索广告"。当消费者在搜索框中输入搜索的词条后，购买该关键词的商家根据竞价排名的结果获得展示位。

2009 年，阿里妈妈推出的钻石展位成为第二个明星级的广告产品。如果将淘宝直通车视为电商场景下的搜索广告，那么钻石展位就是这个场景下的展示广告。它的核心逻辑与传统媒体类似，通过占领类似首页头图这种更优质的展示位置实现高强度曝光，进而形成品牌声量，在商品销售、转化端快速起量。

几乎在推出钻石展位的同时，名为淘宝客的产品线也在紧锣密鼓中推进，这款产品对广告计价方式进行了更新。在这个生态中，人们需要做的只是从淘宝站内获取商品代码并将它分享到其他平台，如果有消费者通过代码购买商品，那么卖家就会向淘宝客支付一笔佣金。

当时，大量论坛、SNS 平台、博客、微博乃至 QQ 群中都能看到很多淘宝的推广信息，在转发的主体中不乏个体淘宝客。

2019 年 4 月，阿里妈妈又推出了一条名为"超级推荐"的新产品线，它可以被视为电商场景中的信息流广告。举例来说，当某位目标消费者购买手机之后，销售手机壳的商家可以通过"超级推荐"将产品推广信息插入信息流中。即便消费者并未明确表达过购买手机壳的需求，但信息流仍然能将这类产品广告主动推送到消费者的手机上，而手机和手机壳之间的强关联属性会直接提升消费者购买产品的可能性。

阿里妈妈旗下的广告产品远不止于此，其复杂的广告产品线还包括被称为 Uni Desk 的品牌全链路营销解决方案、侧重品牌建设和塑造的品销宝、数据管理平台达摩盘和阿里巴巴系的广告联盟产品淘宝联盟等。

（资料来源：曾巧，王水. 共生：中国数字营销猛进史［M］. 北京：电子工业出版社，2021.）

讨论题：

1. 案例中阿里妈妈有哪些产品？其主要功能是什么？
2. 发挥创新意识，你还能为阿里妈妈设计哪些广告营销产品？

关键术语与思考题

关键术语

B2B　B2C　C2C　工资型免费流量　绩效型免费流量　奖金型免费流量　直通车　引力魔方　万相台　淘宝客

思考题

1. 简述常见的店铺装修风格。
2. 简述如何对店铺产品进行分类、展示与描述。
3. 简述如何进行店铺信誉建设。
4. 简述淘宝的免费渠道类型。
5. 简述淘宝的付费流量渠道类型。
6. 简述淘宝的其他流量渠道类型。

第8章

跨境电子商务营销

本章要点

- 跨境电子商务的定义与类型
- 跨境电子商务运营要素选择
- 跨境电子商务营销推广

跨境电子商务作为一种新兴的国际贸易形式，其出现进一步推动了经济一体化与贸易全球化，拓宽了企业销售渠道，提升了消费者福祉。跨境电商相对境内电商面对的环境因素更为复杂，所以有必要对其进行有针对性的研究。本章从全局出发，阐述了跨境电子商务的类型，以及如何进行跨境电子商务运营要素选择和营销推广，为企业进行国际市场的网络营销实践提供思路。

8.1 跨境电子商务的定义与分类

8.1.1 跨境电子商务的定义

跨境电子商务有广义和狭义之分。广义的跨境电子商务是指分属不同关境的交易主体通过电商手段达成交易的跨境进出口贸易活动。狭义的跨境电子商务是指跨境网络零售，即分属不同关境的交易主体通过电商平台达成交易，进行跨境支付结算，通过跨境物流送达商品并完成交易的一种国际贸易新业态。

很多人认为，跨境电商与境内电商没有本质区别，只是将买方、卖方简单地搬到了境外。这种认知是不正确的。相较境内电商，跨境电商的链条非常长，参与者和相互关系更加复杂。跨境电商面临各类监管，涉及海关、商检、税务与外汇管理等政府部门；跨境电商的参与者更多，围绕通关、物流、退税、结汇等环节产生了大量的服务商；跨境电商环节更为复杂，交易双方跨越了不同国家和地区的海关关境，面临不同法律、制度、文化环境的挑战。

8.1.2 跨境电子商务的分类

1. 按照交易主体属性分类

（1）B2B 跨境电商　B2B 跨境电商的最终客户一般是企业。在跨境电商市场中，B2B

跨境电商长期居于主导地位，占总交易额的80%以上。代表企业有敦煌网、阿里巴巴国际站、环球资源等。

（2）B2C跨境电商　B2C跨境电商的最终客户是个人消费者。B2C跨境电商在不同的垂直类目上各有侧重，如FocalPrice主营3C产品，而兰亭集势在婚纱产品销售上具有优势。代表企业有全球速卖通、亚马逊、DX、兰亭集势、米兰网等。

（3）C2C跨境电商　和B2C跨境电商一样，C2C跨境电商的最终客户也是个人消费者。不同的是，C2C跨境电商中的供应商也是个人。代表企业有淘世界、洋码头等。

2. 按照平台运营方分类

（1）第三方平台　第三方平台搭建线上购物商城，吸引商家入驻从事跨境电商交易，整合物流、支付、运营等服务资源，为商家提供服务。第三方平台的主要收入来源是向商家收取佣金和增值服务费。代表企业有全球速卖通、敦煌网、环球资源、阿里巴巴国际站等。

第三方平台自身不从事商品买卖活动，而是吸引境外品牌商、制造商、经销商、零售商等入驻平台从事商品的展示和销售等活动，平台上商家云集，商品种类丰富。

（2）自营型平台　自营型平台整合供应商资源，以较低的进价采购商品并备货，然后以较高的价格出售商品。自营型平台涉及从商品采购、销售到售后的整条供应链的各个环节，盈利主要来自商品差价。代表企业有兰亭集势、米兰网、大龙网等。

由于平台与商品都是自营的，平台掌控能力较强，能保证商品的质量；商家信誉度好，消费者信任度高；货源较稳定。这些是自营型平台的优势。整体运营成本高，运营风险较大，资源需求多，资金压力大。这些是自营型平台的劣势。

（3）跨境电商代运营服务商　跨境电商代运营服务商的主要业务是为运营经验不足的中小型企业提供各类跨境电商服务，如市场调查、平台建设、海外营销方案制订等。跨境电商代运营服务商根据中小型企业的实际情况，帮助其建立合适的跨境电商网站。作为跨境电商服务的提供商，其为中小型企业提供全方位的跨境电商营销方案，帮助中小型企业将商品直接卖给外国零售商或消费者。跨境电商代运营服务商的盈利方式是向中小型企业收取一定的服务费。

8.2　跨境电子商务运营要素选择

8.2.1　跨境电子商务选品

如何选择符合境外用户需求的产品成为跨境电商运营成功与否的关键因素。选品是一个不断变化的过程。跨境电子商务的选品要注意判断目标市场用户需求和流行趋势；产品的保质期、体积等要素与物流成本的承受能力的匹配以及货源的获得能力。

跨境电子商务选品需要经过五个步骤：确定行业类目、找到买家需求、洞悉卖家的热销款产品、市场数据验证分析和产品战略布局。

1. 确定行业类目

选择跨境电子商务产品的第一步，是谨慎地确定要选择的行业，如女装、男装或其他类别。确定行业类目可以从行业竞争分析、行业数据分析、行业国别分析着手。

（1）行业竞争分析　行业可以分为红海行业和蓝海行业。红海行业是指现有的、竞争白热化的行业；蓝海行业是指未知的、有待开拓的市场空间，是竞争不激烈但又充满买家需求的行业。在选择跨境电子商务产品时，需要结合自身优势，选择竞争不那么激烈、有一定市场利润空间的产品。

（2）行业数据分析　行业数据分析需要分析相关行业的访客数占比、浏览量占比、支付金额占比、支付订单占比、供需指数等数据。其中，访客数占比是指该行业的访问数量占比，代表市场容量。访客数占比越大，表明市场容量越大，相反则表明市场容量越小；支付金额占比是指产品成功的支付数占产品下单数的比例，支付金额占比越大，证明买家越倾向购买该类目的产品；供需指数代表卖家数量和买家数量的比例关系，指数越小，表明市场竞争越不激烈，反之则表明市场竞争越激烈。因此，要选择访客数较多、支付订单占比较大、供需指数较小的产品。

（3）行业国别分析　要根据买家搜索产品类目的关键词来判断哪个国家或地区的买家搜索该产品的量比较多。通常情况下，可以依托不同国家或地区的搜索关键词数据来判断产品的主要目标国家或地区市场。

2. 找到买家需求

确定好行业类目后，接下来需要寻找买家需求。简单来说，就是根据买家的搜索习惯或喜好，找到买家需求较多的产品。买家的搜索习惯可以通过搜索指数和购买率排名确定，搜索指数越大的产品搜索量越大，购买率越高的产品说明买家对其需求越大。跨境电子商务选品通常情况下要选择搜索指数和购买率排名均靠前的产品。

3. 洞悉卖家的热销款产品

确定好买家需求后，需要洞悉卖家的热销款产品。热销款产品不仅能够提高店铺销售量，还能提高整个店铺的浏览量，对提高店铺的知名度和效益具有重要作用。一般情况下，要借助一些专门的跨境电子商务网站选品。其中，"越域网"能够通过大数据帮助客户迅速定位 eBay、Wish、Amazon 的热销单品，协助卖家快速选品、便捷铺货、放心采购。

4. 市场数据验证分析

如果已经基本确定了某款产品，卖家还可以将它在境外相关网站进行产品验证；如果和境外相关网站数据分析一致，那么它就是一款有潜力、符合境外需求的产品。从具体操作来看，可以打开境外的电商平台，如 eBay、ASOS、Gmarket 等，查看热销款或引流款、热卖产品、搜索关键词等信息。

5. 产品战略布局

通常情况下，卖家店铺的产品可以分为引流款、利润款、品牌形象款。引流款产品能够为店铺提供高流量、高曝光率、高点击量；利润款产品能为店铺提供利润；品牌形象款产品能够逐渐树立店铺的品牌形象。一般靠引流款产品带动销售量。三种产品应分别设置数量、折扣率及利润率。引流款产品通常属于初期亏损产品，起引流作用；利润款产品的数量占店铺产品总量的 85% 左右，其利润率较低；品牌形象款产品的数量占店铺产品总量的 10% 左右，利润率较高。

8.2.2　跨境电子商务平台的选择

不同的跨境电子商务平台有不同的定位和规则。选择合适的平台，制定合适的运营和营销策略，对跨境电子商务企业来说至关重要。企业一般可以结合市场差异、商品差异和平台准入条件与发展趋势等来选择合适的跨境电子商务平台。

1. 掌握平台销售的商品信息和其他卖家的情况

从销售的商品品类来看，跨境电子商务企业销售的商品品类非常丰富。例如，全球速卖通的优势类目包括服装服饰、消费类电子商品、美容美发商品、珠宝、手表、鞋子和汽车配件等。亚马逊上中国卖家的优势商品品类是消费类电子商品、服饰、家居、户外商品等。从卖家来看，因为每个细分市场存在几十个竞争对手的情况是很常见的，所以了解其他卖家的情况是有必要的。卖家应对这些平台上的竞争对手进行评估，最好能形成表格进行记录，如制作竞争对手商品分析表。当完成该表格后，卖家对自己的商品与竞争对手的商品的优势和劣势就非常清楚了。通过对其他卖家的详细分析，以后无论是在发展战略上，还是在具体的操作战术上，卖家都可以有的放矢。

2. 了解各平台关于卖家的准入条件及规则

卖家分为企业卖家和个人卖家。境内的跨境电子商务平台，如敦煌网、全球速卖通等接受企业卖家和个人卖家，对卖家的要求比较低，只需要通过实名认证。但是境外的很多跨境电子商务平台，如 eBay、亚马逊等，对卖家的要求相对比较高，致力充分保障买家的权益。卖家在选择跨境电子商务平台的时候还要熟悉平台规则，选择适合自己的平台，如敦煌网的卖家多来自中国，它能做到较为公平地对待买家和卖家，风控经验丰富；全球速卖通作为阿里巴巴集团旗下的一大平台，也能比较公平地对待买家和卖家，不过其规则会不时发生一些变化，卖家需要及时进行了解。

3. 清楚平台买家的分布地区与群体类别

各大平台的精力有限，所以推广的地区有其针对性，各地区的买家对平台的使用频率也略有差异。另外，商品品牌的知名度也在各地区存在差异，卖家应对平台在各地区的知名度等进行分析，从而选择适合自己商品销售地区的平台。例如，eBay 的买家分布于全球；Lazada 的买家主要分布于东南亚等地。如果企业的商品主要销往美国，则该卖家可以考虑入驻 eBay 或者亚马逊。买家群体大致上分为零售商、小额批发商和个人。卖家要考虑自身特点和商品特点，如果主要将商品销售给个人，就可以选择 B2C 跨境电子商务平台，如兰亭集势、米兰网、eBay、亚马逊等。

4. 熟悉跨境电子商务平台的评价

评价跨境电子商务平台主要可以从客户体验角度出发，具体分为以下两个方面：

（1）客户的感官体验　这主要是指网页的色彩搭配、布局给人的舒适感等。例如，巴西消费者讨厌紫颜色的商品。

（2）客户的情感体验　这主要是指客服人员的回复是否及时、网页上是否有比较详尽的常见问题解答设置等。例如，兰亭集势网站在美国、西班牙、波兰等地聘请当地的客服人员，其客服人员来自 20 多个国家和地区。此举让卖家与当地的买家建立起更好的互动，优化了买家的客户情感体验。

5. 探索各大平台提供的其他服务

除了上述标准外，卖家还需要了解平台的支付方式。卖家需要从买家的角度出发看平台的支付方式能否满足买家的需求，还要清楚平台的物流方式、设立海外仓等情况，以及各大平台能提供的其他服务。例如，敦煌网除了提供基本服务外，也在优化一体化服务，如提供 30 多种支付方式、20 多种物流方式、信贷服务以及其他的增值服务；兰亭集势的特点在于其供应链优势、营销能力及本地化举措。

8.2.3 跨境电子商务物流选择

跨境物流渠道可以分为邮政渠道、商业快递、国家专线和海外仓，根据托运方式又可以分海运、空运和陆运。企业或个人可以根据各自物流方式的特点结合其产品物流要求进行选择。

1. 邮政渠道

邮政渠道由国家或地区管理或者直接经营，由寄送各种物品的通信职能部门运营。主要的邮政小包由各个国家或地区的邮政系统作为支撑，如中国邮政小包、荷兰邮政小包、新加坡邮政小包、德国邮政小包等。这些邮政小包分属不同国家或地区的邮局，但都属于小包范围，有以下几个特点：按重量收费；限重2kg；有尺寸限制，单边不得超过60cm，周长不得超过90cm。

邮政小包的优点如下：①首重要求低，运费相对便宜；②邮政系统覆盖广阔，渠道无死角，可以运送到全球各个国家或地区。但是，邮政小包也存在两点劣势：①时效性相对较差，丢包率高；②以私人包裹的形式投递出境，不便于海关统计，无法享受出口退税的优惠。

2. 商业快递

使用国际商业快递，从发货到签收最快2天就能够实现，一些国家和地区能实现平均3~7天妥投。当然，由于时效最高，其价格自然也是所有运输渠道里最贵的。当前国际四大商业快递分别为DHL、UPS、FedEx和TNT。DHL是德国Deutsche Post DHL Group旗下的公司，其优势地区是欧洲。UPS是美国的快递公司，是世界上最大的快递承运商，其优势地区是北美地区。FedEx即美国联邦快递，其优势地区是东南亚。TNT是荷兰的快递公司，其优势地区是中东和东欧。除了国际四大商业快递，中国邮政推出的EMS快递也是高效的商业快递。EMS由于是中国邮政运营的，属于万国邮联下的业务，所以快递通关能力相对较强，收货范围也相对较广，其运送速度比四大商业快递稍微慢一点。

采用商业快递方式发货的优势是服务好、时效高、丢包率低，但其价格较高，不建议低单价产品采用。

3. 国家专线

不同于邮政渠道和商业快递的全球运输，国家专线偏重的是单一或者重点几个国家的线路运输。最近几年因为跨境电商的运输需求变大，通往欧洲、北美洲，以及巴西和俄罗斯的专线物流正在崛起。其最大的特点是性价比高、运输速度适中。

国家专线是专门为特定国家制定的货运线路，在线路前程，包裹一般被空运到目的地国家，后程由当地邮政系统或当地快递公司负责投递，清关能力非常强。但是时效有一定的波动性，旺季时国内物流可能会有延迟。

这种物流方式的成本比商业快递低，而时效又比邮政小包高，是当前跨境电商卖家采用得比较多的一种物流方式。

4. 海外仓

部分第三方服务商根据卖家的需要，有针对性地在不同的目标市场设立仓储处理中心，专门为跨境电商卖家提供货物仓储、分拣、包装和派送的一站式服务。采用海外仓的方式发货,卖家需要首先将货物存储到当地仓库,当买家下单后,海外仓服务商根据卖家的通知安排发货,以便买家快速收到货物。

相比于商业快递,海外仓物流成本更低;而相比于邮政小包,海外仓的时效更高,客户体验更佳。正因为这些优点,海外仓已经成为很多卖家运营中不可或缺的物流方式。但海外仓也有其弊端。对于任何采用海外仓发货的卖家来说,如果产品热销,货物派送时效高,库存周转快,那么不会出现库存积压现象。但如果产品出现滞销,则可能导致大量的库存积压。所以,采用海外仓的方式运营,对卖家在供应链管理、库存管控、动销管理等方面都有较高的要求。

跨境 B2C 平台以零售和小额批发为主,从中国直接发货的包裹主要走邮政渠道、商业快递和国家专线。跨境 B2B 平台以批发为主,从中国直接发货就需要根据货物体量大小和时效来选择海运、空运或者陆运。跨境电商可以组合应用多种物流方式,共同完成跨境包裹的运送。例如,走商业快递的 B2C 平台小包,需要依靠空运送达目的国家或地区,再由陆运快速分发到客户手中。

如果产品是小件产品,买家和平台都对时效要求不高,就可以采用邮政小包的方式发货,以节省运费成本。如果是高单价产品和大件产品,无法采用邮政小包的方式发货,而买家对时效又有要求,卖家就可以对比四大商业快递公司的费率,在时效符合买家期望的前提下,尽可能节省运费。当一个产品销售量增长,逐步成为爆款时,卖家则可以选择海外仓的方式,把产品批量储存在目的地国家或地区,以便买家下单后快速收到货物。卖家可以根据自己对时效的要求,采用商业快递、专线物流和海外仓相结合的方式,既保证物流时效,又尽可能地将成本降到最低。

8.3 跨境电子商务营销推广

8.3.1 站外社交媒体营销

1. Twitter 营销

Twitter 是美国一家提供社交及微博客服务的网站,是全球互联网上访问量较大的 10 个网站之一,是微博客的典型应用。它可以让用户更新不超过 140 个字符的消息,这些消息也被称作"推文"(Tweet)。利用 Twitter 开展跨境电子商务业务可以快速为跨境电子商务店铺导入大量流量。那么跨境电子商务企业应如何通过 Twitter 来吸引粉丝呢?

(1)利用 Twitter 的搜索功能确定关键词 在海量信息中,企业想让自己的信息得到最大限度的曝光,就需要借助 Twitter 的搜索功能。Twitter 内部的搜索结果目前是按照时间顺序排名的,在最新发布的信息中,相关关键词的信息排在前面。因此,围绕一个关键词不停地更新,企业发出的信息就会排在 Twitter 的搜索结果前面。

(2)在 Twitter 上发起活动 通过创建有吸引力的活动让 Twitter 用户积极参与,活动形式可以多样化,但最好对参与活动的用户有一定的回报。

(3)借助名人效应吸引粉丝 名人往往具有较高的人气,企业可以借助名人的高人气吸引其粉丝关注自己的 Twitter 账号。

(4)与客户积极互动 客户通过 Twitter 与企业互动,不仅有利于企业了解客户的需求,也能让客户感受到实时沟通带来的乐趣。跨境电子商务企业需要借助 Twitter 的搜索功能找到与企业相关的话题。当有话题可参与的时候，企业要积极回应，宣传自己。

2. Pinterest 营销

Pinterest 是一个基于兴趣爱好而构建的图片分享型社交网站，兼具 SEO 的猎奇属性和 SNS 的交互属性，以瀑布流的方式推送图片，无须用户翻页。Pinterest 中每张照片的描述和标题均带有关键字。该平台如同一个图片搜索引擎，用户在其中输入关键字就可以找到需要的图片。Pinterest 的营销方式包括以下几种。

（1）设计 Board 布局　Pinterest 允许用户创建公开 Board 和私人 Board。公开 Board 允许别人访问，在创建时需要进行相关资料的设置。其中，在类别设置部分，企业可以选择要展示的图片类型。Board 创建完毕后，用户可以通过 Facebook、Twitter、G+等 SNS 平台邀请朋友加入。

（2）申请 Rich Pin　Rich Pin 相对于普通 Pin 来说，展示的信息更丰富，呈现的文字信息也更多。目前，Pinterest 有六种 Rich Pin：App Pin、地点 Pin、文章 Pin、产品 Pin、食谱 Pin 及电影 Pin。不同种类的 Rich Pin 可以让用户查找到相关的 Pins。

（3）关注别人以获取一定比例的关注　与其他 SNS 营销平台一样，企业在 Pinterest 上关注别人，通常可以获取一定比例的关注。企业可以查找竞争对手或同行账号的关注者，若他们关注多个同行企业的产品，那么他们就很有可能成为企业的目标客户。另外，加入 Pinterest 中的公共 Board 也是获取更多关注的好方法。企业可以通过筛选选项的设置，快速找到适合自己的公共 Board。

3. Linkedin 营销

Linkedin 是非常适合商务人士使用的一款 SNS 工具，尤其适合有国际业务的企业员工。Linkedin 不仅仅是一个社交网站，因为它的商务性及一些特殊功能，已被一些商业网站用作营销渠道，如阿里巴巴、Tradekey、Bytrade 等都在上面各自建立了庞大的营销网络。对跨境 B2B 企业来说，通过 Linkedin 甚至有机会接触到企业决策层人员，这是 Linkedin 的核心竞争力。可以说，Linkedin 真正把社交关系变成了商业网络。Linkedin 的营销方式包括以下几种。

（1）侧边栏广告　动态生成的侧边栏广告能促进企业与优质用户的互动，这些广告由个人资料数据提供支持，还可以通过自定义设置来达成企业的广告活动目标。

（2）信息流广告　信息流广告通过准确的基于用户档案的一手数据来触达最相关的人群，促进高质量互动，最终使企业与用户建立起合作关系。

8.3.2　典型平台站内营销

1. 速卖通平台

阿里巴巴全球速卖通（简称速卖通）作为阿里巴巴出海的"三把尖刀"之一，在 2010 年开始运营，经过十几年的国际市场深耕运营和基础能力的不断升级，慢慢成了境外消费者眼中不可多得的可以快速获取中国产品的平台之一。特别是俄罗斯、美国，以及欧洲和拉丁美洲的消费者，对速卖通的认可度是非常高的，主要是因为速卖通拥有极高的性价比和大量本地市场缺失的长尾产品。如今，速卖通平台已经成长为中国最大的出口 B2C 电商平台。

在速卖通上进行站内营销的方式如下。

1）直通车：通过关键词竞价排名引流提高点击率。

2）全店铺打折：所有产品都能参加。

3）优惠券：刺激买家的付款欲望促成成交。

4）限时折扣：用于推新品，快速积累销售量以及清库存，低价清仓减少资金压力。

5）满立减：大幅度提高客单价，促成凑单。

店铺一般要使用营销活动组合拳，以直通车为主，配合其他平台活动，达到推广的目的。

2. 亚马逊平台

亚马逊成立于1995年，是在第一次互联网浪潮中诞生的公司。如今，亚马逊已经从最初的网上书店发展成无所不包、"一网打尽"的综合型网上购物平台。

从跨境电商卖家的视角来看，亚马逊凭借其平台体量大、规则相对公平、客户消费能力强、整体利润率高等特点，成为几乎所有跨境电商卖家必争的市场。亚马逊不同的网站需要分别申请和入驻。对跨境电商卖家来说，能够入驻的亚马逊网站包括北美洲站、欧洲站、澳大利亚站，以及日本站、新加坡站。与此同时，印度站和中东站也正在逐步向卖家开放中。平台为卖家提供了非常完善的仓储物流体系。

亚马逊本身的流量非常大。亚马逊站内流量主要来自关键词搜索流量、品类排名流量、关联流量、节日活动流量、特定促销页面流量和筛选流量。同时，在这几种流量页面中都有广告位置，也就是说，你看任何一个页面，几乎都能看到广告。未来，亚马逊会推出更多的广告功能，因为其广告收入越来越丰厚了。随着竞争越来越激烈，卖家不得不花大量时间和精力去获得广告流量，同时卖家也希望减少花费，以获得更多利润。

3. Wish 平台

Wish 平台是一款基于移动端 App 的跨境电子商务平台，买家基本上完全通过移动端进行浏览和购物，这是该平台与其他跨境电子商务平台最大的区别。Wish 平台主要销售服饰，也销售美妆产品、配饰、3C 产品及其配件、母婴用品、家居产品等。Wish 平台的设计倾向于让买家随意浏览，该平台60%以上的买家来自美国和加拿大，其余主要来自欧洲国家和地区。

（1）推送算法　在促销方面，Wish 平台会根据买家的行为偏好数据，选择相应的商品信息推送给买家，以促成交易。Wish 平台淡化了店铺的概念，注重商品本身的区别和买家体验的质量。在商品相同的情况下，以往服务记录好的卖家会得到更多的推广机会。系统会根据多个条件综合评价，满足的条件越多，系统就会越多地帮卖家推送，从而判断卖家是优质的。所以，卖家要注重调研并开发受欢迎的产品或优化产品。

（2）全球速卖通的逻辑在 Wish 平台上行不通　Wish 平台定位的市场是北美、欧洲等发达国家和地区，而全球速卖通定位的市场是巴西、印度等国家和地区。Wish 平台推送的特点是用户先看到图片，然后看到价格，所以按照全球速卖通的逻辑来运营是行不通的。

（3）低价策略无效　低价引流在 Wish 平台上是无效的，薄利多销也已不合时宜，以"90后"为消费主力的人群更希望得到优质的服务。2美元包邮产品要维持利润就必须采用平邮来发货，但到货时间超过30天，用户是不会满意的。此外，只买便宜产品的用户只会对价格忠诚，不会对产品或品牌有丝毫眷恋。

8.3.3 电子邮件营销

1. 电子邮件营销的含义

电子邮件（E-mail）在境外应用较为广泛，他们更倾向于使用电子邮件进行沟通。电子邮件是跨境电商卖家与其他国家或地区的买家进行交流的重要媒介。利用邮件，卖家可直接、快速地对买家进行精准营销。

E-mail 从普通的通信发展到营销工具，需要具备一定的环境条件：①一定数量的 E-mail 用户；②有专业的 E-mail 营销服务商，或者企业内部拥有开展 E-mail 营销的能力；③用户对于接收到的信息有一定的兴趣和反应（如产生购买、浏览网站、咨询等行为，或者增加企业的品牌知名度）。

这些环境条件逐渐成熟以后，E-mail 营销才成为可能。综上所述，E-mail 营销可以这样定义：E-mail 营销是在用户许可的前提下，通过电子邮件的方式向目标用户传递有价值信息的一种网络营销手段。

E-mail 营销的定义中强调了三个基本因素：①基于用户许可；②通过电子邮件传递信息；③信息对用户是有价值的。三个因素缺少一个，都不能称为有效的 E-mail 营销。与许可 E-mail 营销具有本质区别的就是垃圾邮件，未经用户许可而大量发送的电子邮件均视为垃圾邮件。

《中国互联网协会反垃圾邮件规范》中所称的垃圾邮件，包括下述属性的电子邮件：①收件人事先没有提出要求或者同意接收的广告、电子刊物、各种形式的宣传品等宣传性的电子邮件；②收件人无法拒收的电子邮件；③隐藏发件人身份、地址、标题等信息的电子邮件；④含有虚假的信息源、发件人、路由等信息的电子邮件。

2. 电子邮件营销关注的指标

在进行电子邮件营销时，要注意以下指标与事项以提高最终营销效果。

（1）点击率　点击率是指点击数和电子邮件打开数（注意不是总数）的比率。这个参数非常重要，因为电子邮件营销的目的就是吸引用户访问卖家的网站。

（2）送达率　送达率是指到达用户收件箱的电子邮件数和电子邮件发送总数的比率。有些电子邮件会被投入垃圾邮件箱或因收件人不详而被退回。

（3）列表清理　列表清理也被称为列表优化，可以使收件人列表保持良好的状态。列表中因拼写错误、账户过期等导致无效的电子邮件地址越多，被标记为垃圾邮件的概率就越大。这也会使数据报告不能真实地反映电子邮件发送的效果。

（4）CAN-SPAM 法案　CAN-SPAM 法案是美国于 2003 年通过的一部联邦法律。该法案围绕商业电子邮件制定法规以保护用户。发件人发送电子邮件时必须遵守一系列条款，违反了这些条款，就会被视为垃圾邮件发送者，并处以罚款。这包括与用户共享您的位置、不使用误导性主题，以及在电子邮件中包含退出链接等规则。

（5）退订和反订阅　退订和反订阅是指收件人从发件人的收件人列表中自行退出，包括两种方式：完全退订和针对某一列表的退订。完全退订是指收件人要求退出发件人所有的收件人列表，不再收到由发件人发出的任何电子邮件；针对某一列表的退订是指收件人要求退出发件人的某一收件人列表，不再收到由发件人发给这个列表的任何电子邮件。例如，收件人不愿意收到特惠信息，但是又想收到每周新闻，他们就可以退出特惠信息的列表。

（6）HTML 格式邮件和纯文本邮件　电子邮件有 HTML 和纯文本两种格式。HTML 格式的电子邮件可以包含色彩、表格和图片，而纯文本格式的电子邮件只能包含文字。并不是所有电子邮件的客户端都支持 HTML 格式的电子邮件，一些移动客户端就不支持，所以两种格式的电子邮件都有必要发送，要经过反复测试，才能知道哪一种格式的电子邮件更适合。

（7）退信数　退信数是指因"无法送达"而退还给发件人的电子邮件数。电子邮件地址拼写错误和收件箱已满等原因都有可能造成退信。如果收件人列表是通过购买、租借得到的，那退信数指标就比较重要了。因为它能告诉发件人，购买的收件人列表中电子邮件地址有多少个是无效的。

▶ 案例与拓展

外贸业务中发送电子邮件的误区

电子邮件是互联网时代的重要沟通工具，尤其在外贸业务中更为重要。邮件营销要讲究方法，方法运用得当，效果就会十分理想，否则会适得其反。许多外贸企业在寻找有效客户，并向目标客户发送电子邮件的过程中出现了一些问题，下面将逐一列出一些常见问题，提醒业内人士尽量避免。

1. 未经收件人许可就发送电子邮件

企业不要向未经许可的邮箱发送电子邮件。这是一种浪费时间及成本的事情，而且这样做的后果轻则被直接删除邮件，重则遭投诉导致网站被封。

2. 使用免费邮箱进行电子邮件营销工作

企业不应使用免费邮箱作为发送邮箱，因为这种邮箱通常注册就能获得，在客户看来过于随意，且安全性不高。外贸人员最好使用公司专有的企业邮箱来发送电子邮件。这样做一是能给人以专业的感觉；二是能提高安全性，避免泄露商业机密。

3. 电子邮件里没有自我介绍和对客人的称呼

虽然简洁明了的电子邮件内容容易得到认同，但是过于简洁以至于连收件人称呼都被省略的邮件往往会引起收件人的反感，因为人们都有被重视的心理需要。如果邮件中包含对客户的称呼，那么客户一定会更乐于打开外贸人员的邮件。外贸人员在邮件中一定要表明自己的身份，让客户对自己有个初步的了解。

4. 电子邮件缺乏个性化信息

即使企业的邮件列表都是经过许可的，外贸人员的邮件营销行为也有可能会因为目标不明确而收效甚微。外贸人员有了目标客户的电子邮件地址后，接下来还需要分析目标客户的喜好，细分目标客户群，优化电子邮件的内容，以更贴合客户的需要。

5. 电子邮件内容缺失或复杂

外贸人员发出的电子邮件应该内容完整，并且重点突出。外贸人员最好通过文本格式添加所想表达的信息，并且在初次发送的邮件里不要夹带任何链接和附件，因为几乎没有人愿意花费时间和冒风险下载陌生人发来的附件。

6. 注意邮件字体样式

由于操作系统的原因，英文邮件用 UTF-8 字符编码，字体用 Sans-serif，如 Verdana、Arial、Helvetica 等。如果使用中文字体，则对方收到后可能会导致乱码。国外人崇尚个性、简洁，最适合的方式就是通篇白底黑字、统一字号（外国人喜欢用小字号，如五号或 10 磅左右）。重要的内容可以用 Bold 粗体加粗或者用大写，但不要通篇使用大写字母写邮件正文。两段中间要空一行，方便别人阅读，如果事情比较复杂、繁多的话，可以用 1、2、3、4 注明。

（资料来源：赵永秀. 电子商务海外业务指南［M］. 北京：人民邮电出版社，2015.）

讨论题：

1. 有人说"电子邮件太落后了，已经失去营销作用"，你认为这种说法对吗？为什么？
2. 你认为在跨境贸易的邮件营销中，还需要注意哪些细节？

关键术语与思考题

关键术语

跨境电子商务　跨境 B2B 电子商务　跨境 B2C 电子商务　跨境 C2C 电子商务　电子邮件营销　垃圾邮件　CAN-SPAM

思考题

1. 简述跨境电子商务的类型。
2. 简述跨境电子商务选品的考虑因素。
3. 简述跨境电子商务选择平台的考虑因素。
4. 简述跨境电子商务选择物流的考虑因素。
5. 简述跨境电子商务社交媒体营销推广的方式。
6. 简述典型跨境平台的站内营销推广方式。
7. 简述 E-mail 营销关注的指标。

第9章

博 客 营 销

本章要点

- 博客的网络营销价值
- 企业博客营销的实施策略
- 企业博客文章的写作原则与方法

博客营销作为常用的网络营销方式之一，带来的效益也是比较理想的。博客营销的核心价值是企业博客人员对企业相关知识的学习、掌握和有效利用，并通过博客传播方式达到传递营销信息的目的。博客日志作为完全免费的渠道，是互联网自媒体最早的形态雏形，企业或者个人营销，在官网上未阐述的内容，在博客中可以详细、完全地说明。其对于搜索引擎的抓取也有很好的效果。

9.1 博客营销概述

9.1.1 博客营销的含义

1. 博客营销的定义

博客（Blooger）即网络日记，是一种通常由个人管理、不定期张贴新的文章的网站，是互联网技术的重要应用之一。博客通常专注在特定的主题上提供评论或新闻。随着网络技术的发展，博客的形式越来越多，它包含文字、图像、其他博客或网站的链接、视频及音乐等。但是大部分博客内容以文字为主，部分博客专注于艺术、摄影、视频、音乐等各种主题，比较著名的有新浪、搜狐、网易等博客。

博客营销是指利用博客的方式，通过向用户传递有价值的信息而最终实现营销信息的传播。开展博客营销的前提是拥有对用户有价值的、用户感兴趣的知识，而不仅仅是广告宣传。博客营销是一种基于个人知识资源（包括思想、体验等表现形式）的网络信息传递形式。因此，开展博客营销的基础问题是对某个领域知识的掌握、学习和有效利用，并通过对知识的传播达到营销信息传播的目的。

2. 博客营销与微博营销的区别

博客营销以博客文章的价值为基础，每篇博客文章为一个独立的网页，可以为严谨的企业新闻或产品做介绍，也可以为之设立标签及关键字。微博内容短小精悍，重点在于表达当前发生的有趣或有价值的事情。微博具有较强的时效性，用户获取信息更快，但信息留存时间较短。微博营销以信息的发布者，即微博主为核心，强调个人影响力。博客营销则以信息的价值为核心，关注信息本身的价值，对博主本身影响力的要求相对较低。

3. 知识营销与博客营销的关系

知识营销是通过有效的知识传播方法和途径，将企业所拥有的对用户有价值的知识传递给潜在用户，并逐渐形成对企业品牌和产品的认知，将潜在用户最终转化为用户的过程。知识营销与博客营销的关系十分密切。知识营销需要一定的信息传播途径，否则就成为空洞的概念。博客营销是实现知识营销的有效手段之一；博客营销需要向用户传递有价值的信息，而知识营销的内容是博客营销信息源中对用户最有价值的部分。

9.1.2 博客的网络营销价值

博客的营销功能主要体现在：发布并更新企业、个人的相关概况及信息；密切关注并及时回复平台上用户对企业或个人的相关疑问及咨询；帮助企业零成本获得搜索引擎的较前排位，以达到宣传的目的。博客的网络营销价值体现在以下几个方面。

1. 灵活自主的信息发布，低成本高回报

博客营销克服了对时间、范围、效果等的依赖，使企业在掌握和发布产品及服务信息方面更加灵活、自主，几乎可以进行无成本网络营销。博客营销通过提供有价值的信息来影响消费者的消费思想，能够达到甚至超过电视、广播、杂志及门户网站等媒体资源的广告效果，影响消费者的购买行为。博客营销还可以向广大消费者传播企业文化，在增强对企业产品和服务信息关注度的基础上，展现企业形象，达到低投入、高回报的效果。

2. 迅速的信息传播，目标用户定位准确

博客营销是一种持续更新的传播形式，突破了传统的线性传播形式，转为裂变式的双向互动传播，能让浏览者从最初的几十个人瞬间通过转发信息达到上千上万个人，使信息迅速传播。博客营销更多的是围绕着某个群体而进行的，企业博客因作者写作个性不同而不同，每个企业博客都有其不同的受众，决定了浏览者在博客营销中往往是一种特定的人群，细分的程度超过了其他的媒介，所以其目标用户的定位更加准确。

3. 信息共享，达到双向互动

在博客营销中，用户可以针对企业产品和服务等相关问题提出自己的看法和建议，发表评论，企业与用户通过信息共享达到双向互动。企业博客可以通过一些名人，特别是在该领域有很大影响力的人所发布的文章，引导消费者了解企业产品和服务，发表自己的看法，与消费者进行互动交流。这样既避免了信息失真，又可以在提高用户忠诚度的基础上实现企业与用户的双向互动。

4. 含蓄性的传播方式

博客营销中的广告是隐性的。企业将对产品和服务的宣传融入文章中，采用合理、含蓄的方式传播，而不是铺天盖地地植入广告，利用含蓄性的传播对消费者的购买行为起到潜移默化的引导作用。企业博客也可以聘请著名专业人士，经常在其博客上发表关于企业产品和服务使用效果的文章，增强消费者对企业的关注度，促进产品销售和售后服务。企业还可以在文章中通过超链接适当链接企业产品的有关信息。

9.2 企业博客营销的实施策略

企业因实力、知名度及所在行业等各方面的不同,所采用的博客营销策略也不尽相同。企业具体实施博客营销的策略如下。

1. 制定博客营销目标

企业的营销目标是多种多样的,品牌知名度的提高、销售额的增加、市场占有率的提高、分销覆盖面的扩大、客户渗透率的提高等都可能成为企业某个阶段的营销活动的首要目标,而每一个具体营销目标都需要有针对性的营销活动支撑。因此,企业想通过博客获得较好的营销传播效果,首先就要为博客营销设立明确的目标。例如,企业要提高其产品或服务的网络可见度,可以通过博客营销提高企业的产品或服务的关键词在搜索引擎中的可见性及排名,从而达到提升搜索引擎营销的效果。

此外,企业还可以通过博客向阅读者发布信息,从而影响其购买决策。

2. 博客平台的选择

目前有三种博客平台供企业选择:①把博客放在博客服务商的托管平台上;②把博客建立在自己的域名和服务器上;③在企业原有的网站开辟博客空间。这三种博客平台各具优势。首先,博客服务商托管平台往往拥有大量的用户,每个博客服务商托管平台用户的量和质都是有差别的,企业要根据自己的产品或服务的特点,结合自身的营销目标选择恰当的博客服务商托管平台,使企业的博客营销达到事半功倍的效果。把博客建立在自己的域名和服务器上,往往很难有较高的曝光率,尤其是博客刚刚建立的时候。然而,这种博客一旦受到搜索引擎认可,在搜索引擎上会很有优势。企业选择在自己的网站开辟博客空间,在用户的量上很难与博客服务商的托管平台相比,但是可以使博客内容与网站上的其他相关内容形成互补。

3. 博主的选择

企业开展博客营销,可以由企业营销人员建立博客,也可以选择知名博主的博客。企业营销人员自主建立博客有很多优点,如博主对企业的营销理念,对企业的产品、服务及用户都很熟悉,博客内容较为专业且有说服力,并且成本较低,更新速度快,便于即时沟通等。利用知名博主的博客开展营销活动则可利用其博客的巨大访问量,通过展示一般的广告或者软文广告的方式开展营销活动。这种方式的优点是传播速度快、使用方便,名人的示范效应还可能使营销传播效果更为明显。

4. 博客内容的管理

博客内容的质量直接关系到博客营销的效果。目前,博客的数量很多,但是绝大多数博客内容的质量不高。博客内容的质量决定了阅读者的数量及阅读后对其产生的影响。质量的高低首先取决于博客内容是不是目标受众关注的内容,因此博主要明确目标受众的需求,发布受众感兴趣的内容,吸引其阅读,如将行业信息、行业的发展动态、行业的最新研究动向、企业的研发成果等同行或受众关心的内容作为博客内容。企业开展博客营销要注意博文的形式,要选择目标受众比较容易接受的形式,如软文就比一般的广告更容易吸引阅读者。博主要注意与阅读者的沟通,尤其是对阅读者的咨询及评论及时回复,及时解决存在的问题,加强与阅读者之间的联系,从而获得更高的满意度,树立良好的口碑。博客内容还要注意及时更新，企业偶尔发几篇博文是很难达到营销目的和效果的。因此，博客营销需要博主长期坚持，不断更新内容，以吸引目标受众阅读。

5. 评估博客营销的效果

博客营销与其他营销方式一样，需要进行效果评估。企业要及时发现博客营销中存在的问题，并不断地修正博客营销计划，力求博客营销能发挥更好的营销作用。

9.3 企业博客文章写作的一般原则

博客营销的目的并非提升博客本身的影响力，而是在互联网这个虚拟社会中能吸引多少眼球。博客营销是典型的"眼球经济"。实施博客营销应遵循以下原则。

1. 交互性原则

许多博客作者在写作时只考虑自己，很少有读者留下有效的评论。要想获取有效评论，最重要的一点是把读者放在首位，以实现与读者的互动。

2. 简约性原则

不要把博客加上过多的装饰品，这样既显得凌乱，又没有用处。应让读者尽可能方便地查看内容，简约即美。博客写作虽然不需要像出版物那样考虑文章篇幅限制，但读者的时间是宝贵的，博文内容应简明扼要。

3. 可读性原则

这是博客的根本所在。首先要考虑文章内容的可读性，应是读者喜闻乐见的内容。在设计字体颜色、大小、样式时，也要考虑可读性，没有人喜欢看字体很小、颜色暗淡而且杂乱无章的博客。

4. 价值原则

博客需要有新闻价值、有趣、有用和幽默，这样才能吸引读者阅读。博客作者应特别关注"有用"。人们喜欢有趣的事物，但有趣不一定会驱使他们订阅博客。人们订阅博客的主要原因是博客内容对他们的日常工作、生活有用。

5. 方便性原则

人们不一定有时间阅读订阅的全部博客，所以需要能够让他们快速浏览，很快抓住文章主旨。文章标题需要简练并且具有吸引力。好标题是一篇博客引人入胜的关键，标题要有吸引力且尽量概括文章主旨，标题要和文章内容相符。另外，可以采用列表方式，使文章便于快速浏览，使人们只需要大体浏览就能了解其主要观点。

6. 合法合规原则

根据博客文章的内容和目的，在发表的文章中做出声明是必要的。例如，禁止转载声明、免责声明等。尤其当某些情况具有不确定性时，如果忽视了这一点就可能造成麻烦，媒体已经有多起因为员工博客文章内容不适当而被解雇的报道，而这些问题本来是可以避免的。在没有完善企业博客管理规范的情况下，对有些敏感问题的处理方法，还需要博主自己分析判断。

9.4 企业博客营销管理

对很多员工来说，通过博客来表达自己的观点并与读者进行交流的最大难题之一是，不知道该写什么样的内容。所以，很多员工博客往往难以坚持下去。另外一种情况是，尽管员工时常更新自己的博客专栏，但写出的内容不仅对读者没有吸引力，而且与企业营销之间产生不了任何联系。其实解决这些问题并不复杂，只要掌握了博客文章写作和管理的基本方法，就可以利用好博客这一网络营销工具。

1. 博客写作管理

企业采取博客开展营销活动，要指定专人负责博客文章的撰写与回复等维护工作，保证博客的内容时常更新，以吸引更多的阅读者。同时，博客文章的发表要有计划性，企业要对博客文章的内容范围、写作及更新频率进行管理，以确保博客营销活动顺利开展。高质量的博文是吸引阅读者的根本。撰写高质量的博文不仅要注意选题、文字技巧，还要注意博文与企业营销目标的关系。

2. 个人观点与企业立场

从事博客写作的是个人，但营销活动属于企业，博客营销必须正确处理好两者之间的关系。如果博客发布的文章只代表企业的官方观点，博客文章就失去了个性特色，很难获得读者关注，难以达到好的信息传播效果。但是如果博客发布的文章只代表博主的个人观点，而与企业立场不一致，也达不到好的传播效果，甚至会影响企业形象。企业应该聘用一些有写作能力的博主进行写作，他们所写的博文既要宣传企业，又要保持自己的观点和信息传播性，以获得潜在用户的关注。

3. 沟通和反馈

企业博客是与用户沟通、收集反馈意见的方式之一。用户常常能给企业提供很有价值的产品意见。所以，很多人认为对话、交流、具有社区的感觉是博客的最大特点之一。要想提高博客的互动性，就要保证博客发布的内容中用户感兴趣部分的比例，也就是企业宣传信息所占比例不能过高。博主积极与留言者互动，认真回复留言，更能唤起用户的情感认同。

4. 谨慎处理负面评论

企业对博客留言中的负面评论要有谨慎的态度，尤其不要轻易删除负面评论。只要用户留言中没有谩骂、诽谤，对产品的批评意见都应该保留，并且由专人给予回复和跟踪。没有理由地删除负面评论，常常会激怒用户。如果这些用户到其他博客、论坛广泛传播批评言论被删除的信息，反而会使企业陷入被动局面。

> 案例与拓展

通用汽车 Fastlane 博客的营销

2005 年 1 月，通用汽车副总裁鲍勃·鲁兹加入通用公司的 Fastlane 博客开始撰写博文。这是《财富》100 强非科技类企业中率先担任博客主笔的高层管理人士。

通用汽车的 Fastlane 博客是"通用公司的主管人员或高层人士畅谈公司当前或者未来产品及服务的一个平台"（GM'sFastLane blog is a forum for GM executives to talk aboutGM's current and future products and services——源自 Fastlane 博客）。公司通过鲁兹及其他高层人士在博客上自由发表意见，用户可以直接与通用的高层讨论产品、服务与公司的前景。博客的日浏览量近 5000 人，对每个话题的评论都有 60~100 条。Fastlane 博客上的很多文章吸引了数十甚至上百条的响应，营造出一个动态、热情、充满活力的社区。

在通用汽车的 Fastlane 博客推出以后，通用公司曾遭遇到一些负面新闻，鲁兹和其他通用汽车的博客写手针对谣言、裁员、组织重整、产品线争议等话题开诚布公地做出回复，真实地传达通用汽车公司内部的真相，不仅及时澄清了谣言和负面新闻，而且让读者产生了信赖感和忠实度。

在 Fastlane 博客中，通用汽车从一开始就公开征询用户的反馈，并且要求撰写博客的人在发言时不要打官腔，每一个博客主笔自由发挥与回复，要向用户展示热情，与读者建立深厚的关系。这样做不仅免费搜集了大量的用户意见，也因为关注大家的想法而受到读者和爱车人士的一致好评。有媒体指出，"Fastlane 博客之所以受欢迎，主要原因就在于鲁兹那些诚实而且深入、直接涉及社会公众对通用汽车正负面评论的文章"。

通用汽车不仅开通企业博客，而且率先推出 Podcast（播客）。博客、播客以及和用户的整体互动，这些都让通用汽车从用户与爱车人士身上获得了宝贵的直接反馈，了解了这些人对通用汽车的看法。这是公司从其他渠道无法以这么直接的方式获得的反馈。

业内人士认为，通用汽车的 Fastlane 博客"无疑是目前管理高层写博客的典范"。他们在博客上加入引用功能、播客，并同世界各地的博客写手互动，"增添博客上的互动广度与深度、锁定用户，鼓励用户与通用进行长期、持续的对话"，为公司打造出产品推广的独立社区，为用户营造出深度、优质的体验基地。

（资料来源：雷跃捷，辛欣. 网络传播概论［M］. 北京：中国传媒大学出版社，2010.）

讨论题：
1. 通用汽车副总裁开企业博客的好处是什么？
2. 上网寻找一个企业博客网站，分析一下其实现功能。

关键术语与思考题

关键术语

博客营销　知识营销　微博营销　BSP　博客营销外包模式

思考题
1. 简述博客的网络营销价值。
2. 简述企业博客营销的实施策略。
3. 简述企业博客文章写作的一般原则。
4. 简述员工个人博客与企业博客之间的关系。
5. 如何进行博客营销的管理维护？

第10章

微信营销

本章要点

- 微信营销的优势与劣势及其生态构成
- 微信公众号的建设与运营
- 微信视频号的建设与运营
- 微信直播的建设与运营

随着微信营销越来越普及，其在企业整个营销体系中的地位和作用也越来越突出。同时随着微信版本的不断更新，多项功能的持续更新，微信营销的方式也越来越丰富，不再局限于朋友圈、微信群等浅层次的营销和推广，而是利用微信公众号、视频号、直播号或者第三方服务平台进行的二次开发，实现多层次、立体式的深度营销。企业借助微信提供的多种功能，让消费者不再只是信息的接收方，而是平等的参与者，大大拉近了企业与消费者的距离。

10.1 微信营销的优势与劣势

微信营销是网络经济时代企业营销模式的一种，是伴随着微信的火热而兴起的一种网络营销方式。用户注册微信后，可与周围同样注册的"朋友"形成一种联系，订阅自己所需的信息，商家通过提供用户需要的信息，推广自己的产品，从而实现点对点的营销。

10.1.1 微信营销的优势

1. 高到达率

营销效果很大程度上取决于信息的到达率，这也是所有营销工具最关注的方面。与手机短信群发和邮件群发被大量过滤不同，微信公众账号群发的每一条信息都能完整无误地发送到终端手机，到达率高达100%。

2. 高曝光率

曝光率是衡量信息发布效果的另外一个指标。信息曝光率和到达率完全是两码事，与微博相比，微信信息拥有更高的曝光率。微信由移动即时通信工具衍生而来，具有很强的提醒力度，如铃声、通知中心消息停驻、角标等，随时提醒用户收到未阅读的信息，曝光率高达100%。

3. 高接受率

微信已经成为大众的主流信息接收工具，其广泛性和普及性成为营销的基础。微信大号动辄数万甚至数十万粉丝。除此之外，由于公众账号的粉丝都是主动订阅而来的，信息也是主动获取的，完全不存在垃圾信息遭到抵触的情况。这样可以使更多线下与线上用户享受移动互联网的便捷，获得实惠和特权。

4. 高精准度

事实上，那些拥有数量庞大的粉丝且用户群体高度集中的垂直行业的微信账号，才是真正的炙手可热的营销资源和推广渠道。例如，酒类行业知名媒体佳酿网旗下的酒水招商公众账号，拥有近万名由酒厂、酒类营销机构和酒类经销商构成的粉丝。这些精准用户粉丝相当于一个盛大的在线糖酒会，每一个粉丝都是潜在客户。

5. 高便利性

移动终端的便利性再次增加了微信营销的高效性。相对于PC而言，智能手机不仅拥有PC所能拥有的任何功能，而且携带方便，用户可以随时随地获取信息，这给商家的营销带来了极大的方便。

6. 高互动性、高参与性

企业除了可以利用微信平台介绍企业文化、企业新产品外，还可以借助它做促销活动。例如，通过有奖互动、幸运大转盘、砸金蛋、答题闯关、拼图游戏等一系列活动促进线下商品销售。

10.1.2 微信营销的劣势

1. 微信转发活动受排斥

商家迫切想通过嫁接进行营销，但是垃圾信息铺天盖地，席卷整个微信公众平台。商家频繁地给用户发送各种信息，想博得用户的关注，却引起了用户的反感甚至排斥。在这种情况下，商家想与用户建立情感是不容易的，需要一个长期的过程。

2. 用户体验感较低

越来越多的企业在实施微信营销时，由于过度热情，给用户带来了很多困扰。如果企业的服务无法满足用户的需求，则用户极有可能立刻关闭与企业之间的互动。怎样更好地维护企业与用户的关系，是企业微信营销的重中之重。

3. 品牌推广影响需求未能实现

一个成功的市场营销策略的目的是让品牌商和消费者都能从中获利，但是目前的微信营销方式，还远远达不到这个目的。公众账号需要用户自行搜索，这是微信远远不如微博的地方。微博的扩散性相对于微信来说是非常强的，消息的转载可以在较短的时间内被千万人知道，而微信的公众账号则没有微博推广的这一优势。对企业和品牌商而言，在微信和微博平台上的收益也明显不同。

4. 无法保证用户隐私安全

微信自身的多媒体功能，如朋友圈、二维码等，都会给用户的隐私带来安全隐患。用户在使用过程中可能在不知道的情况下泄露了个人信息，如记录用户个人信息的二维码被不法分子非法利用，这会对用户造成影响。微信由于发展较为快速，但是在隐私维护方面仍然不够完善，用户也无法确定网站信息的正确性，无法对信息做出正确的判断，由此可能导致用户上当受骗。所以，如何规避社交平台安全隐患问题，也是企业首先应当考虑的问题。

5. 不是所有行业都适合做微信营销

以关系导向的业务不适合做微信营销。例如，用微信公众号去卖钢筋，去招揽建筑工程业务，去承接贴牌订单，去承接微博代运营业务，去找电子商务代运营业务，其投入产出是不成比例的。此外，消费频次不高的产品和服务不需要做微信营销，没有丰富品类的品牌也不需要做微信营销。

10.2　微信营销生态的主要构成

对企业而言，将微信营销生态视为蓝海毫不为过。关于微信营销生态，不同的人在不同的视角下会给出不同的解读。通常，人们会从宏观和微观两个维度来界定微信营销生态。由于产业互联网是腾讯重要的战略方向，所以从宏观层面看，微信营销生态可以定义为连接企业与个人用户的平台。从微观层面看，微信营销生态由不同平台组成，如公众号、视频号、小程序等，同时微信又分为企业微信与个人微信。

1. 公众号

公众号分为订阅号和服务号。订阅号以优质内容为主，服务号以个性化服务为主。从微信官方对订阅号、服务号的相关说明和功能支持，可以总结出订阅号、服务号的定位和运营关键点。订阅号主要偏向为用户传达资讯（类似报纸、杂志），每天可群发一条消息，既适用于企业又适用于个人。服务号主要偏向服务交互（类似银行、114 提供服务查询），每个月可发四条消息，仅适用于企业。因此，企业可以进行双号（订阅号、服务号）运营。

公众号的核心场景聚焦品牌建设、内容营销和用户服务，既可以是承载消费落地的前置环节，也可以是承接消费落地后的售后环节。订阅号侧重品牌的价值传播，服务号侧重用户的个性化服务。企业结合有效的策略运用公众号，能够实现触达目标。

总之，公众号在用户心智培养和服务用户方面起着重要的作用。企业通过订阅号、服务号双号运营，既可以进行品牌建设，提升用户认知和兴趣，又可以提供营销服务，实现用户付费和培养用户忠诚。

2. 视频号

视频号是一个由微信推出的短视频创作与分享平台，用户可以在平台上发布、观看和分享各种类型的短视频。视频号以其独特的社交属性和便捷的传播方式吸引了大量用户参与创作和观看。它既是个人表达自己、分享生活的窗口，也是连接公众号、小程序、企业微信等微信生态的超级链接器。视频号的核心特点包括以下几个方面。

（1）社交属性　视频号紧密结合微信社交关系，用户可以关注和互动，形成稳定的粉丝关系。

（2）内容丰富　视频号包括多种内容类型，如生活、娱乐、教育、科技等，满足用户多样化的观看需求。

（3）创作简便　用户可以使用微信自带的视频拍摄和编辑功能，轻松创作和发布短视频。

（4）流量分配逻辑　视频号的流量分配主要基于用户兴趣和社交关系，有利于优质内容获得更多曝光。

（5）认证机制　视频号支持个人、企业认证，提高创作者的专业性和可信度。

（6）互联互通　视频号可以与公众号、小程序、企业微信等其他微信生态相互关联，形成一个完整的营销闭环。

3. 小程序

对微信营销来说，小程序的直播功能特别重要。

在直播成为风潮的当下，微信官方也为小程序提供了直播组件，让小程序有了直播场景，大大提升了其变现能力。无论是"带货"直播、课程直播还是生活服务类直播，不同类型的企业都可以找到适合自身业务的直播内容。企业可以结合抽奖、评论互动、好友分享等方式提升直播的趣味性和传播性。企业还可以在小程序页面设置明显的直播入口，吸引用户进入。倘若直播正在进行，用户可以同步观看直播；倘若直播还未开始，用户则可以订阅直播。企业在开播之时可以通过微信服务通知下发提醒，以便用户一键进入直播间。

小程序直播的特点如下。

（1）一对多的互动场景展示　直播营销可以通过线上设置的独特场景来展现企业的产品和服务，而且只需要一个主播就可以同时积聚成千上万的消费者，具有很强的实时曝光度。

（2）短平快的即时营销活动　直播营销结合了娱乐属性和零售业务，通过主播的营销扩大影响力，将消费者做出购买决策的过程、沟通和评价都浓缩到直播销售演示中，这大大地提高了市场营销活动的转化效率。

（3）超高的临场感体验　与视频营销相比，直播营销中的情感共鸣一般要更强。实时的直播往往涉及更多的同步互动，并刺激更多感官，从而更能激发消费者的即时情绪，继而促使消费者迅速做出行动，如点赞、评论和购买。

10.3　微信公众号的建设与运营

10.3.1　企业微信内容的规划策略

用户关注微信账号的目的是什么？他们希望获取什么？只有了解清楚这些问题，才能更好地进行发布内容的规划与选择。所以，在规划微信内容的过程中，对内容选取范围的制定应当创新，这样后面运营的时候方能得心应手。一般情况下，就企业微信而言，其内容规划大致可以分四步：内容定位、内容筛选、内容编制和内容推送。

1. 内容定位

内容的形成建立在满足用户需求的基础之上，包括休闲娱乐需求、生活服务类的应用需求等。微信公众号需要推送的内容以高质量的原创或者转载率高的内容为主。

2. 内容筛选

在做好企业微信内容定位后，结合所设定位，接下来就要进行内容筛选。就微信内容而言，可以从下列几个方面对其进行筛选。

（1）关联性　内容和企业或者所处行业产生一定关系，同时适量加入品牌的价值信息。

（2）趣味性　内容要创新，不庸俗但足够吸引人，符合大家的审美趣味。

（3）实用性　内容需要能向用户提供一定的帮助，如信息服务、生活常识或者折扣信息等。

（4）独特性　需要根据自己的品牌特点打造有个性的内容，向粉丝展示品牌文化和传播品牌价值。

（5）多元性　内容的形式需要多元化，可以用图片、视频或者语音等形式发布。

（6）一致性　内容需要连贯一致，尽量用单条图文把想要传递的信息完整表达出来。

（7）互动性　经常和粉丝沟通交流可以形成长久的用户黏性，哪怕是一句简单的问候或者寒暄。

（8）热点话题　了解当前的热门话题是非常重要的，拥有一定数量粉丝的平台可以利用热点话题带动粉丝主动分享。

所以，内容的筛选对微信的互动起着重要的作用。内容只有体现价值，才能引来更多粉丝的关注和热爱。除此以外，企业官方微信在筛选内容的过程中，应尽量避免有政治或者宗教倾向的内容、未经证实的内容和极具批判性且带有个人感情色彩的内容。人性化的官方微信也需要顾及企业的品牌形象，对于一些"不恰当"的内容，即使能迅速增加品牌的曝光度，也不要轻易触碰，否则等待自己的可能就是危机公关或者律师函了。

3. 内容编制和管理

做好微信内容定位，确立了内容筛选的范围后，接下来就要对内容进行编制和管理。系统化的内容管理机制有助于运营专员快速地对微信内容做出判断、筛选和发布，同时也能大大减少因层层上报这种烦琐流程而浪费的时间。

其中，按照内容来源方式分类，可将微信内容分为下面几种类型。

（1）专业知识型　这种类型比较适合户外、母婴、成人、电器、家居、内衣、保健、汽配类目商品，因为这类信息专业性强，并非日常生活知识，故内容可读性还是较高的，用户接受度高。

（2）幽默搞笑型　这种类型最适合成人类目商品，而且可以和商品实现无缝对接。与情侣相关的礼品类目，也可以和此类型的内容相结合。

（3）促销活动型　这种类型比较适合代购类商品、男性商品、日常必需商品、快销品、标准化商品，因为具有稀缺性或是必需品，所以无须太多的技巧，直接推销的效果可能更好。

（4）文艺小资型　这种类型比较适合小众商品、外贸原单商品、高端价位商品，也是塑造品牌形象和品位的好方法。当然，难度也是最大的，因为这样的优秀写手太稀缺了。

（5）信息播报型　这种类型重在发送的信息是否切中用户的需要。一般不建议发送这样的信息，除非是需求面比较广的信息，如上新、预售、抢购、拍卖等。

（6）关怀互动型　这种类型比较适合针对老客户，如发货提醒、生日祝福、互动小游戏等内容，如果加上一些优惠券，会是不错的方法。

4. 内容推送

微信公众账号的后台可以获取用户的全部信息，并提供了强大的用户分组功能，可以按地域、性别、喜好、需求等不同的指标分组。这为新闻信息的分组精准推送提供了实现渠道。

分组推送即微信公众账号在群发消息时，可以选择性别、分组、用户所在地区等属性，或者根据消息的类型和地域进行有选择的定向投放，将消息发送给某一类用户。例如，涉及北京市的公共政策新闻，其他地区的用户可能不太关注，媒体就可以单独向北京市的微信用户推送。分组推送一旦实现，能够避免用户的信息过载，让媒体的各类信息资源发挥相应的最大价值。

在进行内容推送时，人员的安排也很重要。大企业有完善的人力资源系统，可以在每一个环节都安排指定的人员进行24h实时监控和维护。一般的企业，由于资源和资金都较稀缺，所以在微信上的投入不会太充足，要合理安排人员进行内容规划、撰写、互动与活动策划，从而形成有效的内容互动与活动互动，增强用户的黏性。

10.3.2 企业微信内容栏目的设置

企业微信内容栏目的设置也是一个非常重要的方面，栏目的规划可以结合品牌特点以及品牌想传递的信息来分类。不只企业，任何想玩转微信公众号的个人也要考虑栏目方面的问题，其实就是考虑自己的目标人群希望看到什么内容，要便于粉丝阅读和选择，用户体验要好。

一般来说，企业在设置栏目的时候都会从产品、资质、获奖、联系方式等多个方面进行设置，要根据用户的喜好来设置板块栏目，要有个性，让用户满意。

10.3.3 企业微信内容的写作

"营销，内容为王。"微信作为新的信息传播媒介，对内容营销的价值是显而易见的，其传递的内容包罗万象，信息载体除了文字外，还包括其他多种多媒体形式。企业微信究竟该怎么写、写什么，决定了企业营销目标能否实现。所以企业发布的信息需要经过认真思考和衡量，要从用户心理和企业目标的角度出发，尤其是中小企业，为了吸引用户，发布的信息必须注意"三大原则"：有趣、有用和个性。

1. 有趣

有趣，即内容要有足够的新意，有足够吸引人的地方。营销人员需要花足够的时间巧妙地构思微信营销创意。当然，创意和新意总是有限的，但微信发布的内容至少要使企业的微信主页面信息不至于空洞无聊，特别要防止发布硬广告性质的微信。此类信息不仅得不到关注，反而会引起普通微信用户强烈的反感。

2. 有用

有用，即发布的信息具有实用性，能够向用户提供一定的帮助，既可以提供信息服务、传授生活常识、利用视频课程帮助用户解决困难，也可以向用户提供产品的促销信息或者折扣凭证、发放奖品等。

总之，要让用户从各种信息中获取某种形式的利益。这些信息必须是有功能性的内容，如最新的新闻、有用的情报、好看的消息、特殊的知识等。

3. 个性

个性是最难把握的一个原则，所以企业发布的微信内容要自成体系，在报道方式、内容倾向上有特点并且长期保持一致。这样才能让用户有一个系统和直观的整体感受，使企业微信比较容易被识别。

此外，微信软文的标题至关重要。因为这关系到用户是否会打开文章，更重要的是对产品宣传有着重要影响。倘若不能引起用户的兴趣，不能激发他们阅读的兴趣，就意味着这次发布的内容效果为零。所以，标题一定要简明扼要、顺口、有新意，通常选择 7~12 个字或者 12~15 个字为宜，从传播知识、发布优惠信息、满足好奇心、提供忠告等方面入手进行策划。

10.3.4　企业微信内容推送的时间

在订阅号的界面里有这样一个规则：谁最后、最近更新，谁就会显示在最上面。这意味着如何来推送、如何选择时间点成为企业微信研究的热门话题。

另外，发送信息的时候记得分组。建立用户分组，根据分组发送不同的内容，这样信息的精准度也会相对较高。那么推送的具体时间怎么定呢？可以参考表 10-1。

表 10-1　微信内容推送时间

推送时间	选择理由
早 8:00 左右	这是新的一天的开始，大家醒来都期待关注最新的内容，更重要的是不少人在上班的路上就可以阅读
中 11:30—12:30	这段时间一般是大家吃午饭和午休的时间，可能会讨论买什么。现在移动终端已普及，用手机就能完成购买
晚 8:00—9:00	这段时间大家都已吃完晚饭、散完步回家，在沙发上或者床上看电视，是放松时间，也容易产生购买行为

企业微信内容推送要把握好推送时间和技巧。

（1）数据分析　根据微信数据分析来进行规划，因为只有这样才会知道用户活动的时间规律。

（2）因人而异　对不同的营销对象采取不同的时间策略。例如，要想在早上推送：对于白领上班族，最佳时间应该是早上 8:00—9:30；而对于学生族，则应该是早上 8:00 左右。对于双休日，无疑晚上时间最佳。

总之，关于发布时间的说法莫衷一是，有的说周末不是发布内容的好时段，有的说晚上 8:00 以后这个时间段要避开。这些说法各有各的数据根据和道理，但切记一点：企业微信推送时间还是得看用户对象。

10.4　微信视频号的建设与运营

10.4.1　微信视频号的流量推荐机制

目前，在微信生态中，视频号是首款去中心化的产品，它能够运用推荐机制来集中调配流量。视频号的推荐算法一方面有助于用户拉新，另一方面有助于推荐优质内容。这也是微信对算法推荐的首次尝试。

微信视频号的推荐是在微信流量池中进行的，平台对视频号的推荐主要根据两大因素：一是根据好友关系链，二是根据动态热度。平台系统会重复推荐优质的视频号内容，也会参考社交关系来决定是否进行推荐。

那么，有哪些因素能影响视频号权重呢？总体来看，原创度、完播率、点赞量、评论量、发布频率、内容垂直性这六个维度都能影响视频号权重。另外，如果视频内容涉及严重违规内容，视频号也会被降权。

下面对微信视频号分发机制中的社交推荐机制和个性化推荐机制进行具体分析。

1. 社交推荐机制

微信视频号的社交推荐机制主要包括以下三个方面。

（1）社交关系　朋友推荐在微信视频号中具有重要地位，微信视频号最明显的三大模块是"关注""朋友""推荐"。从三大模块的位置来看，"朋友"模块位于"关注"和"推荐"之间，处于中心位置。这显示了社交关系链在视频号推荐逻辑中的重要性，同时也意味着好友发布、观看、点赞、评论过的视频内容会被优先推荐给你。打开微信进入"发现"页面，不仅可以看到朋友圈的动态，还能看到好友在视频号的点赞。用户单击"朋友"这一板块，就能逐条翻看朋友收藏、点赞的短视频。

（2）内容价值　微信视频号和"看一看"的推荐机制基本一致，都需要经过内容筛选再推荐给用户。例如，根据用户自身的观看数据进行内容筛选，即系统会通过分析用户的观看数据来为用户设置标签，然后根据用户标签进行个性化推荐。其中，符合用户个性的内容会被率先推荐给用户，而那些被举报、被投诉的内容会被直接过滤掉或减少推荐机会。

（3）点赞及互动评论　"社交推荐"的前提是基于社交关系进行的互动行为，如你的朋友观看过、点赞或评论过的视频，就有可能被推荐到"热门"板块中。微信视频号的这种社交推荐机制与其他短视频平台的内容推荐机制是一致的，都是根据用户对视频的观看、点赞、评论和转发的数量来判断其价值和受欢迎程度的，进而将之转送到更大的流量池，给予其更多的曝光和推荐机会。

2. 个性化推荐机制

微信视频号拥有个性化的推荐机制，其主要采用了一种复合型内容推荐方式，即"兴趣标签+地理定位+热点事件和热门话题"。与其他自媒体平台相比，微信视频号的优势是显而易见的。

（1）兴趣标签　微信拥有11亿用户和各种算法机制，这些都是微信视频号发展的重要基础，同时也是其优势所在。微信系统会根据用户的兴趣爱好、日常行为、活动轨迹、职业、年龄等标签生成用户画像，然后再利用大数据算法分析用户画像，并向不同的用户精准推荐内容。

（2）地理定位　同城用户或附近用户可能因为地理位置相近而对相同的事物产生兴趣。例如，他们都喜爱某一座城市，或者都喜爱某个旅游景点等。因此，视频号的算法很可能会根据某个人的兴趣爱好推测出同城人或附近人的兴趣爱好，从而为其推送感兴趣的内容。这也是地理定位能成为个性化推荐要素的主要原因。

（3）热点事件和热门话题　网络热点事件和热门话题往往能成为广大用户关注的焦点。通过用户协同过滤推荐系统将与网络热点事件和热门话题相关的优质内容推荐给用户，是目前抖音、快手、微博等平台经常使用的个性化推荐方式之一。

3. 流量分发规则

微信视频号推荐机制主要有以下几点。

1）视频号用户发布的内容会被首先推送给好友，如果好友对视频内容不感兴趣，该视频就不会触发曝光推荐机制，也不能进入更高流量池。这个时候，用户发布的内容只能获得一次好友浏览流量，但不排除以后会被其他好友点赞、评论和转发，从而获得被推荐的机会。

2）如果好友对用户发布的内容感兴趣，且对视频进行了点赞、评论和转发，那么该视频就会触发推荐机制，并获得被曝光的机会。如果多位好友共同对视频进行了点赞、评论和转发，那么该视频就会被推送到更大的流量池，获得更高的权重和更多被推荐的机会。

3）如果与你经常聊天互动的好友频繁地关注和浏览某个视频号，那么微信系统也会自动将这个视频号发布的内容推荐给你，然后再通过熟人社交的次级关系产生裂变。

微信视频号的内容推荐是以熟人社交为基础的，所以社交在其推荐机制中的权重非常大。但内容被推荐后会进入一个新的社交环境，人们很难预测新社交环境中会有哪些视频号出现，也很难说清楚某个视频是哪位好友感兴趣的。这也为内容的传播推广创造了更多的可能。

10.4.2 微信视频号的内容运营技巧

短视频运营有两个关键点：一是内容的深层次利用；二是用户的长效性经营。短视频平台用户的观看需求通常是相似的，优质的短视频内容更容易获得广大用户的青睐。因此，"流量为王"的时代，也是"内容为王"的时代。

1. 做好定位与更新

视频号运营的第一步是确定好账号定位。一旦确定好账号定位，就意味着运营者要始终围绕着账号定位来发布视频内容。也就是说，账号定位在什么领域，运营者就要将与之对应的垂直领域作为核心输出点。围绕账号定位持续输出优质内容，有利于提高账号权重，增加视频号推荐和曝光的机会。一般来说，视频号内容的更新最好采用日更或隔日更，持续性地输出也有利于吸引更多的精准流量。

2. 注重原创与互动

微信视频号平台重视用户体验，鼓励原创，对于原创内容会给予更多推荐机会，而且更注重社交推荐，会根据朋友关系来筛选推荐内容。一般来说，互动量多的内容会获得更多曝光机会。因此，创作者在制作视频时，可以尽量添加一些有话题性和争议性的内容来吸引用户参与评论。这样做一方面能提高视频的互动量，另一方面能大大延长用户的停留时间，同时还能提高视频完播率，增加视频号的权重。

3. 提供价值与共鸣

在第一眼看到视频之后，用户会继续观看并产生关注、点赞、评论、转发等行为主要有两个原因：一是用户认为短视频内容对自己有用；二是用户对短视频内容感到有趣或能产生情感上的共鸣。

由此可见，视频内容要围绕提供价值和引起共鸣这两个要点来进行创作，也就是要让用户感到有用和有趣。运营者要注重视频内容的可读性，要在视频中添加一些能令人印象深刻的记忆点，赋予内容以特色和价值，使用户能够看懂视频、理解视频，并能在观看过程中感到有意义、有价值、有共鸣、有乐趣。

视频内容要贴近生活，并保持风格一致；要通俗易懂，能以简单的方式讲明专业的道理。运营者在创作短视频内容时，既要有自己的内容方向，也要有自己的标志性形式。

10.4.3 微信视频号的私域引流攻略

视频号生长于微信生态之中，而微信生态拥有11亿用户，是私域流量运营的理想平台。

不难看出，视频号与私域流量之间天然有着亲密关系。所以，如果商家想在微信生态中进行私域流量运营，就不得不重视视频号这个新平台。企业如果抓住了视频号带来的新流量，就抓住了一波新的流量红利。如何将视频号中的流量引入微信私域流量池之中呢？这里有一些常规操作方法可供大家参考。

1. 个人主页资料区引流

视频号中的个人主页有专门的用户资料简介区，利用好这个区域，便可以轻松地获得可观流量。利用个人主页资料增加曝光和推广是最常见的私域引流手段，许多同类平台都对这一引流方式情有独钟。

2. 视频内容引流

用户不但能在视频号的用户资料简介中展示微信个人号，而且能直接在发布的视频中展示个人微信二维码。也有一些视频创作者会通过设计视频下方的文案来引流，这类引流文案需要利用巧妙的话术来增加吸引力，同时也需要将私域流量入口合理地植入文案之中。

3. 公号链接引流私域

"视频号+公众号链接"是应用较多的引流方式之一，具体做法是在视频下方的文案区展示创作者的公众号链接，用户在点击链接后便可以直接关注其公众号。创作者也可以通过展示微信群或个人微信号的二维码来引流。

4. 评论区引流

要想使引流效果最大化，就不能放过任何获取潜在流量的机会。一些运营者也会通过在评论区和用户互动来引导用户点击关注，为其他账号引流。

10.5 微信直播的建设与运营

10.5.1 微信直播的运营步骤

在开展直播之前，直播运营团队需要对直播的整体流程进行规划和设计，以保障直播能够顺畅进行，确保直播的有效性。

1. 明确直播目标

对商家来说，直播是一种营销手段，所以它不能只是简单的才艺表演或话题分享，而应该围绕商家的营销目标来开展。在直播之前，商家要明确直播目标，确认直播是为了做品牌宣传，进行活动造势，还是为了销售商品。

2. 做好直播宣传规划

为了收到良好的直播效果，在直播活动开始之前，直播运营团队需要对直播活动进行宣传。与泛娱乐类直播不同，带有营销性质的电商直播追求的并不是简单的"在线观看人数"，而是"在线目标用户观看人数"。

3. 筹备直播

为了确保直播的顺利进行，在开始直播之前，直播运营团队需要做好各项筹备工作，包括选择直播场地、筹备并调试直播设备、准备直播物料，以及主播自身准备等。

（1）选择直播场地　直播场地分为室外场地和室内场地。直播运营团队要根据直播活动的需要选择合适的直播场地，选定场地后要对场地进行适当的布置，为直播活动创造良好的直播环境。

（2）筹备并调试直播设备　在直播筹备阶段，直播运营团队要将直播使用到的手机、摄像头、灯光、网络等直播设备调试好，防止设备发生故障，以免影响直播活动的顺利进行。

（3）准备直播物料　在直播之前，直播运营团队应该根据实际需要准备直播物料。直播物料包括商品样品、直播中用到的素材及辅助工具等。

（4）主播自身准备　在开播前，主播需要熟悉直播流程和上播商品的详细信息。这样主播才能在直播中为用户详细地讲解商品，回答用户提出的各种问题。此外，主播还要调整好自身状态，以积极的态度和饱满的热情来迎接直播间的用户。

4. 正式执行直播活动

直播活动的执行环节可以进一步拆解为直播开场、直播过程和直播收尾三个环节，各个环节的操作要点见表 10-2。

表 10-2　直播活动执行环节的操作要点

执行环节	操作要点
直播开场	通过开场互动让用户了解本场直播的主题、内容等，让用户对本场直播产生兴趣，并停留在直播间
直播过程	借助营销话术、发红包、发优惠券、才艺表演等方式，进一步引起用户对本场直播的兴趣，让用户长时间停留在直播间，并产生购买行为
直播收尾	向用户表示感谢，预告下场直播的内容，并引导用户关注直播间，将普通用户转化为忠实用户，引导用户在其他媒体平台上分享本场直播或本场直播中推荐的商品

5. 直播活动二次传播

直播结束并不意味着整个直播工作的结束。在直播结束后，直播运营团队可以将直播活动的视频进行二次加工，并在抖音、快手、微信、微博等平台上进行二次传播，最大限度地放大直播效果。

6. 直播复盘总结

直播复盘就是直播运营团队在直播结束后对本次直播进行回顾，评判直播效果，总结直播经验教训，为后续的直播提供参考。直播复盘总结包括直播数据分析和直播经验总结两部分。直播数据分析主要是利用直播中形成客观数据对直播进行复盘，体现的是直播的客观效果。例如，分析直播间累计观看人数、累计订单量和成交额、人均观看时长等数据。直播经验总结主要是从主观层面对直播过程进行分析与总结，分析的内容包括直播流程设计、团队协作效率、主播现场表现等。直播运营团队通过自我总结、团队讨论等方式，对这些无法通过客观数据表现的内容进行分析，并将其整理成经验手册，为后续开展直播活动提供参考。

10.5.2　直播营销部门的团队架构

一家企业想要规划自己的直播营销部门，需要设置哪些岗位、配置哪些人员呢？企业成立直播营销部门，目的是通过直播来实现企业的品牌营销或商品销售。如果成立直播营销部门的主要目的在于品牌营销，那么直播营销可以被理解为新媒体营销战略的一部分，可以归属于市场营销部门或新媒体营销部门,企业可能并不需要专门招募人才。如果企业成立直播营销部门的目的在于商品销售,就需要配置专业的直播营销团队。专业的直播营销团队需要根据直播营销的流程搭建。目前,比较科学的直播营销流程如下。

(1) 直播前　运营团队需要做好直播账号定位、账号的前期维护及账号用户运营;选品团队需要选择合适的商品及制定促销策略;主播团队需要尽可能熟悉直播中所要销售的商品、策划及撰写直播脚本、设计直播话术等。

(2) 直播中　拍摄团队布置直播间、负责直播内容拍摄;主播团队进行现场直播,负责直播间的用户关注引导、促销活动引导、介绍商品、展示商品、直播间气氛营造、解答用户疑问等。

(3) 直播后　拍摄团队负责保管拍摄设备;运营团队负责统计直播销售数据并开展数据分析;选品团队对接直播商品售后服务等。基于以上直播营销流程,直播营销团队架构如图 10-1 所示。

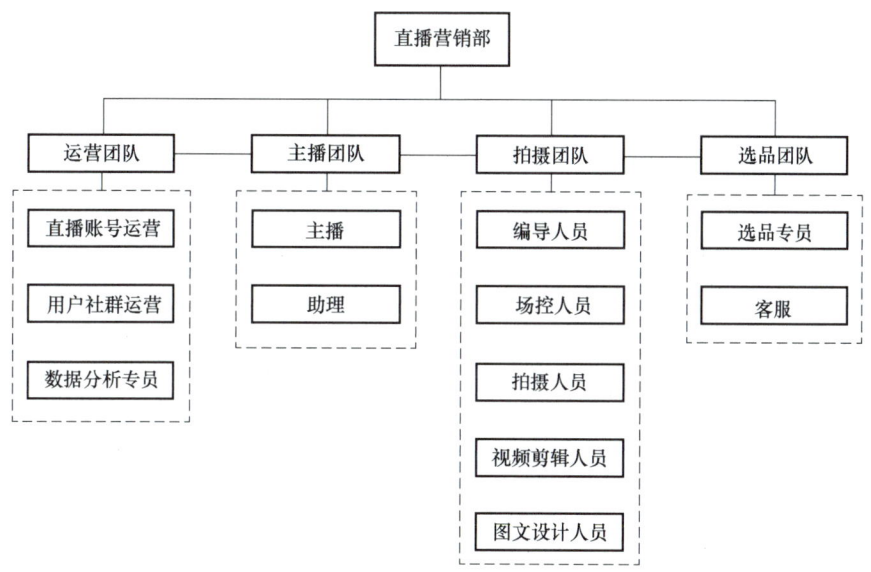

图 10-1　直播营销团队架构

直播营销部门只是企业内一个主要处理直播营销业务的部门,该部门和其他部门之间可以通过合作来实现人员的优化配置。在预算有限的情况下,直播营销部门在搭建的前期,除了主播团队之外,其他的拍摄团队、运营团队及选品团队,可以先借用新媒体部门、电商部门的相关人员。等熟悉了直播营销的商业模式,获得稳定的成长之后,直播营销部门再按需要招募更多专业人员。

> 案例与拓展

天福茗茶微信公众号

天福茗茶微信公众号账号主体是厦门天钰商贸有限挂牌公司,通过此公众号可以查询会员积分和附近门店,并及时掌握活动动态。

2013年8月22日，天福茗茶微信公众号发布第一条推文"一样的月光，不一样的月饼——天福茶月饼"，通过对天福茗茶微信公众号发送的消息进行归纳整理发现，从2014年6月开始，现保持着每月3~4篇推文的频率。内容上大致分为以下三种类型：

1. 关于介绍天福产品的文章

其一，新产品的介绍。例如，2020年12月16日的推文"天福年度压轴好茶——比赛茶上市啦"和2020年10月28日的推文"你认识'喫'吗？限量'喫茶有历'综合礼盒全新上市"等。其二，产品背后的故事。从2020年3月开始推出"一城一茶"话题，至2021年9月，共分享12个不同城市的茶。例如，杭州西湖龙井、苏州洞庭碧螺春、安溪铁观音等，让用户了解各个城市茶背后有趣的故事，每篇推文阅读量平均3万多。其三，产品用法。从2020年3月推出"泡茶指南"话题，至2021年9月，共分享10篇不同茶叶的泡茶方法。例如，绿茶、大红袍、普洱茶、白茶等，每篇推文的阅读量平均2万多。

2. 产品优惠或者活动公告信息

这类文章主要发布活动公告及商品优惠信息。例如，2019年11月1日的推文"天福狂欢节，诚意大回馈"和2019年11月11日的推文"聚焦：天福感恩回馈，今天最后一天"等，通过微信公众号发布相关的优惠活动信息，将用户从线上引流至线下门店，从而达到产品销售的目的。

3. 天福文化类文章

这类文章以"天福茗茶，咱们第二客厅"为主题进行故事创作，以"文字+短视频"的方式在微信公众号进行推送。例如，2021年5月21日的推文"国际茶日，奉上一份中国待客指南"和2021年8月27日的推文"这个中秋，来天福，只见和你有缘的TA"等，这类文章在内容创作上均展示了天然、健康、人情味的天福文化……

（资料来源：陈少燕. 天福茗茶微信公众号内容营销策略研究［J］. 中国市场，2023（8）：130-132.）

讨论题：

1. 请关注"天神茗茶"公众号，对其功能进行概括，并提出建设性意见。
2. 如果让你运营"天福茗茶"的视频号或直播号，你该如何运营？

关键术语与思考题

关键术语

微信营销　公众号　订阅号　服务号　视频号　小程序直播　直播营销

思考题

1. 简述微信营销的优劣势。
2. 简述微信视频号与小程序直播的核心特点。
3. 如何建设运营微信公众号？
4. 如何建设运营微信视频号？
5. 如何建设运营微信小程序直播？
6. 简述微信视频号的流量分发规划。
7. 简述直播营销部门的团队架构。

第11章

新媒体营销

本章要点

- 新媒体营销的概念
- 新媒体营销的常用方法
- 新媒体营销的未来发展

全网络时代的到来，改变了人们的交互模式，也打破了原有的营销生态，新媒体始终是动态的，是持续不断地进化的。技术的发展赋予每个人获取、使用和分发信息的权利。技术越进步、网络越发达，个人在信息生活中的媒体属性就越强。企业利用新媒体开展营销活动不仅简单、方便，而且宣传推广的费用也较低。除此之外，社交媒体在企业危机公关时发挥的作用也已经得到了广泛认可。

11.1 新媒体营销概述

11.1.1 新媒体营销的概念

随着新媒体的出现，用户将原来花在传统媒体的时间逐渐转移到新媒体上，因此新媒体逐渐成为一些企业进行市场投放的首选，新媒体营销也成为当下火热的营销趋势。新媒体营销是利用新媒体平台来进行营销的一种模式。具体来说，新媒体营销是以新媒体平台（抖音、头条、知乎、小红书等）为传播和购买渠道，把相关产品的功能、价值等信息传送到目标受众，以便目标受众形成记忆和喜欢，企业从而实现品牌宣传、产品销售目的的营销活动。

新媒体营销通过在新媒体上发布影响广泛的信息，使人们参与具体的营销活动，在特定产品的概念诉求与问题分析上，对消费者进行有针对性的引导。它借助媒体平台和舆论热点来向消费者传递某种概念、观点和思路，达到企业的商业策略软性渗透，使企业更好地得到品牌的宣传和销售。不同于传统营销的思维方式，新媒体营销的思维方式更具有体验性、沟通性、差异性、创造性和关联性。

近几年，企业在新媒体平台的投入正在逐年增加，摆脱了以往对新媒体"只是企业发布信息的平台"的偏见，越来越多的企业开始在新媒体平台布局，组建新媒体营销部门以加大对新媒体营销的投入。对传统企业而言，尤其是面向大众消费者的企业，新媒体营销正逐渐成为其市场部门的重要工作。在传统企业中，如统一、联想、海尔、中国邮政等，其营销方式正在向新媒体营销延伸，其中不乏转型成功者。在新兴企业中，如三只松鼠、滴滴出行、共享单车等，借助新媒体平台逐渐成为行业翘楚，有大量粉丝在其新媒体营销平台关注其一举一动。新媒体营销正在成为企业市场营销部门工作中的重要一环。

11.1.2　新媒体营销的优势与劣势

1. 新媒体营销的优势

（1）信息公开透明　在新媒体平台上，每一个用户都可以成为活动的策划者和参与者、热门信息的见证者和传播者。这些信息免费，且可以很方便地被搜索到。

（2）丰富的数据信息　通过用户发布的内容、注册资料以及地理位置等信息，可以有效地判断出用户的基本信息、喜好以及购买力。对企业而言，通过平台自身的数据分析工具或第三方数据分析工具，可以更精准地进行产品或品牌的营销推广。

（3）双向互动　新媒体双向互动的特性能够使企业在与用户日常的互动中准确地了解用户需求，并且可以得到及时反馈。

（4）营销成本低　得益于新媒体平台的运营机制，企业可以直接与消费者产生连接。企业的营销活动可以直接影响消费者，甚至让消费者成为营销活动的传播者，通过便利的新媒体分享功能，进行多节点高频次的传播。但营销成本低并不意味着零成本，必要的营销策划投入、广告的投放与物料制作等，仍会产生成本。

（5）传播范围广　依托网络及新媒体各平台的运营机制，信息通过新媒体可以实现跨地域传播。

（6）及时性强　在新媒体平台通过"发送"和"分享"，可以及时高效地把信息传递给用户。

2. 新媒体营销的劣势

作为新型营销手段，新媒体营销存在着一些不足。

（1）严谨性较差　用户对新媒体广告传达产品信息的有效性持较为中立的态度，认为新媒体营销广告或其产品信息的可信度一般。这也说明新媒体的权威性不如传统媒体。

（2）信息发送者数量多　新媒体营销的信息发送者数量多，导致新媒体传递的信息杂而冗余。

11.1.3　新媒体营销的法则

1898年，由美国广告学家刘易斯提出的AIDMA法则沿用至今。AIDMA的含义为：引起注意（Attention）、产生兴趣（Interest）、培养欲望（Desire）、形成记忆（Memory）、促成行动（Action）。

AIDMA法则是指，首先消费者注意到该广告，其次对广告感兴趣从而阅读下去，接着产生想买来试一试的欲望，然后记住该广告的内容，最后产生购买行为。

AIDMA法则很好地反映了传统媒体环境下的营销关系。新闻、娱乐、广告等信息经过编辑后，形成图片、文字、视频等在电视、广播、报纸、杂志上发布，信息接收者甚至无法选择或筛选自己接收到的信息，同时信息接收者并没有及时的、畅通的渠道与信息发布者产生连接。这种一对多、集权式的传播技术，形成了消费者对于营销信息的 AIDMA 反应模式，从而形成了以媒体为核心，以引起注意为首要任务的营销策略。这种策略在对媒体的使用上开始要求内容刺激性强、覆盖传播范围广、多次重复等，通过引起注意来打开消费者消费意愿的大门。

随着互联网行业的发展，尤其是互联网社交媒体服务的出现，传统媒体的 AIDMA 法则便无法满足新型媒体的营销要求。2005 年，国际 4A 广告公司日本电通广告提出 AISAS 营销法则。AISAS 的含义为：引起注意（Attention）、产生兴趣（Interest）、主动搜索（Search）、付诸行动（Action）、口碑分享（Share）。

AISAS 营销法则是指通过引起消费者的注意，使消费者对信息产生兴趣，消费者开始主动搜索产品的其他信息，进而付诸行动、产生购买，并通过网络进行分享。但分享的结束并不意味着营销的结束。消费者的网络分享可以影响其他潜在消费者，引起他们的注意，进而产生兴趣，主动进行搜索甚至购买及再分享。

由于传播环境与生活方式等大环境的变化，大众的消费决策以及消费过程也随之变化，尤其随着电商以及新媒体的发展，人们越来越多地通过电商平台产生消费行为，越来越多地通过社交媒体与网友、远方的朋友及钟爱的品牌发生互动。AISAS 营销法则充分验证了这一环境的变化对消费者行为产生的影响，人们开始在社交媒体上花费越来越多的时间。社交平台逐渐成为互联网上的集市，但人们的时间是有限的，争夺消费者的时间引起消费者注意开始成为营销的重要问题。搜索引擎技术的进步，同样为消费者的决策提供支持。消费者一旦对营销内容产生兴趣，就会主动地通过搜索引擎对关心的内容进行搜索，进而采取行动、产生消费，再通过社交媒体把购买过程或产品体验进行分享。

传统媒体营销与新媒体营销对企业开展营销活动的作用各有千秋，企业对传统媒体营销以及新媒体营销的重视程度没有固定的标准。这需要企业对自身产品及消费者的行为习惯进行调查，以着重发展适合企业自身需要的营销方式。同样，传统媒体的 AIDMA 营销法则与新媒体的 AISAS 营销法则并无优劣之分，两种营销法则是由不同的媒体属性决定的。对企业而言，充分利用好传统营销和新媒体营销的优势，将两种营销方式配合使用，使两种方式相互补充、相互影响，最终达到企业的营销目标才是首要任务。

11.2 新媒体营销的常用方法

11.2.1 事件营销

1. 事件营销的含义

事件营销是指利用新闻的规律，将营销活动制造成具有新闻价值或营销价值的事件，从而引起媒体、社会团体和用户的关注，使营销活动得以广泛传播，进而促成产品或服务销售的过程。好的事件营销可以为产品上新、品牌展示创造机会，也可以快速提升品牌知名度与美誉度。在开展事件营销前，营销人员应掌握事件营销的特点和要素。

事件营销是主要的新媒体营销方式，具有目的性、风险性、多样性、新颖性和效果明显等特点。

（1）目的性　事件营销一般具有一定的目的，如营销产品、宣传活动等。

（2）风险性　媒体的不可控和用户的理解程度不同，会造成评论风向的不同。如果引导不佳，就有可能产生负面影响。

（3）多样性　事件营销具有集新闻效应、广告效应、公共关系、形象传播、用户关系于一体的特征。

（4）新颖性　事件营销展现给用户的往往是用户感兴趣的、能使用户耳目一新的信息。

（5）效果明显　事件营销可以聚集许多用户，且被不同的新媒体平台传播，达到的营销效果较为明显。事件营销能否达到好的效果取决于事件价值的大小，而事件价值的大小由构成事件的要素决定，包括重要性、接近性等。营销人员应尽可能地让事件具备更多的要素，以提升事件营销成功的概率。

（6）重要性　这是指事件的重要程度，其判断标准为事件对社会产生影响的程度。事件的影响越大，事件营销的价值就越大。

（7）接近性　这是指事件与目标用户在心理、利益或地理上越相关，事件营销的价值就越大。事件关联的点越集中，越能引起用户的注意。因此，开展事件营销需要关注用户的特征。

（8）显著性　这是指事件营销中涉及的人物、地点和事件的知名度越高，事件营销的价值也就越大。

（9）趣味性　这是指事件营销中涉及的事件必须能够引起用户的好奇心。人类天生就有好奇心，事件营销如果能够抓住目标用户的好奇心，其成功的可能性就会大大提升。

2. 事件营销的实施

实施事件营销一般需要遵循一定的流程，营销人员可以按照以下流程进行。

（1）确定营销方式　事件营销的方式主要有两种：一种是自主策划事件开展营销，另一种是借助已有的热门事件开展营销。如果是自主策划事件，就要注意挖掘事件的亮点。一般来说，可以从两个方面来挖掘：一是该事件切中用户需求，二是该事件较为新颖（如首次发生）。如果是借助已有的热门事件，要将事件的核心点、用户的关注点与品牌或产品诉求结合起来，才容易得到用户的认可。

（2）选择事件　确定营销方式后，营销人员还要选择合适的事件，常见的事件类型主要有以下几种。

1）新闻事件。这是指对品牌产品或服务有价值、覆盖面广、影响大，由新闻媒体报道的事件。

2）名人事件。这是指品牌利用名人的影响力提升产品的附加值，扩大产品的影响范围的事件，如以某位名人为代言人。

3）热门事件。这是指广受关注的社会事件，如微博热搜上的各类事件。

4）体育事件。这一般是指重大的体育赛事，如世界杯、奥运会等。一些品牌会以赞助或冠名的方式借助体育事件开展营销活动。

5）实事事件。这是指一些突然的、已有苗头特定发生的实际事件，可以是自然事件，也可以是社会事件。

（3）宣传事件　为了提升事件的热度，营销人员还要使用一定的方法宣传事件，如根据事件的进展慢慢"爆料"、借助名人的名气等。

事件营销中应注意，营销要遵守相关法律法规，不仅要将事件与品牌关联，还要注意规避风险。不是所有的事件都适合用来开展事件营销，如敏感事件、负面事件等，营销人员要学会甄别各类事件的性质。除此之外，事件营销不是临时战术，营销人员应将事件短期效应与品牌长期战略结合起来。

11.2.2 跨界营销

1. 跨界营销的含义

跨界营销是指依据用户表现出来的具有联系或者共性的消费特征，将不同偏好、产业、环境的消费群体联系起来，将一些之前没有任何联系的要素进行延伸、融合或渗透，从而彰显出独特的价值观念、审美情趣和生活态度，以此赢得目标消费者的好感，最终实现跨界企业的利润最大化和市场扩大化。跨界营销可以避免孤军作战，通过不同行业品牌的联盟增强协同效应。跨界的本质是将同一个用户的特征以多个品牌、从不同角度加以诠释，让不同行业的品牌在拥有相似消费群体和商品特征的基础上，相互融合、渗透，从而让品牌更具纵深感与立体感。跨界营销，通俗地讲就是通过互联网连接一切的思维理念，对不同产品的广告受众进行连接、分享，从而突破以前的营销手段的局限。

跨界营销并不是两家企业走到一起，做一次联合促销那么简单。它不仅要考虑两个品牌的受众群是否重合度高，还要考虑两个品牌是否属于一个梯队，要"门当户对"，更要考虑两个品牌在内在属性上是否有着一致的理念。

企业理念是企业在持续经营和长期发展过程中，继承企业的优良传统，适应时代要求，由企业家积极倡导，全体员工自觉实践，形成的代表企业信念、激发企业活力、推动企业生产经营的团体精神和行为规范。企业在跨界的时候寻找的合作方要理念一致，因为内在的契合要高于外在的联合。

企业跨界营销的根本目的是希望通过另外一个领域的成功经验，将自己很好地嫁接到一个本不相关的领域，并产生惊喜，但最终，所有营销的跨界都是围绕着一个中心，即让企业的品牌内涵得到更好的传递。

2. 跨界营销的形式

跨界营销有多种形式，企业需要根据自身的特点，选择合适的跨界营销形式。大体来说，跨界营销主要有产品跨界、渠道跨界、传播跨界。

（1）产品跨界　产品跨界应该说已经成为产品颠覆式创新的主要方式，越来越多的企业在进行跨界产品的开发。产品跨界不是两个品牌随意进行合作生产新产品，而是品牌在结合自身产品特性的基础上，基于对用户需求的洞察，合作开发新产品，让用户从不同的视角和场景获得全新的产品体验。例如，早期喜茶与《梦华录》的联名款"紫苏·粉桃饮""梦华茶喜·点茶"都暗含了宋代点茶文化，成了成功的联名营销款。品牌商在进行产品跨界时要注意产品是否能真正触达受众，即目标受众是否能够直接接触到跨界营销的产品，是否能够获得、体验、分享跨界营销打造的产品。

（2）渠道跨界　渠道跨界是指品牌或产品在营销过程中突破原有渠道限制跨越到不同渠道，或者合作双方相互借助对方的渠道优势开展营销推广活动，包括渠道共享、捆绑销售、场所共享和服务体系共享等。企业进行渠道跨界，意味着可以利用更多的方式来推广自己的品牌和产品，同时也意味着用户可以通过更多方式获取所需的产品。例如，咪咕阅读通过与可口可乐、王老吉等快消品合作，用读书券、流量福利等买赠形式，借助合作方的渠道优势扩大了品牌影响力。如今的"渠道"不仅是产品销售的通道，还是立体化、全方位的

"渠道空间"。通过这个空间,企业不仅可以销售产品、推广品牌、传播企业的理念和文化,还可以将自身打造成社会关注的焦点,从而获得用户的关注。

(3)传播跨界　传播跨界是综合性的跨界营销模式,合作双方借助独特的事件营销、体验营销、内容营销等,联合进行活动策划与品牌宣传推广,通过对产品的用户群体进行再定义和重新分类,实现品牌升级与市场扩张。例如,网易云阅读通过将日常生活中常见的碎片场景与合作方的品牌气质结合,重新定义与塑造了用户的阅读情境。在"读享一日"的营销策划活动中,网易云阅读联合九阳、beats、立顿、舒洁等品牌,按时间线将阅读场景划分为早餐时间(嫁接九阳豆浆机的品牌联想)、通勤时间(嫁接 beats 耳机的品牌联想)、下午茶时间(嫁接立顿奶茶的品牌联想)和如厕时间(嫁接舒洁湿厕纸的品牌联想)等移动化情境。

11.2.3　情感营销

1. 情感营销的含义

情感营销是指从用户的情感需求出发,将情感寄托在营销之中,唤起用户的情感需求,激发用户的情感共鸣,建立与用户的情感连接。开展情感营销,可以为品牌营造更好的营销环境,提高用户对品牌的忠诚度。情感营销能够对用户产生激励,让用户产生心理变化,从而加深其对企业的记忆,企业也因此能够占据用户的心里位置。企业将产品或者广告与用户自身的情感相结合,往往能够引发用户共鸣,达到非常不错的营销效果。

无论用户在购买过程中如何试图进行理性决策,都会受到情绪的影响。当用户具有负面情绪时,一般能够根据理性的认知来做决策,但当用户处在正面情绪中时,就会依赖对品牌的情感,根据直觉和想象做出决策。这是由于正面情绪会使用户在选择产品时更加积极,主观上会更加主动且深入地搜索需要的产品的相关信息,容易对产品给出积极的评价,并基于此做出决策。负面情绪则更容易使用户对产品给出悲观、消极的评价,从而更理性地看待产品。因此,企业在制订营销计划时,应该重点关注用户的情绪因素,分析用户的情绪状态,并对此进行相应的引导,努力营造能使用户产生积极情绪的氛围。

2. 情感营销的实施

(1)关注情绪内容与传播媒介　最基本的情绪一共有四种:快乐、悲伤、恐惧和愤怒。除此之外,还有一些能够被感知并拥有专属名称的情绪,例如羡慕、焦虑等。每种情绪都对用户有不同的唤醒作用,都会激发用户做出不同的消费决策。

在有效识别用户的不同情绪以及鉴定用户如何被情绪影响后,企业应关注用户的情绪,利用不同的传播媒介将情绪对用户的影响放大。企业在与用户进行情感交互时基本上会有两种导向:一种导向是促使用户向往积极的情绪,即高兴的情绪;另一种导向是帮助用户回避那些消极的情绪,即悲伤、愤怒、恐惧的情绪。

在第一种导向中,企业可以将自己的品牌和一些让用户感到愉快的、积极正面的事情结合起来。时间久了,用户就会对此形成思维惯性,从而将正面情绪转移到品牌上来,这就是情感调节的作用。企业带给用户积极向上的情绪,有利于用户形成对品牌的偏好。每日优鲜的广告就是将自己"好好吃饭,用心生活"的广告语和一些新鲜食材摆在一起,唤起用户愉快、积极的情绪。

在第二种导向中,企业可以唤起用户的消极情绪,使用户产生回避该产品的倾向。例如，新零售生鲜品牌就可以通过描述用户无法获取新鲜便利食材的场景，让用户对此产生消极情绪，同时为用户指明道路，表明"如果想要获取新鲜便利的食材，我们品牌可以为您提供优质服务"，从而使用户产生购买欲。

此外，还有很多情绪不能被归类在积极情绪和消极情绪里。例如，木槿生活宣传的是一种时尚、纯净、自然的生活态度和理念，广告语是"生活，从木槿开始"。这迎合了用户对这种生活方式的向往情绪。

（2）实现情感交互　成功的情感交互通常分为三步：第一步是挖掘和发现用户的情绪；第二步是对用户的情绪进行总结和梳理；第三步就是引爆情绪点、点燃用户的情绪之火。

那么，企业应该如何针对不同的情绪和不同的产品类别，做好情感交互、引燃用户的情绪之火呢？以下几点值得注意和学习。

1）找到相关的情绪发力点。找到相关的情绪发力点，即找到当前用户的痛点，并以此为核心发力。这个痛点应该符合当前市场上大多数用户的情绪需求，并与现状形成反差，从而刺激用户的情绪。

2）产品和情绪紧密结合。在找到了一个很好的情绪切入点之后，企业就要想办法将产品和这种情绪结合起来，这并不是一件很容易的事。因此，企业在寻找情绪切入点的时候，就应当选择和产品有关联的情绪，例如，迪士尼的快乐梦幻情绪等。

3）成为情绪的代言人。让产品成为情绪的代言人，即让用户一产生这种情绪就能想到产品，使产品成为在用户心中印象深刻的存在。2019年4月初，微博账号"士力架中国"在微博发布短视频，通过"廖战百日，拼搏一时""努力""奋斗""加油""十年寒窗，一朝成名"等标语和"动词代词""奇变偶不变"等知识点，唤醒用户关于备战高考的记忆，将用户拉回到那个上着课就饿了、做着题就想吃饭的情景中，再以"一饿就走神，饿货，来条士力架"解决饥饿问题。在短视频的最后，士力架以"横扫饥饿，备考真来劲"作为结尾，点出新品士力架的卖点"学生备战高考必备防饿食品"。到同年4月底，新品士力架销售量成功超过7亿元，其话题"士力架促学法宝"阅读量也高达上百万次。此次士力架通过新媒体的情感营销，唤醒了用户对高考的记忆，以备考时常见的标语、重要知识点等，使用户产生共鸣，再推出新品士力架，为目标市场奠定良好的基础。除此之外，士力架还通过关于"备考应劳逸结合还是努力学习"的讨论，调动了陪读家长的情绪，从备考学生和陪读家长两个方面进行营销。

4）让情绪更加具体。情绪点不能太大、太空泛，要结合情景。企业需要总结提炼出新时代用户的情绪特征，这也是情感交互里最关键的步骤。

企业在进行应用情感交互时，一定要换位思考，用自己的思路考察、挖掘用户的情绪和心理，并对此进行加工、总结和引爆。同时还要重视用户的情绪和体验，用真诚的情感关怀用户，绝不能欺骗用户，否则不仅会使用户感到不满，更可能将自身形象拉入被用户排斥的深渊。在泛娱乐时代智慧营销的背景下，企业更需要严格注意这一点。

11.2.4　内容营销

1. 内容营销的含义

内容营销就是用设计好的内容去承载品牌和产品信息，然后输出给消费者，影响他们对品牌的认知，获得好感，进而实现销售目标。相对于传统的营销广告，种草内容往往与人们的生活和工作相关，能够代表某种生活方式甚至人生态度，更容易引起消费者的关注。同时，企业将产品和服务与特定的内容结合起来，可以让消费者更快、更准确地在庞杂的信息中快速定位自己喜欢的品牌。在此基础上，企业通过和各个领域的关键意见领袖（Key Opinion Leader，KOL）、终端消费者（Key Opinion Customer，KOC）合作发布"种草"内容，可以借助 KOL 和 KOC 在某些领域的专业性、权威性，快速打动消费者，形成消费转化。内容营销的本质是讲故事，通过讲述、聆听和互动来传播品牌的故事与理念。这句话非常重要，就像一个好的故事讲述者，不仅要会讲，还要观察和聆听观众的反应，并给予及时的回应，这正是对内容营销从业者的要求。

从新媒体传播的角度而言，企业通过内容营销更容易控制自己的品牌传播，而不需要完全依赖媒体；内容营销也具备更精准的匹配性，因为潜在消费者被企业的相关内容吸引而来。同时，内容的传播效果也不会像传统广告的传播那样受到节目时间（或报刊版面）的限制；很少有消费者会主动搜寻回放广告，但有价值的内容具有常青的生命力，可能会源源不断地吸引消费者。

2. 内容营销的实施

（1）内容营销模式的选择　在内容生产领域，主要有以下几种模式：品牌生产内容（Brand Generated Content，BGC）是品牌创造内容的经营模式，品牌方为消费者提供产品、品牌相关信息的内容。通常，企业会用品牌官方诉说彰显品牌的专业性，获取消费者的信任。用户生产内容（User-Generated Content，UGC）是指用户原创内容的经营模式，任何用户均可制作原生内容产品，这种模式内容制作成本低，内容质量参差不齐；专业生产内容（Professionally-Generated Content，PGC）依托专业制作团队和专业平台进行内容生产与组建运营机构，这种模式内容版权成本高，内容质量高，用户留存率高；专业用户生产内容（Professional User-Generated Content，PUGC）同时具有用户原创和专业制作两个特点，这种模式内容广度提高，精品化制作，规避了版权问题，用户的参与度也比较高。

（2）内容营销运营的过程

1）内容生产。新媒体运营的内容生产问题包括谁在生产内容？他们对付出和收益满意吗？这种生产机制是不是可持续的？等等。内容生产是内容运营的基础，通过网络编辑合法合规地搭建内容生产体系，才是具有持久发展可能性的内容生产方式。

2）内容管理。内容管理是指构建完善的内容管理系统后台，包括内容库存是否管理有序，能否快速地把所有内容分门别类，是否能够为后续的内容推荐提供充分的支撑，等等。网络编辑可以搜集海量的以各种方式生产的内容，然后需要像库存管理一样，利用良好的结构把这些内容保存起来，在进行内容编辑时能够迅速搜索到并可以使用。

3）内容推荐。面对众多的平台和海量的内容，用户不想也没有太多的时间花费在搜索内容上，所以内容运营的最后一道程序就是内容推荐，即以不同的方式向用户推荐各种内容，包含热点推荐、编辑推荐和个性化推荐。

（3）内容营销的适用范围　内容营销有适用的范围，它不可能是解决企业所有营销问题的万应灵药。

首先，从某种角度而言，传统广告的简单粗暴有时可能有其效果——企业只要肯花钱，至少可以达到一定的市场覆盖率。但内容营销需要通过有价值的内容来沉着地"拉"消费者，讲究的是慢工出细活，润物细无声。一般需要相对比较长时间的积累，方能吸引足够的消费者关注，品牌一夜蹿红的可能性不大。

其次，内容营销是一个技巧含量比较高的新营销工具。从业人员需要有较强的市场敏锐性，以及娴熟的内容营销技巧。即便这样，创作的内容也不一定正好能摸准消费者的兴趣点，往往需要不断地尝试，才能找到有效的内容策略。

因此，如果企业刚开始进行内容营销，由于经验不足，不要期待它单枪匹马就能带来立竿见影的市场反应和效果。企业应该考虑综合使用其他营销手段，如传统广告、销售推广、打折促销、线下活动等，来配合内容营销。这样才能使不同营销工具形成合力，让内容营销更快出彩，显著提升企业的总体营销战略。

11.3 新媒体营销的未来发展

随着时代的发展，广告受众接触的媒体逐渐多元化，时间和注意力逐渐碎片化。硬广告逐渐不适应新时代的发展。广告受众对软广告的容忍度和接受度较高。在未来的发展中，新媒体营销的上升空间巨大，是广告主实现营销目的的营销模式之一。在资金充足的情况下，可以将新媒体营销和线下营销相结合，形成立体式营销。

从 2020 年 3 月 1 日起，国家互联网信息办公室发布的《网络信息内容生态治理规定》正式施行。对新媒体营销的内容、标题、网络用语、隐私保护、转载和授权等都有明确的规定。例如，不得使用"网曝""网传"等不确定性词汇，确保标题客观、准确地表达新闻事实。不得使用夸张标题，造成内容与标题严重不符的情况。在新媒体营销当中，要时刻注意政策的变化，及时对营销的细节进行调整。

从内容上来讲，新媒体营销的内容应该从知识性、娱乐性和可信度等角度出发，增添内容的可读性。同种类型的广告，用户更倾向选择知识传递多、信息传递全面的广告。例如，短视频让更多人参与到知识的生产中，并且让知识可以触达更多的人。有了优质内容，才能够形成受众在新媒体中的多次分发。在这里，优质内容的定义是多方面的，要根据传播的目的而定。如果要在高净值人群中传播，那么需要高端的财经、理财、知识性、观点性内容；如果要在家庭主妇中传播，那么需要衣、食、住、行等相关内容；如果要在老年人群中传播，那么需要养生、保健方面的内容。具体对品牌而言，需要根据自身品牌的定位来进行优质内容的选择。

娱乐性是指广告能带给用户的轻松、愉悦感的能力。用户使用各类平台和 App 的目的很大程度上是社交和娱乐，因此考虑到广告的内容原生，新媒体的广告可以考虑娱乐性。一个能带给用户娱乐感的广告，会促使用户主动地对广告进行传播。娱乐性可以从语言诙谐幽默或者剧情生动有趣角度来体现。娱乐性与刺激性息息相关，一个具有娱乐性的广告，通常能在繁杂的信息中脱颖而出，吸引用户的注意力。

可信度是新媒体营销要克服的短板之一。新媒体营销广告在传递产品信息、提升广告可信度上仍需继续改善。在未来的发展当中，新媒体营销应保证广告内容的真实性，提高广告信息的真实性。也就是说，未来新媒体营销的发展方向之一是如何在保证广告真实性的基础上进行内容的深耕创作。新媒体工作者应杜绝转载、抄袭等行为，专注于高质量原创内容的创作，增强社会责任感，以此寻找新流量。

从技术上来讲，新媒体营销要利用虚拟现实（virtual reality，VR）技术、增强现实（Augmented Reality，AR）技术及二维码技术实现向场景化、体验化升级转变。VR 技术是一种利用计算机技术模拟生成三维空间虚拟环境，并为用户提供多种逼真的感官体验（包括视觉、听觉、触觉等）的真实感模拟技术。AR 技术是一种实时地将虚拟信息与真实世界巧妙融合的技术。这两种技术与二维码技术配合使用使得企业有了广阔的展示空间，也给消费者提供了沉浸式的、交互式的全新体验。例如，沃尔沃汽车只需要一套 VR 设备和游戏，就可以构建一个虚拟 4S 店。可口可乐用一辆装备着 VR 设备的卡车，就可以把完美的圣诞体验带给消费者。2022 年，元宇宙技术中的虚拟社区、数字孪生概念横空出世，它是对营销场景的又一次创新。元宇宙的一线曙光已经照射在营销从业者的沙丘上，让大家可以远眺它模糊而巨大的身影。很多企业纷纷布局元宇宙领域，例如，Nike 在 Roblox 平台上建立了"Nike 乐园"，作为永久的元宇宙品牌社区。在这个虚拟社区中，Nike 为用户的数字替身提供了虚拟的服装和运动设备。2022 年 2 月，在 NBA 全明星赛举办期间，Nike 邀请了 NBA 运动员勒布朗·詹姆斯走进 Nike 乐园，直接与球迷互动，并激励玩家在篮球场上一起参加篮球竞技。

> **案例与拓展**

"元宇宙+"营销，新媒体营销场景面面观

元宇宙是一个平行于现实世界且又独立于现实世界的虚拟世界，是新一代全真互联网，即线上与线下一体化，物理实体与数字虚拟相融合，这才是元宇宙的价值所在。元宇宙增加了互联网的空间维度，赋予用户沉浸式、交互式与多维度的感官体验。

对品牌商而言，元宇宙的价值不仅在于增加营销机会，还可以打造基于数据可视化的"透明公司"，增加服务用户的确定性，并通过开放数据生态，使产业价值网节点上的合作伙伴实现数据共享、协同发展。从数字化角度来看，不用说中小微企业，就连大型及大中型企业的数字化转型也是更是刚起步，基于产业价值网或价值链的链式数字化转型更是刚崭露头角。

元宇宙平台终归要建立品牌营销生态，通过元宇宙电商或元宇宙广告获利。例如，印度电商巨头 Flipkart 与 Meta、Polygon 合作，在排灯节期间推出元宇宙产品 Flipverse，消费者可以通过手机或计算机实现元宇宙购物。

用户可以通过元宇宙平台自定义个人虚拟形象，如百度希壤、腾讯主打灵魂社交平台 Soul。用户在元宇宙世界拥有自己的人设和身份，可在线上助力品牌举行虚拟发布会、品牌秀等活动。2021 年 5 月 20 日，虚拟偶像 AYAYI 第一次在小红书亮相，与广大用户见面。其一经亮相便在小红书上掀起了一股讨论热潮。通过建立品牌虚拟代言人与虚拟用户的类人际关系，丰富用户对品牌的感知。

通过元宇宙平台，品牌与用户在社区中生产内容并形成交互，建立情感联系与社交关系，为品牌积累用户资产。例如，在欧莱雅元宇宙展内，用户可以自定义自己的虚拟角色，通过鼠标或键盘来控制虚拟角色在展厅内自由走动，沉浸式体验产品，查看产品的详细介绍，并可以在展厅内发起同屏视频和音频互动沟通、会邀洽谈、VR 带看等，促进合作。又如腾讯音乐旗下虚拟社交平台 TMELAND 为可口可乐品牌搭建了"粉丝节元宇宙宠粉街区"，用户打开 TMELAND 微信小程序，便可以一键"魂穿"元宇宙，空降"元宇宙宠粉街区",可一次性满足用户游戏、社交、娱乐等多元化需求。

在泛营销时代,用户已经对传统营销方式"脱敏",更喜欢追求新鲜、独特的体验。在此背景下,许多品牌寻求突破,将目光投向新场景。"元宇宙+营销"尚处于早期探索阶段。元宇宙营销生态并未真正形成,但其终是新媒体发展的又一片蓝海,品牌可选择单一场景或复合多场景,开展有限营销。

(资料来源:贾昌荣. 元宇宙:未来品牌营销新场景[J]. 销售与市场,2022(24):57-62.)

讨论题:

1. 元宇宙技术在营销中的主要作用是什么?
2. 你还能想出哪些元宇宙应用场景?

关键术语与思考题

关键术语

新媒体营销　AIDMA法则　AISAS法则　事件营销　跨界营销　情感营销　KOL　KOC　内容营销　BGC　UGC　PGC　PUGC　VR　AR　元宇宙

思考题

1. 简述新媒体营销的优势与劣势。
2. 如何实施事件营销?
3. 简述跨界营销的形式。
4. 如何实施情感营销?
5. 如何实施内容营销?
6. 请选择一个企业或产品,对其进行多媒体营销策划。

第12章

大数据营销

本章要点

- 大数据营销的含义
- 营销数据管理平台
- 大数据营销的主要处理流程
- 大数据营销的应用场景

"大数据"时代,在网络营销领域,拥有客户数据库等大数据资源或许不再是一个竞争优势,但没有绝对是一个竞争劣势。数据共享、存储与分析技术的日渐成熟,企业会发现"数据"已经成为重要的企业核心资源,通过资源整合与数据分析可以实现全新的营销模式,在大幅度降低营销成本的同时还带来了更好的营销结果。

12.1 大数据营销概述

12.1.1 大数据的定义

所谓大数据,狭义上是指用现有的一般技术难以管理的大量数据的集合。对大量数据进行分析,并从中获得有用观点,这种做法在一部分研究机构和大企业中早就存在了。与过去相比,现在的大数据主要有三点不同:①随着社交媒体和传感器网络的发展,人们身边产生了大量且多样的数据;②随着硬件和软件技术的发展,数据的存储处理成本大幅下降;③随着云计算的兴起,大数据的存储、处理环境已经没有必要自行搭建了。

研究机构高德纳(Gartner)对大数据给出了这样的定义:"大数据"是需要新处理模式才能具有更强的决策力、洞察发现力和流程优化能力的海量、高增长率和多样化的信息资产。

从字面来看,"大数据"这个词可能会让人觉得只是容量非常大的数据集合而已。但容量只不过是大数据特征的一个方面,如果只拘泥于数据量,就无法深入理解当前围绕大数据所进行的讨论,因为"用现有的一般技术难以管理"这样的情况,并不仅仅是由于数据量大增这一因素所造成的。IBM公司说:"可以用三个特征相结合来定义大数据:数量(Volume)或称容量、种类,或称多样性(Variety)和速度(Velocity),或者就是简单的3V,即庞大容量、种类丰富和极快速度的数据。"

1. 数量

如今，存储的数据数量正在急剧增长中。人们存储所有事物，包括环境数据、财务数据、医疗数据、监控数据等有关数据量的对话已从 TB 级别升级为 PB 级别，并且不可避免地升级为 ZB 级别。但是随着可供企业使用的数据量不断增长，可处理、理解和分析的数据的比例却不断下降。

2. 种类丰富

种类是指所有的数据类型。爆发式增长的一些数据，如互联网上的文本数据、位置信息、传感器数据、视频等，用企业中主要的关系型数据库是很难存储的，它们都属于非结构化数据。当然在这些数据中有一些是过去就一直存在并保存下来的。和过去不同的是除了存储，还需要对这些大数据进行分析，并从中获得有用的信息，如监控摄像机中的视频数据。近年来，超市、便利店等零售企业几乎都配备了监控摄像机，最初的目的是防范盗窃，但现在也出现了使用监控摄像机的视频数据来分析顾客购买行为的案例。例如，美国高级文件制造商万宝龙过去是凭经验和直觉来决定商品陈列布局的，现在尝试利用监控摄像头对顾客在店内的行为进行分析。通过分析监控摄像机的数据，将最想卖出去的商品移动到最容易吸引顾客目光的位置，使得销售额提高了 20%。美国移动运营商 T-mobile 也在全美 1000 家店中安装了带视频分析功能的监控摄像机，可以统计来店人数，还可以追踪顾客在店内的行动路线、在展台停留的时间，甚至试用了哪一款手机，试用了多长时间等，对顾客在店内的购买行为进行分析。

3. 速度

数据产生和更新的频率也是衡量大数据的一个重要特征。就像人们收集和存储的数据量与种类发生了变化一样，生成和处理数据的速度也在变化。不要将速度的概念限定为与数据存储相关的增长速率，应动态地将此定义为应用数据，即数据流动的速度。有效处理大数据需要在数据变化的过程中对它的数量和种类进行分析，而不只是在它静止后进行分析。例如，遍布全国的便利店在 24h 内产生的 POS 机数据、电商网站中由用户访问所产生的网站点击数据、高峰时达到每秒近万条的微信短文、全国公路上安装的交通探测传感器和路面状况传感器，每天都在产生庞大的数据。

IBM 在 3V 的基础上又归纳总结了第四个 V——真实和准确（Veracity）。"只有真实而准确的数据，才能让对数据的管控和治理真正有意义。随着社交数据、企业内容、交易与应用数据等新数据源的兴起，传统数据源的局限性被打破，企业愈发需要有效的信息治理，以确保其真实性和安全性。"

大数据是一个跨多个信息技术领域的活动。大数据技术描述了新一代技术和架构，其被设计用于：通过使用高速（Velocity）的采集、发现或分析，从超大容量（Volume）的多样（Variety）数据中经济地提取价值（Value）。

这个定义除了揭示大数据传统的 3V 基本特征，即数量（Volume）、多样性（Variety）和速度（Velocity），还增添了一个新特征：价值（Value）。

它提供了更有用的信息吗？
它改进了信息的精确性吗？
它改进了响应的及时性吗？

总之，大数据是个动态的定义，不同行业根据其应用的不同有着不同的理解，其衡量标准也在随着技术的进步而改变。

12.1.2　大数据营销的概念

大数据营销也被称为数据驱动营销，就是利用大数据技术从具有低价值密度的海量数据集合中深度挖掘、准确分析，进而获得巨大的商业价值。具体来说，就是在市场营销领域利用大数据技术对可用的、不断增长的、不断变化的、不同来源的、多种形式的海量数据进行收集、分析和执行，以鼓励用户参与、提高营销效果和衡量内部责任的过程。大数据营销凭借其"精准"和"可定制"的特点，有效保证了企业营销的效率和效果。

在互联网与未来的移动互联网主导下的数字营销时代，企业可以用前所未有的速度收集用户的海量行为数据。企业在大数据的基础上分析、洞察和预测消费者的偏好，并据此为消费者提供能满足他们需求的产品、信息和服务，以及传递准确的广告信息给他们。

数据价值不可估量是大数据营销与传统营销的本质区别。大数据营销是通过一串看似没有关联的数据去透析现象的本质，以此来还原对象，掌握对象运作的规律，了解对象潜移默化形成的信息。

12.1.3　大数据营销的特点

大数据营销具有以下特点。

1. 多样化、多平台化的数据采集

多样化、多平台化的数据采集，能使对网民行为的刻画更加全面而准确。多平台采集可包含互联网、移动互联网、广电网、智能电视以及户外智能屏等数据。

2. 强调时效性

在网络时代，网民的消费行为和购买方式极易在较短的时间内发生变化。因此，在网民需求点最高时及时进行营销非常重要。知名的大数据营销企业 AdTime 首先提出了时间营销策略，即通过相应的技术手段充分挖掘并分析用户需求的变化，并及时响应每位用户当前的产品需求，让用户在有购买产品意向的第一时间就看到本企业推荐相应产品的广告。

3. 个性化营销

在网络时代，广告主的营销理念已从"媒体导向"向"受众导向"转变。现在广告主完全以受众为导向进行广告营销，因为大数据技术可让他们知晓目标受众身处何方，关注着什么位置的什么屏幕。大数据技术可以做到当不同用户关注同一媒体的相同界面时，广告内容不同。大数据营销实现了对网民的个性化营销。

4. 性价比高

和传统广告"一半的广告费被浪费掉"相比，大数据营销最大限度地让广告主的投放做到有的放矢，并且根据实时性的效果反馈，及时对投放策略进行调整。

5. 关联性

大数据营销的一个重要特点在于网民关注的广告与广告之间的关联性。由于大数据在采集过程中可快速得知目标受众关注的内容，以及可知晓网民身在何处，而这些有价值的信息可让广告的投放过程产生前所未有的关联性，实现网民所看到的上一条广告与下一条广告进行深度互动。

12.2 营销数据管理平台

12.2.1 数据管理平台的含义

数据管理平台（Data Management Platform，DMP）是把分散的多方数据整合并纳入统一的技术平台，通过对这些数据进行标准化和细分，让企业可以把得到的结果推向现有的互动营销环境以激活运用的平台。

DMP 是一个中央系统，它存储和管理受众与营销活动的数据。对营销人员来说，DMP 可以提供一个统一的事实数据来源，支撑网络营销业务运营平台，让它们能在数据层面对受众有统一的全局性认识。

一个好的 DMP 能够自定义细分人群，并实现相似性扩展（Look-alike）建模，通过相似性扩展模型，可将具有相似属性的用户划分在一起。这样可扩大细分人群的规模，扩大对潜在用户的营销覆盖。根据这些细分的数据，可针对不同受众投放个性化广告，以及在网站或 App 中提供个性化服务。DMP 是营销技术栈中极少数真正连接运营和广告功能的重要组件之一。

DMP 可支撑非常强大的业务运用，持续促进业务增长。例如，常见的针对私域用户进行再营销这个重要场景，DMP 可帮助企业通过数据对私域用户进行再触达，以维系与用户之间的良好关系，而不是不断通过外部数据或在媒体处挖掘新的用户。相对而言，获取新用户的成本远高于促进老用户复购的成本。这也是企业有效应对互联网用户红利消失、增长乏力的必选手段。

建立一个全面服务化架构的数据管理平台，依靠平台能力为各个前端输出统一的管理能力，帮助企业实现业务数据化、数据业务化，赋能企业网络化、全域化营销，将会成为传统大型企业全面数字化转型的最佳解决方案，甚至成为未来数字营销的主导方案。

12.2.2 数据管理平台的分类

按数据管理平台（DMP）归属主体的不同，可以把 DMP 分为第一方 DMP、第二方 DMP、第三方 DMP，每一方 DMP 的属性和作用因使用场景的不同也有所区别。

1. 第一方 DMP

很多企业在积累了自己的用户数据后，纷纷开始着手建立第一方 DMP。这样一方面可以为后续形成自己的营销闭环打下基础，另一方面可以让品牌主的营销基于数据分析和定量优化实现营销智能化。

第一方 DMP 主要的数据源为企业营销中回收的数据以及后端的转化效果数据（包括互动、购买等行为）。从数据量级上看，由于营销的转化漏斗是呈数量级递减的，因此第一方 DMP 积累的广告投放数据占绝大多数，其次是企业第一方在社交触点上的行为数据，线下和线上购买数据通常比较少（线下购买数据归渠道方所有，线上购买数据则归第三方电商平台所有，获取也有一定的难度）。但是，线上和线下购买数据对于打通营销闭环和分析核心购买客群的特征非常重要，所以企业在建设第一方 DMP 的过程中，也非常重视对这部分数据的利用。对于用户洞察，完全基于第一方 DMP 积累的数据是不够的，因为这些数据只能反映用户的部分特征，因此还需要借助一些第三方数据的支持，以此来实现用户 360°画像。

2. 第二方 DMP

第二方 DMP 是指需求方平台提供的 DMP 服务。对没有自有 DMP 的广告主来说，如果想在广告投放过程中通过运用数据实现精准投放，则可以利用媒体提供的 DMP 服务。例如，在进行搜索引擎营销时，直接利用百度提供的人群标签，选择自己的目标人群进行营销。

第二方 DMP 的主要优势是应用方便，覆盖的人群数量通常也比较大（可认为与媒体的活跃人群数量相等），其主要限制体现在以下三个方面。

1）封闭性，各媒体和需求方平台的标签只能在平台内部使用，不能跨平台使用。

2）各个媒体和 DSP 的标签构建逻辑各有差异，在某平台效果比较好的标签在其他平台可能效果不好，此时需要应用另外一套标签选择逻辑。因此，品牌方需要有对不同媒体标签效果比较熟悉的人员，按不同媒体的特点进行数字营销目标人群的选择和优化。各个平台之间无法共享人群选择的经验。如果一个企业有 N 个品牌，要同时投放 M 个平台，则大致上就有 $M \times N$ 种人群优化逻辑，复杂度很高。

3）由于这些平台对数据分析结果的输出都有一定的限制，因此知识沉淀和共享的难度也很高，这对人的依赖性过大，可能会带来一定的风险。

3. 第三方 DMP

第三方 DMP 往往由专门的数据公司构建，它们在营销过程中输出数据能力，为品牌主更精准地定位目标人群、更全面地洞察消费者提供帮助。数据类第三方平台也会直接和媒体平台合作，提供第三方 DMP 服务，并将其应用在精准广告投放中。因此，企业在广告投放定向时，可以串联多家第三方 DMP，以获取更大范围的数据。第三方 DMP 往往是对企业第一方 DMP 的有益补充。

在应用第三方 DMP 的过程中也要注意以下两点。

1）各个第三方 DMP 由于自身数据源和加工逻辑不同，即使是相同的标签，其背后的含义往往也是不同的，因此，如果企业需要应用第三方 DMP，一定要了解清楚其数据采集逻辑、数据质量情况、与自有数据的匹配率等，并在通过小规模的匹配度测试和实际的线上投放测试之后，再决定是否与该第三方 DMP 进行长期合作。

2）如果需要与多家第三方 DMP 合作，需要做多家 DMP 之间的重合度测试和标签互补性、相关性测试。因为第三方 DMP 通常是按照数据使用量来收取费用的，如果选择了数据重合度高、相关性高的多家 DMP 合作，一方面会增加整个流程的复杂度和成本，另一方面对最终效果的提升帮助也不大，从而降低了性价比。

越来越多的企业开始搭建第一方 DMP 的原因是第二方 DMP 和第三方 DMP 在应用过程中存在若干限制。因此，本书主要以第一方 DMP 为视角为大家介绍相关的内容。

虽然搭建第一方 DMP 是一个难度很高、需要长期投入的项目，但是很多企业已经通过自身的实践积累了很多经验和教训，这些可以为后来者提高项目成功率和缩短项目建设周期提供帮助。

12.3 大数据营销的主要处理流程

12.3.1 数据 ETL

数据 ETL 指的是数据的提取、转换和加载，过去较常用在数据仓库领域，但并不限于数据仓库。通常情况下,在分析系统中,ETL 的实现会花掉整个系统至少 30%的时间。ETL 设计得好坏直接关系到系统的成败。ETL 的设计在 DMP 项目启动后的用户调研阶段就要开始。

1. 数据源采集

数据源采集是后续所有工作的基础。数据源梳理工作的内容包括:了解业务应用场景和流程、了解可利用的数据源、数据采集技术确定。只有完成上述三个方面的工作,才能对后续的 ETL 过程进行合理设计。

(1) 了解业务应用场景和流程　业务应用场景和流程需要根据目前 DMP 业务构建的阶段目标要完成的应用来确定,即根据上层业务应用所需,设计要采集的数据和数据的加工处理方式,也就是以终为始。所以不是一开始就把能够采集到的所有数据都纳入 DMP。

DMP 要实现的业务场景与企业目前的业务发展阶段和发展目标是息息相关的。通常用户所处行业不同,业务场景相差也很大。例如,快消行业(低客单价、高频)的 DMP 通常更侧重于营销分析和应用场景优化;零售及其细分行业(美妆、母婴、服装等,中客单价、中频)通常需要进行垂直细分人群的深入分析和管理,甚至可能做产品和用户的关联分析、销售预测分析等;地产和汽车等高客单价、低频行业,比较关注销售线索的评估和转化,并根据后端转化指导营销闭环的迭代优化;金融行业,由于自身数字化触点的建设比较完善,往往希望 DMP 能够更精准地将用户从公域引流到企业私域内,后续在企业内部进行持续运营。

无论是上述哪种业务场景,明确了业务目标和阶段任务后,都可以对后续搭建 DMP 时需要重点关注哪些数据有初步判断。

(2) 了解可利用的数据源　这里所说的数据源包含第一方、第二方和第三方的数据源。该阶段主要判断各数据源对接的难度,包含判断是否可对接,以及评估对接的费用成本和时间成本等。例如,企业建设第一方 DMP 时发现,因为受内部数据管控的限制,有时候很难对接,这时候就需要用一些第二方或第三方的数据源进行替代,满足上层业务的需要。对于一些第二方数据源,不同的媒体政策差异很大,需要针对不同的媒体类型在谈判时区别对待,以实现直接对接,通过第三方监测回传或通过其他方式变相满足业务需求。在判断出各数据源的可对接性后,还要评估对接周期和所要付出的费用成本,最终给出针对某个应用场景的全面数据源对接计划。

(3) 数据采集技术确定　DMP 可以纳入的数据源种类非常丰富,对不同的异构数据源,DMP 都需要具备相应的数据采集能力。这些能力包括但不限于如下各项。

1) JS 监测代码采集。一般来说,对于媒体数据(曝光、点击相关数据)、落地页面(各转化点)和官网数据(访问、各转化点)可以采用添加 JS 监测代码的方式采集。JS 代码就是用 JavaScript 编写的脚本文件的代码,用单独文件保存,扩展名为.js。通过在需要回传数据处埋置一小段 JavaScript 代码,可以让相应的用户数据实时传送到 DMP。

2) 开放 API 接口采集。当 DMP 需要从其他平台采集数据时,一种常用的方式是调用开放的 API 接口。API 接口采集数据的主要优点:①全自动系统采集,没有人为参与环节,可靠性高;②接口适用的场景非常丰富,如实时、准实时、定期采集,流式、批量采集,全量、增量采集等场景都可以支持。由此可见,API 接口采集方式的适用性非常强,故被越来越多的企业采用。

3) 离线文件上传接口采集。DMP 还需要具备文件离线上传功能。一般来说，离线上传的通常是广告主通过线下活动等采集的用户数据，平台需要提供接口将这部分数据纳入 DMP 统一管理。

4) 其他采集方式。有时根据 DMP 规划功能的不同，还会产生其他的数据采集方式。例如，如果广告主比较关注市场营销活动的社交舆情，那么可以在 DMP 规划中加入爬虫采集技术，将消费者针对企业营销产生的行为信息定期爬取回来进行分析，以指导市场策略。

总之，数据源采集是整个数据工程项目的基石，基石不牢，后续的大厦就不稳。企业应先把这项工作做扎实，再推进后续工作，不要因为追求项目进度为后续的平台应用带来问题。

2. 数据清洗

数据清洗的任务是过滤掉那些不符合要求的数据，可以直接过滤掉，也可以将过滤的结果在上层展现，由业务部门确认是直接过滤掉还是由数据源修正之后再进行抽取。例如，有些用户，平均每天有数万次浏览，但是从来没有购买过任何产品，这很可能是机器用户爬取数据留下的痕迹，这些数据如果混入真实点击购买数据中，就会成为干扰算法的噪声，降低预测的精确性。

数据清洗过程中处理的不符合要求的数据主要有不完整的数据、错误的数据和重复的数据三大类。

(1) 不完整的数据　这是指某类业务数据不完整。例如，在用户购买分析中，发现有的用户没有产品购买记录，有的用户虽有购买记录但找不到对应的用户信息。这一类数据需要过滤出来并展现给业务人员，数据源需要在规定的时间内补全。补全后才能写入 DMP。

(2) 错误的数据　产生错误数据的原因主要是数据源系统本身的数据质量控制机制不够健全，在数据输入后没有进行判断就直接写入系统，如数值数据错为全角字符、字符串数据后面有回车符、日期格式不正确、日期越界等。

(3) 重复的数据　重复的数据在维度表中比较常见，需要将重复的数据记录下来，加以确认并整理。

数据清洗是一个反复的过程，需要持续运营，要不断发现问题、解决问题。数据清洗需要注意的是，不要将有用的数据过滤掉了，每个过滤规则要认真进行验证，并在确认后才可以执行。

3. 数据转换

数据转换是指将数据从一种格式、结构或表示方式转换为另一种的过程。在计算机科学和数据处理领域，数据转换是常见的任务，用于使数据适应不同的应用场景、系统或工具的要求。数据转换可能涉及以下几个方面。

1) 数据格式转换：将数据从一种文件格式转换为另一种文件格式，如从 CSV 转换为 Excel 文件格式。

2) 数据结构转换：将数据从一种数据结构转换为另一种数据结构，如将列表转换为数组或将树结构转换为图形结构。

3) 数据表示方式转换：将数据从一种表示方式转换为另一种表示方式，如将字符串转换为数字或将图像转换为文本。

数据转换有助于提高数据的可用性、一致性和适用性，使数据更容易被理解、分析和利用。在数据处理过程中，数据转换通常是预处理阶段的一个重要环节，为后续的数据分析和建模奠定基础。

12.3.2 数据处理

经过 ETL 后，数据已经加载到 DMP，此时就可以进行后续的处理工作了。数据处理流程主要包括 ID Mapping、反作弊、数据脱敏保护、标签体系设计等。

1. ID Mapping

由于 DMP 的数据源来自众多系统，这些系统中的用户采用不同的 ID 来识别，以便针对每个用户在平台上的行为特征信息进行采集。DMP 若要把这些分散的特征信息整合在一起，形成一个完整的 360°特征视图，就必须把这些 ID 系统打通。这样一方面可以全方位了解用户旅程；另一方面可以针对同一用户在不同渠道接触品牌时，精准地与用户进行互动。企业也希望把用户及其交易数据作为自己的数据资产沉淀下来，并进行深入研究，以形成基于数据的私有数字化营销能力。

ID Mapping 的方法有以下三种。

（1）基于统计学的 Mapping 方法　对用户出现在不同触点时的 ID 进行关联，可形成一个用户的统一 ID 视图，进而得到一个全局的 ID，以标识一个唯一的用户。有的数据源会同时具备多种 ID 类型，其中一种是该数据源的主 ID 类型。例如，在微信 OpenAPI 中，可以获取到用户的 OpenID，如果用户注册为品牌主的会员并且进行了授权，则还可以获得用户的手机号。在这种情况下，如果某两个数据源同时具备某个 ID，则它们之间可以通过这个 ID 关联起来。这种直接打通方式对技术的要求并不高，在了解清楚各数据源的字段表结构之后，一般只需要做数据源的清洗、去重和关联即可将其打通。

（2）借助第三方数据能力进行 ID Mapping　在某些情况下，仅凭借品牌主的第一方数据源是很难实现 ID 打通的。例如，品牌主投放了大量的媒体广告，产生了曝光和点击数据，这些数据通过设备 ID 来标识用户。在广告投放的同时，品牌主的天猫旗舰店产生了很多订单，通过 DataBank 和用户授权，品牌主获取到了用户的手机号码。但是，如果要分析具体是哪些广告曝光让用户最终在天猫产生了购买，就需要把广告曝光的设备 ID 和购买的手机号打通，而品牌主一般没有某个第一方数据源同时具备手机号和设备 ID 的关联关系，在这种情况下就需要借助第三方的数据能力。

（3）模糊 ID Mapping　一般通过第三方数据能力进行 ID Mapping 需要产生额外的费用。在没有充足的 Mapping 预算、第一方数据源只能打通一定比例的 ID 且存在大量数据无法打通的情况下，需要有补充解决方案以满足上层业务的需求。模糊 ID Mapping 一般就应用于这样的场景。模糊 ID Mapping 通常需要借助数据挖掘和建模能力。例如，借助某些弱关联关系（如 IP 地址）判断用户的行为模式。如果在某一规定的延时内，同一 IP 在不同的两个数据源产生的两次行为，经过判断具备相同的消费行为模式，则可以在一定置信度下判断为是同一个用户。

2. 反作弊

在程序化广告营销领域，流量作弊是常见的，因为广告主通常使用各种指标来进行广告费用结算，同时衡量广告效果的优劣，因此就会带动某些不法服务商进行数据伪造。这种行为不但损害了广告主的利益，而且带坏了行业风气，造成劣币驱逐良币的现象，最终使得广告主对程序化购买产生怀疑,进而避而远之。

作弊的手段主要包含机器作弊和人工作弊。例如,劫持自然流量冒充推广流量,将自然流量归因到推广流量上;采用机器或人工的方式触发后端转化监测代码,伪造转化流量。无论何种作弊方式,都会留下蛛丝马迹。例如,从点击到激活的时间异常、App 内的路径行为异常、有转化但没有对应的曝光、点击和激活的地理位置不匹配、重复点击或激活、广告投放期间后端自然转化量异常减少等。通过分析这些异常行为,可以识别作弊流量并加以处理。

会产生作弊行为的还包含"羊毛党"。其实"羊毛党"不一定是作弊,也可能是真实的用户利用活动的补贴漏洞赚取利益。"羊毛党"需要区分对待,初级"羊毛党"通常仅是比较喜欢赚便宜的普通消费者,他们在某些条件下可能会被平台的产品吸引,并转化为真正的长期用户。因此,可以在一定比例下允许甚至吸引初级"羊毛党"参与活动。但是,对于"羊毛党"中级别比较高的,如团队级的"羊毛党"或利用机器手段赚取优惠的人群,是一定要识别出来并坚决禁止的,以便使营销活动的优惠真正发送到潜在用户手中。

3. 数据脱敏保护

所谓数据脱敏保护,是指对某些用户的敏感信息或私密性信息,通过脱敏规则进行数据的去隐私化或变形,最终实现数据的可靠保护。常见的需要脱敏的数据有姓名、身份证号码、地址、电话号码、银行账号、密码、交易日期、交易金额、疾病等。

常见的数据脱敏算法包括但不限于以下几种。

1)Hiding 算法:将数据替换成一个常量,如 500→0。

2)Hashing 算法:将不定长度的数据映射为定长哈希值,如张三→123;李四→456。

3)Truncation 算法:直接截断敏感字段,如将数据尾部截断,只保留前半部分,如 010-66666666→010。

4)Mask 算法:数据长度不变,但只保留部分数据信息,其他生成掩码进行标识,如 13011231555→130****1555。

5)Floor 算法:数据或日期向下取整,如 2017021312:31:45→20170213。

4. 标签体系设计

标签是一个实体具备的特征。对市场营销来说,最重要的实体就是消费者了,因此主要的标签体系需要描述清楚一个消费者具有的所有特征,如性别、年龄等人口属性特征,居住地、工作地、娱乐地等地域特征,消费能力、消费类型等购买特征,折扣偏好、参与频度等活动特征等。给用户贴标签、为用户画像是大数据背景下做用户研究常用的方法。

从标签计算方式来看,标签数据可以分为事实标签、模型标签、预测标签、衍生标签(又称组合标签)。

1)事实标签:既定事实,从原始数据中提取。例如,通过用户设置获取性别,通过实名认证获取生日、星座等信息。

2)模型标签:需要通过定义规则或建立模型来计算得出标签数据,如支付偏好、产品偏好。

3)预测标签:参考已有事实数据来预测用户的行为或偏好。例如,用户留有实名认证信息是男性,但从以往购物行为看经常购买连衣裙、化妆品等产品的情况,从而推断其实际性别为女性。

4）衍生标签：基于事实标签、模型标签、预测标签，根据营销活动或主题目标用规则定义并存储。

第一方标签体系因为行业或业务的不同也存在差异，具体划分需要结合业务进行。一般而言，用户画像体系都是以类似树形的结构进行设计的，故可根据业务进行一级类目、二级类目、三级类目等划分。在梳理标签分类时，尽可能遵从 MECE 原则，即相互独立，完全穷尽，确保每一个子类目组合都能覆盖到父类目所有数据。标签类目深度控制在四级比较合适，第四级就是具体的标签实例，如性别标签。图 12-1 是标签体系的举例。该标签体系一共分三个层级。

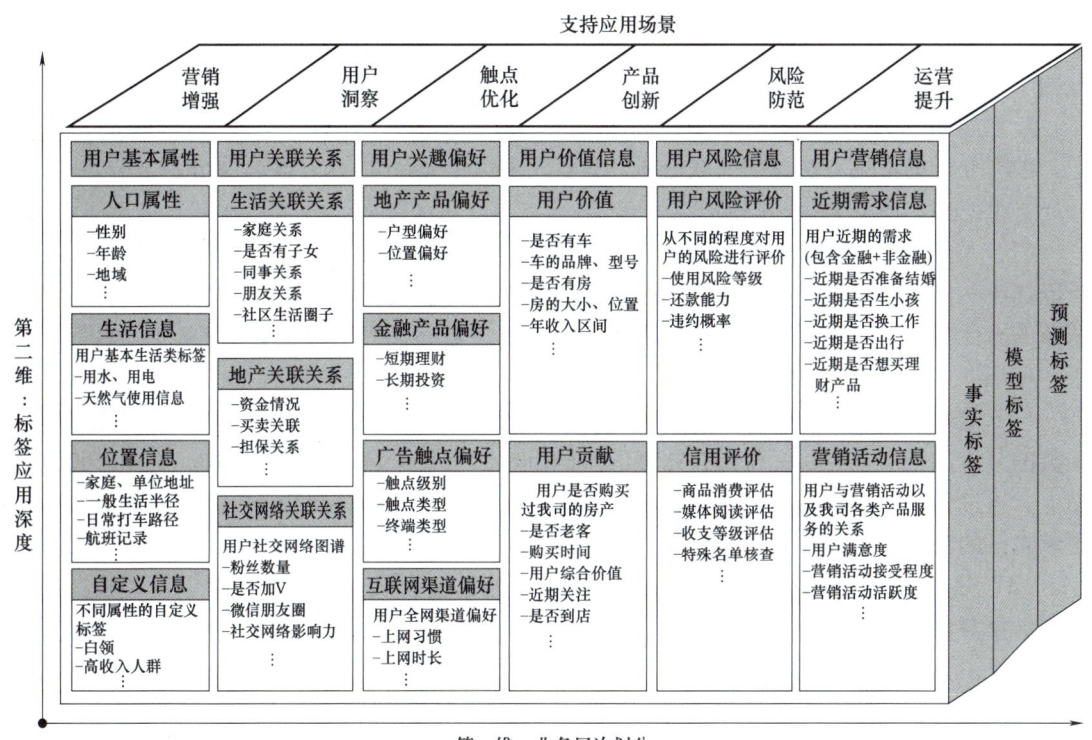

图 12-1　三层标签体系

第一层级，按业务层次划分，包括用户基本属性、用户关联关系、用户兴趣偏好、用户价值信息、用户风险信息和用户营销信息。

第二层级，按应用类别划分，包括人口属性、生活关联关系、地产产品偏好、用户价值、用户风险评价和近期需求信息等。

第三层级，具体的标签实例。

一般而言，标签体系应从业务角度进行划分，每个层级类目中都会包含事实标签、模型标签和预测标签。

12.3.3　数据分析

大量数据经过处理以后，就要进行数据分析（Data Analysis）。数据分析是指用适当的统计分析方法对收集来的大量数据进行分析，提取有用信息和形成结论而对数据加以详细研究与概括总结的过程。在实际操作中，数据分析可帮助人们做出判断，以便采取适当行动。

1. 数据分析层次

大数据分析通常包含三个层次，即描述性分析、预测性分析及措施性分析。

（1）描述性分析　通过分析数据，找出过去事件的特征和正在发生事件的趋势。

（2）预测性分析　通过分析数据来预测未来可能发生的事情。

（3）措施性分析　通过分析数据，找出最佳措施，取得最优化结果。

同样，针对大数据营销的数据分析，主要从描述性统计分析、用户群的精准分类以及数据模型的建立三个方面来入手。例如，基于基本统计学方法进行统计分析，利用数据挖掘的分类聚类关联等方法进行用户群的精准分类，利用数据模型和机器学习等算法进行各种预测。

2. 数据分析方法

数据分析的常见方法包括关联分析、聚类分析、分类分析、人群画像分析、异常分析、特异群组挖掘、演变分析和归因分析。

（1）关联分析　关联分析是指寻找数据项之间感兴趣的关联关系，用关联规则的形式予以描述。例如，通过对超市交易的数据分析，得出"在有婴幼儿成员的家庭中，85%购买尿布的男性也会同时购买啤酒，并且购买尿布的总次数占所有购物次数的8%"这样一条关于"啤酒"和"尿布"之间关系的结论。

（2）聚类分析　聚类分析是指将物理或抽象对象的集合分组为由类似的对象组成的多个类的分析过程。它的目标就是在相似的基础上收集数据来进行分类。例如，在电子商务网站上，通过分组找出具有相似浏览行为的用户，并分析用户的共同特征，来更好地帮助企业了解自己的用户，向用户提供更合适的服务。

（3）分类分析　分类分析是指找出描述并区分数据类的模型，以便能够使用模型预测给定数据对象所属的数据类。例如，信用卡公司可以将持卡人的信誉度分类为良好、普通和较差三类。分类分析可能给出一个信誉等级的显示模型为：信誉良好的持卡人是年收入在10万元到50万元之间、年龄在30岁到45岁之间、居房面积大于100m^2的人。这样，对于一个新的持卡人，就可以根据他的特征预测其信誉度了。

（4）人群画像分析　人群画像分析是指针对用户群体做画像分析，内容包括人群分布分析、指标分析、下钻分析和交叉分析等。在大数据时代，画像是一种充分体现数据价值的方式，建立在标签体系的基础之上，为企业呈现出立体、全面的用户特征。画像数据可以直接且明确地表达用户的特点，可解释性较强。例如，给喜欢NBA的男性用户推荐了篮球，这个推荐的理由非常明确且容易理解。

（5）异常分析　异常分析是指发现数据对象集中与大部分数据对象具有明显差异的数据的过程。例如，在信用卡使用模式这样的大量数据中，使用可以发现明显不同于其他数据的异常对象的技术，就可以在欺诈甄别、网络入侵检测等方面发挥非常积极的作用。

（6）特异群组挖掘　特异群组是指由给定大数据集里面少数相似的数据对象组成的，表现出有异于大多数数据对象的群组，是一种高价值、低密度的数据形态。特异群组挖掘、聚类和异常检测都是根据数据对象间的相似程度来划分数据对象的，但它们在问题定义、算法设计和应用效果上存在差异。大数据特异群组挖掘具有广泛的应用背景，例如，在证券市场中，特异群组挖掘常常表现为分辨合谋操纵（多账户联合操纵）、基金"老鼠仓"等行为。

（7）演变分析　演变分析是指一种用于描述对象行为随时间变化的规律或趋势，并对其建模，以预测其未来形势的技术。通常而言，演变分析可以预测周期性变化、随机性变化、趋势变化等，企业可以用它来进行市场潜力变化的研究并指导企业的经营管理等。例如，企业可以通过时间序列分析来研究销售额的波动和趋势，以帮助企业制订更加合理和精准的销售计划。

（8）归因分析　归因分析是指一种帮助人们理解事物因果关系的方法，通过分析多个原因对结果的影响程度，找出核心原因。归因分析的应用范围很广，如企业为了达到推广和引流的目的，会在多个渠道上（信息流、社交媒体、直播视频、搜索引擎等投放广告）。目前，转化多发生在搜索引擎中，那么能否说转化完全是搜索引擎的功劳呢？未必！因为很多用户在使用搜索引擎之前，会受到其他渠道的影响，最终的转化是各渠道共同作用的结果，搜索引擎只是最后的"收割机"，收割了多渠道合作的成果。因此，企业购买哪些渠道的流量，不能仅看转化最终发生在哪里，还要分析在转化过程中哪些渠道有贡献，以及贡献有多大。

12.4　大数据营销的应用场景

1. 客户管理

企业可以把海量的用户信息数据，通过数据技术进行收集整理，从而形成数据集或数据群，然后利用数据挖掘分析技术，使这些数据集/群产生巨大的商业价值。对于客户关系管理而言，大数据的作用主要体现在增强用户黏性、挖掘潜在用户及建立用户分类。例如，可以根据用户的性别、收入和交易行为特征等属性，针对用户不同需求和交易习惯进行细分，具有相似属性的用户被划分在同一类里。对用户进行分类后，针对有价值的客户群体进一步开展用户画像分析，进而开展更有针对性的促销活动及个性化服务，从而使企业获得更大的投资回报。

2. 关联营销

关联营销一般称为购物篮分析。购物篮分析是通过发现用户在一次购买行为中放入购物篮中不同产品之间的关联，研究用户购买行为，从而辅助零售企业制定营销策略的一种数据分析方法。它是一种建立在双方互利互益基础上的营销。目前，很多店铺已经开始使用。关联营销是指一个产品页同时放了其他同类、同品牌可搭配的有关联的产品。在关联营销中，可能是一家企业的网站上或者其他平台上有另一家企业所销售产品的描述、评价、评级和其他信息的链接，也可能是同一家企业对同款产品的交叉但有关联的引导销售，即在一款产品销售页面，除了本身产品的一些信息之外，将同类型或者有关联的产品信息放在一起，实现多款对比。这些都提高了用户选择的自主性和网站黏性。

3. 精准营销

精准营销简单来说就是五个合适，即在合适的时间、合适的地点，将合适的产品以合适的方式提供给合适的人。大数据通过用户画像分析、市场状况分析、触达场景分析、营销产品内容分析，洞悉营销对象诉求点，利用个性化推荐技术实现真正意义上的个性化精准营销。以往的营销手段想都不敢想的千人千面，自从有了大数据的个性化推荐技术，并在数据挖掘分析的帮助下变成了现实。淘宝、京东、拼多多等电商平台的智能搜索引擎等可以帮助用户快速锁定所需信息，同时能依据用户的搜索、浏览等记录，对用户进行个性化推荐，提升用户购物的便利性，增强用户的消费欲望，达成企业精准营销的目的。基于位置服务（Location Based Service，LBS）应用成为精准营销的主要方式。过去的观点是，吸引到店铺来的才是顾客。如今，店铺已经不重要了。由于LBS应用的存在，用户随时可以通过手机或其他移动终端搜索周边的商品或服务，快速下订单或付款，完成购买。伴随LBS而生的海量数据，越来越受到各大移动服务运营商的重视。LBS与大数据挖掘相结合，在面向商业营销服务、物流管理和智慧城市建设等方面，都有着广泛的应用前景。

4. 跨界营销

跨界营销是依据消费者表现出来的具有联系或者共性的消费特征，将不同偏好、产业、环境的消费群体联系起来，将一些之前没有任何联系的要素进行延伸、融合或渗透，从而彰显出独特的价值观念、审美情趣和生活态度，以此赢得目标用户的好感，最终实现跨界企业的利润最大化和市场扩大化。跨界营销可以避免孤军作战，通过不同行业品牌的联盟增强协同效应。跨界的本质是将同一个用户的特征以多个品牌、从不同角度加以诠释，让不同行业的品牌在拥有相似消费群体和商品特征的基础上相互融合、渗透，从而让品牌更具纵深感与立体感。数据联通是实现跨界营销的必备条件。数据联通后可以输出更完整的用户画像，企业可据此为用户制定个性化的服务策略，提供更精准有效的服务，在传播中更加智能地实现资源优化配置，使跨界营销取得成功。

5. 情感分析

情感分析是一种特殊的文本分析，侧重于确定个人的偏见或情绪，通过对自然语言语境中的文本进行分析来判断作者的态度。情感分析不仅提供关于个人感觉的信息，也提供感觉的强度。此信息可以被整合到决策阶段。常见的情感分析包括识别用户的满意程度或不满意程度，测试产品的成功与否和发现新趋势。情感和行为是交互的。周围的事物影响着你，决定了你的情感。如果你的用户取消了订单，你会感到失望。反过来，你的情感也会影响行为。例如，你现在心情愉快，因此决定再给修理工一次机会来修好你的车。所以，识别用户情感对营销工作具有现实意义。通过对大数据进行情感分析，可以帮助企业了解用户需求，改进产品和服务，提升用户满意度，为企业和组织提供决策支持。

6. 网络舆情管理

网络舆情管理的重点内容是网络舆情监测与分析，即营销人员对网上与企业相关的舆论进行监测与分析，以提供详尽的分析报告和舆情应对策略，帮助企业应对负面舆情。在网络环境下，网络舆情的传播渠道有很多，其传播渠道也是监测渠道。目前，网络舆情监测的主要渠道有：微博、微信等社交媒体平台；今日头条、一点资讯等自媒体平台。近年来，伴随着大数据技术的飞速发展，单纯依靠人工浏览查询的网络舆情监测模式已转变为大数据技术辅助加持下的网络舆情监测模式。国内诞生了多家从事舆情监测系统开发的舆情服务机构，它们主要为企业提供舆情监测工具，如人民网舆情数据中心、百分点舆情监测系统、蚁坊软件舆情监测系统等。企业可以借助信息采集技术对网络中各式各样的信息进行搜集与汇总，以此获得当下互联网中最新的舆情信息。在这个过程中，运用的舆情分析工具除了ETL体系之外，还可以运用先进的语义分析、图文分析以及音频分析等工具来挖掘数据模式，形成舆情报告。其中，最简洁的舆情报告通常生成文本热词云图，用来揭示当下消费者反复提及的关键词，有助于企业实施有效的口碑管理。

> **案例与拓展**

大数据是把"双刃剑"

　　大数据代表着一个营销时代的发展，颠覆了市场营销人员甚至这个行业对营销的期待，它蕴藏着巨大的潜力。但是，美好的东西总是存在着另外一面。大数据是把"双刃剑"，数据泄露、丢失、滥用等情况屡见不鲜。

　　你是不是经常会受到一些莫名推销电话的骚扰？你今天帮孩子报了一门课外辅导课程，过几天你的个人信息可能就被共享了，你可能会接到保险公司的电话，也可能会接到售楼公司的电话。大数据隐私保护和每个人息息相关，数据隐私保护成了公众最为关切的问题之一。

　　我国相关部门在过去几年先后出台了一些有关信息安全技术的法律法规，如2016年出台的《中华人民共和国网络安全法》、2020年发布的《信息安全技术个人信息安全规范》（GB/T 35273—2020）等，这些法律法规都对个人信息做了明确说明，并提出商家对个人信息的使用要符合法律法规的要求。

　　在个人信息的使用上，很重要的一点是一定要得到消费者的同意。所以你在网页上留下个人信息的时候，广告主经常会询问你是否同意个人信息被品牌方获取，并用于接收进一步的信息。

　　2021年11月1日，《中华人民共和国个人信息保护法》（简称《个人信息保护法》）正式实施。《个人信息保护法》对过度收集个人信息、大数据杀熟、人脸信息等敏感个人信息的处理做出了明确规定。这部法律对企业的营销部门、互联网公司都将产生较大的影响，尤其会对收集消费者个人敏感信息，应用终端客户数据进行精准营销的行为产生限制，如你在打开百度搜索App时会出现"已进入无痕浏览"的提醒。数字营销行为也会因此产生重要的转变，营销的投资回报率也可能因此降低。

　　随着公众对个人隐私保护意识的进一步增强，在数据保护方面的法律法规也会越来越严格。企业在本国范围内从事大数据营销活动时，一定要密切关注国家法律法规对数据保护的各项要求，和法务部门、IT部门密切合作，严堵数据漏洞。在境外从事商业活动的国内企业，或是在我国本土范围内从事业务的跨国公司，还必须留意从事业务活动所在地及母公司所在地的法律法规。

（资料来源：朱晶裕. 增长法则：巧用数字营销，突破企业困局［M］. 北京：电子工业出版社，2022.）

讨论题：

1. 大数据的"双刃剑"具体体现在哪些方面？
2. 企业、个人、政府该如何保护个人信息安全？

> **关键术语与思考题**

关键术语

大数据　大数据营销　数据管理平台　第一方DMP　第二方DMP　第三方DMP　数据ETL　ID Mapping　数据脱敏保护　标签　数据分析　关联营销　精准营销　跨界营销　情感分析

思考题

1. 简述大数据的特征。
2. 简述大数据营销的特点。
3. 简述大数据营销的主要处理流程。
4. 简述数据处理的方法。
5. 简述营销标签体系的三个层次。
6. 简述营销常用的数据分析方法。
7. 简述大数据营销的应用场景。

第13章

人工智能营销

本章要点

- 人工智能概述
- 人工智能技术对市场营销组合要素的启示
- 人工智能营销的伦理

人工智能迎来了第三次浪潮,在计算机视觉、语音识别、自然语言处理等一系列领域都取得了突破性进展,将给全球社会和经济发展带来深远影响。营销行业是人工智能应用的前沿领域。人工智能在营销方面正在成为一种工具性的技术力量,会渗透营销工作的方方面面,不仅会使营销机构本身的工作更加高效,也会使营销效果最大化。这便是正在发生的人工智能营销革命。

13.1 人工智能概述

13.1.1 人工智能的定义

进入21世纪,随着深度学习的提出,人工智能又一次掀起浪潮。小到手机里的Apple Siri,大到城市里的智慧安防,层出不穷的应用出现在新闻里以及人们的日常生活中。其中,最称得上里程碑事件的是,2016年由谷歌旗下DeepMind公司开发的AlphaGo,在与围棋世界冠军、职业九段棋手李世石进行的围棋人机大战中,以4∶1的总比分获胜。这一刻,即使是之前对人工智能一无所知的人,也终于开始感受到它的力量。

虽然人工智能技术在近几年取得了高速的发展,但要给人工智能下个准确的定义并不容易。一般认为,人工智能是研究、开发用于模拟、延伸和扩展人的智能的理论、方法、技术及应用系统的一门新的技术科学。人类日常生活中的许多活动,如数学计算、观察、对话、学习等,都需要"智能"。"智能"能预测股票、看得懂图片或视频,也能和其他人进行文字或语言上的交流,不断督促自我完善知识储备,它会画画、会写诗、会驾驶汽车、会开飞机。在人们的理想中,如果机器能够执行这些任务中的一种或几种,就可以认为该机器已具有某种性质的"人工智能"。时至今日,人工智能概念的内涵已经被大大扩展,它涉及计算机科学、统计学、脑神经学、社会科学等诸多领域,是一门交叉学科。人们希望通过对人工智能的研究，能将它用于模拟和扩展人的智能，辅助甚至代替人实现多种功能，包括识别、认知、分析、决策等。

13.1.2 人工智能的特征

1. 处理数据信息，服务人类生活

人工智能可以通过对数据信息进行处理分析，快速制订解决方案，并且可以类比人类的思维方式。人工智能由人类设计，从根本上说，人工智能系统必须以人为本、为人类服务，其本质是计算，其基础则是数据。人工智能主要通过对数据的采集、加工、处理、分析和挖掘，形成有价值的信息流和知识模型，为人类提供延伸服务，来完成一些智能活动。在理想情况下，人工智能必须体现服务人类的特点，而不应该伤害人类，特别是不应该有目的地做出伤害人类的行为。

2. 感知外界环境，实现人机交互

人工智能系统具备借助传感器等设备对外界环境（包括人类）进行感知的能力。它可以像人一样通过听觉、视觉、嗅觉、触觉等接收来自环境的各种信息，产生文字、语音、表情、动作等必要的反应。借助按钮、键盘、鼠标、屏幕、手势、体态、表情、虚拟现实等，人与机器可以进行交互与互动，使机器设备越来越"理解"人类乃至与人类共同协作，实现优势互补。这样一个能够自我完善、适应人类能力的人工智能系统，可以做更多人类不擅长做的事，帮助人类拓展自己的思维和提升能力。

3. 适应学习特性，进行演化迭代

人工智能系统具有一定的自适应特性和学习能力，可以随环境、数据或任务变化而自适应调节参数或更新优化模型。在此基础上，通过与云、端、人、物越来越广泛地连接，实现机器客体乃至人类主体的演化迭代，以应对不断变化的环境，从而使人工智能得到更广泛的应用。人工智能算法在不断地演化迭代，其应用性和实用性也在不断增强，而这种演变也将给经济社会带来越来越深刻的变化。

13.1.3 人工智能的类型

根据不同的分类方法，可以将人工智能划分为不同的类型。根据人工智能的算法和发展逻辑，可以将其划分为符号人工智能和深度学习人工智能。根据人工智能的应用范围，还可将其划分为专用人工智能、通用人工智能和超级人工智能。约翰·塞尔（John Rogers Searle）和雷·库兹韦尔（Ray Kurzweil）等以人工智能与人类智能发展水平之间的关系为判断标准，将人工智能划分为弱人工智能、强人工智能和超人工智能。从营销的应用水平来看，目前尚处于弱人工智能时代，何时进入强人工智能时代，人工智能科学家对此众说纷纭。本书根据人工智能发展水平和当前应用水平对其类型进行划分。

1. 根据人工智能发展水平划分

（1）弱人工智能　弱人工智能是指受人支配且不具有自我意识的机器智能。例如，虽然阿尔法狗（AlphaGo）在人机大战中完胜，但涉及其他领域的问题却一概不知，这就是弱人工智能。目前，人类已经掌握了弱人工智能，人们熟知的人工智能技术大多属于弱人工智能。

（2）强人工智能　强人工智能是人工智能发展的较高阶段，是指能够全方位模拟人类能力，甚至超过人类而应对各种挑战的通用智能系统。随着技术的进步，人工智能终将由弱人工智能向强人工智能甚至超人工智能的方向发展。

（3）超人工智能　超人工智能是指超过人类智力水平，几乎在所有领域都比最聪明的人类大脑强得多的人工智能。但是，人工智能这种看似"超强"的发展也让许多科技界人士感到担忧，如特斯拉首席执行官埃隆·马斯克（Elon Musk）将其称为"召唤恶魔"，比尔·盖茨认为人类应该担心人工智能带来的威胁。人工智能带来的社会风险以及安全隐患应该是未来把控超人工智能发展的一大关注点。

2. 根据人工智能当前应用水平划分

（1）机械人工智能　机械人工智能是指能自动执行常规和重复任务的人工智能。例如，遥感、降维、机器翻译、分类算法、聚类算法等技术都属于机械人工智能。服务机器人、搜索引擎就是典型的机械人工智能的应用。机械人工智能有两大特征：一是不需要太多的创造力，因为任务只需要执行很多次并几乎不需要额外的思考就能完成；二是不需要进行高级培训或教育。

（2）思考人工智能　思考人工智能是指通过处理数据以获得新的结论或决策的人工智能。其处理的数据通常是非结构化的。思考人工智能擅长通过文本挖掘、语音识别和面部识别来识别数据中的模式和规律。机器学习、神经网络和深度学习是思考人工智能当前处理数据的主要方法。IBM Waston、专家系统和推荐系统是当前的一些决策应用程序。

（3）感觉人工智能　感觉人工智能是为人机双向交互而设计的，用于分析人类的感觉和情绪的人工智能。当前感觉人工智能主要采用的技术有情感分析、自然语言处理、文本转语音技术、循环神经网络、聊天机器人等。

13.1.4　大数据与人工智能的关系

大数据与人工智能之间既有不可分割的联系，又有相互独立的特征。如果不能正确认识它们之间的联系，你所理解的人工智能可能就是缺乏"营养"的新型数据治理工具；如果不能正确认识它们之间的区别，你就会误入歧途，将大数据与人工智能混为一谈。

大数据与人工智能的联系体现为"相辅相成"的关系。大数据与人工智能的发展是相辅相成的，大数据技术的飞速发展，促成了人工智能的第三次崛起，积累的海量数据，为人工智能的成长提供了源源不断的养分，也就是深度学习所需的数据。同时，人工智能的发展又在发展中不断完善大数据技术，不断积累更多的数据，使得大数据的发展开始从人为处理复杂数据的劳动变为一种自动化抓取数据的过程，让大数据的价值更为高效地体现出来。

事实上，如果没有人工智能算法的发展，实时性作为大数据价值变现的一个重要前提就很难得到满足。因为传统的获取大数据的过程是一个耗时费力的过程，但人工智能的深度学习算法，通过数据爬虫等相关软件，已经把整个网络空间变为数据加工的库存场所，在需要数据时可以及时获取，这就避免了很多不必要的时间成本和空间成本。

从联系的方面来看，基于大数据的人工智能技术，在相辅相成的发展过程中，将传统的大数据技术的时间成本和空间成本降到了最低，满足了网络营销的实时性要求，并能通过人工智能的深度学习算法，用全局性、全过程、终身价值视野去满足客户需求，在更大程度上规避了大数据指导下的时间局限性和空间局限性的缺陷。

大数据与人工智能的区别，概括起来主要体现在两个方面：①功能定位不同。大数据主要集中在数据的输入和存储，以及厘清大数据之间的关系。人工智能则关注的是数据的应用，表现为数据的输出与价值变现。②看待结果的方式不同。大数据主要关注的是结果的获得过程，如果需要从这个结果中寻找某种未来的可能性，则需要更多的人类专家投入更多的预测分析时间。人工智能则不同，人工智能更多的是基于由数据结果而产生的关联性分析，更关注的是智能决策和学习能力的获取，对未知的领域具有极强的关联性预测能力，能够迅速调整自身与环境的适应能力，哪怕获取的数据之间只有细微的差别。另外，它相较于大数据而言，具有更高的效率和准确性，随着应用场景数据的积累，人工智能的运用模型越发成熟和高效。

从大数据与人工智能的区别与联系中能够清晰地看到人工智能的优势。对于大数据的运行速度慢、处理数据不及时、数据存储成本高、学习能力不足等缺陷，人工智能都在自己发展的领域将之变为自身的优势。

13.2　人工智能技术对市场营销组合要素的启示

下面将围绕市场营销组合要素4P（产品、价格、渠道和促销）和4C（顾客、成本、便利和沟通）来探讨不同类型的人工智能技术在市场营销中的具体应用。实际上，机械人工智能、思考人工智能和感觉人工智能各有优势，如机械人工智能适合标准化、思考人工智能适合个性化、感觉人工智能适合关系化。因此，企业在制定数据营销组合策略时，往往需要根据实际情况决定使用哪一种或哪几种人工智能。

13.2.1　产品和顾客

在数字化时代，产品依然是传递市场营销价值的核心载体，旨在满足顾客的需求。人工智能技术的应用使得传统的产品管理活动更有据可循，使其更符合当下消费市场的诉求。而且这些先进的人工智能技术还可以在产品价值以外提供更多的服务价值，聚焦于优化顾客在整体消费活动中的体验。

1. 产品的研发、改进和推介更有方向性

传统营销中产品研发和管理策略往往依赖市场营销人员的知识和经验，如通过市场调研为产品决策提供依据。然而，市场调研不仅需要耗费大量人力、物力和财力，而且收集到的数据量较少，来源单一，很容易忽视非结构化数据的影响，不利于企业做出及时、准确的产品决策。相对而言，利用思考人工智能可以通过机器学习帮助企业预测市场趋势，设计符合目标顾客需求的产品和服务，并根据每一位顾客的偏好推荐个性化的产品或服务；通过感觉人工智能对顾客的评论和在社交媒体平台发布的内容进行文本情感分析，可以帮助企业理解顾客的情绪和对产品的态度，进而提出有针对性的产品改进策略。例如，护肤品品牌通过消费者在社交媒体上发布的文案和自拍进行自然语言处理和图像识别，评估了消费者的皮肤类型和皮肤问题，并向他们推荐了合适的产品，从而提升了销售转化率。

2. 顾客的消费体验更加高效且舒适

对顾客而言，使用人工智能技术的目标在于更好地满足其需求。实现了这一目标，机械人工智能可以实现顾客搜索、浏览、点击、购买、使用或退货过程的自动化；思考人工智能可以在这一过程中持续跟踪收集数据，以便在顾客遇到售后问题时提供决策依据，帮助顾客快速解决问题；感觉人工智能可以在这一过程中提供情感支持和体验，满足顾客的情感需求。例如，大数据平台会分析和学习市场营销人员与不同国家的顾客之间的通话记录，然后提供与情感表达相对应的市场营销计划，使顾客更愿意与企业建立良好的关系。

13.2.2 价格和成本

无论是对企业还是对顾客而言，价格和成本反映了市场交换的规则；企业通过定价攫取利润和价值，以此来平衡各种成本；顾客通过支付金钱和付出信息搜寻等成本来获得自己所需要的产品与服务。从交易效率来看，人工智能技术的应用在一定程度上革新了以往市场交换中的价格和成本逻辑。

1. 人工智能技术赋能企业新型定价方式

对企业而言，思考人工智能从根本上改变了企业的定价方式。传统营销中往往采用成本加成定价、渗透定价或撇脂定价等方法确定产品或服务价格，而人工智能技术为企业提供了更多全新的定价方法。例如，利用机器学习技术，企业可以根据顾客的支付意愿提供个性化定价。有研究发现：企业在系统推荐产品上标注的推荐指数会影响顾客的支付意愿，具体而言，从一星推荐到五星推荐，推荐指数每增加一颗星平均能够提升10%到13%的支付意愿。同时人工智能技术还可以根据产品和市场情况进行动态定价，这大幅削减了企业调整定价所耗费的人力成本，也降低了未充分分析市场就调整价格所可能面临的风险。例如，便利蜂超市在商品的保持期临近时，店内的电子价签会自动降低价格，以便促进顾客购买。再如，酒店的智能定价系统也可以根据酒店的入住率、附近酒店的价格以及历史大数据对房价进行调整，实现酒店收益的最大化。

2. 人工智能技术降低顾客消费活动中的感知成本

人工智能技术提供的比价服务大大降低了顾客的搜索成本，同时改变了顾客的价格谈判方式。人工智能技术的应用使顾客不再与市场营销人员讨价还价，而是与机器人客服进行价格谈判。利用自然语言处理技术和文本情感分析，机器人客服能够更全面地评估顾客的心理成本，进而提升了价格谈判的效率，节约了顾客的购买时间，减少了他们的精力和体力消耗。例如，二手商品交易网站中的价格谈判机器人，通过学习谈判策略和有效的文本生成技术，能够与买家进行在线谈判，从而确定交易价格。相关数据显示，谈判机器人比人工价格谈判的交易机会高出了20%。

13.2.3 渠道和便利

过去，拥有完备的渠道网络的企业往往具有相当强的竞争优势，如能否覆盖全国便利店的货架。渠道优势的建立能够让顾客最便利地去观察、评估和购买企业的产品。然而，在数字化时代，人工智能与电子商务平台等技术的应用，改变了传统营销中难以攻破的渠道壁垒。企业不再需要投入高昂的人力和线下实体资源去建设渠道，就可以为顾客提供便利的购买体验。

1. 人工智能技术革新了市场营销渠道的功能

传统营销渠道以线下门店为主，即市场营销人员面对面地为进店的顾客提供服务。人工智能技术则改变了顾客接触产品和服务的方式。例如，在交互的前端，机械人工智能逐渐替代人工提供一些程序化的服务，如餐厅使用服务机器人或无人机配送快递等。近年来，越来越多的企业开始线上转型，企业不再需要过多的门店和服务人员，甚至不需要顾客实际参与正式的购物活动。例如，顾客只要在线填写好风格调查，并提供他们的服饰尺寸，平台就会通过机器学习直接将符合用户偏好的服装配送给顾客。顾客就像"开盲盒"一样，喜欢就支付订单，不喜欢则将衣服退回，这完全颠覆了传统营销渠道模式。

2. 人工智能技术极大地便利了顾客的消费活动

对顾客而言，人工智能技术使得线下购物更加便捷。例如，Fashion AI 智能镜可以根据顾客选购的服饰或首饰，为他们建议补充购买的产品，这在很大程度上节约了顾客自己搭配的时间。类似地，感觉人工智能还可以加强顾客互动和参与。例如，社交机器人会主动和顾客打招呼和聊天，主动帮助他们解决问题。而且顾客在无人超市完成购物之后，只需要穿过结算通道，即可完成商品结算，解决了传统线下门店在购物高峰期间排队时间长、结账易出错的问题。在线上购物渠道中，随着搜索引擎的不断优化，顾客不仅不受时间和地点的限制去自主搜索、浏览和购买自己喜欢的产品和服务，还可以在系统推荐栏目中快速找到自己喜欢的产品。

13.2.4 促销和沟通

在营销价值的创造活动中，促销是十分关键的一步。例如，过去，企业专注于如何通过广告传播来与顾客建立沟通，促进顾客做出购买决定。在数字化时代，企业拥有更多先进的数字化技术来实施促销活动，如社交媒体营销、直播营销等。企业与顾客的沟通也越来越频繁、越来越深入。在人工智能技术的应用中，企业与顾客的沟通又实现了全新的升级，这主要表现在人工智能对顾客的个性化理解、顾客对人工智能的响应两个方面。

1. 人工智能技术赋予促销活动高度个性化

传统促销活动主要依赖纸质广告、广播广告和电视广告等，不仅成本高，而且时效性、针对性较差。利用机械人工智能，可以根据顾客的位置自动推送内容、广告和通知；利用思考人工智能，可以不断更新和学习顾客以往的行为数据，并根据产品特征和顾客行为标签为每位顾客定制促销海报，实现精准促销。人工智能可以为不同顾客提供不同的创意，如同一部手机，如果是面向爱美的女性，广告词可以侧重于自拍功能；如果是面向热爱手机游戏的青年，广告词可以侧重于极速的游戏体验。人工智能甚至能自动生成不同风格、不同侧重的广告词。以阿里妈妈人工智能文案为例，对于"粉底液"一类，人工智能可以写出暖心风格："时间流过，你还是妈妈心中的宝贝"，也可以写出功能描述风格："提亮肤色遮瑕粉底液，淡妆可以很美丽"，还可以写出特价促销风格："大牌粉底液超低价，手慢无"。这些不同风格的广告文案引导着不同偏好的人群前去购买。而且机器学习技术还能够实时监测企业促销数据，并通过不断地反馈和迭代提升自身性能，进而在未来实现更好的促销效果；感觉人工智能则可以通过分析顾客的情绪和语气推断顾客可能会提出的问题，并根据他们的语言风格形成最优促销文案，以提升促销活动效率。

2. 人工智能与人类服务在营销沟通中相辅相成

在传统营销沟通过程中，顾客只能被动地接受企业所发布的内容。相比而言，在数字化时代，沟通方式开始向企业与顾客之间的双向沟通和顾客与顾客之间的多向沟通转变，顾客可以通过多方沟通获取自己需要的信息，保证了沟通内容的真实性、可信性与及时性。利用感觉人工智能，如自然语言处理和文本情感分析等，智能客服机器人可以向顾客展示鲜活的视觉形象和敏捷的对话能力。智能客服不仅能够为顾客提供个性化的推荐内容，而且能够通过拟人化的对话提供情感支持，进而提升顾客的温暖感和满意度。然而，智能客服有时也会给顾客带来厌恶感。相关研究发现，在服务失败的情境下，拟人化的智能客服会增加顾客的厌恶感，进而使顾客对服务失败产生更加负面的态度。此时，人工客服的重要性就凸显出来了。由此可见，智能客服和人工客服的协同合作仍然是十分必要的。在服务响应和顾客分析方面发挥人工智能的独特优势，并在复杂问题处理和服务补救方面充分发挥人工客服的主观能动性，才能保证顾客的沟通效率，提升顾客的沟通体验。

13.3　人工智能营销的实施流程

随着机器学习、计算机视觉和自然语言处理等技术的发展，人工智能越来越广泛地应用在各种各样的营销活动中，以帮助企业实现更好的营销绩效。在实践中，人工智能营销的实施流程包括六个步骤：确定人工智能营销目标、数据理解与准备、技术准备、建模、结果评估、部署与监测。

1. 确定人工智能营销目标

人工智能营销的第一步是确定相应的营销目标，即营销活动或决策的目的、要解决的问题、目前正在使用何种营销手段来实现这些目标。在此基础上，市场营销人员需要思考哪些工作是他们希望人工智能来完成的。在确定了人工智能营销的目标之后，市场营销人员就可以基于此设计整个人工智能营销计划，并为后续工作提供指引。

2. 数据理解与准备

人工智能营销高度依赖数据。理解与准备数据，对任何人工智能营销活动都是至关重要的。由于缺乏人类先天的经验直觉以及常识的积累，人工智能需要通过对海量数据的挖掘和学习来获得对特定现象的理解。因此，数据的宽度、广度和深度决定了人工智能技术的智能化水平。企业应该为人工智能营销的实践准备充足的数据材料。

在过去，传统营销实践中的数据通常以市场调研和顾客档案为主，然而这种方式只能粗略地对消费信息进行观察和分析，形成较为粗糙的用户画像。人工智能营销可以通过人脸识别、网络爬虫、自然语言处理、知识图谱等技术路径快速地整合消费者数据，如消费者的出行数据、健康数据、线上购物数据、网络搜索和浏览记录以及购物轨迹、面部表情、拿取动作等，甚至天气和节日数据都可以实现动态整合，进而对消费者的行为特征、心理状态和精神内核进行全方位、立体式的洞察。通过对这些数据的分析和学习，人工智能能够理解消费者的需求、情感、偏好和态度，并对消费者建立一个较为清晰的认识。

然而，人工智能对数据的极度需求也使数据准备工作变得更加复杂，包括进行数据选择、数据清理、数据集成等。例如，在实践中，市场营销人员首先要准确地挑选出需要整合进人工智能营销方案的数据；其次要设置好数据清理程序，包括对缺失值的处理和对数据的规范化等，以确保数据的质量；最后当数据分布在多个集合中时，将所有数据集中到一个数据集或存储库中可能会为后续分析提供新的见解。特别地，企业还可能需要根据实际情况添加数据或对数据进行特定的格式化处理等。

3. 技术准备

在理解和准备好数据之后，市场营销人员应该思考如何建立一个能帮助他们实现目标的模型，或者说需要多高的智能化水平和算法的算力。在这一阶段，市场营销人员要确定需要解决哪些关键问题以及分析可能面临哪些挑战，如简化数据收集、分析和模型构建工具等。同时，还要根据需要解决的问题确定建模的技术，如机器学习、神经网络等。在某些情况下，市场营销人员可以预先选择多种建模技术，然后评估哪一种最为适宜。需要注意的是，人工智能技术的投入是可以重复使用的，企业并不需要每次都重新准备。尽管企业在前期开发或者引入新技术时可能需要花费较多的时间和资金，但成熟的人工智能技术一旦成形，新的项目便可以迅速地建立在过去项目的基础之上，这能够极大地减少开发时间和成本。

4. 建模

在选择好技术之后，市场营销人员要确定好评估标准，即如何评估模型。这需要使用数据确定用于评估模型的性能指标。与统计模型不同，人工智能营销模型通常是建立在一组数据之上，然后在另外一组数据上进行验证。其中，第一组数据集通常被称为训练集，而另外一组数据集被称为验证集。这种做法的主要原理是：如果模型的分析结果能够从训练数据集推广到验证数据集，那么它就具备很高的准确性。由于样本大小、信噪比等都会对模型的分析结果产生影响，所以目前还没有形成统一的数据分割规则。在实践中，可以利用机器学习技术并根据模型的精度确定训练集的大小，进而划分适合的训练集和验证集，即寻找最优的偏差—方差组合。

在确定了训练集和验证集的大小之后，下一步就是使用训练集构建模型，并在必要时进行微调。在建立了模型之后，可以通过检查它在验证集中的性能来进行评估，这是人工智能营销解决方案的评估标准。需要注意的是，这是一个不断迭代的过程。在评估之后，还可以对模型进行调整以提高模型的性能，直到达到令人满意的结果。对人工智能营销项目来说，多轮次的数据理解、数据准备和建模的步骤都是很常见的。在市场营销活动中，企业可以利用机器学习技术构建事件模型，对消费者以往的数据进行学习和分析，并从中总结出规律，进而将新的情境套入所提炼的模型规律当中，以便精准地预测未来可能出现的结果，从而优化"人、货、场"关系。这样，市场营销人员可能会比消费者更早地了解到他们自己的需求，能够迅速地找到潜在的目标顾客，并预测他们的购买意图，进而采取有针对性的市场营销策略，实现消费者和企业的价值共创。

5. 结果评估

在确定了模型并评估了模型的性能之后，市场营销人员会对模型的结果进行评估，即该结果是否实现了市场营销人员在第一步中所设定的目标。如果已经实现了既定目标，就可以进一步推广该人工智能营销的解决方案了。如果未能实现既定目标，则需要返回前面的步骤，进行反复的迭代和优化，直到目标实现为止。

在评估项目的效果方面，传统营销通常使用"后测"方法，在固定的时间节点统计数据，但统计周期较长，数据分析存在严重的滞后性，因而很难发现数据背后隐藏的问题，对未来改进方向的指导意义也相对有限。同时，虚假流量等问题则可能导致不真实的市场营销结果，导致企业无法掌握真实的市场营销效果。相对而言，人工智能营销则可以利用机器学习技术，对结果进行实时监测和反馈，提高评估的及时性和准确性。此外，无监督机器学习技术还可以监测异常值，识别不良信息和虚假信息，从而为市场营销人员提供最真实的结果评估。例如，人工智能技术凭借其庞大的数据库，将数据的物理属性和网络属性以及顾客的异常行为信息相结合，可以有效地识别虚假流量和信息等问题，从而帮助企业相对准确地了解到真实的情况。

6. 部署与监测

人工智能营销的最后一步，是根据前面得到的结论和提出的策略进行部署，以确保价值的实现。实际上，上述模型还可以根据不断获取的新数据进行迭代更新。即使市场营销人员正确地部署了人工智能项目，随着时间的推移，也可能会产生各式各样的新问题。因此，即使人工智能具备智能化的学习能力，市场营销人员仍然需要对整个人工智能营销计划进行实时监测和评估。一旦出现偏差，市场营销人员就应该立即采取行动，确保问题得到及时处理，使人工智能技术的应用长期保持在最优状态。

13.4 人工智能营销伦理

人工智能已经深刻改变并将继续改变人类的经济和社会生活。人工智能与市场营销的深度融合，在提高效率、带来效益的同时，也不可避免地对现有的营销认知和规范形成冲击，从而引发一系列营销伦理问题。这使人工智能营销的伦理与治理成为经济社会普遍关注的一项重要议题。

13.4.1 人工智能营销伦理困境

1. 人工智能产品新型"人-机"关系引发的产品责任归属困境

伴随着由弱人工智能发展到强人工智能，人工智能实现了从"无自主意识"到"自主性学习"、从"被动利用"到"主动探索"的转变。人工智能通过深度学习具备了自身算法系统的反思能力和自己的算法语言，拥有了工具理性的智能机器，对世界中发生的事能做出判断和预测，从而构成一种全新的"人-机"关系，使人的主体性遭受更大的挑战。这引发了机器道德主体地位的讨论，即强人工智能产品是否需要承担产品事故的责任后果。例如，使用自动驾驶系统驾驶的电动车发生交通事故时的责任归属。

2. 信息不对称缓解与营销信息冗余之间的困境

随着大数据、云计算等技术的发展，市场信息数量、传播速度、应用程度均以几何级数的方式快速增长。人工智能技术为市场需求与供给之间提供高效、精准的信息匹配。这一方面解决了营销过程中信息不对称导致的有限决策，却也因海量信息汇集而为消费者带来了选择困境。当有限的人脑负荷能力无法承受过载的信息时，信息冗余现象随之产生。信息冗余会导致信息贬值、媒介信誉受损，如自媒体的裂变式发展使公众难辨网络信息的真伪，很多情况下公众需要求证于官方媒介。消费决策者一方面会迷失在海量信息中，浪费时间和精力，遗忘目标和程序；另一方面会陷入选择困境，在众多方案中反复甄别无法取舍，造成决策拖延而影响问题解决。

3. 精准营销传播与消费者"信息茧房"之间的困境

人工智能营销的算法将人按照各种各样的自动化区分标准进行排列，并进行精准营销。每个人都能随意选择关注的话题，并可以根据自己的喜好打造一份"个人日报"，但消费者被人工智能营销算法进行精准定向，设定为不同标签的个体，这种信息选择行为将会导致"信息茧房"效应。所谓"信息茧房"，是指传播体系个人化所导致的信息封闭的后果。当个体只关注自我选择的或能够愉悦自身的内容而减少对其他信息的接触时，就会沉浸在自我的话语场中，失去了了解和接触不同事物的机会与能力。"信息茧房"的危害是明显的，它一方面使个人对公共事务漠不关心，另一方面使个人的偏见与歧视不断得到强化和巩固。在营销活动中，"信息茧房"效应体现在营销者在了解消费者偏好之后，通过人工智能营销算法更容易以投其所好的方式把消费者往企业想要的方向引导。

4. 人工智能营销引发的市场歧视性问题

人工智能营销算法具有极强的分类筛选能力和超乎想象的预测能力。它主要是通过选择与各种行为具有密切关联性的数据的显著特征来工作的。因此，算法极有可能基于分类筛选机制而形成大数据"黑名单"。这些"黑名单"不恰当地将个人或群体标记为具有某种风险或倾向，进而限制或排除他们的权利或机会。例如，在招聘领域，亚马逊曾使用人工智能驱动算法，利用历史数据筛选优秀的职位候选人，成了一个著名的招聘偏见事件。由于之前的候选人选拔存在性别偏见，算法也倾向于选择男性。

5. 人工智能营销与隐私保护之间的困境

隐私是指一种不被干扰的权利，其本质特征在于由所有者独自控制，不对外公开，外界不得侵犯。"大数据元年"以来，消费者隐私保护问题日益成为人们关注的焦点，而近年人工智能技术的发展进一步增强了个人的数据采集和挖掘能力。在万物互联、大数据和人工智能三者叠加之后，人们或许不再有隐私可言。结合人脸识别、语义识别及全球定位等技术，再关联已被电子化的数据，如门禁卡、交通卡、身份证、银行卡的刷卡记录，就可以很容易地描绘出一个人的行为轨迹。当人们和朋友、家人私下畅聊时，安有语音识别技术的智能助手可能正在记录他们所说的每一句话。此外，自动驾驶技术使汽车这一原本较为私密的空间成为数据收集空间，人们在车内的一举一动都会被记录下来，以往私密的出行信息也会被全程监控。无所不在的数据捕获和优化对数据隐私和安全构成了威胁。

6. 人工智能引发的知识产权保护问题

如今人工智能已经可以在诗歌、小说、音乐、绘画、广告等领域完成自动化创作，这些领域生产的大量作品引发了对知识产权问题的广泛讨论，如何界定这些知识产品的法律归属是一个亟待解决的问题。不给予人工智能创作作品版权保护意味着市场中将涌入大量不受版权保护且与人类的创作没有实质区别的作品，而对于潜在的作品使用者而言，只要存在足够的人工智能创作物，他们就没有必要付费使用版权作品。如此一来，版权许可和转让的交易基本上不会发生，人类作品的版权价值将无限趋于零，人类作者创作的经济动因也将消失。这对人类创作的积极性无疑是沉重的打击，对内容产业的发展十分不利。

随着大数据得到广泛应用，日益开放的网络环境与分布式的网络部署使大数据的应用边界越来越模糊。来自云端的海量数据的归属权属于无人监管的"灰色地带"。例如，部分公司会在数据所有权不明确的情况下，随意交易顾客购物时产生的数据。虽然这些数据多以碎片化的形式呈现，对顾客的困扰较小，但是来自各种场景的大量数据聚集起来，就有可能被不法分子利用，威胁顾客的隐私安全。

7. 人工智能引发的劳动保障问题

劳动世界的就业率在历史上并未因技术进步而断层式下跌，总体维持在一个比较稳定的水平，甚至稳中有升。一种新技术在消灭一些工作机会的同时，也创造了一些新的工作机会。然而，人工智能革命会有所不同吗？与以往的技术进步相比，人工智能对就业的影响看起来更加深远，因此引发的失业问题尤胜从前。在营销行业中，像电话推销员这种工作简单重复的职业将不可避免地被机器人所取代。杭州开元酒店的智能机器人能够通过肢体语言与客人互动,向客人介绍酒店的构造及附近的景点;青岛都市 118 酒店的"智慧入住神器"能够通过人脸识别技术,在 3min 内完成入住手续;英国皇冠假日酒店的机器人 Dash 能够通过特殊的 Wi-Fi 传感器为客人叫电梯,并自动回到前台为自己充电;硅谷雅乐轩酒店的服务机器人 Botlr 身着制服、佩戴名牌,为客人提供商品递送服务。除此之外,低级别的广告文案和设计等工作也将被人工智能替代。

13.4.2 人工智能营销伦理准则

结合营销伦理的概念以及人工智能伦理聚焦在人工智能产品、服务、应用与治理中,我们将人工智能营销伦理界定为营销主体在从事人工智能营销活动中所应具有的基本行为准则,是人工智能营销设计与应用实践的合理性边界。人工智能营销伦理提炼了善行、自治、正义和可解释性四项伦理准则。

1. 善行

善行是指人工智能营销应促进消费者福祉、企业成长以及社会环境的共同利益。在营销中使用人工智能是与企业和消费者的明确利益相联系的,一方面来自更好地满足消费者认知和情感需求及消费偏好,另一方面来自时间和成本效率的提升。然而在应用人工智能营销时,被认为对个人有益的事物与上层建筑中的"善"的含义之间存在不可调和性。例如,人工智能在营销中的应用追求的是销售目标和增加消费。当消费者满足了需求,从而在个人层面上获益时,同时消耗了资源,对环境产生了负面影响,从而导致无法自我纠正并抑制增长的消费外部性。人工智能同样不可滥用人类赋予的自主决策能力,所有行为需要在人类法律和道德行为准则约束之下。在中国的科技企业中,腾讯率先提出"科技向善"的理念,将其与"用户为本"一道写入新的使命愿景。例如,腾讯将人工智能应用于医疗健康领域,致力打造"救命的 AI",用人工智能赋能医院和医务人员,改善我国医疗资源分布不均衡的情况;将计算机视觉技术应用于打拐寻人,基于"跨年龄人脸识别"助力警方寻回被拐十年的儿童。腾讯也在积极探索利用人工智能技术化解传统社会遇到的难题,以 AI for FEW(AI for Food,Energy,Water)项目为抓手,探索使用人工智能等新兴技术为人类面临的食物、能源、水等问题提供解决方案,助力实现可持续发展目标。

2. 自治

自治准则是指在人工智能营销情境中,消费者拥有自决权力,能够以不受胁迫的方式做出决定。消费者的自主权是消费者选择的核心,并被定义为"消费者自己做出决定的能力,不受其他代理人施加的外部影响"。然而在人工智能营销中,消费者的自主权容易受到这样一种方式的影响,即在消费决策过程的信息收集阶段将决策委托给人工智能系统,特别是对消费者接触到的信息和选项进行预过滤。基于时间和认知资源效率的约束,或是定制内容的匹配,将决策让渡给人工智能系统可能是有益的,但如果过度信赖人工智能系统的建议,或者营销者利用人工智能进行操纵或欺骗,则会给消费者带来伤害。所以,人工智能发展应当始终维持其工具地位,而不是将人类异化成工具。人工智能产品与服务不得依靠整体智能优势形成对人类脑力与体力的剥削与压迫,同时不得利用虚拟感受使人类对人工智能产品形成重度依赖。当算法日益成为生活的组成部分,乃至未来生活的核心,在算法设计、开发及应用的全过程中贯穿"人类中心"或"人类本位"价值的重要性同样会越来越重要。

3. 正义

正义倡导公平，避免不必要的、不公平的偏见和歧视，同时涉及利益分享。人的判断可以存在偏见或歧视，由人构建的人工智能应用和算法预测也可能会有偏见和歧视。人工智能营销可能复制甚至放大人类的偏见和歧视。人工智能营销的个性化产品设计、心理定位、客户关系管理中的客户优先等策略，可能会根据人口统计、心理和经济因素将某些客户群体与其他群体区分开来。在这个过程中，人工智能营销和应用程序可能会强化在性别、年龄和种族等方面的刻板印象。要想解决算法偏见问题，首先要对技术人员进行伦理方面的培训，消除他们的偏见；其次技术人员应当给予人工智能一定的伦理训练，以避免这类问题的发生；再次要让输入人工智能"黑箱"的数据保持公开和透明，这样技术人员能及时发现并解决其中的偏见问题；最后应在正式应用前进行大量的算法测试，包括对一些结果进行人工筛查，识别出模型无法发现且人类无法接受的结果。

4. 可解释性

可解释性意味着透明性和可理解性，即在认识论上人工智能如何工作，在伦理意义上谁对人工智能的工作方式负责，能够向消费者和社会进行充分解释，并能够被理解。由于人工智能系统的"黑箱"性质、不透明性和缺乏问责制，可解释性可能是人工智能营销伦理中争议较多的准则。当涉及高风险决策和敏感的个人数据时，人工智能营销系统需要解释自身的意图、数据输入和来源，以及输入和输出之间的关系，以便消费者能够理解预测、分类和建议等结果，目前这方面的呼声越来越高。一些公司也尝试将人工智能伦理服务融入产品之中。例如，谷歌已在谷歌云服务中推出了可解释的人工智能（Explainable AI）工具箱，帮助合作伙伴打造可信的人工智能应用，还计划推出识别偏见歧视、对人工智能项目进行伦理指引等方面的伦理服务。

> **案例与拓展**

读秒：基于人工智能的银行客户风险控制

现在无论银行、保险还是证券，抑或是其他金融机构，都在运用大数据、人工智能、云计算等技术来提升自己的风控能力，从而降低成本，改善客户体验。由此可见，优质的金融服务离不开完善的风险控制。

传统的信贷有很多弊端，如主观色彩强烈、流程烦琐、成本高、效率低等。为了消除这些弊端，读秒应运而生，它是一个基于人工智能的信贷解决方案。相关数据显示，读秒正式推出之后没有多久，接入读秒的数据源就已经超过了40个。通过API接口，这些数据源可以被实时调取和使用。

接入数据源后，读秒还可以通过多个自建模型（如预估负债比、欺诈、预估收入等）对数据进行深入的清洗和挖掘，并在此基础上，综合平衡卡和决策引擎的相关建议来做出最终的信贷决策，而且所有的信贷决策都是平行进行的。

一般来说，只需要10s左右，读秒就可以做出信贷决策。在这背后，不仅有前期日积月累的数据收集和分析，还有绝对不可以忽视的模型计算。读秒的合作伙伴虽然经常会为其提供大量数据，但是真正有价值、有用途的数据基本上都是需要挖掘的。也就是说，并不是获取到数据，然后将其放在一个很神奇的机器学习模型中就可以把结果预测出来，整个过程并没有那么简单。例如，客户在申请信贷时会产生各种各样的数据，包括交易数据、信用数据、行为数据等，这些数据可以帮助金融机构深入了解客户。然而，这些数据是需要挖掘的，只不过挖掘的过程与信贷的过程并不是相融合的。

有了海量的数据之后，读秒需要利用距离、分组等决策算法，从这些数据中筛选出适用的模型，以便更好地规避风险。例如，客户如果在多个平台借款，那么读秒就会分析这个客户的借款频率，以及借款的次数与借款平台数量之间的关系，并将其组建为模型。

不同的客户在不同平台留存的数据虽然看起来并没有太大关联，但这些数据之间会形成网络交织。而且随着客户数量的不断增加，留存的数据也会越来越多。这样的话，读秒的自创模型就可以得到进一步优化，从而适用于更多场景。

（资料来源：邓文浩. 人工智能：理论基础+商业落地+实战场景+案例分析［M］. 北京：电子工业出版社，2021.）

讨论题：
1. 读秒的应用对于银行与客户的意义是什么？
2. 读秒在降低信贷风险的同时，其应用是否也有风险？

关键术语与思考题

关键术语

人工智能　弱人工智能　强人工智能　超人工智能　机械人工智能　思考人工智能　感觉人工智能　信息茧房　人工智能营销伦理

思考题

1. 简述人工智能的特征。
2. 简述人工智能与大数据的区别与联系。
3. 简述人工智能技术对市场营销组合要素的启示。
4. 简述人工智能营销的伦理困境。
5. 简述人工智能营销伦理准则。

第14章

网络营销产品策略

本章要点

- 网络营销整体产品的概念
- 网络营销产品选择策略
- 网络品牌策略
- 网络服务策略

企业的营销活动以满足需求为中心,而需求的满足只能通过提供某种产品或服务来实现。因此,产品是企业营销活动的基础,产品策略直接影响和决定企业营销活动的成败。网络营销的产品策略与传统营销的产品策略应用的基本理论是一致的,不同之处在于制定网络营销的产品策略时加入了互联网思维。

14.1 网络营销产品概述

14.1.1 整体产品的概念

在网络营销中,整体产品由五个层次构成,如图14-1所示。

(1)核心产品层 核心产品层是指产品能够提供给消费者的基本效用或益处,是消费者真正想要购买的基本效用或益处。例如,购买一台计算机是为了满足上网、学习、管理的需要。在网络营销时代,产品的研发、设计更加注重产品的核心利益层次,而非产品本身。

(2)有形产品层 有形产品层是产品在市场上出现时的具体物质形态。对于物质产品来说,首先,产品的品质必须保障。其次,必须注重产品的品牌。因为网上消费者对产品的认识和选择主要依赖品牌。再次,注意产品的包装。网络营销产品一般需要配送,因此包装必须标准化,而且适合全球运输。最后,在式样和特征方面要根据不同地区的亚文化来进行有针对性的加工。

(3)期望产品层 期望产品层是指消费者在商品交易过程完成之前对产品本身所产生的期望,包括产品使用的便利性、人性化程度,甚至包括购买过程中的体验。在网络营销中,消费者处于主导地位,消费呈现出个性化的特征,不同的消费者可能对产品的要求不一样,因此产品的设计和开发必须满足消费者这种个性化的消费需求。为满足这种需求,对于

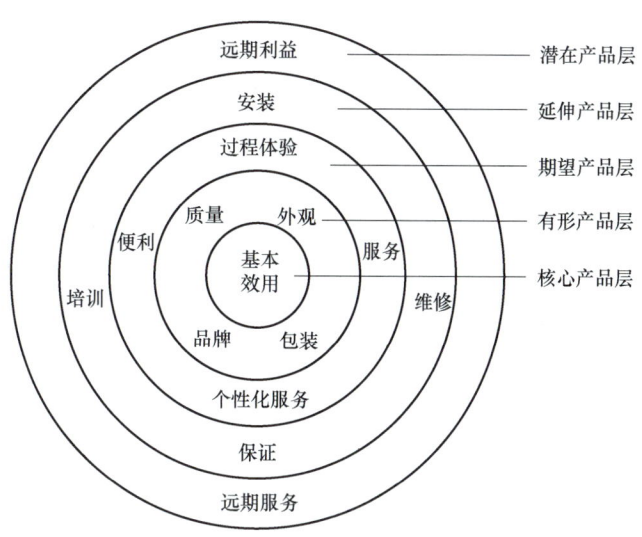

图 14-1 整体产品的构成

物质类产品，要求企业的设计、生产和供应等环节必须实行柔性化的生产和管理。对于无形产品（如服务、软件等），要求企业能根据消费者的需要提供服务。

（4）延伸产品层 延伸产品层是指消费者购买产品和服务所得到的附加服务，主要用来帮助消费者更好地使用核心产品层的服务。在网络营销中，对于网络销售的实体产品，延伸产品层包括送货、安装、维修等售后服务；对于通过网络销售的虚拟产品，延伸产品层则包括后期的培训、沟通、保证等。

（5）潜在产品层 潜在产品层是指消费者由于购买某一企业的产品或服务而获得的远期利益或者服务。例如，软件公司为消费者提供的免费升级、维护服务。

14.1.2 整体产品概念对市场营销管理的意义

整体产品概念是对市场经济条件下产品概念的完整、系统、科学的表述。它对市场营销管理的意义表现在以下几个方面。

1）它以消费者的基本利益为核心，指导整个市场营销管理活动，是企业贯彻市场营销观念的基础。企业市场营销管理的根本目的就是保证消费者的基本利益。消费者购买电视机是希望业余时间充实和快乐，消费者购买计算机是为了提高生产和管理效率，消费者购买服装是要满足舒适、风度和美感的需要等。

概括起来，消费者追求的基本利益大致包括功能和非功能两个方面的需求。消费者对前者的需求是出于实际使用的需要，而对后者的需求则往往是出于社会心理动机的需要。而且这两个方面的需求又往往交织在一起，并且非功能需求所占的比重越来越大。产品的整体概念，正是明确地向产品的生产经营者指出，要竭尽全力地通过有形产品和附加产品去满足核心产品所包含的一切功能和非功能的需求，充分满足消费者的需求。可以断言，不懂得产品整体概念的企业不可能真正贯彻市场营销观念。

2）只有通过产品五个层次的最佳组合才能确立产品的市场地位。这五个层次体现了消费者购物选择时所关心的因素，这些因素概括起来可分为两大类，即有形产品因素和无形产品因素，见表14-1。

表14-1　有形产品因素和无形产品因素

有形产品因素	有形特征	无形产品因素	无形特征
物质因素	具有化学成分、物理性能	信誉因素	知名度、偏爱度
经济因素	效率、维修保养、使用效果	保证因素	"三包"和交货期
时间因素	耐用性、使用寿命	服务因素	运送、安装、维修、培训
操作因素	灵活性、安全可靠		
外观因素	体积、重量、色泽、包装、结构		

因此，企业在产品设计、开发过程中，应有针对性地提供不同功能，以满足消费者的不同需求，同时还要充分重视产品的无形特征，因为它也是产品竞争能力的重要因素。

3）整体产品概念有利于企业实施差异化战略。现在的市场竞争越来越激烈，企业要在激烈的市场竞争中取胜，就必须致力于创造自身产品的特色。在竞争过程中，可供选择的战略很多。通过对产品整体化的认识，人们能够实施差异化战略。例如，在产品的外观上营造一种特殊的个性，在售后服务上营造一种独特的、消费者可以接受的模式，还可以在产品的功能上营造与竞争对手不同的方面。这些恰恰是企业在产品的差异化中能够让消费者接受、寻找卖点的重要方面。

总之，整体产品概念五个层次中的任何一个要素都可能形成与众不同的特点。企业在产品的基本效用、包装、安装、维修、品牌、外观等每一个方面都应该按照市场需要进行创新设计，形成自己的特色，从而与竞争产品区别开来。随着现代市场经济的发展和市场竞争的加剧，企业所提供的附加利益在市场竞争中也显得越来越重要。国内外许多企业的成功，在很大程度上归功于它们更好地认识了服务等附加产品在整体产品概念中的重要地位。

14.2　网络营销产品选择策略

14.2.1　网络营销产品的分类

网上零售商的目标客户是网民，要根据所选择的目标市场的情况进行市场定位，选择合适的产品和服务进行销售。鉴于目前网民的特性和购买动机及网上零售商所面临的许多条件的制约，并不是所有的产品都适合在网上销售。随着网络技术的发展和网上零售环境的进一步完善，将会有越来越多的产品适合在网上销售。那么在现阶段，在网上商店销售哪些产品容易取得成功呢？综合考虑网上零售所面临的制约因素以及网上消费者的特点、购买动机，可以从产品的不同分类方式来探讨这一问题。

根据不同的产品划分方法，网上零售商可以找出适合在网上销售的产品，分类方法如下。

1. 根据产品的形态划分

在网上销售的产品，按照产品形态不同可分为两类：有形产品和无形产品，见表14-2。产品的选择策略也要根据产品形态的不同而采取不同的方式。

表 14-2 网络营销产品按产品形态分类

产品形态	产品类型	产品
有形产品	普通产品	工业产品、农业产品和消费品等实体产品
无形产品	数字化产品	计算机软件、软件游戏、电子图书、电子报刊、研究报告、论文、电子贺卡等
在线服务	信息咨询服务	股市行情分析、法律咨询、心理咨询、金融咨询、资料库检索、法律法规查询等
在线服务	互动式服务	网络交友、计算机游戏、远程医疗、法律救助等
在线服务	预约服务	旅游服务预约，医院预约挂号、代购球赛、音乐会入场券，房屋中介等

有形产品是指具有物理形状的物质产品，它包括工业产品、农业产品和消费品。在网络上销售有形产品的过程与传统的购物方式不同，网络上的交互式交流成为买卖双方交流的主要形式。

在网络上销售有形产品是由消费者或客户通过卖方的主页考察其产品，通过填写表格表达自己对品种、质量、价格、数量的选择；而卖方则将面对面的交货改为邮寄产品或送货上门的方式。

无形产品一般没有具体的物理形态，即使表现出一定的形态，也是通过其他载体体现出来的，同时产品本身的性质和性能也必须通过其他方式才能表现出来。一般来说，无形产品非常适合采用网络营销策略。

在网上的无形产品可以分为两大类：数字化产品和在线服务。

在选择产品时，要充分考虑产品自身的性能。数字化产品是网上零售最成功的产品，它可以将内容数字化，直接在网上以电子形式传递给客户，而不再需要某种物质形式和特定的包装。它跨越时空，突出体现了网上销售的优势，所以生命力强大。

在线服务可以分为信息咨询服务、互动式服务和预约服务。对预约服务来说，客户不仅注重能够得到的收益，还关心自身付出的成本。通过网络这种媒体，客户能够尽快地得到所需要的服务，免除了排队等候的时间成本。同时，客户能够得到更多更快的信息，享受到网络提供的各种娱乐方式。对信息咨询服务来说，网络是一种很好的媒体选择。客户上网的最大需求就是寻求对自己有用的信息，信息咨询服务正好提供了满足这种需求的机会。对互动式服务来说，能实现一对一、一对多、在线与非在线、实名与非实名，以及图文声像相结合的无障碍交流互动，消除了距离的障碍。

2. 根据信息经济学对产品的划分

根据信息经济学对产品的划分，产品从大类上可以划分为两类：一类产品是消费者在购买时就能确定或评价其质量的产品，称为可鉴别性产品，如书籍、计算机等；另一类是消费者只有在使用时，才能确定或评价其质量的产品，称为经验性产品。根据信息经济学还可以将产品划分为标准性产品和个性化产品。前者如书籍、计算机等，后者如服装、食品等。一般来说，可鉴别性产品或标准化较高的产品在网上销售容易获得成功，而经验性产品或个性化产品则难以实现大规模的网上销售。从这方面来考虑，可适当将可鉴别性高的产品或标准化高的产品作为首选对象和应用的起点。目前，网民的消费呈现出个性化强的倾向，个性化强的产品可以在网上销售,但要考虑产品的定价和配送等因素。

3. 根据消费者购买行为的差异对产品进行划分

(1) 日用品　日用品的特点是消费快、购买频率高,如油、盐、酱、醋、牙膏、牙刷等。在日用品的购买中,人们以方便购买作为首选条件,买前无须太多计划和选择,产品价位低,购买介入程度低,属于习惯性购买行为。这类产品在销售时,应充分考虑消费者希望购买方便的心理,做到既便宜又方便,因此低成本的物流运输是关键影响因素。

(2) 选购品　选购品价格相对较高,购买频率低,如电视、汽车、家具等。对大多数消费者而言,这些属于高介入的产品,消费者不会轻率地决定是否购买,在购买之前,通常会向朋友打听与预期购买行为有关的尽可能多的信息。这是由于可供选择的产品品牌之间会有较大的差异,而不是像低介入产品那样相差无几。因此,在网上销售选购品时,要提供充分的产品信息,供消费者进行比较选购。

(3) 特殊品　特殊品是指消费者有特殊的偏好,在购买时不计较价格和实用的产品。这类产品可以利用网络沟通的广泛性、便利性,使创意独特的新产品可以更主动地向更多的人展示,充分满足那些品位独特、需求特殊的消费者。

14.2.2　适合网上销售的产品的一般特征和类型

1. 适合网上销售的产品的一般特征

(1) 数字化　数字化产品是指信息、计算机软件、视听娱乐产品等可数字化表示并可用计算机网络传输的产品或劳务。在数字经济时代,这些产品(劳务)可不必再通过实物载体的形式提供,可在线通过计算机网络传送给消费者。

(2) 标准化　标准化产品是购买时就能确定或评价其质量的产品,包括产品的类型、性能、规格、质量、所用原材料等。

(3) 隐私化　隐私化产品是关系到个人隐私的产品或服务,购买这类产品时消费者不方便和销售人员面对面接触。

(4) 个性化　个性化产品是创意独特的新产品,用来满足消费者的特殊需要。

(5) 低价格　互联网的特征就是免费或低价。低价符合消费者的心理预期。

2. 适合网上销售的产品的类型

一般来说,目前适合网上销售的产品主要有以下几种。

(1) 一般日常消费品　例如,日常的衣食住行所用到的一些产品,像服饰类、居家类产品等。

(2) 服务等无形产品　服务等无形产品主要包括:宾馆预订,旅游线路的挑选,车票、机票预订,网络银行业务等。

(3) 知识含量较高的产品或不便现实咨询的产品　例如,心理咨询、个人问题咨询(如婚姻问题,涉及个人隐私的问题)等。

(4) 计算机软硬件产品　相关数据表明,计算机软硬件产品在网上的销售一直很活跃。

(5) 创意独特的新产品　这类产品充分满足那些品位独特、需求特殊的消费者,如创意型产品。

(6) 有收藏价值的产品　例如,珠宝类、纪念币、邮票等。

(7) 能引起女性购买欲的产品　其实上面的分类已经包含了很多女性购买的产品。之所以要单独提出来作为一个大类，主要是因为淘宝网等相关数据表明，当前网购人群中，无论是从购买频率、消费额，还是从其他方面分析，女性都是商家特别重视的一个购买群体。

需要特别指出的是，网上销售并不等于网络营销，不适合网上销售的产品同样适合网络营销，因为网络营销的内容不仅仅是网上销售，还包括利用网络扩大对品牌的宣传，增加对品牌的认知，建立品牌忠诚等，这些网络营销活动对整个线上与线下营销体系具有良好的促进作用。

14.3 网络品牌策略

如果你从未想过创建自己的品牌，一直卖别人的品牌，那么你永远成不了一个成功的商人。许多人买东西是注重品牌的，品牌不仅是企业、产品、服务的标识，同时也是一种反映企业综合实力和经营水平的无形资产，在商战中具有举足轻重的地位和作用。所以大家都非常注重品牌建设。品牌是符号，是把企业的信誉、文化、产品、质量、科技、潜力等重要信息凝练成一个符号，着力塑造其广泛的社会知名度和美誉度，使产品随符号走进消费者心里。不仅实体消费中需要品牌，网络消费中也需要品牌。网络品牌的营销是以互联网为媒介，用各种网络营销推广手段进行产品或服务的推广，在消费者心目中树立良好的品牌形象，最终把企业的产品或服务推广出去满足消费者的需求，同时实现企业自身的价值。

14.3.1 网络品牌的含义和特点

1. 品牌与网络品牌的含义

根据美国市场营销协会的定义，品牌是用以识别一个（或一群）卖主的商品或服务的名称、术语、标识、符号或设计及其组合，以区别于其他卖主或竞争者的商品或服务。从这个定义来看，主要强调了品牌的可辨识性因素，即企业品牌存在的特征。从本质上说，品牌是一系列功能性与情感性的价值元素；品牌是一个以消费者为中心的概念，代表消费者在其生活中对商品或服务的感受而产生的信任、相关性与意义的总和。品牌也是一种资产，是一种无形资产。

那么什么是网络品牌呢？简单来说，企业品牌在互联网上的存在即网络品牌。网络品牌有两个方面的含义：一是通过互联网手段建立起来的品牌，二是互联网对线下既有品牌的影响。两者对品牌建设和推广的方式及侧重点有所不同，但目标是一致的，都是为了企业整体形象的创建和提升。在网络时代，企业不仅要树立传统意义上的品牌形象，更要树立自己的网上品牌形象。在网络领域，品牌是企业进行电子商务和参与网上竞争的保证。

2. 网络品牌的特点

相对于传统意义上的企业品牌，网络品牌具有下列特点：

1）网络品牌是网络营销效果的综合表现。网络营销的各个环节都与网络品牌有直接或间接的关系，因此可以认为网络品牌建设和维护存在于网络营销的各个环节，从网站策划、网站建设到网站推广、客户关系和在线销售，无不与网络品牌相关。网络品牌是网络营销综合效果的体现，如网络广告策略、搜索引擎营销、供求信息发布、各种网络营销方法等均对网络品牌产生影响。

2）网络品牌的价值只有通过网络客户才能表现出来。正如科特勒在《营销管理》一书中所言,"每一个强有力的品牌实际上代表了一组忠诚的客户",网络品牌的价值也就意味着企业与网络客户之间建立起来的和谐关系。网络品牌是建立客户忠诚的一种手段,因此那些用于客户关系管理的网络营销方法对打造网络品牌同样是有效的。一些大型企业,如化妆品、保健品、汽车行业和航空公司等创建的网络社区,集中了相同品牌的爱好者,是创建网络品牌的有效方法。

3)网络品牌体现了为客户提供的信息和服务。百度是成功的网络品牌之一,当客户想到百度这个品牌时,头脑中的印象不仅是那个非常简单的网站界面,更主要的是它在搜索方面的优异表现。可见,有价值的信息和服务才是网络品牌的核心内容。

4)网络品牌建设是一个长期的过程。与网站推广、信息发布和在线调查等网络营销活动不同,网络品牌建设不是通过一次活动就可以完成的,不能指望立竿见影。

14.3.2 网络品牌的层次

当人们看到一个知名企业的网站时,会联想到该企业的形象。如果企业网站看起来比较专业,可以为用户提供有价值的信息和服务,那么客户会对该品牌产生满意感,否则将对企业品牌产生负面影响,但客户不至于对一个知名企业完全失去信任,因为该企业的品牌还有更多的途径对客户产生影响,而且已有的品牌威力会形成一种印象惯性,即使在网络品牌方面有不足的地方,也容易让客户忽略。当客户看到一个并不熟悉的企业网站时,通常会产生一定的印象,但很难一下子和企业的品牌联系一起,因为这个品牌在该客户心中还不存在,这时通过网络形成的品牌印象,也是客户对企业品牌的第一印象。

这也可以说明,知名品牌企业的网络品牌策略主要是品牌形象从线下向线上的延伸和发展;非知名企业和新创企业的网络品牌则近乎全新的创建过程。对于网络客户来说,从网上获得的印象几乎就是对企业的全部印象,因此这些企业在向用户传递品牌信息时更应细心。这与基于互联网业务的纯粹网络公司有一定的相似性。

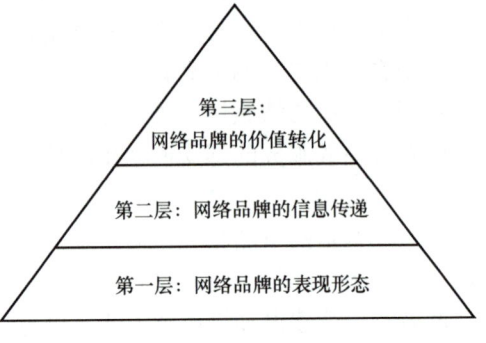

图 14-2 网络品牌的层次结构示意图

网络品牌包含三个层次,如图 14-2 所示。

1. 网络品牌的表现形态

一个品牌之所以被认知,首先应该有其存在的表现形式,也就是可以表明这个品牌确实存在的信息,即网络品牌具有可认知的、在网上存在的表现形式,如域名、官方网站(网站名称和网址)、Logo、官方微博、企业电子邮箱、企业二维码等。

2. 网络品牌的信息传递手段

仅有网络品牌的存在并不能被客户认知,还需要通过一定的手段和方式向客户传递网络品牌信息,品牌才能被客户了解和接受。网络营销的主要方法,如搜索引擎营销、社会化网络、许可 E-mail 营销、网络广告、病毒性营销等,它们都具有网络品牌信息传递的作用。因此,网络营销的方法和效果之间具有内在的联系。例如,在进行网站推广的同时,也达到了品牌推广的目的,只有深入研究其中的规律,才能在相同营销资源的条件下获得综合营销

3. 网络品牌的价值转化

网络品牌的最终目的是获得忠诚的客户并增加销售，因此网络品牌价值的转化过程是网络品牌建设中最重要的环节之一。客户从对一个网络品牌的了解到形成一定的转化，如网站访问量上升、注册人数增加、促进销售、提高顾客满意度等，这个过程就是网络营销活动的过程。

14.3.3 如何建立网络品牌

目前，有很多网商想通过网络打造属于自己的网络品牌，做了大量工作却发现品牌仍然可望而不可即。怎样才能让客户牢牢记住品牌，建立起属于自己的网络品牌呢？

1. 品牌命名

一个好的品牌名称应当容易被记忆、朗朗上口，Logo 容易被识别且与产品的属性和卖点有一定的联系。

2. 提炼好卖点

从营销的角度看，有核心技术的产品竞争力相对较强，因为核心技术就是最好的卖点。没有核心技术的产品，可以从技术以外的因素中提炼出它的卖点。卖点越突出，消费者越容易记住，消费认知一旦形成，产品就会畅销，就容易形成品牌忠诚。

卖点提炼要遵循简单、聚焦的原则。只有极其简单的信息，才容易让消费者记住。卖点传播过程中信息越多，消费者记住的就越少。定位要聚焦，只需要一部分人满意，不是让所有人满意。

3. 过硬的产品品质

产品品质是品牌的载体和基石。如果产品品质不过关，无论品牌大厦如何雄伟，都终将会倒塌。

4. 制定品牌传播策略

传播是品牌腾飞的翅膀。若没有传播，品牌就很难占据消费者的心智。随着新媒体的不断崛起，传播途径和传播效果都呈现碎片化趋势。因此，企业在预算有限的情况下，更应当制定策略，选择最为有效的媒体组合，实现最大的投入产出比。

5. 品牌传播聚焦

要利用企业有限的资源，把品牌和产品信息有效地传递给目标消费者，引导其产生购买行为。品牌传播应当遵循五个原则：①目标消费群要明确，可以被精确描述。②产品要聚焦。每个企业都会研发很多产品，在第一款产品没有成功时，不要盲目推广第二款产品。③要明确产品利益诉求点，并在此基础上进行传播。④平台推广选择要精准，要调查目标消费者经常接触哪些平台、什么时间点接触，这样才能把产品或品牌信息更精准地传递给消费者。⑤传播要整合，集中各种平台或宣传活动形式，在某一时间段内整合、聚焦、持续投放，要让消费者在不同时间、不同地点都能接收企业传递的产品或品牌信息。这样才能让消费者在大量的广告信息中有效识别企业信息。

除了上述几种建立和传播网络品牌的常见方法之外，还有多种对网络品牌传播有效的方法，如开展网络公益活动、参加行业论坛、借力事件营销等。网络品牌建设往往需要一定的资源投入，并且是一项长期的工作。

14.4 网络服务策略

14.4.1 网络服务的概念

网络服务就是以国际互联网为基础，利用数字化的信息和网络媒体的交互性来辅助营销目标实现的一种新型的市场营销服务方式。简单地说，网络营销服务就是以互联网为主要手段进行的，为达到一定营销目的的一系列营销服务活动。

广义的网络服务是以互联网为主要手段（包括企业内部网、EDI 行业系统专线网及国际互联网）开展的营销服务活动。

狭义的网络服务是指组织或个人基于开放便捷的互联网，对产品和服务所做的一系列经营服务活动，从而达到满足组织或个人需求的全过程。

14.4.2 网上客户服务的内容

不同的客户对企业的需求是不同的，要让客户满意就是要满足客户的需求。客户的需求一般是有层次性的，如果企业能够提供满足客户更高层次需求的服务，那么客户的满意度就会更高。网络营销服务利用互联网的特性可以更好地满足客户不同层次的需求。同时，客户需求的层次实际上反映了网上服务的内容，具体来说有以下几种。

1. 了解产品信息

网络时代，客户需求呈现出个性化和差异化特征，客户为满足自己个性化的需求，需要全面、详细地了解产品和服务信息，寻求最能满足自己个性化需求的产品和服务。

2. 解决问题

客户在购买产品或服务后，可能面临许多问题，需要企业提供服务解决这些问题。客户面临的问题主要是产品安装、调试、试用和故障排除，以及有关产品的系统知识等。在企业网络营销网站上，许多企业的网站提供技术支持和产品服务，以及常见问题解答（Frequently Asked Question，FAQ）。有的还建设有客户虚拟社区，客户可以通过互联网向其他客户寻求帮助，自己学习解决。

3. 接触企业人员

对于有些比较难以解决的问题，或者客户难以通过网络营销网站获得解决方法的问题，客户也希望企业能提供直接支援和服务。这时，客户需要与企业人员进行直接接触，向企业人员寻求帮助，得到直接答复。

4. 了解全过程

客户为满足个性化需求，不仅通过掌握信息来选择产品和服务，还要求直接参与产品的设计、制造、运送等整个过程。个性化服务是一种双向互动的企业与客户之间的密切关系。企业要实现个性化服务，就需要改造企业的业务流程，将企业的业务流程改造成按照客户的需求来进行产品的设计、制造、改进、销售、配送和服务。客户了解和参与整个过程意味着企业与客户需要建立一种"一对一"的关系。互联网可以帮助企业更好地改造业务流程，以适应对客户的"一对一"营销服务。

上述几种层次的需求之间会产生相互促进的作用。只有低层次需求被满足后，才可能促进更高层次的需求，客户的需求越得到满足，企业与客户的关系也就越密切。

14.4.3 网上客户服务的主要形式

1. 常见问题解答

网上客户服务的重要内容之一是为客户提供有关企业产品和服务等方面的信息。面对众多企业提供的信息以及客户可能需要的信息，最好的解决方法就是在网站上建立客户常见问题解答（FAQ）。在很多网站上都可以看到，FAQ 系统列出了一些客户常见的问题，属于客户在线帮助。

一个好的 FAQ 系统，应该至少可以回答客户 80%的一般问题。这样不仅方便了客户，也可以大大减少网站工作人员的压力，节省了大量的客户服务成本，并且提高了客户满意度。因此，一个优秀的网站应该重视 FAQ 系统的设计。一个有效的网站 FAQ 页面应具有以下特征：

（1）FAQ 页面必须容易找到　这个页面必须可以通过导航条或导航栏直接链接，或者是一个下拉菜单，或者在主页上有显著的链接标记，并且每一页都提供客户服务。

（2）FAQ 页面必须能够快速下载　这个页面给客户提供问题的解答必须迅速。一般的文本形式没有问题，但如果涉及图标、图片或者美术图画就要商榷了。如果问题的数量和答案的长度使得页面大小足以影响下载时间，那么该页面最好分成几个小页面，并通过目录实现定位（如产品信息的 FAQ、有关客户支持的 FAQ、有关货运的 FAQ），或者建立一个包含所有问题的索引页面，并且可以通过问题链接到相应的答案。

（3）问题必须容易找到　不要强制客户翻页查找他们的问题和答案。在页面顶部列出所有问题，通过内部链接帮助客户回答问题，并把相应的答案列在页面底部。每个答案之后包含一个"回到顶部"的链接，以帮助还有其他问题的客户。问题应该按目录分类，带有标题，并按逻辑顺序排列（如有关发出订单的问题应该在货运问题之前）。

（4）答案从客户的角度出发　问题必须以简单直白的方式表达，并以告诉客户做什么和怎么做为中心；限制专业术语的使用，清楚地表达有用的信息。如果网站同时为两个或更多个不同市场服务，则需要多个 FAQ 页面为每一种类型的客户提供服务。

（5）为客户提供问 FAQ 页面中没有列出的问题的机会　因为没有任何一个 FAQ 页面可以解答客户遇到的所有问题，所以每一个 FAQ 页面都必须包含 E-mail 地址、电话号码、"网站搜索"栏、"输入问题"栏等。

2. 电子邮件和在线表单

当通过 FAQ 无法得到满意的解答时，就需要一对一的网上客户服务方式。电子邮件和在线表单都是在线联系工具，通过它们都可以将客户咨询的信息发送给企业/网站相关人员，但由于两者发送信息的方式不同，其效果也存在一定的差异。

作为一种主要的在线交流手段，电子邮件在客户服务中的作用非常重要，有着主要的网上客户服务功能，不仅表现在一对一的客户咨询，更多情况下是作为长期维持客户关系的工具。随着客户对服务的要求越来越高，回复客户 E-mail 咨询的时间已经成为衡量一个企业整体客户服务水平的标准。在线表单的作用与 E-mail 类似，客户无须利用自己的电子邮件发送信息，而是通过浏览器界面上的表单填写咨询内容，提交到网站，由相应的客户服务人员处理。由于可以事先设定一些格式化的内容，如客户姓名、单位、地址、问题类别等，通过在线表单提交的信息比一般的电子邮件更容易处理。因此，为数不少的网站采用这种方式。

从功能上看，在线表单和 E-mail 这两种常用的在线联系方式都可以达到客户信息传递的目的，但从效果上来说有很大区别，如果处理不当，在线表单可能会存在很大的潜在问题，因此应该对此给予必要的重视。

首先，由于在线表单限制了客户的个性化要求，有些信息可能无法正常表达；其次，当在线表单提交成功之后，客户并不了解信息提交到什么地方了，多长时间才能得到回复，并且自己无法保留邮件副本，不便于日后查询。因此，有时会对采用在线表单的联系方式产生不信任感。另外，客户填写的联系 E-mail 地址也有错误的可能，这样将无法通过 E-mail 回复客户的问题，甚至会造成客户不满。因此，对于在线表单方式的在线客服通常需要做一些提醒设置。例如，在联系信息的表单页面同时给出其他联系方式（如电子邮件地址、电话号码），并且给出一个服务承诺，即在提交后多久会回复客户的问题，同时也有必要提醒客户对有关咨询的问题自行用其他方式保留副本。

3. 微信客服

在企业应用方面，微博适合做营销传播，微信适合做客户服务。微博是陌生人关系，可以进行有效的链式传播；微信是熟人关系，可以一对一地进行对话。微信基于一对一对话和交互菜单，可以实现类似短信营业厅的自助服务业务，而且基于语音对讲的异步功能，又可以实现类似电话中心的呼叫中心业务。因此，客户服务将是微信在企业应用中的关键领域。

传统客户服务中大多服务的是企业的存量客户，或者知晓了企业的电话中心号码直接拨打的潜在客户。微信客户服务也一样，都针对已经是企业公众号好友的消费者，这里面可能部分是存量客户，部分是潜在客户，都是在线下刷过微信二维码或者已在微信上搜索添加。对于存量客户，微信客户服务可以提供最基本的受理类业务，如企业指定业务受理、客户投诉及建议、产品维修或障碍保修、预约服务等。

1）微信可以让企业实现与客户的一对一交互，这个交互是私密的、双向的。私密性确保了信息不被传播，双向性避免了单向的推送，而更好地体现了企业与客户的平等对话，从而微信客户服务可以提供消费者市场调查、客户满意度调查、销售/服务回访、节假日关怀、客户信息验证等。

2）微信的语音对讲不同于电话的同步语音，而是异步语音。异步语音让客户服务有了很好的演变，可以充分利用知识库、预录制语音、业务情景结合交互菜单等进行服务。基于该功能，微信客户服务可以实现的增值类业务有人工语音的自助服务、拓展的信息服务、转语音信箱服务/转电子邮件/OA 系统服务、城市/企业秘书台等。

3）微信的自定义菜单和关键字回复，可以实现智能交互菜单，类似呼叫中心的 IVR 机制，从而让微信客户服务可以实现更大比例的自助服务，如业务咨询、费用查询、订单查询、业务受理状态查询等查询类业务，以及自助下单、交付和预约资源（座位、包厢、菜品）等预约类业务。

4）微信的对话机制中可以嵌入超链接，进入专门的 App 页，通过 HTML5 页面或者其他技术开发的页面，可以进行企业特定的业务受理。因此，微信客户服务可以实现进一步的特定业务，如自助缴费、充值、购买零配件、兑换礼品等业务。

5）微信的扫一扫在客户服务中也可以起到很大作用。通过二维码、条码的支持，可以对产品条码或者维保证书进行扫描，实现售后服务的信息验证、维保索赔等业务；通过近距离无线通信（NFC）技术的支持，实现与智能家电、物联网等的对接，实现智能的人机对话。

6）微信可以在公众平台上对好友进行分组，然后基于不同分组进行差异化的主动服务，可以实现一个简单的客户关系管理（CRM）功能。例如，针对不同客户群体的业务提醒、促销通知、产品服务调查、消费交易后的回访、生日关怀等业务。

7）微信的朋友圈可以进行内容分享。企业可以设计交易后的回访和致谢内容模板，同时添加口碑分享的元素成为分享模板，鼓励消费者进行朋友圈分享，从而又可以扩展为微信客户服务的服务营销业务。

总而言之，对于那些B2C模式的、客户互联网使用程度高的企业，在微信上做客户服务的优势非常明显，远远优于传统电话中心和E-mail、网站页面自助服务等渠道。

4. 呼叫中心

呼叫中心是充分利用现代通信与计算机技术，自动灵活地处理大量各种不同的电话呼入和呼出业务和服务的技术。同样，博客在一定程度上也具有在线服务的作用，不过这些方式目前都没有成为在线服务的主流应用。

呼叫中心也可以理解为在一个相对集中的场所，由一批服务人员组成的服务机构，通常利用计算机通信技术，处理来自企业、客户的垂询与咨询需求。以电话咨询为例，其具备同时处理大量来电的能力，还具备主叫号码显示，可将来电自动分配给具备相应技能的人员处理，并能记录和储存所有来电信息。一个典型的以客户服务为主的呼叫中心可以兼具呼入与呼出功能，在处理客户的信息查询、咨询、投诉等业务的同时，可以进行客户回访、满意度调查等呼出业务。

呼叫中心随着信息技术的进步，向着智能化、个人化、多媒体化、网络化、移动化的方向发展。呼叫中心突破了时间与空间的限制，提供人性化的服务，会给企业带来巨大利润和良好的社会效益，为广大客户带来满意的服务，因此其快速发展和广泛被采用已成必然。

尽管在线服务手段很多，并且新的在线服务工具还在不断发展中，但在强调网上客户服务的同时，不应忽视传统工具（如电话和普通邮件）的作用，它们在增进客户关系和实现客户服务方面同样重要。正如网络营销和传统营销密不可分一样，选择客户服务手段最重要的不是区分网上还是网下，而是考虑效率和客户满意，最理想的方式是根据客户需求的特点，采取网上与网下相结合的方式。

> **案例与拓展**

B站网络品牌营销之《浪潮三部曲》

Bilibili弹幕视频网站（以下简称B站）是国内最大的垂直社交网络平台之一，坚持圈层化、社交化的发展思路。然而，移动互联网早已进入竞争激烈的存量竞争时代。Quest Mobile数据显示，全网月均活跃用户人数同比增速从2018年的4.9%下降到2019年的2.3%，2020年持续下降到1.7%。为了应对流量饱和的环境，B站不得不从圈子化的网络社区向社会化大众传播平台的方向发展，这促使B站对站外的品牌传播活动愈发活跃。

2020年，B站先后发布了三个建构其品牌意义的视频——《后浪》《入海》《喜相逢》，合称《浪潮三部曲》。三个视频均在网站内首发,发布后均超过了 15 亿的全网曝光量,其中《后浪》在发布后更是拥有超过 30 亿的全网播放量。截至 2023 年 11 月 20 日,在 B 站内的总播放量《后浪》为 3487.6 万、《入海》为 1693.1 万、《喜相逢》为 1037.4 万,《浪潮三部曲》仅在站内的二创作品超过 5000 个,可见其视频文本获得了较好的传播效果。这也意味着,视频中通过精心选择的社区文化符号所建构出的预期传递的品牌意义,能较为精准地被目标用户解码并接收。

在品牌推广策略层面,《浪潮三部曲》以"流行文化发展平台"作为 B 站的平台定位,以"主流化"作为品牌推广活动的最终目的,以"价值观求同"作为其促进 B 站品牌形象主流化的主要手段,以"多元化"作为其为 B 站塑造的核心品牌印象。为此,《浪潮三部曲》选择三种符合 B 站特征的"价值观求同",即"我们都是后浪""我们都是毕业生""我们都是爱学习的人",分别设立与其要传达的主题相匹配的传播目标。在《后浪》中邀请知名演员进行演讲,站在老一辈的立场反驳对年轻人"一代不如一代"的偏见,将 B 站与"青年""中国未来"等关键词绑定。在《入海》中与音乐人合作,制作歌曲《入海》的 MV,讲述当下毕业生的迷茫与现实困境,引发用户的情感共鸣,进一步展现 B 站懂年轻人的品牌形象。在《喜相逢》中围绕一个爱玩 B 站的老爷爷和一个不理解他的时髦老太太相亲的故事展开,展现 B 站社区的核心资产和文化灵魂,回答"现在的 B 站是一个什么样的网站的问题"。

从品牌意义建构的角度看,《浪潮三部曲》从凸显 B 站独特性的主题选择,到符合 B 站推广需求的阶段性目标设立,都已经在品牌推广的顶层设计中抛下引导受众进行迎合解码的"诱饵"。

(资料来源:肖彧君,尤游. 垂直社交网络平台视频广告中品牌意义的符号选择策略:以 B 站《浪潮三部曲》为例〔J〕. 传媒论坛,2023,6(23):24-26.)

讨论题:

1. B 站的《浪潮三部曲》品牌营销为何能够成功?
2. 你还能为 B 站策划哪些品牌营销方案?

关键术语与思考题

关键术语

整体产品　有形产品　无形产品　品牌　网络品牌　网络营销服务　FAQ

思考题

1. 简述整体产品概念的五个层次。
2. 简述网络品牌的特点。
3. 简述网络品牌的三个层次。
4. 如何建立网络品牌?
5. 简述网上客户服务的内容。

第15章

网络营销价格策略

本章要点

- 网络营销产品定价目标
- 网络营销定价策略
- 免费价格策略
- 基于消费心理学的定价技巧

网络营销价格策略是成本与价格的直接对话。由于信息的开放性,消费者很容易掌握同行业各个竞争者的价格,如何引导消费者做出购买决策是关键。企业如果想在价格上取得优势,应强调自己产品的性价比以及与同行业竞争者相比自己产品的特点。另外,企业也需要应用消费心理学知识提高网上定价技巧,实现营销目的。

15.1 网络营销价格概述

15.1.1 网络营销价格的含义

无论是传统营销还是网络营销,价格策略是最富有灵活性和艺术性的策略,是企业营销组合策略中的重要组成部分。网络营销价格是指企业在网络营销过程中买卖双方成交的价格。产品的价格是由市场供应方和需求方共同决定的。网络营销价格的形成是极其复杂的,它受多种因素的影响和制约。企业在进行网络营销决策时,必须对各种因素进行综合考虑,从而采取相应的定价策略。

15.1.2 网络营销产品定价目标

定价目标是指企业通过制定一定水平的价格所要达到的预期目的。定价目标一般可分为利润目标、销售额目标、市场占有率目标和稳定价格目标。

1. 利润目标

利润目标是企业定价目标的重要组成部分,获取利润是企业生存和发展的必要条件,是企业经营的直接动力和最终目的。因此,利润目标被大多数企业采用。由于企业的经营哲学及营销总目标不同,这一目标在实践中有以下两种形式。

（1）以追求最大利润为目标　最大利润有长期和短期之分，还有单一产品最大利润和企业全部产品综合最大利润之别。一般而言，企业追求的应该是长期的、全部产品的综合最大利润。这样，企业就可以取得较大的市场竞争优势，占领和扩大更多的市场份额，拥有更好的发展前景。当然，对于一些中小型企业、产品生命周期较短的企业、产品在市场上供不应求的企业等，也可以谋求短期最大利润。

最大利润目标并不必然导致高价，如果价格太高，会导致销售量下降，利润总额可能因此减少。有时，高额利润是通过采用低价策略，待占领市场后再逐步提价来获得的；有时，企业可以采用招徕定价策略，对部分产品定低价，赔钱销售，以扩大影响，招徕顾客，从而带动其他产品的销售，谋取最大的整体效益。

（2）以获取适度利润为目标　它是指企业在补偿社会平均成本的基础上，适当地加上一定量的利润作为产品价格，以获取正常情况下合理利润的一种定价目标。以最大利润为目标，尽管从理论上讲十分完美，也非常诱人，但在实际运用时常常会受到各种限制。所以，很多企业按适度原则确定利润水平，并以此为目标制定价格。采用适度利润目标有各种原因，以适度利润为目标使产品价格不会显得太高，从而可以阻止激烈的市场竞争，或由于某些企业为了协调投资者和消费者的关系，树立良好的企业形象，而以适度利润为其目标。

以适度利润为目标确定的价格不仅使企业可以避免不必要的竞争，而且能获得长期利润。由于价格适中，消费者愿意接受，还符合政府的价格指导方针，因此是一种兼顾企业利益和社会利益的定价目标。需要指出的是，适度利润的实现，必须充分考虑产销售量、投资成本、竞争格局和市场接受程度等因素。否则，适度利润只能是一句空话。

2. 销售额目标

销售额目标是在保证一定利润水平的前提下，谋求销售额的最大化。某种产品在一定时期、一定市场状况下的销售额由该产品的销售量和价格共同决定，因此销售额的最大化既不等于销售量最大，也不等于价格最高。对于需求价格弹性较大的产品，因降低价格而导致的损失可以由销售量的增加而得到补偿，因此企业宜采用薄利多销的策略，保证在总利润不低于企业最低利润的条件下，尽量降低价格，促进销售，扩大盈利。反之，若产品的需求价格弹性较小，降价会导致收入减少，而提价则使销售额增加，企业应该采用高价、厚利、限售的策略。

在采用销售额目标时，确保企业的利润水平尤为重要。这是因为销售额的增加，并不必然带来利润的增加。有些企业的销售额上升到一定程度，利润就很难再上升，甚至销售额越大，亏损越多。因此，销售额和利润必须同时考虑。在两者发生矛盾时，除非是特殊情况（如为了尽量地回收现金），应以保证最低利润为原则。

3. 市场占有率目标

市场占有率又称市场份额，是指企业的销售额占整个行业销售额的百分比，或者是指某企业的某产品在某市场上的销售量占同类产品在该市场销售总量的比重。市场占有率是企业经营状况和企业产品竞争力的直接反映。作为定价目标，市场占有率与利润的相关性很强，从长期来看，较高的市场占有率必然带来高利润。

市场占有率目标在运用时存在保持和扩大两个互相递进的层次。保持市场占有率定价目标的特征是根据竞争对手的价格水平不断调整价格，以保证足够的竞争优势，防止竞争对手占有自己的市场份额。扩大市场占有率的定价目标就是从竞争对手那里夺取市场份额，以达到扩大企业销售市场乃至控制整个市场的目的。

在实践中，市场占有率目标被国内外许多企业采用，其方法是以较长时间的低价策略来保持和扩大市场占有率，增强企业竞争力，最终获得最大利润。但是，这一目标的顺利实现至少应具备以下三个条件。

1）企业有雄厚的经济实力，可以承受一段时间的亏损，或者企业的生产成本本来就低于竞争对手。

2）企业对竞争对手情况有充分了解，有从其手中夺取市场份额的绝对把握。否则，企业不仅不能达到目的，反而可能受到损失。

3）在企业的宏观营销环境中，政府未对市场占有率做出政策和法律限制。例如，美国的《反垄断法》对单个企业的市场占有率进行限制，以防止少数企业垄断市场。在这种情况下，盲目追求高市场占有率，往往会受到政府的干预。

4. 稳定价格目标

稳定的价格通常是大多数企业获得一定目标收益的必要条件，市场价格越稳定，经营风险就越小。稳定价格目标的实质就是通过本企业产品的定价来左右整个市场的价格，避免不必要的价格波动。按这种目标定价，可以使市场价格在一个较长的时期内相对稳定，减少企业之间因价格竞争而受到损失。

为达到稳定价格的目的，通常情况下是由那些拥有较高市场占有率、经营实力较强或较具有竞争力和影响力的领导者先制定一个价格，其他企业的价格则与之保持一定的距离或比例关系。对大企业来说，这是一种稳妥的价格保护策略；对中小企业来说，由于大企业不愿意随便改变价格，竞争性减弱，其利润也可以得到保障。在钢铁、采矿业、石油化工等行业，稳定价格目标得到了最广泛的应用。

将定价目标分为利润目标、销售额目标、市场占有率目标和稳定价格目标，只是一种实践经验的总结，它既没有穷尽所有可能的定价目标，又没有限制每个企业只能选用其中的一种。由于资源的约束、企业规模和管理方法的差异，企业可能从不同的角度选择自己的定价目标。不同行业的企业有不同的定价目标，同一行业的不同企业可能有不同的定价目标，同一企业在不同的时期、不同的市场条件下也可能有不同的定价目标，即使采用同一种定价目标，其价格策略、定价方法和技巧也可能不同。企业应根据自身的性质和特点，具体情况具体分析，权衡各种定价目标的利弊，灵活确定自己的定价目标。

在网络营销中，市场还处于起步阶段的开发期和发展时期，企业进入网络营销市场的主要目标是占领市场求得生存和发展机会，然后才是追求企业的利润。目前，网络营销产品的定价一般都是低价甚至免费，以求在迅猛发展的网络虚拟市场中寻求立足的机会。

15.1.3 网络营销定价的基础

从企业内部来说，企业产品的生产成本总体来说是呈下降趋势的，而且成本下降趋势越来越明显。在网络营销战略中，可以从降低营销及相关业务管理成本费用和降低销售成本费用两个方面分析网络营销对企业成本的控制和节约。下面将全面分析互联网应用会对企业其他职能部门业务带来哪些成本费用的节约。

1. 降低采购成本费用

在采购过程中经常出现问题，是由过多的人为因素和信息闭塞造成的，通过互联网可以减少人为因素和信息不畅通的问题，从而最大限度地降低采购成本。

首先，利用互联网可以将采购信息进行整合和处理，统一从供应商处订货，以求获得最大的批量折扣。其次，通过互联网实现库存、订购管理的自动化和科学化，可以最大限度地减少人为因素的干预，同时能以较高的效率进行采购，从而节省了大量的人力，并可避免人为因素造成的损失。最后，通过互联网可以与供应商进行信息共享，帮助供应商按照企业生产的需要进行供应，同时不影响生产，也不增加库存产品。

2. 降低库存

利用互联网将生产信息、库存信息和采购系统连接在一起，可以实现实时订购，企业可以根据需要订购，最大限度地降低库存，从而实现"零库存"管理。这样做的好处是：一方面，减少资金占用和减少仓储成本；另一方面，可以避免价格波动对产品的影响。正确管理存货能为客户提供更好的服务并为企业降低经营成本，加快库存核查频率会减少与存货相关的利息支出和存储成本。减少库存量意味着现有的加工能力可更有效地得到发挥，更高效率的生产可以减少或消除企业和设备的额外投资。

3. 生产成本控制

利用互联网可以节约大量的生产成本。一方面，利用互联网可以实现远程虚拟生产，在全球范围寻求适宜的生产厂家生产产品；另一方面，利用互联网可以大大缩短生产周期，提高生产效率。使用互联网与供货商和客户建立联系，使企业能够比从前大大缩短用于收发订单、发票和运输通知单的时间。有些部门通过增值网络共享产品规格和图样，以提高产品设计和开发的速度。互联网发展和应用将进一步减少产品的生产时间，其途径是通过扩大企业电子联系的范围，或是通过与不同研究小组和企业进行合作来实现。

15.1.4 网络营销定价的特点

1. 全球性

网络营销市场面对的是开放的和全球化的市场，客户可以在世界各地直接通过网站进行购买，而不用考虑网站是属于哪一个国家或地区的。这种目标市场从过去受地理位置限制的局部市场，一下拓展到范围广泛的全球市场，使得网络营销产品在定价时必须考虑目标市场范围的变化给定价带来的影响。

如果产品的来源地和销售目的地与传统市场渠道类似，则可以采用原来的定价方法；如果产品的来源地和销售目的地与原来传统市场渠道差距非常大，则在定价时就必须考虑这种地理位置差异带来的影响。例如，亚马逊网上商店的产品来自美国，购买者也是美国，那产品定价可以按照原定价方法进行折扣定价，定价也比较简单。如果购买者是其他国家或地区的消费者，那么采用针对美国本土的定价方法就很难面对全球化的市场，影响网络市场全球性作用的发挥。为解决这些问题，可采用本地化方法，准备在不同市场的国家或地区建立地区性网站，以适应地区市场消费者需求的变化。

因此，企业面对的是全球性网上市场，但企业不能以统一市场策略来面对差异性极大的全球性市场，必须采用全球化和本地化相结合的原则进行。

2. 低价位定价

互联网是从科学研究应用发展而来的，因此互联网使用者的主导观念是网上的信息产品是免费的、开放的、自由的。在早期互联网开展商业应用时，许多网站采用收费方式想直接从互联网盈利，结果证明是失败的。

网上产品定价较传统定价要低，还有一个原因是其成本费用的降低，互联网可以从诸多方面来帮助企业降低成本费用，从而使企业有更大的降价空间来满足顾客的需求。

3. 顾客主导定价

顾客主导定价是指为满足顾客的需求，顾客通过充分的市场信息来选择购买或者定制生产自己满意的产品或服务，同时以最小代价（产品价格、购买费用等）获得这些产品或服务。简单地说，即顾客的价值最大化，顾客以最小成本获得最大收益。

顾客主导定价的策略主要有：顾客定制生产定价和拍卖市场定价。根据调查分析，由顾客主导定价的产品并不比企业主导定价获取的利润低，根据国外拍卖网站 eBay.com 的分析统计，在网上拍卖定价产品，只有 20%的产品拍卖价格低于卖者的预期价格，50%的产品拍卖价格略高于卖者的预期价格，剩下 30%的产品拍卖价格与卖者预期价格相吻合；在所有拍卖成交产品中，有 95%的产品成交价格卖者比较满意。因此，顾客主导定价是一种双赢的发展策略，既能满足顾客的需求，又能使企业的收益不受影响。

15.1.5 影响定价的因素

影响产品定价的因素很多，有企业内部因素，也有企业外部因素；有主观因素，也有客观因素。概括起来，有产品成本、市场需求、竞争因素和其他因素四个方面。

1. 产品成本

产品的价格是按成本、利润和税金三部分来制定的。成本是构成价格的主要因素，价格如果过分高于成本，则有失社会公平；价格如果过分低于成本，则不可能长久维持。

2. 市场需求

当产品的市场需求大于供给时，价格应高一些；当产品的市场需求小于供给时，价格应低一些。反过来，价格变动影响市场需求总量，从而影响销售量，进而影响企业目标的实现。因此，企业制定价格必须了解价格变动对市场需求的影响程度。反映这种影响程度的一个指标就是产品的价格需求弹性系数。

3. 竞争因素

市场竞争也是影响价格制定的重要因素。根据竞争的程度不同，企业定价策略也会有所不同。按照市场的竞争程度，可以分为完全竞争、不完全竞争与完全垄断三种情况。

完全竞争与完全垄断是竞争的两个极端，中间状态是不完全竞争。在不完全竞争条件下，竞争的强度对企业的价格策略有重要影响。所以，首先，企业要了解竞争的强度。竞争的强度主要取决于产品制作技术的难易、是否有专利保护、供求形势，以及具体的竞争格局。其次，企业要了解竞争对手的价格策略，以及竞争对手的实力。最后，企业还要了解、分析本企业在竞争中的地位。

4. 其他因素

企业的定价策略除受成本、需求以及竞争状况的影响外，还受其他多种因素的影响。这些因素包括政府或行业组织的干预、消费者的消费习惯和消费心理、企业或产品的形象等。

15.2 网络营销定价策略

企业为了有效地促进产品在网上销售，必须针对网上市场制定有效的价格策略。由于网上信息的公开性和消费者易于搜索的特点，网上的价格信息对消费者的购买起着重要的作用。消费者选择网上购物，一方面是由于网上购物比较方便，另一方面是因为从网上可以获取大量的产品信息，从而可以择优选购。网络定价的策略很多，下面根据网络营销的特点，着重介绍竞争定价策略、折扣定价策略、个性化定制生产定价策略、使用定价策略、企业声誉定价策略、拍卖定价策略、捆绑销售定价策略和打赏型定价策略。

1. 竞争定价策略

通过顾客跟踪（Customer Tracking）系统经常关注顾客的需求，时刻注意潜在顾客的需求变化，才能保持网站向顾客需要的方向发展。大多数网上购物网站经常会将网站的服务体系和价格等信息公开，这就为了解竞争对手的价格策略提供了方便。所以，应随时掌握竞争对手的价格变动，调整自己的竞争策略，时刻保持同类产品的相对价格优势。

2. 折扣定价策略

折扣定价策略是在原价基础上进行打折来定价的，让顾客直接了解产品的降价幅度以促进顾客购买，如打折、有奖销售或者附带赠品等。例如，亚马逊、当当一般都会有一些折扣活动。

这类价格策略主要被一些网上商店采用，它一般按照市面上的流行价格进行折扣定价。

3. 个性化定制生产定价策略

个性化定制生产定价策略是在企业能实行定制生产的基础上，利用网络技术和辅助设计软件，帮助消费者选择配置或者自行设计能满足自己需求的个性化产品，同时承担自己愿意付出的价格成本。这种策略是利用网络互动性的特征，根据消费者的具体要求来确定产品价格的一种策略。网络的互动性使个性化营销成为可能，也使个性化定制生产定价策略有可能成为网络营销的一个重要策略。个性化定制生产定价策略由于没有可比性，所以可以采取高价策略。

4. 使用定价策略

使用定价就是顾客通过互联网注册后可以直接使用某企业的产品，顾客只需要根据使用次数进行付费，而不需要将产品完全购买。这一方面减少了企业为完全出售产品进行大量不必要的生产和包装的浪费，另一方面可以吸引那些有顾虑的顾客使用产品，扩大市场份额。采用这种定价策略，一般要考虑产品是否适合通过互联网传输，是否可以实现远程调用。目前，比较适合的产品有软件、音乐、电影等产品。

5. 企业声誉定价策略

企业的形象、声誉成为网络营销发展初期影响价格的重要因素。消费者对网上购物和订货往往会存在许多疑虑。例如，在网上所订购的产品，质量能否得到保证，能否及时送到等。如果网上商店的店号在消费者心中享有声望，则它出售的产品价格可比一般商店高些；反之，价格则低一些。

6. 拍卖定价策略

与传统零售业和网上购物的买方被动接受产品价格的模式不同，网上拍卖允许买卖双方对交易产品的价格进行更为广泛的协商。经济学认为：市场要想形成最合理的价格，拍卖竞价是最合理的方式。网上拍卖由消费者通过互联网轮流公开竞价，在规定时间内价高者赢得产品。例如，拍卖网站 eBay 网，它允许产品公开在网上拍卖，拍卖竞价者只需要在网上登记即可，拍卖方只需要将拍卖品的相关信息提交给 eBay 公司，经公司审查合格后即可上网拍卖。

随着互联网市场的拓展，将有越来越多的产品通过互联网拍卖竞价。企业在选择拍卖竞价策略时要慎重，因为拍卖竞价可能会破坏企业原有的营销渠道和价格策略。拍卖竞价比较适合一些库存积压产品和二手产品，也适合企业刚刚上市的新产品，通过拍卖展示，以低廉的起拍价吸引消费者注意，起到促销作用。

7. 捆绑销售定价策略

捆绑销售这一概念在很早以前就出现了，但是直到 20 世纪 80 年代美国快餐业对其加以应用后才引起人们的广泛关注，如麦当劳通过该销售形式提高了食品销售量。如今，这种传统销售策略已被精明的网络企业应用，使顾客对所购产品的价格感觉更满意。

捆绑销售定价是指将两种或两种以上的相关产品捆绑打包出售，并制定一个合理的价格。这种销售行为和定价方法常常出现在信息产品领域，如微软公司将 IE 浏览器与 Windows 操作系统捆绑，并以零价格附随出售。

8. 打赏型定价策略

随着消费者付费意识的逐渐形成，一些互联网属性较强的产品不再确定价格，完全凭消费者个人对产品价值的认知和衡量进行付费。较常见的就是自媒体平台所创作的内容产品，读者先阅读内容，然后依据自己对内容价值的评判进行金额打赏，不设定限额和标准，一切皆由自己判定，不打赏也可以。

15.3 免费价格策略

15.3.1 免费价格策略的含义

免费价格策略是市场营销中常用的营销策略，它主要用于促销和推广产品，这种策略一般是短期和临时性的。但在网络营销中，免费价格策略不仅是一种促销策略，还是一种非常有效的产品和服务定价策略。

具体来说，免费价格策略就是将企业的产品和服务以零价格形式提供给顾客使用，满足顾客的需求。免费价格形式有这样几类：①产品和服务完全免费，即产品（服务）从购买、使用和售后服务所有环节都实行免费，如浏览网易新闻、使用网易邮箱是无须支付任何费用的；②产品和服务限制免费，即产品（服务）可以被有限次使用，超过一定期限或次数后，取消这种免费服务，如需继续使用需要付费；③产品和服务部分免费，如一些著名研究公司的网站公布部分研究成果，如果要获取全部成果必须付费；④产品和服务捆绑式免费，即购买某产品或者服务时赠送其他产品和服务。

免费价格策略之所以在互联网上流行，是有其深刻背景的。一方面，互联网的发展得力于免费价格策略的实施；另一方面，互联网作为 20 世纪末最伟大的发明，它的发展速度和增长潜力令人生畏，任何有眼光的人都不敢放弃发展、成长的机会，免费价格策略是最有效的市场占领手段。

目前，企业在网络营销中采用免费价格策略，一个目的是让顾客免费使用形成习惯后，再开始收费，如智联招聘免费体验活动，为用人单位提供一个免费账号，体验网上招聘；一些 B2B 电子商务平台也采用免费体验三个月的会员服务，其目的是让顾客体验产品或服务，形成偏好后，再开始收费。这种免费价格策略主要是一种促销策略，与传统营销策略类似。另一个目的是想发掘后续商业价值，它是从战略发展的需要来制定价格策略的，主要目的是先占领市场，然后再在市场上获取收益。例如，腾讯公司推出的即时聊天工具 QQ 被我国消费者大量免费使用。除了 QQ 外，腾讯还提供微信等免费产品。巨大的用户数量为腾讯公司带来了商机，会员增值服务、虚拟服务、移动广告、微信支付、腾讯游戏、申请认证微信公众号等为腾讯公司带来了巨大利润。

15.3.2 免费产品的特性

在网络营销中，产品实行免费策略是受一定的环境制约的，并不是所有的产品都适合采用免费策略。互联网作为全球性开放网络，它可以快速实现全球信息交换，只有那些适合互联网这一特性的产品，才适合采用免费价格策略。一般来说，免费产品具有以下特性。

1. 易于数字化

互联网是信息交换的平台，它的基础是数字传输。易于数字化的产品都可以通过互联网实现零成本配送。企业只需要将这些免费产品放到企业的网站上，用户可以通过互联网自由下载使用。企业通过较小成本就实现产品推广，可以节省大量的产品推广费用。

2. 无形化特点

通常采用免费策略的大多是一些无形产品，它们只有通过一定的载体才能表现出一定的形态。例如，软件、信息服务（如报纸、杂志、电台、电视台等媒体）、音乐制品、图书等。这些无形产品可以通过数字化技术实现网上传输。

3. 零制造成本

这里零制造成本主要是指产品开发成功后，只需要通过简单复制就可以实现无限制的生产。对这些产品实行免费策略，企业只需要投入研制费用即可，至于产品生产、推广和销售则完全可以通过互联网实现零成本运作。

4. 成长性

采用免费策略的产品一般都是利用产品成长推动占领市场，为未来市场发展打下坚实的基础。

5. 冲击性

产品采用免费策略，主要目的是推动市场成长，开辟新的市场领地，同时对原有市场产生巨大的冲击。例如，滴滴打车首单免费、当天第二单不超过×元也免费，这些举措使滴滴打车迅速抢占了出租车市场。

6. 间接收益特点

采用免费策略产品（服务）可以帮助企业通过其他渠道获取收益。这种收益方式也是目前大多数 B2B 电子商务平台的主要商业运作模式。

15.3.3 免费价格策略的实施

1. 免费价格策略的风险

自从有了互联网，大家都在想怎样才能在网上迅速膨胀，迅速扩大自己的知名度？大家都在寻找这种机会。互联网上最早出现这种机会的是浏览器，网景（Netscape）把它的浏览器免费提供给用户，开创了互联网上免费的先河。后来，微软如法炮制，免费发放 IE 浏览器。再后来，Netscape 公布了浏览器的源码，实行彻底的免费。

Netscape 当时允许用户免费下载浏览器，主要目的是在用户使用习惯之后，就可以开始收钱了，这是 Netscape 提供免费软件的背后动机。但是 IE 的出现打碎了 Netscape 的美梦。所以，对这些公司来说，为用户提供免费服务只是其商业计划的开始，商业利润还在后面，但并不是每家公司都能顺利获得成功。Netscape 的免费浏览器计划就没有成功。所以，对这些实行免费策略的企业来说，必须做好承担很大风险的准备。

2. 免费价格策略的实施步骤

免费价格策略一般与企业的商业计划和战略发展规划紧密关联，企业要降低免费价格策略带来的风险，提高免费价格策略的成功率，应思考以下几个方面的问题。

1）互联网是成长性的市场，企业要获取成功，关键是要有一个可能获得成功的商业运作模式，因此实施免费价格策略时必须考虑是否与商业运作模式相吻合。

2）分析采用免费价格策略的产品（服务）能否获得市场认可，即提供的产品（服务）是不是市场迫切需求的。互联网上通过免费价格策略已经获得成功的企业都有一个特点，就是提供的产品（服务）受到市场的极大欢迎。例如，互联网上的信息是海量的，消费者在查询信息时存在较高的搜索成本，百度公司的搜索引擎克服了这一难题，给消费者搜索信息带来了便利。

3）分析采用免费价格策略的产品推出的时机。在互联网上的游戏规则是"Win take all"（赢家通吃），只认第一，不认第二。因此在互联网上推出免费产品是为抢占市场，如果市场已经被占领或者已经比较成熟，则要审视推出的产品（服务）的竞争力。

4）考虑产品（服务）是否适合采用免费价格策略。目前，国内外很多提供免费 PC 的 ISP（Internet Service Provider，互联网服务提供商），对用户也不是毫无要求。它们有的要求用户接受广告；有的要求用户每月在其网站上购买定量的产品。例如，在优酷视频网站观看视频之前，都必须先看一段广告，如果想跳过广告，用户必须支付一定的费用。

5）策划推广免费产品（服务）。互联网是信息的海洋，网上用户已经习惯免费的产品（服务）。因此，要吸引用户关注免费产品（服务），应当与推广其他产品一样有严密的营销策划。在推广免费产品（服务）时，主要考虑通过互联网渠道进行宣传。例如，在知名网站进行链接，发布网络广告，同时还要考虑在传统媒体发布广告，利用传统渠道进行宣传。奇虎公司在推出免费 360 杀毒软件时，就是通过电视广告宣传了其永久免费的特性。

15.4 基于消费心理学的定价技巧

商家在面对消费者选择的定价决策时考虑的三个主要问题是：对第一次销售的产品如何定价；怎样随时间和空间的转移修订一个产品的价格，以适应各种环境和机会；怎样调整价格和怎样对竞争者的价格调整做出反应。那么，究竟应该如何定价？除了成本分析、竞品分析和客户群消费能力分析，商家还需要在价格制定之前掌握一些必备的消费心理学知识。

15.4.1 锚定效应

锚定效应是指当人们需要对某个事件做定量估测时，会将某些特定数值作为起始值，起始值像锚一样制约着估测值，从而导致人们在做决策的时候，会不自觉地给予最初获得的信息过多的重视。它只是一种人人都会有的认知偏差。这种认知偏差常常可以被拿来用在消费场景中，通过对比给客户多提供一些信息，突出价格优惠的感知。企业可以运用锚定效应创造优势，利于客户做出快速购买的决策。

锚定效应的定价技巧包括以下几种。

1. 用陈列影响买家出价

一瓶啤酒在小卖店卖 3 元，在大排档可以卖 5 元，在酒店可以卖 8 元，在酒吧可以卖 20 元。啤酒还是这瓶啤酒，只是陈列地点发生了变化。

对线上产品来说，标题、主图、模特、拍摄风格、设计、文案等因素，都能够影响客户对产品价值的判断。例如，同样一件衣服，图片用手机拍，详情用文字写，能卖到 50 元就不错了；找个网红模特过来拍，页面设计得时尚一点，价格就能提到 200 元；如果找个国际知名模特过来拍，设计风格向杂志靠拢，卖到 500 元以上也可能没问题。衣服还是那件衣服，但客户对它的价值感知发生了变化。

2. 数量暗示

想提升利润，要么提升销售量，要么提升客单价，而提升客单价最有效的手段就是提升客单件。那么如何引导客户一次购买 N 件呢？答案是，给他数量暗示。首先，在报价的时候，卖家按 N 件 X 元来报价，而不是 1 件 Y 元。例如，卖羊肉串的商家一般不会说 1 串 7.5 元，而是直接说 2 串 15 元，大家就会很自觉地买 2 串。其次，商家还可以通过设置购物数量上限来锚定客户的购买数量。例如，每人限购 5 件。最后，在促销方式上，商家可以将价格段相似的产品分为一个组，做"买 N 件送 1 件"的活动。

3. 价格标签

不管是产品上张贴的价签，还是在发布宝贝时的划线价，对客户来说，都是一个价值参照锚。人们常说，客户不是喜欢便宜，而是喜欢占便宜，说的就是这个意思。划线价的意义就在于给客户一种占便宜的感觉，即便产品从来不会按照这个价格来销售。

4. 视觉暗示

哪怕只是把字体大小做一些简单调整，也能影响客户对两个价格差距大小的判断。例如，参考价字体放大，而实际支付价格字体放小，就会给客户优惠很多的感觉。

15.4.2 损失规避

损失规避是指人们面对同样数量的收益和损失时，认为损失更加令他们难以忍受。以一个游戏为例，抛一枚硬币，如果正面朝上，你会赢 5 万元；如果背面朝上，你会输 5 万元。想一想，你是否愿意试一把？从理论上讲，这个输赢概率各 50%，学过概率论的朋友一眼就能看出来，如果抛的次数足够多，最终的结果应该无限趋近于零和。然而，大量的研究结果表明，95% 以上的人不愿意玩这个游戏。为什么会这样？原来，虽然硬币出现正反面的概率是相同的,但是人们对"失去"比对"得到"要敏感得多,也就是赔5万元时承受的痛苦比赢5万元时获得的快乐要高出许多。

人们在面对可能的收益或损失的时候,会表现出完全不同的决策模式。在炒股的时候,盈利股票持有时间远远短于亏损股票的持有时间。因此,人们如何决策,在很大程度上取决于他们如何去划得与失的那条线,而外界的条件、说话人的表达方式,完全可以影响他们对得与失的判断。

损失规避的定价技巧有以下几种。

1. 非整数定价法

非整数定价法会给客户一种一分一厘都算得清清楚楚的印象,使买家感到卖家定价认真、准确,从而相信这个价格的合理性。例如,你去菜市场买菜,摊主称了之后直接说:"20元。"你就会在心里犯嘀咕:"怎么这么巧,正好是整数?会不会缺斤短两,或者算错价格了?"但假如摊主对你说:"20元8毛,8毛不要了,给20元就行啦!"你就会很高兴,认为这位摊主买卖公道,自己还占了8毛钱便宜。即便是相近的价格,非整数往往比整数更容易获得买家的认可。国外某杂志上曾经公布了一项关于27000处房产销售的研究数据。数据显示,数字越具体,买家越容易掏钱,如362987元就比350000元这个数字更受欢迎。

2. 神奇的数字9

为什么定价时尾数最好是8或者9?答案是:这样的定价会给客户一种省钱的感觉。39元和41元虽然只差2元钱,但是在客户心里,一个是30多元,一个是40多元。反之,如果商家不想销售哪个产品,就可以把它的价格尾数定为1。

3. 价格分割

无论买的东西自己多么喜欢,掏钱的时候多少都有些心疼,尤其是需要支付的金额比较大的时候。那么,有什么方法能让客户觉得他只是支付了一小部分钱,而不是一大部分?答案是:价格分割。商家可以用更小的单位来报价。例如,在淘宝上卖独立包装的曲奇饼干,直接按照块来定价,单价2~5元不等。这种定价方式可以让店铺起步迅速。做电商的人都很容易理解,这样做有两个非常明显的好处:①给客户的直观感受是产品不贵,甚至不仔细对比还会觉得价格很便宜;②客户不可能只买一块曲奇饼干,一般都是10块、20块,甚至50块地批量下单,这也让产品的销售量数据增长迅速。

4. 把总报价换算成单价

有些产品价格高但使用周期长,如手机、计算机、记账服务等,如果直接报价,有时候会显得价格很高,但如果把价格换算成月甚至天,瞬间就会给客户一种超值的感觉。

例如,只需0.5元,每天报纸送到家,听起来就比订阅价188元一年要划算;每天1元钱,10万种精品模板免费用,仅从直觉上就比金牌会员360元一年更容易实现转化。手机、计算机等产品可以开通分期付款,3期或6期免息后,往往转化率也会大幅度提升。

5. 同价策略

如果产品数量众多,但品类相似,且不存在较大的成本差异,商家不妨给它们定一个相同的价格。为什么线下的2元店、10元店总能吸引大批人进店选购?答案是,客户心想:这么多产品都是一样的价格,我肯定能淘到非常划算的。而且当所有产品价格都一样的时候,客户的注意力会更多地关注产品本身,因而更有可能成交,也更容易买得更多。

6. 隐形涨价

人人都有厌恶损失的心理。当人们面对损失时,通常会变得非常敏感。正因为如此,涨价也成了商家经常纠结的事情,不涨价没利润,涨价了客户直接跑到竞争对手那里去了。那么,能不能做到隐形涨价呢?当然可以。

1)价格不变的情况下改变容量。可口可乐和其他罐装食品商家经常用这招,看上去好像没变化,但其实容量减少了,容量少也就意味着同样的原料能生产更多件产品,商家自然能有更多的利润。

2)推出升级款。有时候产品只需要更新一些细节,就可以光明正大地提升价格。对买家来说,升级款比原来的产品价格高是理所当然的,因此就比较容易接受。

7. 限时优惠

为什么大家要在"双11"的时候疯狂采购?因为大家担心过了这个时间再买同样的产品需要花更多的钱,而花冤枉钱是一件让人非常不愉快的事情。所以,想要留住某个客户,让他尽快下单,最好的方式是给他一张大额限时优惠券,让他有一种如果不用就是损失的感觉。

15.4.3 心理账户

心理账户(Mental Accounting)是芝加哥大学行为科学教授理查德·塞勒(Richard Thaler)提出的概念。心理账户是行为经济学中的一个重要概念。由于消费者心理账户的存在,个体在做决策时往往会违背一些简单的经济运算法则,从而做出许多非理性的消费行为。简单来说,所谓"心理账户",就是人们在心理上对结果(尤其是经济结果)的编码、分类和估价的过程,它揭示了人们在进行(资金)财富决策时的心理认知过程。

一个经典的"演出实验",假设有以下两种场景:

实验情境A:你打算去剧院看一场演出,票价是10美元,在你到达剧院的时候,发现自己丢了一张10美元的钞票。你是否会买票看演出?

实验情境B:你打算去看一场演出而且花10美元买了一张票。在到达剧院的时候,你发现门票丢了。如果你想看演出,必须再花10美元,你是否会买票?

结果如何?

实验情境A的实验表明:88%的调查对象选择会,12%的调查对象选择不会(调查对象为183人)。

实验情境B的实验结果表明:46%的调查对象选择会,54%的调查对象选择不会(调查对象为200人)。

为什么会出现这样的结果?从绝对值角度看,丢票与丢钱都一样,都是损失了10美元,为什么导致继续花10美元就出现了巨大的行为差异。事实上,这是"心理账户"在作祟。

心理账户的定价技巧包括以下几种。

1. 满减

在买东西时,单纯的支出让人感觉不愉快,但是如果在支出的同时还伴随着收入,哪怕只有一点,也会冲淡客户在花钱时的愧疚感。例如,一件标价1000元的产品打8折,和满1000元减200元看起来要付出的成本是一样的,但是在客户心理上却有很大的差别。1000元的东西付出800元就能买到,差异貌似没有这么大,但是如果满1000元减200元,给客户的感觉是自己已经付出了1000元（和800元差异不大），然后又额外收获了200元（200比起0差异很大）。

2. 坏消息一起说，好消息分开说

为什么经常看到很多商家说买3999元的计算机送耳机、送高档鼠标垫、送免费1年上门维修，而不是把耳机、上门维修等价格都包含在3999元里面？这是因为人们对损失和收益的感知并不是线性的。假设你获得100元能得到某种快乐，而想得到双倍的快乐可能需要400元，而不是200元。同样，损失100元受到的某种痛苦，可能要损失400元才能感受到双倍的痛苦。如果把所有的成本折合在一起，给客户一个总价，让客户一次支出3999元，而不是感觉到多次支出（为计算机支出3000元，为耳机支出200元，为维修支出200元），客户就觉得付出这些金钱没有那么痛苦。坏消息要一起说，而反过来，好消息则要分开说。例如，赠品设置为什么不直接说满××元送大礼包，而是一定要把赠品逐项罗列？答案是，想让客户觉得优惠很多。另外，满减力度设置多阶梯也有这个效果。例如，满100减10，满200减30，满500减100。付钱的次数少，优惠的次数多，会让客户更开心。

3. 情感化设计

其实，每个产品在客户的心里都有一个对应的心理账户，商家想让买家付款，就要给他一个动用该账户资产的理由。因此，商家要分析客户可能会把这个产品的消费归入哪一个心理账户，从哪个心理账户里支出会更加干脆。例如，一件标价为2000元的衣服，如果是给自己买可能会舍不得，但如果是送给心爱之人的生日礼物，可能就会毫不犹豫地付款。

价格是产品的标识，在产品销售过程中，价格起着渲染、沟通、刺激的作用。商家通过价格可以为产品塑造优质的印象，凸显产品品位。事实上，价格绝不是理性的，受供需关系的影响也是有限的，客户对一个产品价格的感知，很容易受到其他参照物的影响。零售行业有句话，价格是产品的生命线，但大多数企业往往更加重视推广、流量的获取，而在定价上非常草率，甚至会频繁调整产品价格，殊不知这些都是非常错误的行为。

▶ 案例与拓展

定价算法陷阱

许多企业使用算法来设定并实时调整价格，以实现利润最大化。但是，价格不断变化，可能会疏远客户，逐渐削弱客户忠诚度，损害品牌声誉。定价算法依靠人工智能和机器学习来权衡供求关系、竞争对手定价和交货时间等变量，然而通常未能考虑频繁的价格变化对客户感受的影响，导致客户质疑企业的动机以及企业产品和服务的价值。

2017年6月3日，警方接到报警称发生恐怖袭击，警车驶向伦敦桥。蓝色警灯闪烁，从数以千计的在该地区餐馆和酒吧享受周六夜晚的人们身边经过。街上的许多人感觉到了危险，试图用优步（Uber）叫车赶回安全的家。但是，晚上10点7分，在警方接到第一个报警电话后的43min内，优步的动态定价算法导致该地区的价格飙升了200%以上。

伦敦事件只是优步在集体焦虑时期价格飙升的众多令人忧心的例子之一。类似的价格猛涨还出现在2016年纽约市爆炸案、2017年出租车司机罢工抗议美国反移民政策，以及2020年西雅图大规模枪击事件期间——这一次枪击事件导致车费飞涨500%之多。优步的算法定价一直饱受其9300万活跃用户诟病。伦敦桥恐怖袭击之夜，优步手动停止伦敦桥附近的峰

时定价之后，这一机制仍在伦敦市中心周边地区有效运作了 50min。

经济学家可能会赞美优步的定价引擎：需求大于供给时，乘车的价格就会攀升。然而对客户而言，使用这项服务的成本不可预测。

优步并非唯一面临这一问题的企业。许多行业——包括广告、电子商务、娱乐、保险、体育、旅游和公用事业的企业都已采用动态定价，并取得了不同程度的成功。一个众所周知的经典例子是可口可乐，该公司在 20 世纪 90 年代末尝试使用会在热天提高饮料价格的感温售货机，引起公愤之后很快放弃了这一项目。

定价算法旨在帮助企业近乎实时地确定最优价格。算法用人工智能和机器学习来权衡供需、竞争对手定价和交付时间等变量。不幸的是，算法偶尔会出现异常，得出无人会买单的数字——从 Wayfair 上标价 1.4 万美元的橱柜到亚马逊上标价近 2400 万美元的一本教科书。不过，企业将决策行为托付给计算机，风险还不止这一种。

价格不断变化，向客户发出了的强烈信号需要妥善管理。然而，许多企业未能意识到这一点。企业知道价格会影响何时买、买什么的决定，却忽略了这样一个事实：频繁的价格起伏可能会影响客户对产品的看法，更重要的是还会波及企业本身。

（资料来源：扎拉奇，斯图克. 定价算法陷阱［J］. 哈佛商业评论，2021（9）：70-71.）

讨论题：
1. 什么是算法定价？
2. 企业应如何更好地控制动态定价对客户关系的影响？

关键术语与思考题

关键术语

网络营销价格　锚定效应　损失规避　心理账户　算法定价

思考题

1. 简述网络营销产品定价目标。
2. 简述影响定价的因素。
3. 网络营销定价策略有哪些？
4. 如何实施免费价格策略？
5. 如何利用锚定效应进行网上定价？
6. 如何利用损失规避进行网上定价？
7. 如何利用心理账户进行网上定价？

第16章

网络分销渠道策略

本章要点

- 网络直销
- 网络间接分销
- 双道法与新零售

互联网的发展和商业应用，使传统营销中间商的地缘优势被互联网的虚拟性所取代。同时，互联网高效率的信息交换，改变了过去传统营销渠道的诸多环节，将错综复杂的关系简化为单一关系。互联网的发展改变了营销渠道的结构。企业在营销操作过程中，经常把网络营销渠道和传统营销渠道进行整合，从而拓展企业营销的空间，实现渠道功能的最大化效应。

16.1 网络分销渠道概述

16.1.1 网络分销渠道的意义

营销渠道（Marketing Channel）也称为营销网络，有时也称为分销渠道（Distribution Channel）。关于营销渠道的定义，有很多种版本，其中最具有代表性的当首推美国著名营销学家菲利普·科特勒的描述。科特勒认为："营销渠道就是指某种货物或劳务从生产者（制造商）向消费者（用户）转移时取得这种货物或劳务的所有权的所有组织或个人。"

从严格意义上说，营销渠道与分销渠道是两个不同的概念。前者包含后者，后者只是前者的一个子集，或者说前者是一个系统，后者只是前者的一个子系统。营销渠道包括某种产品或服务的供、产、销过程中的所有组织和（或）个人。例如，原材料或零配件供应商（Supplier）、生产商（Producer）、商人中间商（Merchant Middleman）、代理中间商（Agent Middleman）、辅助商（Facilitator）以及终端用户（End-User）等构成一条营销渠道。生产商、商人中间商和（或）代理中间商、终端用户则构成一条分销渠道。举例来说，联想PC的营销渠道，不仅包括生产者——联想以及联想的各级代理商、经销商和最终用户（家庭用户和行业用户），而且包括其上游供应商，如中央处理器（CPU）供应商——英特尔（Intel），以及辅助商、运输公司、公关公司、广告代理公司、市场研究机构等；其分销渠道则简单得多，仅包括联想及其各级代理商、经销商以及最终用户。

尽管营销渠道与分销渠道从严格意义上来说存在上述区别，而事实上，很多情况下，二者常常等同使用。

合理的分销渠道，一方面可以最有效地把产品及时提供给消费者，满足他们的需要；另一方面也有利于扩大销售，加速产品和资金的流转速度，降低营销费用。有些企业的产品尽管有质量和价格上的优势，但缺乏分销渠道或分销渠道不畅，无法扩大销售。这样的例子屡见不鲜。在市场经济条件下，无论是哪一个国家或生产者生产出来的符合市场需要的产品，只有通过一定的分销渠道，才能在适当的时间、地点，以适当的价格销售给广大用户和消费者，以满足他们的需要，从而实现企业的营销目标。

与传统营销渠道一样，以互联网作为支撑的网络分销渠道也应具备传统分销渠道的功能。网络分销渠道就是借助互联网将产品从生产者转移到消费者的环节。从总体上看，网络分销渠道可分为网络直销渠道和网络间接分销渠道两种基本类型。需要注意的是，有人认为随着网络营销的发展，直销渠道将会完全代替间接分销渠道。这种认识是片面的，因为从商品流通的构成来看，它是由信息流、商流、资金流、物流四个方面构成的，在网络技术比较发达的情况下，信息流、商流和资金流可以直接在网上完成，但物流则必须通过储存和运输来完成。

16.1.2 网络分销渠道与传统分销渠道的联系与区别

1. 网络分销渠道与传统分销渠道的联系

以互联网作为支撑的网络分销渠道也应具备传统分销渠道的功能。

（1）交易功能　交易功能即实现产品在实物上从生产者向消费者的转移，而消费者通过向生产者支付货币获得产品的所有权。这个功能通过组成分销渠道的各个组织机构来实现，如订货、付款、送货、售后服务等。

（2）调节功能　调节功能即对整个市场的供需在时间、空间、数量和品种等上起调节的作用。分销渠道通过储存、运输在时间上和空间上对整个市场产品的供应与需求进行调节。当市场上的产品供大于求时，分销渠道中的中间商把产品储存起来，当市场上的产品供不应求时，分销渠道中的中间商把产品向市场释放。分销渠道的中间商还可以把各个生产者所生产的产品进行分类整理，然后根据各个细分市场的不同需求组织配送，以满足每个消费者在数量和品种上的不同需求。

（3）信息发布功能　在商品流通过程中，分销渠道中的各组织机构还在信息沟通方面发挥着积极的作用，如企业的概况和产品的质量、种类、价格等。

2. 网络分销渠道与传统分销渠道的区别

无所不及、超越时空，将渠道、促销、电子交易、互动顾客服务，以及将市场信息收集分析与提供多种功能集于一体的互联网的出现，带来了分销渠道的革命。

（1）网络分销渠道的结构更简化　根据有无中间环节，分销渠道可分为直接分销（直销）渠道和间接分销渠道。由生产者直接将产品卖给消费者的分销渠道称为直接分销渠道，而至少包括一个中间商的分销渠道称为间接分销渠道。

传统分销渠道根据中间商数目的多少，将分销渠道分为若干级别。直接分销渠道没有中间商，因而称为零级分销渠道；间接分销渠道包括一级、二级、三级乃至级数更高的渠道，如图 16-1 所示。

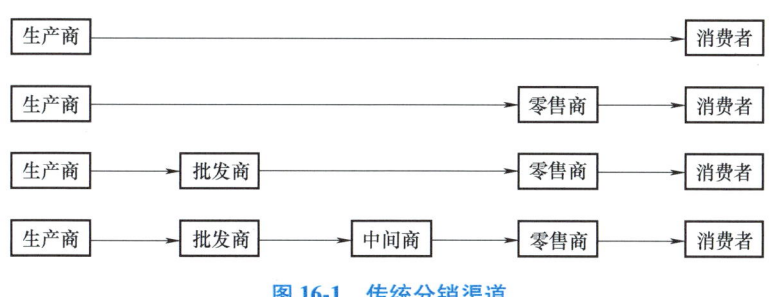

图 16-1　传统分销渠道

相对于传统分销渠道，网络分销渠道也可以分为直接分销渠道和间接分销渠道，其直接分销渠道和传统的直接分销渠道一样，都是零级分销渠道；而其间接分销渠道结构要比传统间接分销渠道简单得多，网络营销中只有一级分销渠道，即只存在一个电子中间商来沟通买卖双方的信息，而不存在多个批发商和零售商的情况，因而也就不存在多级分销渠道。

（2）网络分销渠道更能节省流通费用　在网络营销中，无论是直接分销渠道还是间接分销渠道，较之传统营销的渠道结构都大大减少了流通环节，有效降低了交易成本。

企业通过传统的直接分销渠道销售产品，通常采用两种具体实施方法。第一种方法是直接销售，不设仓库。例如，企业在外地派驻推销人员，但在当地不设仓库。推销人员在当地卖出产品后，将订单发回企业，由企业直接把货物发送给购物者。这种方法，企业需要支付推销人员工资和日常推销开支。第二种方法是直接销售，需要设立仓库。使用这种方法，企业一方面要支付推销人员的工资和费用，另一方面还要支付仓库的租赁费。

通过网络的直接分销渠道销售产品，企业可以从网上直接受理来自全球各地的订单，然后直接将货物寄给购物者。这种方法所需的费用仅仅是网络管理人员的工资和低廉的网络费用，驻外人员的差旅费及仓库的租赁费用等都不需要了。

通过传统的间接分销渠道销售产品，必须依靠中介机构，而且产品由生产单位流转到最终用户手中，中介机构常常不止一个。中介机构越多，流通费用就越高，产品的竞争能力也就在这种流转过程中逐渐丧失。

网络的间接分销渠道完全克服了传统间接分销渠道的上述缺点。网上商品交易中心之类的中介型电子商务网站，完全承担起信息中介机构的作用，同时也利用其在各地的分支机构承担起批发商和零售商这类传统中间商的作用。网上商品交易中心合并了众多的中介机构，使其数目减少到一个，从而使商品流通的费用降到最低程度。

（3）网络分销渠道更快捷　从网上直接挑选和购买产品，并支付货款，是销售产品、提供服务的快捷途径。

16.2　网络直销

在网络直销渠道中，生产商直接和消费者交易，不存在任何中间环节。这里的消费者可以是个人消费者，也可以是进行生产性消费或集团性消费的企业和商家，如图 16-2 所示。

图16-2　网络营销的直销渠道

16.2.1　网络直销流程图

网络直销是指厂家通过网络分销渠道直接销售产品，中间没有任何形式的网络中间商介入。B2C 电子商务基本属于网络商品直销的范畴。这种交易的最大特点是供需直接见面、环节少、速度快、费用低。网络商品直销的流转程式如图 16-3 所示。

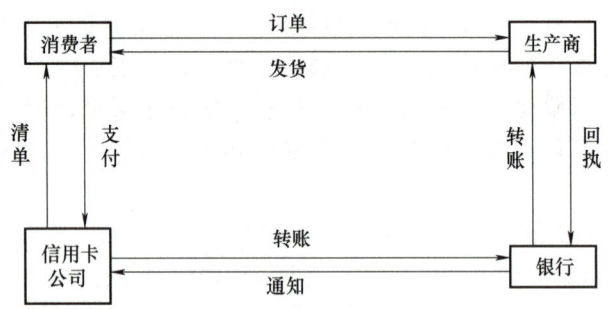

图16-3　网络商品直销的流转程式

由图 16-3 可以看出，网络商品直销的过程可以分为以下几个步骤。

1）消费者进入互联网，查看在线商店或企业的主页。

2）消费者通过购物对话框填写姓名、地址，以及购买商品的品种、规格、数量和价格。

3）消费者选择支付方式，如信用卡，也可以选用借记卡、电子货币或电子支票等。

4）在线商店或企业的客户服务器检查支付方服务器，确认支付额是否认可。

5）在线商店或企业的客户服务器确认消费者付款后，通知销售部门送货上门。

6）消费者的开户银行将支付款项传递到消费者的信用卡公司，信用卡公司负责发给消费者收费清单。

16.2.2　网络直销的形式

1. 自建网站

企业在互联网上建立自己独立的网站，申请域名，制作主页和销售网页，由相关人员专门处理有关产品的销售事务，如戴尔（DELL）和我国的海尔网上商城。

自建网站的好处是：①可以扩大企业的知名度、提高企业的形象；②由于网站是企业自己的，因此企业在开展各种网络促销活动时可以把外界干扰减小到最低程度；③企业可以充分利用自己的网站资源在网站上架起一座与消费者进行有效沟通的桥梁，及时掌握消费者的动态、分析消费者的心理等，从而使企业的网络促销活动设计得更有针对性。从近几年国外发展的情况看，许多企业在互联网上拥有自己的网站。

但是，自建网站也存在缺点：①自建网站的费用开支比较大；②网站建立起来以后需要专门的维护人员对其进行日常维护；③网站的内容不仅要及时更新，而且企业还应当把网站办得生动活泼，如果企业的网站总是一副老面孔，总是那几条内容，或者办得枯燥无味，将会大大影响企业的声誉和形象。

2. 信息服务商发布信息，企业销售

企业委托信息服务商在其网站上发布信息，然后利用有关信息与客户联系，直接销售产品。

虽然在这一过程中有信息服务商参与，但主要的销售活动仍然是在买卖双方之间完成的。这两种做法略有不同，但功能相同，都属于直销的范畴，所以不做具体分析。

16.2.3 网络直销的优点和缺点

1. 网络直销的优点

1) 有效减少交易环节，促成产需直接见面。
2) 网络直销对买卖双方都有直接的经济利益。由于网络可以大大降低企业的营销成本，企业能够以较低的价格销售自己的产品，消费者也能够买到大大低于现货市场价格的产品。
3) 有效减少售后服务的技术支持费用。

2. 网络直销的缺点

由于越来越多的企业和商家在网上建站，使消费者处于无所适从的尴尬境地。面对大量分散的域名，网络访问者很难耐心地逐个访问企业主页，尤其是那些不知名的中小企业网站，大部分网络访问者不愿意在此浪费时间，或只是在路过时看一眼。我国目前建立的企业网站，除个别行业和部分特殊企业外，大部分访问者寥寥无几，营销收效不大。

这个问题的解决必须从两个方面入手。一方面，需要尽快建立高水平的网络信息服务网站，并加强网站推广工作。网站推广工作就是要让消费者知晓并主动点击企业网站，可以说它是企业网络营销成功与否的关键。另一方面，需要从网络间接分销渠道中寻找出路。

16.3 网络间接分销

网络间接分销渠道是指产品从生产领域转移至消费者或用户手中，要经过中间商的分销渠道。为了克服网络直销的缺点，网络商品交易中介机构应运而生。中介机构成为连接买卖双方的枢纽，使网络间接分销成为可能。

网络中间商主要有两大类：产品或服务经销中间商和网络信息中间商。产品或服务经销中间商与传统渠道的中间商一样，起着将产品从生产领域向消费领域转移的作用。网络信息中间商本身不经营任何产品和服务，仅仅凭借其掌握的大量信息沟通买卖双方的交易，而最终交易的完成、产品实体的流转还是供应方和需求方之间的事，如图 16-4、图 16-5 所示。

图 16-4 以产品或服务经销中间商为中介的网络营销间接渠道

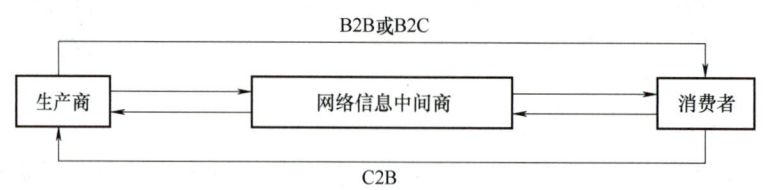

图 16-5　以网络信息中间商为中介的网络营销间接渠道

网络间接分销渠道是融入互联网技术后的中间商提供的,是指把产品由中间商销售给消费者或使用者的营销渠道。传统间接分销渠道可能有多个中间环节,而由于互联网技术的运用,网络间接分销渠道只需要新型电子中间商这一中间环节即可。间接分销渠道一般适应于小批量产品及生活资料的交易。

16.3.1　网络商品交易中介产生的必然性

从经济学的角度分析,有四个基本原因使网络商品交易中介机构的产生成为必然。

1. 网络商品中介交易简化了市场交易过程

设想一种最简单的情况,市场上仅仅存在 3 个生产商和 3 个消费者。在没有网络商品中介机构的情况下,总共需要发生 9 次交易关系(见图 16-6)。增加一个中介机构,在网络直销中必须发生的 9 次交易关系由此减少到 6 次(见图 16-7)。交易中介机构的存在,简化了市场交易过程,加速了产品由生产领域向消费领域的转化,使交易双方都感到方便和满意。

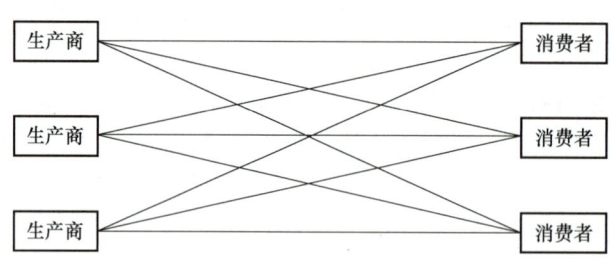

图 16-6　没有网络商品中介机构的交易关系

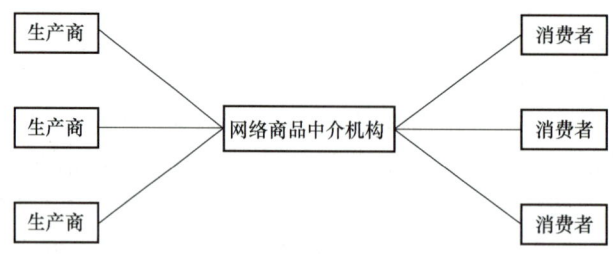

图 16-7　存在网络商品中介机构的交易关系

2. 网络商品交易中介机构的撮合功能有利于平均订货量的规模化

生产商一般生产大量种类有限的产品,而消费者则通常只需要数量有限但品种繁多的产品。这一矛盾只有通过中介服务商来解决,使产品和服务流通更顺畅。

网络商品交易中介机构作为连接生产者和消费者的一种新型纽带，可以有效克服传统商业的弊端。一方面，它能以最短的渠道销售产品，满足消费者对产品价格的要求；另一方面，它能够通过计算机自动撮合的功能，组织产品的批量订货，满足生产者对规模经济的要求。这种具有功能集约的产品流转程式的出现，为从根本上解决现代企业发展中批量组货与预订的难题创造了先行条件。

3. 网络商品中介交易使交易活动常规化

在传统交易活动中，影响交易的因素很多，如价格、数量、运输方式、交货时间和地点、支付方式等，每一个条件、每一个环节都可能使交易失败。如果这些因素能够在一定条件下常规化，交易成本就会显著降低，从而有效提高交易的成功率。

网络商品交易中介机构在这方面做了许多有益的尝试。由于是虚拟市场，这种机构可以一天24小时、一年365天不停地运转，避免了时间上、时差上的限制；买卖双方的意愿通过固定的交易表格统一、规范地表达，避免了相互扯皮；中介机构所属的配送中心分散在全国各地，可以最大限度地减少运输费用；网络交易严密的支付程序，使买卖双方彼此增加了信任感。很明显，网络商品交易中介机构的规范化运作，减少了交易过程中大量的不确定因素，降低了交易成本，提高了交易的成功率。

4. 网络商品交易中介机构便利了买卖双方的信息收集过程

在传统交易中，买卖双方都被卷入了一个双向的信息收集过程。这种信息收集既要付出成本，也要承担一定的风险。信息来源的局限性使生产者不能确定消费者的需要，消费者也无法找到他们所需要的东西。网络商品交易中介机构的出现改变了这种情况，为信息收集提供了极大的便利。网络商品交易机构本身是一个巨大的数据库，其中云集了全国乃至全世界的众多商品生产者，也汇集了成千上万种商品。这些商品生产者和商品实行多种分类，可以从各个不同的角度检索。买卖双方完全可以在不同的地区、不同的时间，在同一个网址上查询不同的信息，方便地交流不同的意见，在中介机构的撮合下，匹配供应意愿和需求意愿。

16.3.2 网络间接分销渠道的流程

网络商品中介交易是通过网络商品交易中心，即通过虚拟网络市场进行商品交易。以B2B电子商务为例，在这种交易过程中，网络商品交易中心以互联网为基础，利用先进的通信技术和计算机软件技术，将商品供应商、采购商和银行紧密地联系起来，为客户提供市场信息、商品交易、仓储配送、货款结算等全方位的服务。网络商品中介交易的流程如图16-8所示。

网络商品中介交易的流程可分为以下几个步骤。

1) 买卖双方将各自的供应信息和需求信息通过网络告诉网络商品交易中心，网络商品交易中心通过信息发布服务向参与者提供大量的、详细并准确的交易数据和市场信息。

2) 买卖双方根据网络商品交易中心提供的信息，选择自己的贸易伙伴。

3) 网络商品交易中心从中撮合，促使买卖双方签订合同。

4) 买方在网络商品交易中心指定的银行办理转账付款手续。

5) 指定的银行通知网络商品交易中心买方货款到账。

6) 网络商品交易中心通知卖方将货物发送到设在买方最近的交易中心配送部门。

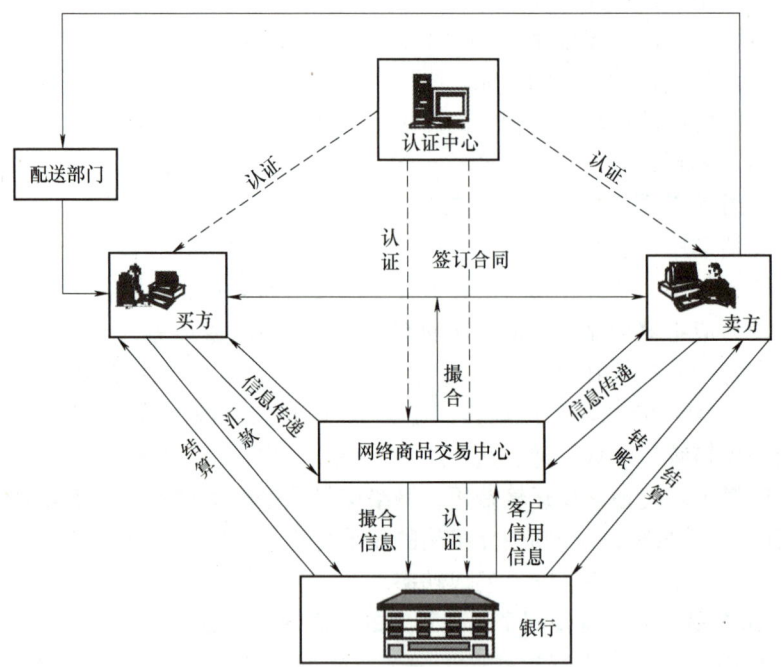

图 16-8　网络商品中介交易的流程

7）配送部门送货给买方。

8）买方验证货物后通知网络商品交易中心货物收到。

9）网络商品交易中心通知银行买方收到货物。

10）银行将买方货款转交卖方。

11）卖方将回执送交银行。

12）银行将回执转交买方。

中小微企业普遍采用网络间接渠道的方式开展电子商务。由于中小微企业在资金、规模、知名度等方面比较弱势，无法实现自建网站，所以必须找到一种适合自身发展的电子商务路径。网络商品交易中心就是在这种需求下诞生的。网络商品交易中心是指独立于买卖双方，能够提供在线交易、支付、物流配送、信用保证体系等综合解决方案的电子商务平台，可以为中小微企业提供低成本、专业化、便捷化、动态化的电子商务应用服务。网络商品交易中心的应用有利于企业降低成本、提高效率、扩展市场，是企业进行商务活动获取订单的有效途径。

中小微企业通过网络商品交易中心的应用，不仅可以避免一次性投入太多而影响生产，也不会因没有人才而搁浅。网络商品交易中心最大的意义还在于，聚集行业内的大部分企业形成集群效应。这类平台知名的有阿里巴巴、淘宝网、1号店等。

利用网络商品交易中心发展电子商务具有以下优势：①门槛较低，易于上手；②浏览量有保障，易带来商机；③交易体系完善，可实现在线购买、网上支付、物流配送，还提供在线推广、旺铺、黄金展位等增值服务；④交易安全可靠，第三方平台的认证技术、支付手段、安全技术等确保了交易的安全性。

16.3.3 网络中间商的类型

电子商务的出现和发展不仅没有使中间商消失，反而给传统的中间商带来了新的发展机遇。随着电子商务的日益盛行，在互联网上出现了越来越多的新型网络中间商，因为这些中间商是在网络市场中为用户提供信息服务中介功能的，因而一些学者就把这些新型中间商称为"网络中间商"（Internet Intermediary）或"电子中间商"（Electronic Intermediary）。与传统中间商一样，电子中间商起着连接生产者和消费者的桥梁作用，帮助消费者做出购买决策和满足其需要，帮助生产者掌握产品销售情况，降低生产者为达成与消费者的交易所支付的成本费用。根据业务模式的不同，可以将网络中间商进行如下分类。

1. 目录服务商

目录服务商对互联网上的网站进行分类并整理成目录的形式，使用户从中能够方便地找到所需要的网站。目录服务包括以下三种形式。

（1）综合性目录服务　例如，某些门户网站，为用户提供了各种不同网站的综合性索引，在这类网站上通常也会提供对索引进行关键词搜索的服务。

（2）商业性目录服务　例如，被百度公司收购的网址之家（www.hao123.com），用户通过网站中的链接可以进入不同的常用网站。商业性目录服务仅仅提供对现有的各种商业性网站的索引，而不提供建设和开发网站的服务。

（3）专业性目录服务　专业性目录服务，即针对某一专业领域或主题建设的网站，通常是由该领域中的企业或专业人士提供内容，包括为用户提供对某一品牌商品的技术评价信息、同类商品的性能比较等，对商业交易具有极强的支持作用。例如，提供数字期刊目录的万方数据知识服务平台（www.wanfangdata.com.cn）。

2. 搜索引擎服务商

与目录服务商不同，搜索引擎服务商为用户提供基于关键词的检索服务，如谷歌、百度等，用户可以利用其提供的搜索引擎对互联网进行实时搜索。

3. 虚拟商场

虚拟商场是指包含与两个以上的商业性网站链接的网站。虚拟商场与商业性目录服务商的区别在于，虚拟商场为需要加入的厂商或零售商提供建设和开发网站的服务，并收取相应的费用，如租用服务器的租金、销售收入的提成等。这类网站的主要收入来源依靠其他商业网站对它的租用，如天猫、QQ 商城。

4. 互联网内容服务商

互联网内容服务商，即在互联网上向目标客户群提供所需信息的服务提供者，如新浪、腾讯、网易。这类网站提供了访问者感兴趣的大量信息。目前，互联网上的大部分网站都属于这种类型。然而，现在大多数互联网内容服务商的信息服务对网络浏览者是免费提供的，其预期的收益主要有以下几方面的来源：①在互联网上免费提供信息内容，以促进传统信息媒介的销售；②降低信息传播的成本，从而可以提高利润率；③为其他网络商家提供广告空间，并收取一定的广告费或销售提成。

5. 网络零售商

与传统零售商一样，网络零售商购进各种各样的商品，然后把这些商品直接销售给最终消费者，从中赚取差价。例如，亚马逊、京东商城等。由于在网上开店的费用很低，因而网上零售商店的固定成本显著低于同等规模的传统零售商店。另外，由于网上零售商店的每一笔业务都是通过计算机自动处理完成的，节约了大量的人力成本，使零售业从原来的劳动密集型行业转变为技术密集型行业，并使网上零售商店的可变成本显著低于同等规模的传统零售商店。网上零售商店还可以比传统零售商店更容易获得规模经济和范围经济，所以网络零售商具有极大的价格竞争优势。很多网上零售商店也往往会以打折、优惠券等促销方式来吸引消费者购物，既促进了销售，又使消费者剩余得到了增加。

6. 虚拟评估机构

互联网是一个开放性的网络，任何人都可以在互联网上设立网站，对基于互联网形成的网络市场来说也是如此，任何人都可以在网络市场中开设商店、销售商品。也就是说，网络市场的进入门槛非常低，以至于无法将具有不良企图的经营者从一开始就排除在市场之外，因而在网络市场中充斥着良莠不齐的厂商和销售商，使消费者的购物风险升高。虚拟评估机构就是一些根据预先制定的标准体系对网上商家进行评估的第三方评级机构，通过为消费者提供网上商家的等级信息和消费评测报告，降低消费者网上购物的风险，对网络市场中商家的经营行为起到间接的监督作用。例如，网站评测专家。

7. 网络统计机构

电子商务的发展也需要其他辅助性的服务，如网络广告商需要了解有关网站访问者的特征、不同的网络广告手段的使用率等信息，网络统计机构就是为用户提供互联网统计数据的机构。例如，Forrester、A. C. Nielsen 以及我国的 CNNIC 等。

8. 网络金融机构

交易的完成还需要得到金融机构的支持，如网上交易过程中的信贷、支付、结算、转账等金融业务。网络金融机构就是为网络交易提供专业性金融服务的机构。

9. 虚拟集市

虚拟集市为那些想要进行物品交易的人提供一个虚拟的交易场所，任何人都可以将想要出售的物品的相关信息上传到虚拟集市的网站上，也可以在网站上任意选择和购买。虚拟集市的经营者对达成的每一笔交易收取一定的管理费用，网上拍卖网站是较具代表性的一种虚拟集市。

10. 智能代理

随着电子商务在全球范围内的飞速发展，网上的商业信息正以指数级数增长。面对网上浩瀚的信息，消费者不得不花费更多的时间和精力进行筛选和处理。智能代理（Intelligent Agent）就是利用专门设计的软件程序（智能代理软件/程序），根据消费者的偏好和要求预先为消费者自动进行所需信息的搜索和过滤服务的提供者。智能代理软件在搜索时还可以根据消费者的喜好和别人的搜索经验自动学习、优化搜索标准。那些专门为消费者提供购物比较服务的智能代理又称为比较购物代理（Comparison Shopping Agent）、比较购物引擎（Comparison Shopping Engine）、购物机器人（Shopbot/Pricebot）等，而且在此基础上还产生了一种新的电子商务模式——比较电子商务，例如比价网。由于这种商业模式的先进性，一些采用这种模式的网站迅速脱颖而出，成为众多网络消费者经常访问的网站。这从一个侧面反映了这种服务对消费者的价值。

综上所述，电子商务的发展对中间商提出了更高的要求，传统意义上的中间商必须向网络中间商转型，以适应电子商务环境的要求。网络中间商使厂商和消费者之间的信息不对称程度显著降低，提高了网络交易的效率和质量，提高了网络市场的透明度，在电子商务的价值链中扮演着重要的角色，具有不可替代的作用和功能。网络中间商的存在促进了电子商务的应用和发展。

16.3.4　选择网络商品交易中间商的原则

在互联网飞速发展的今天，网上每天都诞生新的中间商，这些中间商的功能、服务特色、服务质量差别很大。企业要想使自己的网络营销获得成功，必须正确选择网络商品交易中间商。企业在筛选网络中间商时，要考虑功能、成本、信用、覆盖面、特色和连续性六大因素。这六大因素是网络营销能否成功的决定性因素。

1. 功能

功能是指网络中间商所能够提供的服务功能。一般要求网络中间商能够提供多种复合功能，而不是只提供信息服务功能。能够担当网络间接销售渠道的网络中间商，必须具备如下功能。

（1）信息收集功能　信息收集功能是指能够收集和传播网络营销环境中有关顾客、竞争对手和其他参与者的营销信息。

（2）网络促销功能　网络促销功能是指具有强有力的网络促销方式的开发能力，这种促销方式对顾客极具说服力。不仅如此，还具有迅速传播促销信息的能力。

（3）网络谈判功能　网络谈判功能是指能够在网络上尽力谈判，撮合买卖双方的意愿。网络中间商通过撮合，能使买卖双方就价格、数量等其他条件达成协议并顺利实现商品或服务所有权的转移。

（4）网络订货功能　网络订货功能是指网络营销渠道中的中间商向制造商进行有购买意图的沟通行为，即网络中间商能够根据网络消费者的需求向商品或服务的供应者提出订货要求。

（5）网络融资功能　网络融资功能是指网络中间商有能力收集和分散资金，以负担从事网络分销工作所需的费用。

（6）承担风险功能　承担风险功能是指在执行网络分销任务的过程中为生产者和消费者承担有关商品或服务的风险。

（7）占有实体功能　占有实体功能是指在商品由供应方向需求方转移的过程中，能承担进货、储存、送货等各个环节的连续性工作。

（8）网络付款功能　网络付款功能是指完成在网络上向买方收款、向卖方付款的功能。当然，在这中间离不开与银行或其他金融机构的联系。

网络中间商具备的功能，是企业选择网络中间商时要考虑的最重要的因素。

2. 成本

成本是指使用网络中间商时的支出。这种支出分为两类：一类是在中间商网络服务站建立主页时的费用，另一类是维持正常运行时的成本。在两类成本中，维持成本是主要的、经常的，成本的大小与所选择的网络中间商有关，因为不同的中间商对成本的支出有较大的差别。

3. 信用

信用是指网络中间商所具有的信用度的大小，这一点往往会被企业忽略。相对于其他基本建设投资来说，建立一个网络服务站所需的投资较少，因而信息服务商如雨后春笋般出现。目前，我国还没有权威性的认证机构对这些信息服务商进行认证，因此企业在选择中间商时应注意其信用程度。

4. 覆盖面

覆盖面是指网络宣传涉及的地区和人数，即网站能够影响的市场区域。对企业来说，网站覆盖面并非越广越好，还要看市场覆盖面是否合理、有效，是否最终能够给企业带来经济效益。

5. 特色

每一个网站都受到中间商总体规模、财力、文化素质的影响，在设计、更新过程中表现出各自不同的特色，因而具有不同的访问群。企业应当研究这些访问群（顾客群）的特点、购买习惯和购买频率，进而选择不同的电子商务交易中间商。

6. 连续性

网络发展的实践证明，网站的寿命有长有短。一个企业要想使网络营销持续稳定地运行，就必须选择具有连续性的网站，在用户或消费者中建立品牌信誉、服务信誉。为此，企业应采取措施密切与中间商的关系，防止中间商将其他企业的产品放在经营的主要位置。

16.4　双道法与新零售

16.4.1　双道法

所谓双道法，是指企业同时使用网络直接分销渠道和网络间接分销渠道，以达到销售量最大的目的。在买方市场下，通过两条渠道销售产品比通过一条渠道更容易实现"市场渗透"。

企业在销售产品时，选择哪一种渠道要结合企业的具体情况。目前，许多企业的网站访问者不多，有些企业的网络营销收效也不大，但是不能据此否定企业网站的作用。企业在互联网上建站，一方面通过网站优化增加网上曝光率，为自己打开一个对外宣传的窗口；另一方面建立自己的网络直销渠道。国外的亚马逊书店，国内的海尔集团、苏宁电器网上商城的实践，都说明企业上网建站大有可为，建站越早，收益越早。不仅如此，一旦企业的网页和信息服务商链接，其宣传作用更不可估量，可以覆盖全国甚至可以传播到全世界。这种优势是任何传统的广告宣传都不可比的。很多网站拥有自身的专门站点，并且与天猫、腾讯等大型网站合作，建立链接，扩大宣传。

有着酿造葡萄酒悠久历史的张裕集团，近年来也开始发展网上订购业务。张裕集团旗下的官方商城——酒先锋专门经营张裕产品。网站针对高端客户、大批量客户和个性化定制客户提供了全面在线订购服务，同时在天猫、京东商城设立了旗舰店。

在现代化大生产和市场经济条件下，企业在网络营销活动中除了自己建立网站外，大部分还是利用网络间接分销渠道销售自己的产品，通过中间商的信息服务、广告服务和撮合服务扩大企业的影响，开拓企业产品的销售空间，降低销售成本。因此，对从事营销活动的企业来说，必须熟悉、研究国内外电子商务交易中间商的类型、业务性质、功能、特点及其他有关情况，必须能够正确地选择中间商，顺利完成产品从生产者到消费者的转移过程。

16.4.2 新零售

新零售是零售渠道云转型的结果，就是"上天""入地"的融合渠道，打造无处不在、无孔不入、无所不能的智能零售网络。其本质是大数据驱动的线上与线下一体化，无论你正在上网，还是走在街上，或是在购物中心，都可以用一套简单的系统，更加便捷、放心地进行决策、购物、交易。消费场景无处不在，想要就有。在商业模式上，强调线上与线下全渠道融合；在消费场景上，集购物、餐饮、娱乐等多元业态于一体；在运营方式上，通过互联网、通信技术重塑产业链结构，实现智慧零售；在布局上，利用互联网技术打造全时段、多场景、高效率的新消费体验，通过线上平台、线下实体门店、物流体系三方的深度融合，提升商品的供应链效率，消灭库存，最终实现消费者、渠道商、品牌商的多方共赢。

零售企业是企业销售渠道的重要一环，传统零售是一种"千人一面、千篇一律、千店一面"的局面，没有差异化。数智化的发展使得这种局面发生了改变，零售企业纷纷采纳数智化工具对传统零售渠道进行了革新，主要对"人""货""场"三个要素加以重构。

数智化后的消费者，不再只是某一类物理的人，而是用性别、喜好、习惯等一系列的数据标签来描述的消费者，这能够深度还原消费者的真实状态。"人"与"货"的互动数字化，是利用AR、VR、魔镜等进行导购，让消费者更全面地了解商品信息。交易数字化利用智能POS、刷脸支付提升支付体验，让消费者更便捷地完成购物交易并自助入会。运营数据化利用品牌号、手机淘宝、钉钉等工具对消费者进行离店服务及触达。数智化之后的经销商，可以通过各种系统全面了解消费者群体、精准触达、增加销售额，同时品牌商也可以通过销售的一线数据更好地研发消费者需要的商品。

结合大数据，"货"层面供应链的优化可以做到精准预测销售，如大润发最初人工预测的销量准确率在70%左右，而结合大数据后的预测准确率超过90%。借助大数据和不断迭代升级的算法，卖场可以做到智能补货、就近发货，而且柔性生产、个性化定制的效率也越来越高。以往都是人工盘点，做表格预测销量和订单，而现在可以借助大数据实时掌控商品的所有流向，机器人自动盘点、缺货预警、智能预测、智能补货已经在很多大型商超变成了现实。

结合大数据重构后的"场"，可以实现真正的全场所、全场景、突破时间和空间的限制，再结合各种黑科技进行强体验和互动，让消费者真正做到开心购物。例如快闪店，其是近年来在一、二线城市出现的新场景，即在商场的广场或者中庭开辟一个临时商店，以此聚焦一个场景。例如，针对某IP形象有各种基于该IP的衣服、鞋子、帽子、饰品、家居等周边商品。尽管这些商品并不是一个商家的，但是它们都是基于这个IP形象的，因此可以聚焦这些不同品类的商品到快闪店，以此汇聚IP不同品类商家的消费者到现场试用、体验，形成强大的消费者互动。商场可以通过组织这样的快闪店以形成不同的"场"，并可以借助数据化的设备和工具对消费者进行全面分析，以便后续更好地运营，形成持续转化。快闪店也可以进一步结合3D、VR、AR等新技术进行全球直播，形成24h持续在线商业体。

企业通过快闪店的形式，把线上的流量引到线下一个有体验、有互动的"场"中，并与消费者进行深度交流和互动，如通过肌肤测试、试妆镜、智能试衣镜等数字化技术给消费者带来全新的体验，同时对消费数据进行全面分析，真正把线上的数据和线下的体验结合起来，形成新零售的"场"。

新零售的渠道变革与其说是一场"场景革命"，不如说是对人性更深入的洞察和展望。新生代的消费者渴望更加自由、更加具有人性关怀的生活方式。当然，渠道的变革依赖各种新型技术的支持，同时技术的进步也在不断推动零售业的发展。

案例与拓展

银泰商业的新零售转型

银泰商业主要从事百货商场及购物中心的经营和管理业务，共经营36家门店，包括28家百货商店及8家购物中心，拥有近1000万件商品数据的数据库体系，并有约150万名会员构成的会员体系。银泰商业与阿里巴巴全面融合，将成为阿里巴巴整合线上与线下商业的重要平台。企业通过新平台，能分析出客户群的来源、分布、购物频次、购物偏好。

阿里巴巴代表电商线上资源，银泰商业的优势则在线下。银泰商城作为线下店面，可以成为消费者体验商品与服务的最佳场景：消费者觉得商品不错，可以直接扫码购买，或者放进购物车，不用自己带货品回家，淘宝或者天猫会按照消费者留下的地址及时送到家。在这一模式之下，线下商城的作用有两个：一是消费者的体验场所，二是导入消费者的流量的媒介。两者相辅相成，消费者的体验做得越好，去线下商城的消费者越多，对线上导流的作用越大。打通线上与线下很难，除非线上平台拥有绝对的话语权。阿里巴巴和银泰商业双方将共同致力把实体零售商业与互联网从"物理连接"升级为"化学融合"。

阿里巴巴可以为银泰商业从线上引流。作为最大的电子商务平台，它旗下的天猫、淘宝、聚划算等平台每天都吸引着大量的消费者。对银泰商业来说，"销售额＝客流量×转化率×客单价"，提高销售额的方法无非是提升客流量、转换率或者客单价。电商的兴起使得百货商场流失了部分客流量，也使得部分消费者把线下当成"试衣间"，导致百货商场转化率下降。通过线上引流会形成一个"虚拟商圈"，为线下门店带来更多客流量，同时也为银泰网进行导流。银泰百货的线下门店可以为阿里巴巴线上引流，通过在店内设置二维码，打通支付宝的体系，让更多消费者实现在天猫和淘宝等网站上消费。

银泰百货很早就将客户的历史购买行为、购买决策甚至线下卖场的移动路线、地理位置等所有的行为数据化并形成数据模型，同时不断地将数据进行优化、归类。另外，客户无论是接入商场Wi-Fi，还是其他购买行为，都可以被识别出来，并且通过数据分析可以给客户画像，以实现更精准的推送、互动和服务。银泰商业完整的线下数据与阿里巴巴数据体系的对接能产生叠加效应：当银泰商业的数据进入整个大数据体系，具体到每一个客户，把其在线上和线下的数据相互匹配起来，就能给客户更完整的全息画像，客户在线上与线下的购物偏好、行为轨迹都变得有章可循，也就更能深刻地了解客户。

(资料来源：范鹏. 新零售：吹响第四次零售革命的号角[M]. 北京：电子工业出版社，2018.)

讨论题：

1. 银泰商业的新零售模式是如何运作的？
2. 银泰商业与阿里巴巴融合发展的未来业务拓展还有哪些？

关键术语与思考题

关键术语

营销渠道　分销渠道　网络直销　智能代理　比较购物代理　双道法　新零售

思考题

1. 简述网络分销渠道与传统分销渠道的联系与区别。
2. 简述网络直销的优点和缺点。
3. 简述网络商品交易中介产生的必然性。
4. 简述网络间接分销渠道的流程。
5. 简述选择网络商品交易中间商的原则。
6. 新零售是如何重构其"人""货""场"三要素的?

第17章

网络促销策略

> **本章要点**
> - 网络促销的本质、特点、与传统促销的区别以及策略的实施
> - 网络促销的形式
> - 网络广告

营销的根本目的是促销，网络营销也不例外，大部分网络营销方法与直接或间接促销有关。与传统营销不同，网络促销的出发点是利用网络信息交流自由、开放和平等的特点实现与消费者的双向沟通。这种沟通方式不是传统营销中企业将营销信息强制"推送"给消费者，而是由消费者掌握主动权，选择是否接收企业的促销信息，即"软"营销方式。

17.1 网络促销概述

17.1.1 促销的本质

促销是企业市场营销活动的基本策略之一，是指企业以各种有效的方式向目标市场传递有关信息，以启发、推动或创造对企业产品和服务的需求，并引起消费者购买欲望和购买行为的综合性活动。促销的本质是企业同目标市场之间的信息沟通，不管是传统的促销活动还是网络促销活动都有以下基本功能。

1. 告知功能

促销活动能把企业的产品、服务、价格、信誉、交易方式和交易条件等信息告诉公众，使他们对企业由无知转为有知，从知之不多到知之较多，从而使他们在选择购买目标时，将企业的产品或服务纳入其选择范围。

2. 说服功能

促销活动往往致力通过提供证明、展示效果、表示承诺等方法来说服消费者，解除目标消费者的疑虑和犹豫，增强他们对本企业产品或服务的信心，以促使他们迅速采取购买行为。

3. 影响功能

促销活动通过对社会广泛、经常的信息传播，形成一种社会舆论，通过从众心理的作

用，对目标市场的消费者产生舆论导向，使他们在不知不觉中接受本企业的各种宣传，对本企业有好感。

17.1.2 网络促销的特点

网络促销是指利用现代化的网络技术向虚拟市场传递有关产品或服务的信息，以启发需求，引起消费者购买欲望和购买行为的各种活动。其表现有以下三个明显的特点。

1）网络促销是通过网络技术传递产品或服务的存在、性能、功效及特征等信息的。因此，网络促销不仅需要营销者熟悉传统的营销技巧，而且需要相应的计算机和网络技术知识，包括各种软件的操作和某些硬件的使用。

2）网络促销是在互联网这个虚拟市场环境下进行的。WWW 作为一个连接世界各国的大网络，聚集了全球的消费者，融合了多种生活和消费理念，显现出全新的无地域、时间限制的电子时空观。在这个环境中，消费者的概念和消费行为都发生了很大的变化，他们普遍实行大范围的选择和理性的消费。许多消费者还直接参与生产和流通的循环。所以，网络营销者必须突破传统实体市场和物理时空观的局限，采用虚拟市场全新的思维方法，调整自己的促销策略和实施方案。

3）市场由区域性市场向全球市场转变。互联网虚拟市场的出现，打破了传统的区域性市场的小圈子，将所有的企业，无论其规模大小，都推向了一个统一的全球大市场，传统的区域性市场正在被逐步打破，企业不得不直接面对激烈的国际竞争。如果一个企业不想被淘汰，就必须学会在这个虚拟市场中做生意。

17.1.3 网络促销与传统促销的区别

虽然传统促销和网络促销都表现出帮助消费者认识产品，引导消费者对产品的注意和兴趣，激发他们的购买欲望，并最终实现购买，但由于互联网强大的通信能力和覆盖面，网络促销在时间和空间观念上、在信息传播模式上以及在消费者参与程度上都发生了较大的变化。

1. 时空观念的变化

传统的产品销售和消费者群体都有一个空间上地理半径的限制，网络营销大大突破了这个原有的半径，使之在空间上成为全球范围的竞争。另外，传统的产品订货都有一个时间的限制，而在网络上，订货和购买可以在一年中的任何时间进行。时间和空间观念的变化要求网络营销者能随时调整自己的促销策略和具体的实施方案。

2. 信息沟通方式的变化

促销的基础是买卖双方的信息沟通。在网络上，信息沟通渠道是单一的，所有的信息都必须经过线路的传递。但是，这种沟通又是十分丰富的，多媒体信息处理技术提供了近似现实交易过程中的产品表现形式；双向的、快捷的、互不见面的信息传播模式，将买卖双方的意愿表达得淋漓尽致，也留给对方充分思考的时间。在这种环境下，网络营销者需要掌握一系列新的促销方法和手段，促进买卖双方达成交易。

3. 消费群体和消费行为的变化

在网络环境下，消费者的思维方式和消费行为都发生了很大的变化。上网购物者是一个特殊的消费群体，与其他消费者的消费需求不同。这些消费者直接参与生产和商业流通的循环，他们普遍进行大范围的选择和理性的购买。这些变化要求对传统的促销理论进行充实，对传统的促销模式进行修订。

4. 促销手段的变化

网络促销与传统促销在推销商品的目的上是相同的，因此整个促销过程的设计具有很多相似之处。所以，对于网络促销手段的运用，一方面，应当依靠现代网络技术，通过网络与消费者交流思想和意愿，达到推销产品的目的；另一方面，应当吸收传统促销方式的整体设计思想和行之有效的促销技巧，打开网络促销的新局面。

17.1.4 网络促销策略的实施

网络促销策略的实施程序由四个方面组成，即确定网络促销对象、设计网络促销组合方式、制订预算方案、衡量网络促销效果。

1. 确定网络促销对象

网络促销对象是针对可能在网络虚拟市场上产生购买行为的消费群体提出来的。随着网络的迅速普及，这一群体的规模也在不断扩大。这一群体主要包括以下三类。

（1）产品的使用者　产品的使用者是指实际使用或消费产品的人。实际的需求构成了这些消费者购买的直接动因。抓住了这一部分消费者，网络销售就有了稳定的市场。

（2）产品购买的决策者　产品购买的决策者是指实际决策购买产品的人。在许多情况下，产品的使用者和购买决策者是一个人，特别是在虚拟市场上更是如此。因为大部分上网者都有独立的决策能力，也有一定的经济收入。但在另外一些情况下，产品的购买决策者和使用者则是分离的。例如，小学生在网上看到心仪的物品，非常希望购买，但实际的购买决策往往由小学生的父母做出。所以，网络促销同样应当把购买决策者放在重要的位置上。

（3）产品购买的影响者　产品购买的影响者是指在看法或建议上对最终购买决策可以产生一定影响的人。在低价、易耗日用品的购买决策中，产品购买的影响者的影响力较小，但在高价耐用消费品的购买决策上，影响者的影响力较大。这是因为对高价耐用品的购买，购买者往往比较谨慎，希望广泛征求意见后再做决定。因此，这部分人也不能忽视。

2. 设计网络促销组合方式

企业的促销方式大致有两种：一种是制造商通过广告和公共关系等手段极力向消费者促销，消费者向中间商指名购买，致使中间商主动向制造商进货，即"拉策略"（拉销），如图 17-1 所示；另一种是制造商通过人员推销等手段极力向中间商促销，中间商再极力向消费者促销，即"推策略"（推销），如图 17-2 所示。

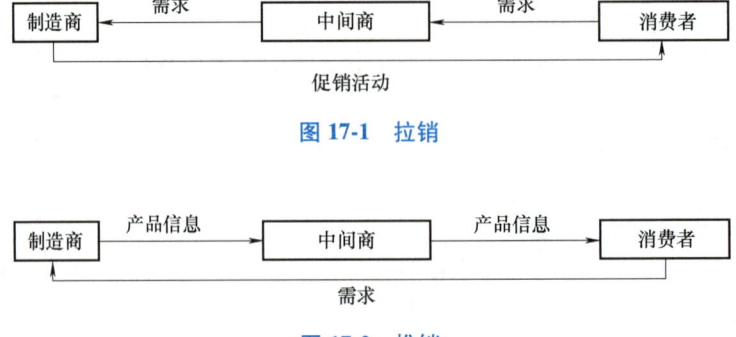

图 17-1　拉销

图 17-2　推销

在网络营销中，拉销就是企业吸引消费者访问自己的 Web 网站，让消费者浏览产品网页，做出购买决策，进而实现产品销售。在网络拉销中，最重要的是企业要推广自己的 Web 网站，吸引大量的访问者，才有可能把潜在客户变为真正的客户。因而企业的 Web 网站除了要提供客户所需要的产品和服务外，还要生动、形象和个性化，要体现企业文化和品牌特色。

在网络营销中，推销就是企业主动向消费者提供产品信息，让消费者了解、认识企业的产品，促进消费者购买。有别于传统营销中的推销，网络推销有两种方法：一种方法是利用互联网服务商或广告商提供的经过选择的互联网用户名单，向用户发送电子邮件，在邮件中介绍产品信息；另一种方法是应用推送技术，直接将企业的网页推送到互联网用户的终端上，让互联网用户了解企业的 Web 网站或产品信息。

网络广告促销主要实施"推策略"，其主要功能是将企业的产品推向市场，获得广大消费者的认可。网站促销主要实施"拉策略"，其主要功能是将消费者牢牢地吸引过来，保持稳定的市场份额。

一般来说，对日用消费品，如化妆品、食品、饮料、医药制品、家用电器等，网络广告促销的效果比较好；对大型机械产品、专用品则采用网站促销的方法比较有效。

3. 制订预算方案

在网络促销实施过程中，企业感到最困难的是预算方案的制订。所有的价格、条件都需要在实践中不断学习、比较和体会，不断总结经验。只有这样，才可能做到事半功倍。

首先，必须明确网上促销的方法及组合的办法。选择不同的信息服务商，宣传的费用可能差别较大。自己设立网站宣传价格最低，但宣传的覆盖面可能最小。所以，企业应当认真比较各网站的服务质量和服务收费，从中筛选出适合本企业的、质量与价格匹配的信息服务网站。

其次，需要确定网络促销目标。网络促销目标是树立企业形象、宣传产品，还是宣传售后服务，围绕这些目标再策划投入多少，包括文案的数量、图形的多少、色彩的复杂程度，投放时间的长短、频率和密度，广告宣传的位置、内容更换的时间间隔及效果检测的方法等。这些细节确定了，对整体的投资数额就有了预算的依据，与信息服务商谈判时也就有了一定的把握。

最后，需要明确希望影响的是哪些群体，是国外的还是国内的。因为在服务对象上，各个网站有较大的差别。有的网站侧重于文艺界，有的网站侧重于学术界，有的网站侧重于普通消费者。一般来说，侧重于学术界的网站服务费用较低，专门从事新产品推销的网站服务费用较高，而某些综合性的网站费用最高。在宣传范围上，单纯使用中文促销的网站费用较低，使用中英文促销的网站费用较高。企业促销人员应当熟知自己产品的销售对象和销售范围，根据自己的产品选择适当的促销网站。

4. 衡量网络促销效果

网络促销的实施过程到了这一阶段，必须对已经执行的促销内容进行评价，衡量一下促销的实际效果是否达到了预期的促销目标。对促销效果的评价主要依赖以下两个方面的数据。

1）要充分利用互联网上的统计软件，及时对促销活动的好坏做出统计。这些数据包括主页访问人次、点击次数、CPM 等。因为网络不像报纸或电视，难以确认实际阅读者和观看者的人数。在网上，可以很容易地统计出网站的访问人数，也可以很容易地统计广告的阅览人数，甚至可以告诉访问者，他是第几个访问者。利用这些统计数字，网上促销人员可以了解自己在网上的优势与弱势，以及与其他促销者的差距。

2）统计销售量的增加情况、利润的变化情况、促销成本的降低情况，有助于判断促销决策是否正确。同时，还应对促销对象、促销内容、促销组合等方面与促销目标的因果关系进行分析，从中对整个促销工作做出正确的判断。

促销组合是一个非常复杂的问题。网络促销活动主要通过网络广告促销和网站促销两种方式开展。在衡量网络促销效果的基础上，对偏离预期促销目标的活动进行调整是保证促销取得最佳效果必不可少的程序。同时，在促销实施的过程中，不断地进行沟通和协调，也是保证企业促销连续性、统一性的需要。

17.2 网络促销的形式

网络促销的形式有四种，分别是网站推广、网上促销、网络公共关系和网络广告促销。其中，网络广告促销和网站推广是主要的网络促销形式。

17.2.1 网站推广

网站推广就是利用网络营销策略扩大网站的知名度，吸引上网者访问网站，达到宣传和推广企业以及企业产品的目的。

1. 网站推广常用的方法

网站推广常用的方法包括搜索引擎推广、第三方网络平台推广、电子邮件推广、资源合作推广、信息发布推广、博客推广、SNS 推广、病毒性营销等，在前文已有详细描述，不再赘述。

2. 网站推广的阶段及其特征

在网站运营的不同阶段，网站推广策略的侧重点和所采用的推广方法也存在一定的差别。因此，有必要对网站推广的阶段特征及相应的网站推广方法进行系统的分析。

从网站推广的角度来看，一个网站从策划到稳定发展要经历四个基本阶段：网站策划与建设期、网站发布初期、网站增长期、网站稳定期。

（1）网站策划与建设期　本阶段网站推广并没有开始，网站没有建成，不存在访问量问题，但这个阶段的"网站推广"意义最大。

1）"网站推广"很可能被忽视。网站在策划和设计过程中必须将推广的需要考虑进来，等到网站发布之后才回过头来考虑网站的优化问题，不仅浪费人力，而且也会耽误网站推广的时机。

2）在网站策划与建设阶段"网站推广"实施与控制比较复杂。一般来说，无论是自行开发还是外包给专业服务商，一个网站的设计开发都需要由技术、设计、市场等方面的人员共同完成，不同专业背景的人员对网站的理解会有比较大的差异。

3）策划与建设阶段的"网站推广"效果需要在网站发布之后才能得到验证。在网站建设阶段所采取的优化设计等"推广策略"，只能凭借网站建设相关人员的主要经验来实施。是否能真正满足网站推广的需要，还有待网站正式发布一段时间之后的实践来验证，并进一步做出修正，不断完善。

（2）网站发布初期　网站发布初期通常是指网站正式开始对外宣传后大约半年左右的时间。网站发布初期推广的特点如下。

1）网络营销预算比较充裕。资金在网站发布初期投入较多，因为一些需要年度支付使用费的支出发生在这个阶段。另外，为了在短期内获得明显的成效，新网站会在发布初期加大推广力度。

2）网络营销人员具有较高的热情。在网站发布初期，网络营销人员非常注重尝试各种推广手段，对于网站访问量和用户注册数量增长等指标很关注。

3）网站推广具有一定的盲目性。尽管营销人员具有较高的热情，但由于缺乏足够的经验、必要的统计分析资料，加之网站推广的成效还没有表现出来，因此无论是网站推广策略实施，还是网站推广效果都有一定的盲目性。需要广撒网，才能进一步总结最有效的推广方式。

4）网站推广的主要目标是加深用户的认知程度。网站推广初期访问量快速增长，得到更多用户了解是这个阶段的主要目标，也就是获得尽可能多的用户的认知，产品推广和销售促进通常居于次要地位，因此这一阶段的重点是引起用户对网站的注意。

（3）网站增长期　经过网站发布初期的推广，网站拥有一定的访问量，并且访问量仍在快速增长中。这个阶段仍然需要保持网站推广的力度，并分析前一阶段的推广效果，发现最适合本网站的推广方法。网站增长期推广的特点如下。

1）网站推广方法具有一定的针对性。与网站发布初期的盲目性相比，由于尝试了多种网站推广方法，并取得了一定效果，因此在进一步推广上往往更具有针对性。

2）网站推广方法的变化。与网站发布初期相比，网站增长期的推广需要独创性，才能达到满意的效果。

3）网站推广效果的管理应得到重视。网站推广的直接效果之一就是网站访问量的上升。企业对网站访问量进行统计分析，可以发现哪些网站推广方法对访问量的增长更有效，哪些方法可能存在问题，同时也可以发现更多有价值的信息。

4）网站推广的目标将由用户认知向用户认可转变。网站发布初期的网站推广获得了一定数量的新用户。如果用户肯定网站的价值，将会重复访问网站以继续获得信息和服务，因此，在此阶段既有新用户又有重复访问者，网站推广要兼顾两种用户的不同需求。

5）用户流量的转化率将是这个阶段的重点工作，也就是从网站流量向产品购买转化。产品推广和促销是本阶段的重要目标。

（4）网站稳定期　网站从发布到进入稳定期，一般需要一年甚至更长时间。稳定期的特点如下。

1）网站访问量增长速度减慢。

2）访问量增长不再是网站推广的主要目标。当网站拥有一定的访问量后，网络营销的目标将更注重用户资源的价值化，它不仅在于访问量的提升，而且取决于企业的经营策略和盈利模式。

3）网站推广的工作重点将由外向内转变，也就是将面向新用户为重点的网站推广工作逐步转向维持老用户，以及网站推广效果的管理等方面。

3. 网站推广四阶段的主要任务

（1）网站策划与建设期　这个阶段的主要任务包括网站总体结构、功能、服务、内容、推广策略等方面的策划方案制订，网站开发设计及管理控制，网站优化设计的贯彻实施，网站的测试和发布准备等。把网站作为一个产品来看待，产品是否合格，是否得到市场的认可，应在这个阶段进行反复论证，论证通过后才能投放市场，由市场来检验。

（2）网站发布初期　这个阶段的主要任务是常规网络推广方法实施，尽快提升网站访问量，尽可能多地让用户了解。网站产品是否合格，是否得到认可，需要检验后不断改进与更新，扩展推广。

（3）网站增长期　这个阶段的主要任务是常规网站推广方法效果的分析，制定和实施更有效的、针对性更强的推广方法，重视网站推广效果的管理。

（4）网站稳定期　这个阶段的主要任务是保持用户数量的相对稳定；加强内部运营管理和控制工作；提升品牌和综合竞争力，推出创新的功能或模式；制定差异化的产品服务体制和推广策略，为网站进入下一轮增长做准备。

4. 网站推广计划

网站推广计划是网络营销计划的组成部分。与完整的网络营销计划相比，网站推广计划比较简单，但更具体。一般来说，网站推广计划至少应包含下列主要内容。

1）确定网站推广的阶段目标。例如，在发布后一年内实现的每天独立访问用户数量、与竞争者相比的排名、在主要搜索引擎的表现、网站被链接的数量、注册用户数量等目标。

2）在网站发布运营的不同阶段所采取的网站推广方法。如果可能，最好详细列出各个阶段的具体网站推广方法，如登录搜索引擎的名称、网络广告的主要形式和媒体选择、需要投入的费用等。

3）网站推广策略的控制和效果评价。例如，阶段推广目标的控制、推广效果评价指标等。对网站推广计划的控制和评价是为了及时发现网络营销过程中的问题，保证网络营销活动的顺利进行。

17.2.2　网上促销

促销主要是用来进行短期性的刺激销售。网上促销就是在网上市场利用促销工具刺激消费者对产品的购买和消费使用，如采用价格折扣、有奖销售等方式。互联网作为交互的沟通渠道和媒体，它具有独特的优势，在刺激产品销售的同时，还可以与消费者建立互动关系，了解消费者的需求和对产品的评价。

工业品可通过网上论坛、软文、案例分析、网上咨询等方式促销。消费品的网上促销方法主要有以下几种。

1. 网上折价促销

折价又称打折、折扣。在传统促销活动中，折扣是历史最悠久，但如今仍颇为盛行的一种极为重要的促销手段。在网络促销中，折价也是最常用的一种促销方式。阿里巴巴集团的"双11"购物狂欢节活动自2009年开始，天猫、淘宝、聚划算网站中所有参与活动的商家，基本上都采用折扣促销策略。

2. 网上赠品促销

一般情况下，在新产品推出试用、产品更新、对抗竞争品牌、开辟新市场情况下利用赠品促销可以达到比较好的效果。赠品促销的优点有：可以提升品牌和网站的知名度，鼓励人们经常访问网站以获得更多的优惠信息，能根据消费者索取赠品的热情程度总结分析营销效果和对产品的反应等。

3. 网上抽奖促销

抽奖促销是网上应用较广泛的促销形式之一，是大部分网站愿意采用的促销方式。抽奖促销是以一个人或数人获得超出参加活动成本的奖品为手段进行产品或服务的促销，网上抽奖活动主要附加于调查、产品销售、扩大用户群、庆典、推广某项活动等。消费者或访问者通过填写问卷、注册、购买产品或参加网上活动等方式获得抽奖机会。

4. 积分促销

积分促销在网络上的应用比起传统营销方式要简单、易操作。网上积分活动很容易通过编程和数据库等来实现，并且结果可信度很高，操作较为简便。积分促销一般设置价值较高的奖品，消费者通过多次购买或多次参加某项活动来增加积分以获得奖品。积分促销可以增加上网者访问网站和参加某项活动的次数，可以提高上网者对网站的忠诚度，可以提高活动的知名度等。

5. 免费促销

由于互联网的开放性，一些易于通过互联网传输的产品非常适合在网上促销。例如，许多软件厂商为吸引消费者购买软件产品，允许消费者通过互联网下载产品，在试用一段时间后再决定是否购买。另一种形式是免费资源下载，目的是推广网站。

17.2.3 网络公共关系

网络公共关系简称为网络公关，是指企业为了塑造形象，赢得消费者信任并取得竞争优势，通过网络沟通工具来影响各类相关公众的活动。在互联网上，已经出现了如新闻媒介、网络社区、公共论坛等直接或间接与企业相关的公众，通过借助互联网的交互功能吸引用户与企业保持密切关系，培养用户的忠诚度，提高企业的收益率。

1. 网络公关的特征

1) 网络公关能够快速传递信息，这是由于网络媒体的特点就是能够快速地发布信息。

2) 企业的网络公关可以通过网上论坛、新闻组、E-mail 等方法直接宣传自己的理念，不受中介媒体的制约。

3) 网络公关可以针对个别对象一对一地实现公关，如利用 E-mail 与社会公众建立一对一的信息交流与沟通，从而提高公关效率。

2. 网络公关的要求

（1）诚实　网络环境下的公共关系更需要企业时刻维护自己的信誉。

（2）免费　企业开展网络公关，同样应该不定期地提供免费的服务或者实体产品，以吸引消费者访问自己的网站。

（3）友好与趣味　一个友好而富有情趣的主页是拉近与消费者距离的前提。

（4）专家　无论企业大小，都必须是所在领域的专家，这可以使访问者对企业产生信赖感。

3. 网络公关的活动方式

1) 建设公关型的企业网站。企业网站是帮助企业树立形象的最佳工具之一。网站上的企业背景资料、商标、广告语、经营理念、企业视觉形象识别系统等公关信息元素可以源源不断地向公众进行传播。

2）借助网络媒体发布新闻稿。撰写新闻稿发布在三大门户网站的相关频道（新浪、搜狐、网易）。

3）通过电子邮件向公众提供个性化的信息服务。

4）在网上赞助公益事业，在推动公益事业发展的同时为企业赢得良好的声誉。

5）举办网上公众代表座谈会。企业在做出影响相关公众利益的政策之前，或是企业在相关政策实施一段时间以后，想收集公众对此项政策的态度和反映，都可以通过网上公众座谈会的方式来进行。

6）召开网上新闻发布会。在传统公关活动中，新闻发布会是组织和公众沟通的例行方式。

在网络公关的操作中应始终坚持整合公关观念，网络公关和企业的营销战略要相互匹配，相互支持。

17.2.4 网络广告促销

网络广告类型很多，根据形式不同可以分为旗帜广告、电子邮件广告、电子杂志广告、新闻组广告、公告栏广告等。网络广告主要是借助网上知名网站（如 ISP 或者 ICP）、免费电子邮件和一些免费公开的交互网站（如新闻组、BBS）发布企业的产品信息，对企业和产品进行宣传推广。网络广告作为有效而可控的促销手段，被许多企业用于网上促销，但所花费用也不少。

17.3 网络广告

17.3.1 网络广告概述

网络广告是指利用网站上的广告横幅、文本链接、多媒体等方法，在互联网上刊登或发布广告，通过网络传递到互联网用户的一种高科技广告运作方式。它是互联网兴起以来广告业务在计算机领域的新拓展。

追本溯源，网络广告发源于美国。1994 年 10 月 14 日，美国著名的《连线》杂志推出了网络版 Hotwired，其主页上开始有 AT&T 等 14 个客户的旗帜广告。这是互联网广告里程碑式的一个标志。

我国的第一个商业性的网络广告出现在 1997 年 3 月，传播网站是 Chinabyte，广告表现形式为 468 像素×60 像素的动画旗帜广告。Intel 和 IBM 是最早在互联网上投放广告的广告主。我国网络广告一直到 1999 年年初才稍有规模。历经多年的发展，网络广告行业经过数次洗礼已经慢慢走向成熟。

目前，网络广告的市场正在以惊人的速度增长，成为传统四大媒体（电视、广播、报纸、杂志）之后的第五大媒体。众多国际级的广告公司都成立了专门的网络媒体分部，以开拓网络广告的巨大市场。

虽然网络广告目前占所有广告的份额并不是最大，但其快速以及瞄准特定的消费群体的优势已明显地表现出来。特别是受教育程度和收入较高的人，今后会更多地在互联网上浏览广告，接收新的信息。随着科学技术的进步，网络广告的效益也会越来越容易被衡量，网络广告对传统广告的冲击也会越来越大。

17.3.2　网络广告的特点

网络采用多媒体技术，提供文字、声音、图像等综合性的信息服务，不仅能做到图文并茂，而且可以双向交流，使信息准确、快速、高效地传达给每一位用户。因此，与广播、电视、报纸、杂志四大传统广告媒体相比，网络广告的特点主要体现在以下几个方面。

1. 传播范围广，无时空限制

网络广告的传播不受时间和空间的限制，互联网将广告信息24h不间断地传播到世界各地。只要具备上网条件，任何人在任何地点都可以看到这些信息，这是其他广告媒体无法做到的。

2. 定向与分类明确

网络广告可以投放给某些特定的目标人群，甚至可以做到一对一定向投放。根据不同来访者的特点，网络广告可以灵活地实现时间定向、地域定向、频道定向，从而实现对消费者的清晰归类，这在一定程度上保证了广告的到达率。不同的网站或者是同一网站不同的频道所提供的服务是不同质的且具有很强的分类性，这就为密切迎合广告目标受众的兴趣提供了可能。网络实际是由一个一个团体组成的，这些组织成员往往具有共同的爱好和兴趣，无形中形成了市场细分后的目标顾客群，企业可以将特定的产品广告投放到具有相应消费者的网站。

3. 灵活的互动性和选择性

传统的广告信息流是单向的，即企业推出什么内容，消费者就只能被动地接收什么内容。网络广告突破了这种单向性的局限，实现了供求双方信息流的双向互动。交互性强是网络媒体的最大优势，它不同于传统媒体的信息单向传播，而是信息互动传播。通过网络广告的链接，用户可以从厂商的相关网站上得到更多、更详尽的信息。网络广告的载体基本上是多媒体、超文本格式文件，只要受众对某种产品感兴趣，轻按鼠标就能进一步了解更多、更为详细的信息。

用户可以获取自己认为有用的信息，厂商也可以随时得到宝贵的用户反馈信息。例如，用户在访问广告的发布网站时，除可以有选择地阅读有关产品的详细资料外，还可以通过在线提交表单或发送电子邮件等方式，向厂商请求特殊咨询服务。厂商根据用户的要求和建议及时做出积极反馈。

4. 精确有效的统计

传统媒体广告的发布者无法得到如有多少人接触过该广告的准确信息，因此一般只能大致推算一下广告的效果。网络广告的发布者则可以通过公共权威的广告统计系统提供庞大的用户跟踪信息库，从中找到各种有用的反馈信息，也可以利用服务器端的访问记录软件，如Cookie程序等，追踪访问者在网站的行踪。访问者曾点击浏览过哪些广告，曾深入了解过哪类信息，这些行踪都被储存在Cookie中。广告商通过这类软件可以随时获得访问者的详细记录，如点击的次数、浏览的次数、访问者的身份、查阅的时间分布和地域分布等。

与传统媒体的做法相比，上述方式可以随时监测广告投放的有效程度，并更精确、更有实际意义。一方面，精确的统计有助于企业了解广告发布的效果，明确哪些广告有效、哪些无效，并找出原因，及时对广告投入的效益做出评估，以便调整市场和广告策略；另一方面，广告商可以根据统计数据评估广告的效果、审定广告投放策略，及时采取改进广告的内容、版式、加快更新速度等顺应消费者的举措，进一步提高广告的效益，避免资金的浪费。

需要指出的是，网络广告的诞生使一些人认为大众传播时代已经结束，事实究竟如何？现在还没有令人特别信服的答案。从广告媒体发展的历史来看，新媒体的出现只会为广告业拓展新天地，电视广告曾是新媒体，但它并没有取代报刊广告。同样，网络广告是对传统广告媒体的补充，盲目从众或是仅仅依靠老经验是难以获得成功的，只有掌握了网络广告的特点，扬长避短，才会给广告主和广告商带来无限的商机。

17.3.3 网络广告的类型

1. Banner 广告

Banner 广告又称旗帜广告、横幅式广告、条幅广告，一般以 Flash、GIF、JPG 等格式放置在网页上的不同位置，在用户浏览网页信息的同时，吸引用户对广告信息的关注，从而提高网络营销的效果。它有多种表现规格和形式，最常用的是 486 像素×60 像素的标准广告。与 Banner 广告类似的定位在页面中的广告形式还有通栏广告、按钮广告、对联广告、擎天柱广告等，这类广告的主要作用是提升企业品牌形象和企业品牌的认知度。

2. 文本链接广告

文本链接广告是以一排文字作为一个广告，点击可以进入相应的广告页面。广告简单明了，直接包含主题，对访问者而言具有较强的针对性和引导性。这是一种对浏览者干扰最小，但较为有效果的网络广告形式。有时候，最简单的广告形式效果却最好。

3. 弹出式广告

弹出式广告又叫插播式广告，是指访客在请求登录网页时强制插入一个广告页面或弹出广告窗口。它们有些类似电视广告，都是打断正常节目的播放，强迫观看。弹出式广告有各种尺寸，有全屏的也有小窗口的，有静态的也有动态的，而且互动的程度也不同。浏览者可以关闭窗口不看广告，但是它的出现没有任何征兆，肯定会被浏览者看到。

4. 富媒体广告

在互联网发展的初期，因为带宽的原因，网站的内容以文本和低质量的 GIF、JPG 格式图片为主，人们通常所说的网络广告也主要是指 Banner 广告。随着技术的进步以及消费市场的成熟，出现了具备动画、声音、视频、图像、文字等多媒体组合的媒介形式，人们普遍把这些媒介形式的组合叫作富媒体（Rich Media），以此技术设计的广告叫作富媒体广告。富媒体能够提高广告的互动性，提供更广泛的创意空间，富媒体广告的点击率明显比其他网络广告形式的点击率高。

5. 网络视频广告

网络视频广告是指在提供网络视频播放的网站或者视频软件中插入的广告。目前，我国国内的网络视频主要有三种：第一种是视频分享网站，如优酷网等；第二种是基于点对点（P2P）流媒体技术的网络视频软件提供网站，如 PPTV、PPS 等；第三种则是宽频影视类，可以提供较为清晰的在线视频。该类广告具有表现形式新颖且感官冲击力强、内容丰富、互动性强、实时信息更新快等优点，给用户带来深刻记忆。

6. 电子邮件广告

利用企业的用户电子邮件资源或者第三方电子邮件列表，将各种形式的广告以直接发送广告邮件或者将广告内容搭载进新闻邮件、订阅期刊等方式发送给邮件所属人。该广告形式具有针对性强（除非肆意滥发）、费用低廉的特点，且广告内容可以个性化定制，针对某一个人发送特定的广告，为其他网络广告形式所不及。

7. 搜索引擎广告

企业通过付费给搜索引擎提升网站的排名，使企业网站在主要搜索引擎的搜索结果中处于好的位置，以吸引更多网络用户访问该网站。目前，我国搜索引擎广告的主要方式是关键词广告，有两种形式：固定排名和竞价排名。固定排名也称付费排名，即搜索引擎使所付费的关键词网页在搜索结果中的第 1~10 位出现，位置固定，网站付费才能被搜索引擎搜索到，付费越高者在检索结果中排名越靠前；竞价排名则是按照搜索引擎的排名规则，对购买了同一关键词的网站进行排名的一种方式，然后按点击量付费。

17.3.4 网络广告策划过程

网络媒体的特点决定了网络广告策划的特定要求。例如，网络的高度互动性使网络广告不再只是单纯的创意表现与信息发布，广告主对广告回应度的要求会更高；网络的时效性非常重要，网络广告的制作时间短，上线时间快，受众的回应也是立即的，广告效果的评估与广告策略的调整也都必须是即时的。因此，传统广告的策划步骤与网络广告有很多不同，因此网络广告有自己的策划过程。

1. 确定网络广告的目标

广告目标的作用是通过信息沟通使消费者产生对品牌的认识、情感、态度和行为的变化，从而实现企业的营销目标。在企业的不同发展时期有不同的广告目标，如是形象广告还是产品广告。产品广告在产品的不同发展阶段，广告的目标可分为提供信息、说服购买和提醒使用等。AIDA 法则是网络广告在确定广告目标过程中的规律。

A 是"注意"（Attention）。在网络广告中意味着消费者在计算机屏幕上通过对广告的阅读，逐渐对广告主的产品或品牌产生认识和了解。

I 是"兴趣"（Interest）。网络广告受众注意到广告主所传达的信息之后，对产品或品牌产生了兴趣，想要进一步了解广告信息，他可以点击广告，进入广告主放置在网上的营销站点或网页中。

D 是"欲望"（Desire）。感兴趣的广告浏览者对广告主通过产品或服务提供的利益产生"占为己有"的企图，他们必定会仔细阅读广告主的网页内容，这时就会在广告主的服务器上留下网页阅读的记录。

A 是"行动"（Action）。最后，广告受众把浏览网页的动作转换为符合广告目标的行动，可能是在线注册、填写问卷参加抽奖或者是在线购买等。

2. 确定网络广告的目标群体

确定网络广告的目标群体就是确定网络广告希望让哪些人来看，确定他们是哪个群体、哪个阶层、哪个区域。只有让合适的用户来参与广告信息活动，才能使广告有效地实现其目标。由于不同的广告对象有不同的生活习惯，如上网时间、感兴趣的页面等，因此对不同的对象要采取不同的广告战略，白领阶层上班时间不可能上网，十几岁的少年上网时间集中在假日。

3. 网站的选择

网站的选择应该符合广告目标和目标客户的行为习惯，合适的网站具有一些共同的特点：稳定的访问群、高点击率、覆盖面广、雄厚的技术基础、良好信誉度等。

在对网站进行选择时，应注意以下问题。

1）网站的质量与技术力量以及由此决定的网站的信誉。网站要安全可靠，否则网站的破产也会殃及自己，这不仅浪费了广告费，而且有可能延误商机。

2）访问者的性质及数量。不同的网站有不同的受众，所以网站的选择对网络广告的最终效果影响很大，网站的选择应当同广告的目标受众有最大的重合。例如，你想要发布一个少女用品的网络广告，而选择的网站是工程师们经常光顾的专业网站，尽管有许多人来浏览这个网站或好奇地点击了这个条幅广告，但最终广告效果不会好。

3）对网站管理水平的考察。一个好的网站也会因为管理水平的波动而衰落。例如，某个网站的点击数在短时间内有大幅下降，那么及时查清其原因以调整广告预算是非常必要的。一个管理不规范的网站，其管理者会擅自更改广告位置、大小或播放时间，这往往是令人失望和生气的。为了避免这种情况，就需先对网站进行考察，同时要签订必要的合同。

4. 广告形式的确定

网络广告的具体形式有新闻组式广告、电子邮件广告、条幅广告、游戏式广告、交流式广告、弹出式广告、旗帜广告等。每一种形式都有其特点和长处，在网络广告策划中选择合适的广告形式是吸引受众、提高浏览率的可靠保证。例如，广告的目标是品牌推广，让更多的人知道、了解这个品牌，那么广告形式可以选择旗帜广告；若广告对象是30多岁的成熟女性，那么广告形式可以考虑用交流式的。另外，不同的广告形式其制作成本是不同的，因而确定广告形式要兼顾广告预算。

5. 进行网络广告创意及策略选择

在进行网络广告创意及策略选择时，应注意以下几点。

1）要有明确有力的标题。广告标题是一句吸引消费者的带有概括性、观念性和主导性的语言。

2）简洁的广告信息。网络广告的文字不宜太多，配合的图形也不要太复杂，文字尽量使用黑体等粗壮的字体，否则很容易被网页上的其他字体淹没。

3）发展互动性。在网络广告上增加游戏功能，提高访问者对广告的兴趣。例如，有一则关于游戏软件的网络广告，在网站的主页里有一个动态条幅，文字是"游戏爱好者请点击这里，有大奖！！！"链接过去的是关于这个游戏的页面，开始介绍这个游戏的玩法，接着让访问者试着玩一段游戏。最后是抽奖，只要填写一个调查表格（关于你对游戏的看法、你的职业和兴趣等）就有资格进行抽奖了。这样的网络广告对游戏爱好者具有很大的吸引力。

4）确定广告创意，明确广告诉求重点。广告活动因为不同的创意而产生很大的差异，只有在广告引起注意后，才会有助于提高品牌形象和销售。

确定创意策略有三个基本步骤：信息制作、信息评估与选择、信息表达。广告创意的确定通常由广告主和广告代理公司共同完成。

6. 进行网络广告费用预算

企业首先要确定整体促销预算，再确定用于网络广告的预算。整体促销预算可以运用量力而行法、销售百分比法、竞争对等法或目标任务法来确定。用于网络广告的预算可依据目标群体情况及企业所要达到的广告目标来确定，既要有足够的力度，也要以够用为度。量力而行法是指企业确定广告预算的依据是它们所能拿得出的资金数额。销售百分比法是指企业按照销售额（销售实绩或预计销售额）或单位产品售价的一定百分比来计算和决定广告开支。竞争对等法是指企业比照竞争者的广告开支来决定本企业广告开支的多少，以保持竞争上的优势。目标任务法的步骤是：①明确地确定广告目标；②决定为达到这种目标必须执行的工作任务；③估算执行这种工作任务所需的各种费用，这些费用的总和就是广告预算。

7. 设计好网络广告的测试方案

根据本次广告策划中所规划的广告形式、广告内容、广告表现、广告创意及具体网站、受众终端机等方面来设计一个全方位的测试方案。测试的内容主要包括对技术的测试和对广告内容的检测。技术的测试主要包括以下几个方面。

1）检查广告能否在网络传输技术和接受技术上行得通。有时一则网络广告在广告制作者计算机上的显示和通过传输后在客户终端机上的显示效果是不一样的，因而要对客户终端机的显示效果进行检测。

2）对服务器的检测，要避免网络广告设计所用的语言、格式在服务器上不能进行正常处理，以致影响最后的广告效果。

3）测试网络传输技术，也就是对网络的传输速度的检测，防止因为广告信息存量太大而影响传输的效果。

对内容的测试是检测网络广告内容与网站是否匹配、与相关法律是否冲突。例如，广告内容是关于食品类产品的，但网站却选择了一个机械工程技术类的专业网站，这就是内容与网站的不匹配。内容的法律问题就是检查广告内容是否在法律规定的范围之内。

8. 广告效果监测

网络广告的效果评价关系到网络媒体和广告主的直接利益，也会影响整个行业的正常发展，广告主总是希望了解自己投放广告后能取得的回报。准确的广告效果监测，能做到有的放矢，使同样的广告预算发挥出最大威力。全面衡量网络广告效果的基本因素有下列几个。

1）广告曝光次数。广告曝光次数是指网络广告所在的网页被访问的次数，这一数字通常用计数器（Counter）来进行统计。假如广告刊登在网页的固定位置，那么在刊登期间获得的曝光次数越高，表示该广告被看到的次数越多，获得的注意力就越多。

2）点击次数与点击率。网民点击网络广告的次数称为点击次数。点击次数可以客观准确地反映广告效果，而点击次数除以广告曝光次数，就可得到点击率。这项指标也可以用来评估网络广告效果，是衡量广告吸引力的一个指标。点击率是网络广告最基本的评价指标，也是反映网络广告最直接、最有说服力的量化指标。

3）网页阅读次数。当浏览者点击网络广告之后即进入了介绍产品信息的主页或者广告主的网站，浏览者对该页面的一次浏览阅读称为一次网页阅读。所有浏览者对这一页面的总的阅读次数就称为网页阅读次数。这个指标也可以用来衡量网络广告的效果，它从侧面反映了网络广告的吸引力。

4）转化次数与转化率。转化次数就是受网络广告影响所产生的购买、注册或者信息需求行为的次数，转化次数除以广告曝光次数，即得到转化率。

网络广告效果评估可以使用一些专门的软件（如 Webtrends、AccessWatch 等），可随时监测广告发布的情况,并能进行分析,生成相应报表,广告主可以随时了解在什么时间、有多少人访问过载有广告的网页,有多少人通过广告直接进入广告主自己的网址等。评估人员也可以从市场研究监测公司购买或委托软件公司专门设计满足需要的广告管理软件,用以对网络广告进行监测、管理与评估。此外,评估人员还可以根据反馈情况来衡量效果,通过统计 HTML 表单的提交量以及 E-mail 的数量在广告投放后是否大量增加来判断广告投放的效果。如果投放之后目标受众的反应比较强烈,反馈大量增加,则可以认为广告的投放是成功的。

案例与拓展

生成式人工智能在互联网广告行业的应用

生成式人工智能(Artificial Intelligence Generated Content,AIGC)是指基于生成对抗网络、大型预训练模型等人工智能技术,通过已有数据的学习和识别,以适当的泛化能力生成相关内容的技术。AIGC 在广告创意和生产、个性化推荐、效果分析等方面展现出巨大的能力。运用 AIGC 可以优化、重构广告创意制作流程。运用 AIGC,广告平台、广告主可以搭建一站式解决方案,完成智能扩写、图片/视频实时生成、营销元素匹配、免授权审核、投放数据反馈、指引素材创意生产等广告任务,大大提升广告的生产与投放效率,显著减少人力成本、物料成本,降低工序门槛。同时还可以解决素材收集与版权问题,实时生成合法素材。

AIGC 的出现,令各行各业都受益,使人们的生活更加便捷。AIGC 在广告业的典型应用场景如下。

1) 文生图或视频:AIGC 可以根据文本内容生成对应图片或视频。

2) 图生图:可以根据现有的图片内容,生成一张针对相同商品但背景和布局不同的图片。

3) 视频生成视频:可以参照现有的视频,生成一段针对相同商品但场景和故事不同的视频。

4) 商品背景合成:可以将商品图片融合到背景图片中,生成一张全新的广告图片。

5) 特定风格微调:可以对生成的广告内容进行特定风格微调。

6) 语音合成与变换:可以生成自然且富有表现力的语音,用于广告中的旁白或角色配音,还可以对现有语音进行变换。

7) 动态创意优化:可以实时分析广告表现数据,根据用户反馈对广告创意进行动态优化,提高广告的有效性。

当前,不少知名企业已进行布局与应用智能广告工具,并取得良好效果。腾讯推出了基于其自研的混元大模型的一站式 AI 广告创意平台——腾讯广告妙思,实现"AIGC 创意生产→直联投放流程→素材快速过审"的全链路打通,并支持文生图、图生图和商品背景合成等落地场景。字节跳动基于对商品的深度理解,帮助商家精准预估人群。另外,基于自研的豆包 AI 平台打造了一系列 AI 原生应用,包括 AI 应用开发平台"扣子"、互动娱乐应用"猫箱",以及"星绘""即梦"等 AI 创作工具。

随着虚拟现实、增强现实等技术的不断发展,AIGC 将为广告行业带来全新的沉浸式广告体验，消费者可以通过虚拟现实或增强现实的应用，身临其境地感受广告所传达的信息和情感，从而进一步提高广告的感染力和传播力。

（资料来源：林为强. 浅谈AIGC在互联网广告行业的应用探索［J］. 市场周刊，2021（9）：72-75.）

讨论题：

1. 你认为未来AIGC在广告业的应用场景还有哪些？
2. AIGC应用于广告业会使其面临哪些挑战？

关键术语与思考题

关键术语

网络促销　拉销　推销　网上促销　网络公共关系　网络广告　富媒体广告　旗帜广告　AIDA法则

思考题

1. 简述网络促销与传统促销的区别。
2. 简述网络促销的实施程序。
3. 简述网络促销的常见形式。
4. 简述网站推广的阶段及其特征。
5. 简述网络公共关系的特征、要求与活动方式。
6. 简述网络广告的特点与类型。
7. 如何进行网络广告的创意与策略选择？
8. 如何衡量网络广告的效果？

第18章

网络营销实训

实训 1　网络营销认知实训

【实训目的】

了解网络营销发展历史及网络营销应用和企业对网络营销人才的需求。

【实训要求】

1）在网络上收集一个网络营销发展案例，判断其属于哪种网络营销的哪个发展阶段或说出其理论基础，形成音频故事。

2）收集资料，了解企业对电子商务、网络营销人才的职位要求，形成PPT。

【实训内容】

用"网络营销""电子商务"关键词查询，了解网络营销的含义，并回答以下问题或完成以下任务。

1）什么是网络营销？其与电子商务有何联系与区别？

2）学习了网络营销课程后，能从事什么工作？其工作内容是什么？

推荐网站：

百度：www.baidu.com。

艾瑞市场咨询：www.iresearch.com.cn。

网络营销手册：www.tomx.com。

新竞争力：www.jingzhengli.cn。

3）登录前程无忧（www.51job.com）、58同城招聘、智联招聘（www.zhaopin.com）和中华英才网（www.chinahr.com），查找与"电子商务""网络营销""网络推广""SEO"相关的职位，了解企业对网络营销人才的要求，并进行总结，写入表18-1中。

4）提交实验报告（PPT版）。

表 18-1　网络营销人才需求情况调查

序号	需求企业名称	需求岗位名称	岗位职责描述	岗位能力要求
1				
2				
⋮				
n				

实训 2　网络市场调查实训

【实训目的】

市场营销的起点是市场调查，网络营销的起点同样是网络市场调查。本实训意在让网络营销人员掌握在线调查问卷设计的方法与技巧，理解在设计问卷过程中应当注意的问题；掌握在线调查问卷发布的途径和方式；通过收集信息、整理数据为市场调查报告的撰写打下良好的基础。

【场景设计】

大学生更换手机的频率越来越高，因此了解大学生对手机的消费倾向和各种需求是很有必要的。现通过网络对其进行市场调查，制订网络市场调查方案与调查问卷，并撰写网络市场调查报告。

【相关知识】

1. 网络市场调查的步骤

（1）确定调查目标，制定网上调查提纲　在进行网络市场调查前，首先要明确调查的内容，即希望通过调查得到什么样的结果。例如，客户的消费心理、购物习惯、对竞争者的印象、企业的形象、对产品的评价等，即谁有可能想在网上使用你的产品或服务，谁是最有可能购买你提供的产品或服务的客户，你在行业中的地位如何，你的客户对你的竞争者的印象如何，企业日常的运作可能受哪些法律法规的约束，如何规避等。

一般来说，企业进行网上调查的目的不外乎以下几个方面：为开发新产品而有针对性地对市场前景或客户群体进行访问；了解市场竞争者（包括潜在竞争者）的相关情况；通过客户的声音来发现市场机会，或改善目前的经营效果，降低经营风险等。一旦确定了调查目的，就应制定网络调查提纲。调查提纲可以将网络调查的思路具体化、条理化，将企业（调查者）与客户（被调查者）两者结合在一起。调查提纲的内容包括调查的时间、框架、问题、格式要求、题目、实施方法等。制定好提纲后，还应选择合适的搜索引擎，进入相关的主题检索，查询有关的信息。

（2）确定调查的对象　网络调查的对象一般分为四大类：企业产品的消费者、企业的竞争者、企业的合作者和行业内的中立者。

（3）制订调查方案　网上调查方案包括三个方面：资料来源、调查方法和调查方式。

1）资料来源：确定收集的是二手资料还是一手资料（原始资料）。

2）调查方法：网络市场调查可以使用专题讨论法、问卷调查法和实验法。其中，专题讨论法是通过新闻组、邮件列表讨论组和网上论坛（也可称 BBS 或电子公告牌）的形式进行的；问卷调查法可以使用 E-mail 分送（主动出击）和在网站上刊登（被动）等形式。

3）调查方式：①在线问卷，其特点是制作简单、分发迅速、回收方便，但要注意问卷的设计水平；②交互式计算机辅助电话访谈。

（4）收集信息　问卷、注册等形式的网上调查，通过表单中的提交功能，被调查者的信息就可以直接进入相关的数据库，并且程序可以监控被调查者填写的资料是否完整、正确，若有遗漏，可以拒绝提交，这样调查问卷会重新发送给被调查者要求补填。

（5）分析整理有效信息　营销人员从互联网上获取大量的信息后，必须对这些信息进行整理和分析，如通过筛选、分类、整理等定量、定性的方法进行分析研究，以掌握市场动态，探索解决问题的措施和方法等。

（6）撰写报告　对信息进行整理、分析后，调查者要写出一份图文并茂的市场分析报告，直观地反映市场的动态。调查报告不是数据和资料的堆积，而是市场调查成果的最终体现，它要求调查者在对所获得的资料进行分析的基础上，对所调查的问题做出结论。

2. 调查问卷设计的步骤

问卷设计是调查者根据调查目的，将所需调查的问题具体化，从而能顺利地获取必要的信息资料，便于统计、分析等。通常，问卷设计可以分为以下步骤。

1）根据调查目的，确定所需要的信息资料。在问卷设计之前，调查人员必须明确需要了解哪些方面的信息，这些信息中的哪些部分是必须通过问卷调查才能得到的。这样才能较好地说明所需调查的问题，实现调查目标。在这一步中，调查人员应该列出所要调查的项目清单。根据项目清单，设计人员就可以进行问卷设计了。

2）确定问题的内容，即问题的设计和选择。设计人员应根据信息资料的性质确定提问方式、问题类型和答案选项如何分类等。对一个较复杂的信息，设计人员可以设计一组问题进行调查。问卷初步设计完成后，设计人员还应对每一个问题都加以核对，以确保问卷中的每一个问题都是必要的。

3）决定措辞。措辞的好坏，将直接或间接地影响调查的结果。因此，对问题的用词必须审慎，力求通俗、准确、客观。所提的问题应对被访者进行预试之后才能广泛地运用。

4）确定问题的顺序。在设计好各项单独问题以后，设计人员应按照问题的类型和难易程度来安排询问的顺序。如果可能，引导性的问题即能引起被访者兴趣的问题应放在问卷的前面，回答有困难的问题应放在问卷的后面，以避免被访者处于守势地位。问题的排列次序要符合逻辑，使被访者在回答问题时有循序渐进的感觉，同时能引起被访者回答问题的兴趣。有关被访者的分类数据（如个人情况）的问题适合放在问卷最后，因为如果涉及个人问题，容易引起被访者警惕，使其产生抵制情绪等，尤其在电话式问卷调查中。

5）问卷的测试与检查。在问卷用于实施调查之前，应先选一些符合抽样标准的被访者来进行试调查，在实际环境中对每一个问题进行讨论，以求发现设计上的缺陷。例如，是否包含了整个调查主题、是否容易造成误解、是否语意模糊和是否抓住了重点等。如果发现问题，应及时进行修正。

6）审批、定稿。问卷经过修改后，还要呈交调查部门的负责人，审批通过后才可以定稿、复印，正式实施调查。

3. 调查问卷的基本格式

一份完整的调查问卷通常由以下内容构成。

1）问卷标题。问卷标题应概括地说明调查主题，使被访者对所要回答的问题有一个大致的了解。问卷标题要简明扼要，但又必须点明调查对象或调查主题。

2）问卷说明。问卷的卷首一般要有一个简要的说明，主要介绍调查意义、调查内容和选择答案的方式等，以消除被访者的顾虑。问卷的说明要力求言简意赅，文笔亲切又不太随便。

3）问卷主体。问卷主体是按照调查设计逐步逐项列出调查的问题，是调查问卷的主要部分。这部分内容的好坏直接影响整个调查价值的高低。

4）结束语或致谢。

4. 调查问卷设计的注意事项

1）问题的安排要先易后难、先简后繁，被访者熟悉的问题在前。问卷的头几个问题的设置必须谨慎，招呼语措辞要亲切、真诚，最先几个问题要比较容易回答，不要使对方难以启齿，给接下来的访问造成困难。

2）提出的问题要具体，避免提一般性的问题。一般性的问题对实际调查工作并无指导意义。例如，"你认为食堂的饭菜供应怎么样？"这样的问题就很不具体，很难达到想了解被访者对食堂的饭菜供应情况的总体印象的预期调查效果。应把这一类问题细化为具体询问关于产品的价格、外观、卫生、服务质量等方面的印象。

3）一个问题只能有一个问题点。一个问题如有若干个问题点，不仅会使被访者难以作答，其结果的统计也会很不方便。在问卷中要特别注意"和""与"等连接性词语及符号的使用。例如，"你为何不在学校食堂吃饭而选择在校外吃饭"这个问题就包含了"你为何不在学校食堂吃饭""你为何选择在校外吃饭""什么原因使你选择在校外吃饭"三个问题。防止出现这类问题的最好方法，就是分离语句，使得一个语句只问一个要点。

4）要避免设计带有倾向性或暗示性的问题。例如，"你是否和大多数人一样认为某某食堂的饭菜口味最好？"这一问题带有明显的暗示性和引导性。"大多数人认为"这种带有暗示性问题的提问会带来两种后果：一是被访者会不假思索地同意引导问题中暗示的结论；二是使被访者产生反感——"既然大多数人这样认为，那么调查还有什么意义"，或是被访者拒答或是给出相反的答案。所以，在问句中要避免使用类似的语句，如"普遍认为""权威机构或人士认为"等。此外，在引导性提问下，被访者对一些敏感性问题，可能会不敢表达其他想法等。因此，这种提问是调查的大忌。

5）先一般问题，后敏感性问题；先泛指问题，后特定问题；先封闭式问题，后开放式问题。

6）要考虑问题的相关性。同样性质的问题应集中在一起，以利于被访者集中思考，否则容易引起思路混乱。此外,还要注意问题之间内在的逻辑性和分析性。

7) 提问中使用的概念要明确,要避免使用有多种解释而没有明确界定的概念。问卷中不得有蓄意考倒被访者的问题。

8) 避免提出断定性的问题。例如,"你一天用在自习上的时间有多少?"这个问题的潜在意思就是"你一定自习"。对不是每天都自习的人来说,这个问题就难以回答。因此,在这个问题之前可以加一个判断性问题,即"你有每天自习的习惯吗?"如果回答"是",可以继续提问,否则就可以终止提问。

9) 一些问题不要放在问卷之首,如关于被访者的私人资料、令人漠不关心的问题和有关被访者的生活态度的问题等。

10) 最后问背景资料问题,因为有时鉴于统计和分析的需要必须问被访者一些背景资料方面的问题。

5. 调查报告的结构

调查报告一般由标题和正文两部分组成。

(1) 标题　标题可以有两种写法:一种是规范化的标题格式,即发文主题加文种,基本格式为"××关于××的调查报告""关于××的调查报告""××调查"等;另一种是自由式标题,包括陈述式、提问式和正副标题结合使用三种。陈述式如"××大学硕士毕业生就业情况调查";提问式如"为什么大学毕业生择业倾向沿海和京津地区";正副标题结合式,正题陈述调查报告的主要结论或提出中心问题,副题标明调查的对象、范围和问题,这实际上类似发文主题加文种的规范格式,如"高校发展重在学科建设——××大学学科建设实践思考"等。作为公文,最好用规范化的标题格式或自由式中的正副标题结合式标题。

(2) 正文　正文一般分前言、主体、结尾三部分。

1) 前言。前言有以下几种写法:①写明调查的起因或目的、时间和地点、对象或范围、经过与方法,以及人员组成等调查本身的情况,从中引出中心问题或基本结论;②写明调查对象的历史背景、大致发展经过、现实情况、主要成绩、突出问题等基本情况,进而提出中心问题或主要观点;③开门见山,直接概括调查的结果,如肯定做法、指出问题、提出影响、说明中心内容等。前言起到画龙点睛的作用,要精练概括,直切主题。

2) 主体。这是调查报告最主要的部分,这部分详述调查研究的基本情况、做法、经验,以及分析调查研究所得材料中得出的各种具体认识、观点和基本结论等。

3) 结尾。结尾的写法也比较多,可以提出解决问题的方法、对策或下一步改进工作的建议;可以总结全文的主要观点,进一步深化主题;可以提出问题,引发人们的进一步思考;可以展望前景,发出鼓舞和号召等。

【实训步骤】

1) 指导教师将全班学生分组。

2) 各组长与组员讨论确定本企业的网络市场调查任务,以小组为单位完成本项调查任务。

3) 制订网络市场调查方案,包括是收集二手资料还是一手资料,确定相应的调查提纲和调查方法等。

4）以小组为单位设计在线调查问卷。

5）利用合适的在线问卷调查系统设计在线问卷，开展各企业的网络市场调查。步骤如下：①进入问卷星网站（https：//www.wjx.cn/intro.aspx）；②选择"注册"填写用户信息后单击"创建用户"；③用注册的账号重新登录；④"免费试用"创建新问卷，填写有关内容；⑤发布问卷；⑥收集并分析数据；⑦提交调查结果。

6）资料的收集与整理。

7）撰写调查报告，并由各组长进行汇报、组员补充说明。

【效果评价及考核内容】

1）制作调查问卷。

2）拟订网络市场调查方案。

3）网上市场调查方法：①利用本企业网站调查；②利用邮件发布调查问卷；③利用第三方平台调查。

实训3　搜索引擎营销

【实训目的】

1）掌握搜索引擎的类型及工作原理。

2）掌握搜索引擎营销的主要模式。

3）掌握搜索引擎的注册登记流程、广告投放方法、排名规则。

【场景设计】

某公司的网站准备投资 5000 元做网站搜索引擎推广，请你帮助完成。

【相关知识】

1. 搜索引擎营销的基本原理

搜索引擎营销是根据用户使用搜索引擎的方式，利用用户检索信息的机会尽可能地将营销信息传递给目标用户。企业网站在被搜索引擎收录的基础上应尽可能获得好的排名，但仅仅做到被搜索引擎收录并且在搜索结果中排名靠前是不够的。这样并不一定能增加用户的点击率，更不能保证将访问者转化为用户。若要实现访问量增加，需要从整体上进行网站优化设计，并充分利用关键词广告等有价值的搜索引擎营销专业服务来完成，而把访问量转化为收益是由企业网站的功能、服务、产品等多种因素共同决定的。

2. 搜索引擎营销的主要模式

1）免费登录分类目录。

2）搜索引擎优化。

3）付费登录分类目录。

4）关键词广告。

5）关键词竞价排名。

6）网页内容定位广告。

3. 关键词广告的特点
1）形式比较简单。
2）显示方式比较合理。
3）可以自行控制费用。
4）可以随时查看流量统计。
5）可以方便地进行关键词管理。

4. 影响搜索引擎营销效果的因素
1）网站设计的专业性。
2）被搜索引擎收录和检索的机会。
3）搜索结果对用户的吸引力。

【实训步骤】

1. 搜索引擎登录
百度搜索网站登录网址：http://www.baidu.com/search/url_submit.htm
360搜索引擎登录入口：http://info.so.360.cn/site_submit.html
搜狗网站收录提交入口：http://www.sogou.com/feedback/urlfeedback.php
神马网站提交入口：https://zhanzhang.sm.cn/open/detialPage

打开搜索引擎网站登录页面，在输入框中输入完整的网址和验证码，单击"提交网站"即可。注意在提交网站网址的时候要输入完整的网址，包括 http:// 等前缀。

搜索引擎的登录入口还有很多，但是现在比较流行的搜索引擎是上面几种，这些搜索引擎几乎占据了市场95%以上的份额。

2. 竞价排名
百度竞价排名现名为百度推广、商业推广，是一种按效果付费的网络推广方式。每天有数亿人次在百度上查找信息，企业在百度注册与产品相关的关键词后，就会被查找这些产品的用户找到。

百度竞价排名的操作步骤请参考本书第3.5节的相关内容。

【效果评价及考核内容】

1. 搜索引擎登录

2. 竞价排名
1）在百度上注册账户。
2）确定目标用户。
3）关键词选择与定价。
4）完成百度推广方案。
① 推广单元创意设计。设计三个不同的创意，每个创意包括创意标题、创意描述第一行、创意描述第二行、访问URL、显示URL，如图18-1所示。
② 广告推广时段及推广地域设置。例如，推广时段设置如图18-2所示。

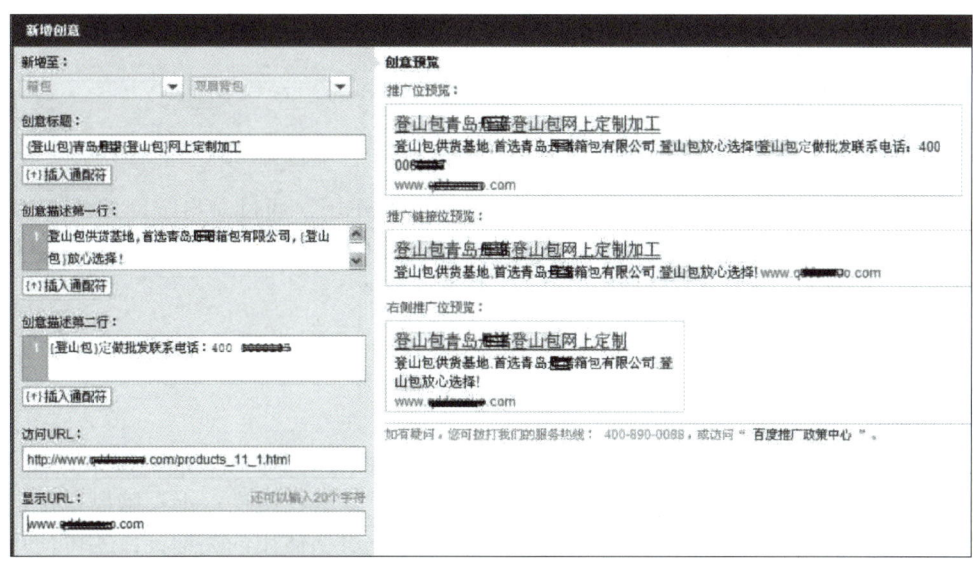

图 18-1　推广单元创意设计

图 18-2　推广时段设置

实训 4　搜索引擎优化分析

【实训目的】

了解搜索引擎优化（SEO）对网络营销信息传递的作用，通过对指定网站的 SEO 情况进行友好性分析，包括栏目结构优化分析、内容优化分析、测试外部链接数量、查询网站流量及网站排名等指标，对发现的问题提出相应的改进建议。

【相关知识】

1. 关键词

一个好的关键词就是一个优秀的业务员，关键词是连接企业和用户的桥梁。

1）列出大量相关关键词，即"泛关键词"，有以下方法或途径：①头脑风暴法；②同事、朋友；③查看竞争对手网站的 Meta 标签，了解竞争对手使用的关键词；④可使用关键词扩展工具，如百度搜索建议、百度相关搜索、站长工具、百度指数等。

2）建立"长尾关键词"多维组合表，做站内优化和站外优化。

3）设立并运用"问题关键词"，做站内优化和站外优化。

4）设立并巧借"借力关键词"，做站内优化。

5）分析关键词竞争程度、关键词被搜索次数，然后确定"核心关键词"，并说明理由。

6）将关键词运用到页面的合适位置。

2. 网站优化情况分析

（1）网站被各搜索引擎收录的页面数　在搜索引擎搜索框中输入"site：网站的域名"。例如，要测试联想中国站被收录的页面数，则输入"site：www.lenovo.com.cn"，按<Enter>键，结果页面就会出现网站被收录的页面数以及详细的收录页面。

（2）网站栏目结构分析

1）通过主页可以到达任何一个一级栏目首页、二级栏目首页及最终内容页面。

2）每个页面有个辅助导航，即列出当前页的路径。

3）设计一个表明站内各个栏目和页面链接关系的网站地图。

4）通过任何一个网页，经过最多三次点击可以进入任何一个内容页面。

5）通过任何一个网页，可以进入任何一个一级栏目首页。

6）通过网站首页一次点击，可以直接到达某些最重要内容的页面（如核心产品、用户帮助、网站介绍等）。

（3）网站内容优化　网站要有完整的页面标题和 Meta 标签、高质量的文案和及时更新的内容。站内每个页面都应该有独立的反映网页内容的标题和 Meta 标签。

例如，阿里巴巴首页的页面标题和 Meta 标签设计：

<meta name="description" content="阿里巴巴是全球企业间（B2B）电子商务的著名品牌，汇集海量供求信息，是全球领先的网上交易市场和商人社区，首家拥有超过 1400 万个网商的电子商务网站，遍布 220 个国家和地区，成为全球商人销售产品、拓展市场及网络推广的首选网站"/>

<meta name="keywords" content="阿里巴巴，行业门户，网上贸易，B2B，电子商务，内贸，外贸，批发，行业资讯，网上贸易，网上交易，交易市场，在线交易，买卖信息，贸易机会，商业信息，供求信息，采购，求购信息，供应信息，加工合作，代理，商机，行业资讯，商务服务，商务网，商人社区，网商"/>

（4）测试网站外部链接数量

1）第一种方法：在搜索引擎搜索框中输入"link：网站的域名"。

2）第二种方法：使用站长工具中的"反链查询"。

（5）URL层次　网站的URL层次不能太深，最好不超过3层，如果超过4层，搜索引擎就很难去搜索到它了，所以网站首页的URL一定要简短，如www.haier.com，而首页URL为http://www.hilton.com/en_US/hi/index.asp就不太利于搜索引擎搜索。

3. PR值的测试

PR值的查询可利用有关的站长工具，如http://pr.chinaz.com/等。

PR值总分为10分，一般在6分以下为正常。

【实训内容】

选择某一网站进行SEO。

1）关键词分析。合理运用关键词扩展工具列出"泛关键词"，"长尾关键词"多维组合表，"问题关键词"，"借力关键词"，最后确定3~5个"核心关键词"并说明选择理由，如分析关键词竞争程度、关键词被搜索次数、用户习惯等。

说明：在关键词分析过程中要合理使用关键词扩展工具，将使用情况截图并写在实训报告中。

2）运用"问题关键词"做站内优化和站外优化。

3）运用"借力关键词"做站内优化。

4）优化Meta标签（Tile/Description/Keywords）。

5）设立H1/H2标题，并在标题中融入关键词。

6）设计Alt文字。

7）建立站内和站外锚文字链接。

8）使用站长工具（http://tool.chinaz.com/）检测站内死链接。

【效果评价及考核内容】

1）高质量完成实训要求的内容。

2）查询网站被搜索引擎收录的页面数。

实训5　营销导向的企业网站规划与建设

一个网站建设得成功与否与建站前的网站规划有极为重要的关系。在建立网站前应明确建设网站的目的，确定网站的功能、规模、投入费用，进行必要的市场分析等。只有详细规划，才能避免在网站建设中出现很多问题，使网站建设顺利进行。

网站规划是指在网站建设前对市场进行分析，确定网站的目的和功能，并根据需要对网站建设中的技术、内容、费用、测试、维护等做出规划。网站规划对网站建设起到计划和指导作用，对网站的内容和维护起到定位作用。

网站规划书应该尽可能包含网站规划中的各个方面。网站规划书的写作要科学、认真、实事求是。

【实训目的】

通过规划与设计以营销为导向的网站，加强对网络营销导向的企业网站的认识，掌握营销导向网站的规划与设计方法，学会撰写网站规划书，从而达到学以致用的目的。

【实训要求】

1）明确网站的主题、整体风格、目标浏览人群。
2）绘制网站结构示意图，确定网站的各级页面及内容。
3）绘制各个页面的布局示意图，对页面进行初步规划。
4）提交网站规划书。
5）在自主建站平台上完成网站建设。

【场景设计】

W是一家经营音像制品，集音像生产、加工、编辑、制作、销售、工业开发于一体的企业，现欲开发建设自己的营销型网站，请为该企业建立官方网站。

【相关知识】

1. 营销型网站的阅读对象

潜在用户和搜索引擎。

2. 高成交量的网页必备的四大元素

1）我为什么要？——产品定位。
2）产品真的好吗？——展示客户关注的产品卖点。
3）你说的是真的吗？——打消客户恐惧。
4）拖延一下可以吗？——分析客户要求，找到能打动他的地方。

3. 营销型网站建设的注意事项

1）客户体验最重要——美观、易用。
2）关键词的优化能为网站带来很大的流量——Meta、栏目、导航、标题、内容、域名。
3）差异化营销的突出优势——放大差异，让客户记住。
4）产品展示是企业网站永恒的主题。
5）经常更新提升排名。
6）权威网站发布信息或友情链接。
7）加强客户沟通环节——微信、二维码、QQ、400或800电话。

【实训内容】

登录凡科自主建站网站（http://www.faisco.com/），完成网站建设。

要求：网站形象要美，客户体验好，对页面适当优化。

【效果评价及考核内容】

制作 PPT 文案，在计算机上演示网站建设的情况。

附：网站规划书格式

1. 建设网站前的市场分析

分析内容如下。

1）相关行业的市场是怎样的，市场有什么样的特点，是否能够在互联网上开展企业业务。

2）市场主要竞争者分析，竞争对手上网情况及其网站规划和功能。

3）企业自身条件分析、企业概况、市场优势，可以利用网站提升哪些竞争力，建设网站的能力（费用、技术、人力等）。

2. 建设网站的目的及功能定位

1）为什么要建设网站，是为了宣传产品，进行电子商务，还是建设行业性网站？是企业的需要，还是市场开拓的延伸？

2）整合企业资源，确定网站功能。根据企业的需要和计划，确定网站的功能，包括产品宣传型、网上营销型、客户服务型、电子商务型等。

3）根据网站功能，确定网站的目的和作用。

4）企业内部网（Intranet）的建设情况和网站的可扩展性。

3. 网站技术解决方案

根据网站的功能确定网站的技术解决方案。

1）是自建服务器，还是租用虚拟主机。

2）选择操作系统，是用 UNIX、Linux，还是用 Windows。分析投入成本、功能、开发、稳定性和安全性等。

3）采用系统性的解决方案，如 IBM、HP 等公司提供的企业上网方案、电子商务解决方案或是自己开发。

4）网站安全性措施，如防黑客攻击、防病毒方案。

5）相关程序开发，如网页程序 ASP、JSP、CGI、数据库程序等。

4. 网站基本要素规划

从网站布局、内容、服务、功能四个方面进行网站整体规划。

1）布局规划。用 Excel 表格展示各个页面的版面设计，要求各级页面结构清晰，主次分明，风格统一，特别是客户体验要好，力争突破俗套，进行个性化设计。

2）内容规划。展示各级页面之间的调用关系，说明网站的栏目名称以及每个栏目要展示的内容。

3）网站服务。说明该网站需要提供的服务内容，如 FAQ、在线咨询等。

4）网站功能。说明该网站需要具备的营销功能和技术功能。

5. 网页设计

1）网页美术设计要求。网页美术设计一般要与企业整体形象一致，要符合企业识别（CI）规范；要注意网页色彩、图片的应用及版面规划，保持网页的整体一致性。

2）在新技术的采用上要考虑主要目标访问群体的分布地域、性别、年龄、受教育程度、网络速度、阅读习惯等。

3）制订网页改版计划，如用半年到一年的时间进行较大规模改版等。

6. 网站维护

1）服务器及相关软硬件的维护，对可能出现的问题进行评估，制定响应时间。

2）数据库维护，有效地利用数据是网站维护的重要内容，因此数据库的维护要受到重视。

3）内容的更新、调整等。

4）制定相关网站维护的规定，将网站维护制度化、规范化。

7. 网站测试

网站发布前要进行细致周密的测试，以保证正常浏览和使用。主要测试内容如下：

1）服务器的稳定性、安全性。

2）程序及数据库测试。

3）网页兼容性测试，如浏览器、显示器。

4）需要的其他测试。

8. 网站发布与推广

1）网站测试后发布的公关、广告活动。

2）搜索引擎登记等。

9. 网站建设日程表

各项规划任务的开始时间、完成时间、负责人等。

10. 费用明细

各项事宜所需费用清单。

以上为网站规划书中应该体现的主要内容，根据不同的需求和建站目的，内容可以增加或减少。在建设网站之初一定要进行细致的规划，才能达到建站的预期目的。

实训 6 制订网站推广计划

网络推广是企业整体营销战略的一个重要组成部分，是借助互联网的特性来实现一定的营销目标的一种营销手段。网络技术的发展日新月异，网络推广手段也层出不穷。根据网络营销实践经验，当前企业应用较为普遍的推广方式主要有以下几类：搜索引擎免费登录、搜索引擎广告投放、门户网站网络广告投放、第三方电子商务平台推广、E-mail 营销推广等。

【实训目的】

通过制订网站推广计划，规划网站推广的主要内容，分析竞争对手的网站推广特点，确定网站推广的目标与市场定位，选择恰当的网站推广方式以更好地完成网络推广任务。

【场景设计】

李某在一家大型建材企业的电子商务部工作。一天，部门经理告知李某，本企业的网站已经建成半年左右，但访问的人数很不理想，没有达到宣传企业产品和最终实现在线交易的目的，要求李某尽快提出一套网站推广方案。

请你根据该企业的有关情况，帮助李某提出网站推广途径和推广要点。

【相关知识】

1. 网站推广计划的内容

网站推广是在网站正式发布之前就已经开始进行的工作，要保证推广效果好，就必须先做推广计划。网站推广计划相对于网络营销计划来说比较简单，但至少要包括以下内容。

1）确定网站推广的阶段性目标。网站推广的阶段性目标可以分解成很多指标，如发布后一年内需要实现的每天独立访问用户数量、与竞争者相比的相对排名、在主要搜索引擎的表现、网站被链接的数量、注册用户数量等。

2）在网站发布运营的不同阶段所采取的网站推广方法和费用。如果可能，最好详细列出各个阶段具体的网站推广方法和费用，如登录搜索引擎的名称、网络广告的主要形式和媒体选择、需要投入的费用等。

3）网站推广策略的控制和效果评价。对网站推广计划的控制和评价是为了及时发现网络营销过程中的问题，保证网络营销活动的顺利进行。

2. 关于网站推广的评价

网站推广的效果在一定程度上说明了网络营销人员为之付出劳动的多少，而且可以进行量化，量化指标如下。

1）登记搜索引擎的数量和排名。一般来说，登记的搜索引擎越多，对增加访问量越有效果。同时，搜索引擎的排名也很重要，一些网站虽然在搜索引擎注册了，但排名在几百名之后，同样起不到多大作用。

2）被其他网站链接的数量。被其他网站链接的数量越多，对搜索结果排名越有利，而且访问者还可以直接从链接的网页进入你的网站。实践证明，在其他网站设置链接对网站推广起到了重要作用。

3）用户数量。用户数量是一个网站价值的重要体现，在一定程度上反映了网站内容的价值大小，用户数量直接反映了一个网站的潜在价值。

4）独立访问者数量。独立访问者数量是指在一定时期内访问网站的人数。访问者越多，说明网站推广越有成效，也意味着网络营销卓有成效。当然访问量与最终收益之间并没有固定的比例关系。

5）页面浏览数。页面浏览数是指在一定时期内所有访问者浏览的页面数量。页面浏览数说明了网站受关注的程度，是评价一个网站受欢迎程度的主要指标之一。

6）访问者的平均页面浏览数。访问者的平均页面浏览数是指在一定时期内全部页面浏览数除以所有访问者得到的平均数。这一指标表明了访问者对网站内容或者产品信息感兴趣的程度。如果大多数访问者的页面浏览数仅为一个网页，表明用户对网站内容或者产品没有多大兴趣。

7）用户在每个页面的平均停留时间。用户在每个页面的平均停留时间是指访问者在网站停留的总时间与网站页面总数之比。这一指标表明了网站内容对访问者的有效程度。

尽管可以监测到网站的流量、页面浏览数等指标，但这些指标本身并不直接代表网站的成功或者失败，与收益之间也没有什么直接关系，只能作为相对指标，而且指标本身有时很难做到精确。

【实训步骤】

（1）确定网站推广目标　计划在网站发布一年后达到每天独立访问者1000人，注册用户5000人。

（2）网站策划与建设阶段的推广　网站正式发布前就要做好推广准备，如在网站建设过程中从网站结构、内容等方面进行优化设计。

（3）网站发布初期的基本推广手段　登录10个主要搜索引擎和分类目录、购买2~3个网络实名/通用网址、与部分合作伙伴建立网站链接。另外，也可以配合企业其他营销活动；在部分媒体和行业网站发布企业新闻。在网站推广的不同阶段需要采用不同的方法，也就是说，网站推广方法具有阶段性特征。

（4）网站增长期的推广　当网站有一定的访问量之后，为继续保持网站访问量的增长、销售量的增长和提升品牌，可以在相关行业网站投放网络广告（包括计划投放广告的网站及栏目选择、广告形式等），在若干相关专业电子刊物投放广告，或者与部分合作伙伴进行资源互换。

网站推广的基本方法对大部分网站是适用的，但是有些网站推广方法可能长期有效，有些则仅适用于某个阶段，或者临时有用。各种网站推广方法往往结合使用往往效果更好。

（5）网站稳定期的推广　处于稳定期的网站推广，可以结合企业新产品促销，不定期发送在线优惠券，或者参与行业内的排行评比等活动，以期获得新闻价值。在条件成熟的情况下，成立一个中立的与企业核心产品相关的行业信息类网站来进行辅助推广也是不错的做法。网站进入稳定期之后，推广工作不应停止，但由于进一步提高访问量有较大难度，需要采用一些不寻常的推广策略。

（6）推广效果的评价　对主要网站的推广效果进行跟踪，定期进行网站流量统计分析（可通过计数器/流量监测软件完成），必要时与专业网络顾问机构合作进行网络营销诊断，改进或者取消效果不佳的推广手段，在效果明显的推广策略方面加大投入比重。

网站推广不能盲目进行，需要进行效果跟踪和控制。在网站推广评价指标中，最为重要的一项指标是网站的访问量，访问量的变化情况基本上反映了网站推广的效果。

（7）上网操作　根据实训5建立的企业网站，确定该网站的推广目标，选择正确的推广方法，并在相关互联网平台上加以实现，将推广的结果截图并写进实训报告。推广方法如下。

1）建立百度百科词条。

2）B2B商贸平台推广。列出相关B2B水平平台和垂直平台的名称和网址，说明该平台的特点及选择该平台的理由，选择平台数量不少于20个。选择其中一个平台发布产品信息和商业信息，店铺建设完整。

3）博客推广。在自己的博客（或另申请博客）上完成一篇有价值的博文，并在博文中建立锚链接指向官方网站。

4）问答推广。列出相关问答平台的名称和网址，选择其中一个平台完成问答推广。

5）论坛推广。列出论坛的名称和网址，在其中一个论坛上完成论坛发帖和论坛顶帖。

6）视频推广。制作小视频介绍企业及产品情况，时长不超过50s，要有片头片尾、加入广告水印或植入广告信息,将视频发布到相关视频网站上,发布成功后对视频进行优化(如视频标题、内容和简介必须一致,视频标题有吸引力并嵌入关键词等)。

7)根据企业的实际情况选择其他推广方式,如微信订阅号、SNS 推广、交换链接等。

【效果评价及考核内容】

1)网络推广计划各阶段目标明确,推广方法得当,网络计划书完整。
2)按实训要求完成上网操作内容,将操作结果截图并写进 PPT 文案。

实训 7 SNS 营销

【实训目的】

1)了解 SNS 营销平台。
2)认识和使用 SNS 营销工具。

【相关知识】

1. 日志推广

把推广内容发表在日志中,供全站用户阅读,是普遍使用的推广方法。需要注意的是,日志发布成功后,最好能和网友沟通,形成互动,请他们帮忙分享,这样才能获得更多的阅读量,效果自然更好。有的 SNS 社区在这方面做得比较好,在发表日志后,提醒好友关注。要想日志发表后能被好友最大限度地分享,前提就是要与好友多多互动和交流。

2. 微博

使用微博,每天发布一些与你的产品或者网站相关的即时信息。信息要简单明了,一天可以发布、更新多次,或者以问答的方式发布信息,这个 SNS 社区推广技巧和问答网站推广的方法相似。例如,自己去提问 "××产品怎么样?有朋友使用过吗?" 或者 "××网站到底有什么好玩的内容?" 等等。请好友去主动回答,尽量把答案内容描述得吸引人一点。

3. 相册推广

建立自己的个人相册,可以把企业产品的一些图片上传到自己的相册,或者上传最新的、能引起广泛传播的图片到网站,像一些有趣的图片,自己再加工一下,放上自己的网站或者产品的信息。这样 SNS 社区推广效果也会很不错。

4. 写心情和好友日志回复推广法

很多 SNS 社区有"心情"这个功能,也就是把自己当天或者当时的心情发布到网站上去。大家也可以使用这个功能进行 SNS 社区推广,把一些与推广相关的信息发布上去,或者在回复好友日志的时候,适当地带上自己推广的产品或网站的信息。

5. 个人资料

在 SNS 的好友主页里,第一屏往往都是好友的资料。如此好的位置,当然不能放过。这里重点提示一下:一定要将用于宣传的个人资料设置成所有人可见,同时推荐到个人首页显眼的位置。

【实训步骤】

1）通过搜索引擎搜索 5 个 SNS 社区，比较各个社区的特点。

2）注册人人网或开心网，熟悉 SNS 平台，好友数不低于 50 人，并依次运用日志、状态、相册、心情、分享、私信、圈子等功能，至少有一项提到你所在的班级。

3）将主页截图，作为考核标准（涉及隐私的可在图片上自行处理）。

【效果评价及考核内容】

1）熟练利用 SNS 社区开展营销工作。

2）写出 5 个 SNS 社区，并比较其特点。

3）将所做的 SNS 营销推广工作截图。

实训 8　在淘宝网开设个人网店

对一个还没有社会实践经验的在校大学生来说，开设网上商店是锻炼自己电子商务与网络营销能力的理想平台；对经营成功的学生来说，开设网上商店是创业的良好手段。在开设网上商店之前，首先要明确的是要开设一家什么样的网上商店。在确定卖什么的时候，要综合自身的财力、商品属性以及物流运输的便捷性对售卖商品加以定位。

【实训目的】

了解常见的购物网站及其模式；根据自己的情况，明确开设什么样的网上商店；掌握网上商店的开设步骤。要求提前准备好一张个人银行卡和个人身份证。

【场景设计】

小丽是某大学市场营销专业的在校学生，想在学校学习期间就进行创业，同时锻炼自己的营销能力，提高自己的营销水平。由于手中的资金有限，无法开设实体店，因此就想利用网络开设一家网上商店。在选择经营商品时，和同寝室的同学商议之后，确定以女包作为主营商品，主要面向本市及周边地区的人们提供服务。寻找商品货源是一个不容易的过程，通过多方打听与了解，她终于找到了自己想经营的货源，在多次与女包生产厂家及代理商洽谈后，暂时以代卖的形式合作。

做法是：小丽接到订单后，到厂家或代理商处现金取货，同城的送货给买家，周边的平邮或快递过去。虽然这种方式只能赚买家与代理商（或出厂价）的价格差，但好处是零库存，不占用过多的资金，当然也就没有太大风险。

【相关知识】

相对于传统的经营模式，网上创业具有成本低、时效强、风险小、方式灵活的优势。当然，网上开店并不是有百利而无一害的，服务始终是其软肋，如诚信问题、安全问题、物流问题等。目前，网上交易最大的问题还是信任感的建立。

网上购物的便捷性和实用性日益凸显，从发展的角度看，以不断扩大的网民数量为基础,随着电子商务的不断发展以及网络信用、电子支付和物流配送等瓶颈的逐渐突破,网上创业的前景必然更加广阔。

如果想开网上商店,就要先解决好以下几个问题。

1. 购物网站的选择

初次在网上创业的人多会选择在网上商店平台(网上商城)来完成开店,使用其提供的基本功能与服务,而且客户也多是来自该网站的访问者。由于不同的购物网站在平台功能、服务、操作方式和管理水平上有相似的地方,也有不同的地方,因此选择一家良好的网上商店平台应考察以下方面。

1)网站的知名度及影响力。
2)网站的资金实力及发展情况。
3)先进且稳定的后台支持技术。
4)简单、快捷的申请手续。
5)周到的客户服务。
6)完善的交易体系。
7)严密的订单管理系统。
8)方便、完善的网店维护和管理。
9)服务费用适当。

目前,我国提供网上开店服务的大型购物网站有上百家,真正有一定影响力的购物网站数量并不多,可参考中国购物网站排行榜来选择。

2. 主营商品的选择

目前,网上个人店铺中交易量比较大的包括服装、饰品、化妆品、珠宝、手机、家居用品等。在这方面,网上开店与传统的店铺并无太大区别,寻找好的市场和有竞争力的商品是成功的重要因素。

通过对网上出售商品的细分发现,适合网上开店销售的商品一般具备以下特点。

1)体积较小。主要是方便运输,降低运输成本。
2)附加值较高。价值低过运费的单件商品是不适合在网上销售的。
3)具有独特性或时尚性。网店销售得不错的商品往往是独具特色或者很时尚的。
4)价格较合理。如果网下可以用相同的价格买到,在网上购买的人就少了。
5)通过网站对商品的了解就可以激起购买欲。如果这件商品必须亲眼见到才能决定购买,就不适合在网上开店销售。
6)网下没有,只有在网上才能买到,如外贸订单商品或者直接从国外带回来的商品。

网上开店要遵守国家的法律法规,不能销售以下商品。

1)法律法规禁止或限制销售的商品,如管制刀具、文物、淫秽品、毒品。
2)假冒伪劣商品。
3)其他不适合网上销售的商品,如医疗器械、药品、股票、债券和抵押品、偷盗品、走私品,或者以其他非法途径获得的商品。
4)客户不具有所有权或支配权的商品。

根据以上条件,目前适宜在网上开店销售的商品主要包括首饰、数码产品、计算机硬件、手机及配件、保健品、服饰、化妆品、工艺品、体育用品、旅游用品等。有特色商品的店铺到哪里都是受欢迎的，如果能寻找到时尚又独特的商品，如自制饰品和玩具等商品，将是网上店铺的最佳选择之一。

3. 如何寻找到货源

怎样才能寻找到适合自己创业的货源是所有网上开店的创业者最关心的问题，也是网上创业行动的标志，直接关系到网上创业能否成功。寻找货源一般有如下途径。

（1）厂家货源　　正规的厂家货源充足、态度较好，如果长期合作，一般都能争取到滞销退换货或者退款。但是一般而言，厂家的起批量较大，不适合小批发客户。如果有足够的资金储备，并且不会有压货的危险或不怕压货，就可以找厂家进货。

（2）批发市场进货　　这是最常见的进货渠道，如果你的小店是经营服装的，那么你可以去周围一些大型的服装批发市场进货。在批发市场进货需要有强大的议价能力，力争将批发价压到最低，同时要与批发商建立良好的关系，在关于调换货的问题上要与批发商说清楚，以免日后起纠纷。

（3）大批发商　　大批发商一般用百度就能找到很多。他们一般直接由厂家供货，货源较稳定。不足之处是因为他们已经做大了，订单较多，服务难免有时跟不上。而且他们一般都有固定的回头客，你很难和他们谈条件，除非你订的次数多了，成为他们的一个大客户，才可能有特别的折扣或优惠。但是，他们的发货速度和换货态度往往不尽如人意。订单多发货慢一点可以理解，只要提前订货就能解决。真正的问题在于换货，收到的货有时难免有些瑕疵，尤其是饰品。所以要事先做好充分的沟通与协商。

（4）刚刚起步的批发商　　这类批发商由于刚起步，没有固定的批发客户、没有知名度，为了争取客户，他们的起批量较小，价格一般不会高于大批发商，甚至有些商品还会低于大批发商。你可以和他们谈条件，如价格和换货等问题。他们不同意也没关系，如果同意了，也许可以达成一个中间协议价。为了争取回头客，他们的售后服务一般比较好。不足之处是由于是新批发商，要好好了解他们的诚信度，可以去看别人对他们的评价，也可以让他们自己出具资信证明。

（5）关注外贸产品或贴牌产品　　目前，许多工厂除外贸订单或者为一些知名品牌贴牌生产之外，有一些剩余产品需要处理，价格通常较低，通常为正常价格的2~4折，这是一个不错的进货渠道。

（6）买入库存积压或清仓处理产品　　因为急于处理，这类产品的价格通常是极低的，如果你有足够的砍价能力，就可以以一个极低的价格拿到货，然后转到网上销售，利用网上销售的优势、地域或时间差价获得足够的利润。所以，你要经常去市场上转转，密切关注市场变化。

（7）寻找特别的进货渠道　　例如，如果你在我国香港或国外有亲戚、朋友，可以由他们帮忙，进到一些中国内地市场上看不到的商品，或者一些价格较低的商品。

在以上进货渠道中，对小本经营的卖家而言，后三者更适合一些，但是要找到这样的进货渠道难度较大，需要卖家细心留意。在网上开店，进货是一个很重要的环节，不管是通过何种渠道寻找货源，低廉的价格是关键因素。找到了物美价廉的货源，你的网上商店就有了成功的基石。

4. 网上开店的流程

（1）开店前的准备　　开始开店并不是在网上，而是在你的脑子里。你需要想好自己所开店的市场定位是什么、目标客户是谁、他们有什么购买特征、你的商品能否满足他们的需求,以及你的困难和可能的解决办法。开网店与开传统的店铺在思想准备上没有区别,定位准确、拥有有竞争力的商品是成功的基石。也就是说,如果你拥有合适的商品,并且找到了需要这种商品的人,那么你基本上已经成功了一半。

(2) 选择开店平台　接下来需要选择一个提供个人店铺平台的网站,并注册为用户。这一步很重要。大多数网站会要求用真实姓名和身份证等有效证件进行注册。在选择网站时,人气是否旺、是否收费以及收费情况等都是很重要的指标。现在很多平台提供免费的开店服务,这样可以省下不少资金。

(3) 向网站申请开设店铺　此时,要详细填写自己店铺提供的商品的分类,如果出售时装手表,那么应该归类在"珠宝首饰、手表、眼镜"中的"手表"一类,以便让目标客户可以准确地找到你。同时,你需要为自己的店铺起个醒目的名字,网友在列表中点击哪个店铺,更多地取决于名字是否吸引人。有的网店会显示个人资料,所以应该真实填写,以增加买家对店铺的信任度。

(4) 进货　进货可以从熟悉的渠道和平台开始,控制成本和低价进货是关键。当然,你也可以选择其他销售方式,如代销。在进货时一定要注意验货,以保证自己拿到的是名实相符的真品。另外,进货的数量也很关键,刚开始的时候可以少量多次,等积累了一定经验之后,再根据销售情况调整进货的批次和数量。

(5) 添加产商　网上开店,需要把每件商品的名称、产地、所在地、性质、外观、数量、交易方式、交易时限等信息填写在网站上,最好配上商品的图片。名称应尽量全面、突出优点,因为当别人搜索该类商品时,只有名称会显示在列表上。为了增加吸引力,图片的质量应尽量好一些,说明也应尽量详细,如果需要邮寄,最好声明邮费标准和要求等。

(6) 设置价格　通常卖家设置商品的起始价、底价、一口价等项目。起始价是拍卖网上常用的策略,卖家先要设置一个起始价,买家由此向上出价。起始价越低越能引起买家的兴趣,有的卖家设置1元起拍,这是吸引注意力的好办法。但起始价太低会有最后成交价太低的风险,所以卖家最好同时设置底价,如定105元为底价,以保证商品不会低于成本被买走。起始价太低的另一个缺点是可能暗示你愿意以很低的价格出售该商品,从而使竞拍在很低的价位上徘徊。如果卖家觉得等待竞拍的时间太长,可以设置一口价,一旦有买家愿意出这个价格,商品立刻成交。缺点是即使几个买家都有兴趣,也不可能托高价钱。卖家应根据自己的具体情况设置商品价格。

(7) 营销推广　为了提升店铺的人气,在开店初期,应适当地进行营销推广,但只限于在网络上是不够的,要网上与网下多种渠道一起推广。例如,购买网站上流量大的页面上的"热门商品推荐"位置,并将商品分类列表上的商品名称加粗、增加图片以吸引眼球,也可以做些不花钱的宣传,如与其他店铺和网站交换链接。

(8) 售中服务　客户在决定是否购买的时候,很可能需要很多你没有提供的信息,他们随时会在网上提出,你应及时并耐心地回复,抓住购买时机,促成交易。

(9) 完成交易　双方根据约定的方式进行交易。

(10) 评价或投诉　信用是网上交易中很重要的因素,为了创立良好的信用记录,作为卖家应通过良好的服务获取对方的好评。如果交易失败,可以向网站投诉,以减少损失,并警示他人。

（11）售后服务 完善周到的售后服务是生意经久不衰的重要保障，适时地与客户保持联系，做好客户管理工作，对于维护老客户、开发新客户都很有帮助。

【实训步骤】

在淘宝网，从个人网店的注册与认证到拥有店铺需要经过以下步骤。

1. 用户注册

登录淘宝网（http://www.taobao.com），单击页面最上方的"免费注册"。在打开的页面中，输入会员名、密码、电子邮件等信息，单击"同意以下服务条款，提交注册信息"按钮。然后，注册时提供的邮箱会收到一封确认信息邮件，打开其中的链接，确认之后，就完成了用户注册。

提示：为了保证交易的安全性，注意密码不要设置得太过简单，建议使用"英文字母+数字+符号"的组合密码。

2. 身份认证

淘宝网规定，只有通过实名认证之后，才能出售宝贝，开店铺。所以在注册用户之后，还要进行相应的认证（包括个人实名认证和支付宝认证两个过程）。具体的操作步骤如下。

1）登录淘宝网，单击页面上方的"我的淘宝"。在打开的页面中单击"想卖宝贝先进行支付宝认证"文字旁边的"请点击这里"。

2）在打开的页面中，会提示还没有激活支付宝账号，单击"点击这里完成支付宝账号激活"。在弹出的页面中输入真实姓名、证件类型及号码、支付宝密码等内容，单击"保存并立即启用支付宝账户"按钮。

3）激活支付宝账号成功后，回到原来的页面，按下<F5>键刷新页面。单击"申请支付宝个人实名认证"按钮，阅读支付宝认证服务条款之后，单击"我已经阅读"按钮继续。

4）首先根据提示填写个人信息，单击"下一步"；接着，选择身份证件核实。可以选择"在线上传"或"邮寄"身份证件复印件，单击"下一步"；然后，输入银行卡信息，包括开户行、银行账号、省份、城市等，输入完成后，一日内等待支付宝汇款。

提示：如果在线上传身份证件复印件，图片文件大小要控制在 200KB 以内，需要提供身份证正反两面的图片。

5）一日之后，重新打开"我的淘宝"，在认证区域单击相应的链接打开"支付宝认证"页面，在"银行账户核实"区域单击"确认汇款金额"，然后输入支付宝向你的银行账号注入的资金数目，单击"确定"按钮即可。

3. 发布宝贝

在发布宝贝之前，还需要经过淘宝开店考试。

要在淘宝上开店，除了要符合认证的会员条件之外，还需要发布 10 件以上宝贝。

提示：如果没有通过个人实名认证和支付宝认证，可以发布宝贝，但是宝贝只能发布到"仓库里的宝贝"中，买家是看不到的。只有通过认证后，才可以上架销售。

1）登录淘宝网，在页面上方单击"我要卖"。在打开的页面中，可以选择"一口价"或"拍卖"两种发布方式，这里选择单击"一口价"。

提示："一口价"有固定价格，买家可以立即购买；"拍卖"无底价起拍，让买家竞价购买。

2）选择类目，根据自己的商品选择合适的类目。例如，选择女鞋的宝贝详情，单击"选好了，继续"按钮继续下一步。

3）填写宝贝信息，这一步非常重要。首先，在"宝贝信息"区域取一个好的标题，单击"浏览"按钮上传宝贝图片，输入宝贝描述信息、宝贝数量、开始时间、有效期等；接着，在"交易条件"区域输入宝贝的售价、所在地、运费、付款方式等内容；其他信息保持默认设置即可，如默认使用支付宝支付等。最后，单击"确认无误，提交"按钮来发布该宝贝。

如果发布成功，下面就会出现一个成功页面。单击"这里"可以查看发布的宝贝页面，单击"继续发布宝贝"可以继续发布宝贝。

提示：在买家没有出价时，如果要修改发布的宝贝信息，可以到"我的淘宝"→"我是卖家"→"出售中的宝贝"中进行编辑、修改。

宝贝在发布完成之后，最好进行定期更新、添加，以免店铺被系统删除。

4. 获取免费店铺

淘宝网为通过认证的会员提供免费开店的机会，只要发布 10 个以上的宝贝，就可以拥有属于自己的店铺和独立网址。

【效果评价及考核内容】

1. 选择购物网站

2. 掌握网上商店的开设步骤

1）制订网上商店策划方案。

2）建立网上商店。

3）掌握网上商店工作流程。

4）建立友情链接。

实训 9　网上商店的管理

一般来说，并不是开设了网上商店，就会顾客盈门的，还需要一系列网店运营与管理才能使网店变成旺店。如何才能吸引客户，让客户有流连忘返的感觉，这也正是网店管理的作用体现。

【实训目的】

掌握网店的一般运营与管理方法，了解网店推广与营销的常用策略，学会与客户进行有效沟通及服务的方法。

【场景设计】

小丽在淘宝网上开了一个女包店，注册、申请、开通、进货、整理、上架，经过一系列紧凑而有序的忙碌，她的店铺终于开张了。由于刚刚开张，人气还不旺，她征求同学们的意见，准备在原来店铺的基础上再装修一下，进一步管理并推广网店和出售的商品。

【相关知识】

目前,利用第三方提供的电子商务平台开设一个网上专卖店是企业或个人比较明智的选择。现在有许多网站提供这种免费的网上商店平台,利用这个平台可以快速开展电子商务,实在是利人利己的好事。

1. 网店的运营与管理

(1) 装修一个漂亮的店铺　我们浏览一些网上旺铺,会发现它们都有许多共同点:一个好听的店铺名字、一个独特的店标、合理的商品搭配与分类、美观的店铺式样等。

1) 起一个好听的店铺名字。一般来说,一个好听的店铺名字,会让人一下子记住。如果想把自己的店铺做成一个品牌,名字至关重要。尤其是当你的店铺拥有了一定的客户群时,再去改个好听的名字,损失就会很大。如何起店名?每个人有自己的偏好,下面几点供大家参考。

① 突出商品属性。例如,卖数码类商品的,可以叫××数码;卖衣服的,可以叫××布舍等;卖箱包的,可以叫包您满意、包打天下等。如果不能体现商品属性,店铺的名字就是失败的。如果名字听起来很大,只能说是虚张声势、徒有其名,因为客户不知道你主要经营什么商品。

② 突出个人特色。在突出商品属性的同时,店名要尽量体现个人特色。只有两者结合起来,才能够给买家留下很深的、独一无二的印象。

③ 突出地域特点。这一点不是对所有人通用。例如,数码类的商品,哪个地方都有卖的,就没有必要突出地域了。如果你的商品在该地区是独有的,就要充分体现出来。例如,你在西藏卖天珠,就可以起名为"雪域天珠";在新疆卖英吉沙刀具,可以起名为"七剑下天山""买买提刀具""刀郎"或者"天涯明月刀";在贵州卖苗族的衣服、饰品、蜡染等,可以起名为"苗描妙";如果在浙江卖书,可以从余秋雨的散文中找灵感,起名为"天一阁";如果在江西卖书,可以起名为"白鹿书院";如果在陕西卖玉,可以起名为"蓝田日暖玉生烟"。这样不仅有地域特色,也显得很有文化。如果把品牌文化挖掘出来做宣传,境界和影响力都会提高,从而吸引更多人光顾。

2) 设计一个独特的店标。每一个成功的企业都有自己的标识,它是企业视觉识别系统(VIS)的主要组成部分。

店标是自己店铺的标识,一个好的店标图片能够给客户留下深刻的印象,可以提高网上商店的人气与点击量。店标图片可以是 Gif 或 JPG 格式的,在设计过程中要注意开店平台要求的店标尺寸,否则上传后图片会变形而影响视觉效果。

3) 合理的商品搭配与分类。无论开什么样的网店,都需要对自己的商品进行合理的分类,再根据分类进行不同的管理。一般来说,商品分为以下几种。

① 主打商品。它是指主营特色商品或者销售量或销售金额占最大比例的商品。

② 辅助商品。它是指与主打商品具有相关性的商品,可以弥补主打商品的不足,从不同方面树立店铺的形象。

③ 附属品。它是辅助商品的一部分,是只要被客户看到,就容易被接受而且会立即被购买的商品。

④ 刺激性商品。这类商品主要是为了刺激客户的购买欲望,挑选出来并以主要系列的

方式在显眼的位置陈列出来，借以带动整个销售。

4）店铺的美化。网店的风格要统一、美观大方，页面上的每一部分都不是可有可无的。每件商品的名称、产地、所在地、性质、外观、数量、交易方式、交易时限等信息都需要填写在网站上，最好搭配商品的图片及相关说明。这样可以让客户全面了解商品的性能与特点，增加浏览量和成交量。为了增加吸引力，图片的质量应尽量好一些，说明也应尽量详细、明确。商品名称应尽量全面、突出优点，因为当别人搜索该类商品时，只有名称会显示在列表上。

（2）开通网上与网下联系驿站　良好的信息沟通与交流是经营好网上商店必不可少的，可以通过网上各种渠道的沟通与交流建立自己的人气圈，提高自己的网络知名度和影响力。还有一点需要注意的是，不管用何种交流与联系方式，都要让网友查到自己的实名，这是将虚幻的网络信任变成现实交易的技巧之一。

建立网上与网下联系的主要方式如下。

1）利用 QQ 来交流，并根据不同的客户特征建立多个 QQ 群。
2）使用微信公众号定期发布商品信息及促销信息。
3）使用电子邮件主动派发商品信息以及店铺活动信息。
4）建立博客来展示或宣传自己的商品及网店。
5）在相关论坛上多发有自己署名的帖子。
6）利用其他即时聊天工具联系网友，如 UC、聊天室、××空间或沙龙等。
7）在网下，手机要经常处于正常通话状态，不要经常更换号码。

（3）商品的配送　商品的配送方式有多种，要根据自己的情况进行选择。在设计自己的配送方式之前，首先要了解当地物流市场的情况，选择有保障、运费低、速度快、知名度高的专业物流公司，还要与它们进行协商与谈判，尽一切可能将运费降到最低。为了避免纠纷，还应在每种配送方式说明中填写预计送达的时间、途中的责任承担等必要的信息。

（4）付款方式的选择　目前，网上开店主要的付款方式有网上支付、货到付款等，为了方便客户付款，应该给出多种选择，不要只接受一种支付方式，因为这样会使客户感觉不方便而失去成交机会。由于人们对网络交易的信用度还有所担心，所以新开网上商店的店主在选择在线支付方式时应首选第三方支付平台，如最常见的支付宝。

2. 网店的推广与营销

（1）网店的广告宣传　网店运行起来后，只有吸引浏览者进来浏览商品，才会有成交的机会。一般常用的广告方式如下。

1）利用好网站内的收费推广。在淘宝等网站上开网店，网站本身提供了一些广告宣传方式，如粗体显示、图片橱窗、首页推荐位展示等。这些服务通常是收费的，但是可以为自己的网店带来浏览量，值得一试。需要注意的是，不要将自己网店中的每一件商品都采用收费推广的方式，只需要选出一两件有代表性的商品进行推广，将浏览者吸引到自己的网店，当浏览者进入之后自然就会浏览其他的商品。

2）利用好网站内的其他推广方式。例如，多参加网站内的公共活动，为网站做贡献，以后就可以得到一些关照，网店自然也可以得到相应的推广。

3）利用留言簿或论坛宣传自己的网店。一般不要采用直接发广告的形式。一般情况下，论坛对广告帖是屏蔽的，可以采用签名档，将自己的网店地址与大概的经营范围包括在签名档里，这无形中会引起许多阅读者的注意，并进入你的网店，进而成为你的客户。

4）广开门路，广交朋友。通过认识许多朋友，介绍他们关注你的商品，同时争取回头客，并让你的客户为你介绍新的客户。

5）一店多开。在精力允许的情况下，可以将同一内容、同一形式的网店在多个网店平台上开设，也就是争取一切资源来扩大网店的知名度与影响力，但要注意以一个网店为主打平台，其他的网店起互相推介的作用。

6）在各种提供搜索引擎注册服务的网站上输入网店的资料，争取获得更多的浏览者进入网店。

网络广告也是促销策略的一种。企业在做网络广告策划时应充分发挥网络的多媒体功能，通过三维动画等特性引导消费者做出购买决策并达到尽可能地开发潜在市场的目的。其他的网店宣传推广方法在后面的内容中讲述。

（2）如何扩大网店规模　当自己的网店发展到一定程度，并有了成功的模式与管理体系后，通过设立连锁店或分店的模式来扩大店铺规模，可以有效地增加销售量，进一步提高店铺的影响力。

什么样的店铺适于设立连锁店，如何设立连锁店，可以参考连锁经营方面的资料，这里不再赘述。

【实训步骤】

1. 店铺装修

登录淘宝网，开通淘宝店铺，进入卖家中心，然后在左侧的菜单中选择"店铺装修"，进入其装修模式。

进入"店铺装修"后，店铺由四个模块组成，1920 这个模块是收费的，建议新手刚开始不要购买。其他的 950、750、190 等模块是免费的。

首先，在"布局管理"界面添加所选模块到店铺所需要的位置，然后回到"页面编辑"界面，在添加的模块处单击"编辑"。

1）第一步就是店铺招牌。店铺招牌是 950×120 的模块。找到右侧该模块中的店铺招牌，按住鼠标左键，拖动到页面的最上方，会出现"松开鼠标，模块会放到这里"这几个字，这时松开鼠标就可以了。

将鼠标放在店铺招牌上，在右上角会出现铅笔头形状的"编辑"，单击"编辑"，就进入店铺招牌的编辑页面了。店铺招牌的招牌内容有三个，建议用第一个，单击"添加文件"。在添加店铺招牌图片之前，要先把图片添加到图片空间中去。

2）将鼠标轻轻移动至导航条，单击"编辑"按钮，进入导航设置，单击"添加"。导航条对网店来说非常重要，建议卖家将其放入店铺的重要信息里。导航类目最多可放入 12 项一级内容，建议不要放入超过 7 项；否则看起来比较拥挤，影响视觉效果。

3）把图片添加到图片空间。首先，回到第一步找到千牛工作台的网址，找到图片空间，单击进入，然后单击图片管理。其次，找到右上角上传图片，选择通用上传就可以了。完成以上步骤后，需要的图片就进入图片空间了。

4）默认分类模块的添加，编辑默认分类页面，添加手工分类，然后保存。

5）图片轮播模块的添加。选择 750 的模块，和操作店铺招牌的步骤是一样的。单击进入"编辑"页面，会出现图片地址和图片链接。图片地址指的是图片空间中的图片地址，回到图片空间，找到需要的图片，在图片下方有三个按钮，中间的一个就是复制图片按钮，单击一下就可以了。图片链接指的是这张图片和什么内容链接在一起。例如，想让这张图片和一款宝贝链接在一起，就复制宝贝的链接，放到图片链接这个框里。

6）编辑完成后，单击最后的"发布"。

特别提醒：淘宝店铺装修是一项个性化设计，每个人可以按照店铺的特点结合自己的想法进行创造性的设计，充分利用淘宝提供的各个基础模块。

2. 网店推广

网店推广的主要方式如下。

1）通过 QQ 等网络社区向网友介绍网店、商品特性和服务等；通过网友把商品推广出去。

2）向自己的亲朋好友介绍自己的网店、商品特性和服务。

3）通过电子邮件或博客有目的和有针对性地发布网店、商品特性和服务等信息。例如，可以在进行业务洽谈的电子邮件中附上网店的专用网址及介绍，如"感谢您的关注！敬请访问 http://shop123.taobao.com 查看每日新品"。无论是通过电子邮件还是博客，标题都应力求新颖，否则客户看都不看就当垃圾邮件删除了。

4）在第三方商务平台、门户网站上发布信息。在第三方商务平台上，可以开展商品促销、新品发布、市场推广等专题活动，扩大网店的浏览量和成交量。

5）假如有一定的经济基础，可以在淘宝上打出精美的广告，配以响亮的广告词，这样可以在第一时间吸引客户的眼球，将客户吸引到网店。

6）参与所在网站开展的各种网上与网下市场推广活动。

7）利用其他网站资源吸引客流到网店中。巧妙利用其他信息平台也可以起到吸引客流的作用。例如，可以到其他商务网站上注册、登记公司，并且把网店的地址留在上面，让看到公司信息的客户都到网店逛逛。这样，你只要花几分钟时间到其他网站注册并留下网店地址，就可能为你的网店带来很好的客流量。

【效果评价及考核内容】

1. 网上商店管理

1）装修网店。

2）添加商品说明，进行合理定价。

2. 网上商店推广

1）列出 10 种以上的网上商店推广方法。

2）将至少两种网上商店推广方法应用于实践。

实训 10　B2B 电子商务平台免费推广

【实训目的】

1）了解 B2B 电子商务平台的特点。

2）B2B 平台的比较与选择。

3）通过 B2B 电子商务平台快速建立企业推广店铺。

4）通过 B2B 电子商务平台推广产品及宣传企业形象。

【场景设计】

小强是某高校电子商务专业刚刚毕业的学生，来到一家生产经营型企业工作。该企业近几年来生意每况愈下，业务量越来越少。该企业原来主要是通过参加商品交流会或展销会方式获取订单的，但是近几年来参加展销会的效果越来越差，甚至连参会成本都赚不回来。因为参加商品展销会的人挺多，但是客户质量不高，所以企业接不到订单。企业决定让小强通过电子商务手段，利用阿里巴巴等商务平台拓展市场，期望找到更多订单。

【相关知识】

中国许多中小企业在 B2B 网络营销方面已经有所尝试，但是专业投入与研究还不够，只是把网络看作一个简单的信息发布平台，网络营销的效果不够好。B2B 网络营销平台是为中小企业量身定做的综合性的网络营销平台，通过在该平台上进行信息发布、在线贸易、在线客服等的整合，可以迅速提高企业形象，扩大采购与销售渠道，进而为企业创造价值。

中小企业的市场知名度不高，最重要的问题是怎样做才能把自己的产品推销出去，让消费者了解产品。大家首先想到的是建设企业网站，但建网站容易，推广难。企业官方网站建设、搜索引擎优化及百度推广等手段是非常必要的，利用 B2B 商务平台推广也是必不可少的。

阿里巴巴诚信通、慧聪网是国内知名的 B2B 网络平台，还有更多的垂直网络平台如中国 B2B 联盟网站，这些平台上汇集了众多会员，中小企业可以用这些平台来展示企业和产品形象，突出企业产品的优势，吸引买家，让生意自动找上门，同时也提供全方位的电子商务解决方案，帮助中小企业开启网上生意之门。

1. B2B 平台的选择

1）阿里巴巴是开展 B2B 商务活动的首选平台。阿里巴巴是全球企业间（B2B）电子商务的著名品牌，为数千万网商提供海量商机和便捷安全的在线交易市场，也是商人们以商会友、真实互动的社区平台。目前，阿里巴巴已覆盖原材料、工业品、服装服饰、家居百货、小商品等 12 个行业大类，提供原料、生产、加工、现货等一系列的供应产品和服务。

2）确定本企业的核心产品，然后利用搜索引擎搜索该产品名称，显示结果显示，B2B 商务平台是该企业的重要选择。

3）登录中国 B2B 联盟网站，参考本企业所在行业的垂直商务平台。

2. 免费开店（以阿里巴巴为例）

1）登录阿里巴巴网站，单击免费注册，填写个人信息。

2）进行邮箱验证，验证成功。

3）注册完成，成为普通会员。

4）开通阿里巴巴诚信通。

3. 阿里巴巴一般诚信通会员开通流程

登录阿里巴巴网站，登录店铺，联系阿里巴巴后台工作人员，上传营业执照，缴纳相关费用（这是基础费用，费用比标准诚信通要低些）；阿里巴巴后台审核通过后，完成开通。

4. 一般诚信通会员享受的服务

网站空间权限提高，可以任意修改产品资料；发布的产品在阿里巴巴的关键词搜索排名中更靠前；有商标使用权，专业的认证机构做认证，使店铺可信度更高；可以使用支付宝交易，在网络的交易中更安全，让客户产生更高信任感，得到更多保障；提供采购会、展销会等行业信息。

5. 产品信息流量提升技巧

（1）高质量信息标题　产品标题是衡量该产品与客户所搜索关键词是否相关的最重要的内容之一，标题的填写尽量规范化，不要堆砌多个产品词，即不要在标题里填写不相关的内容。

一个好的标题需要注意以下三点：①标题中只含有一个产品，并使用通俗的产品名称；②标题中突出产品最具竞争力的功能特性；③标题尽可能标明产品的优惠政策和低价促销信息。

（2）准确的产品分类　选择准确的产品分类方便客户查找，增加产品的曝光率。在发布信息时，可使用搜索功能，系统自动匹配较为合适的一些类别供选择。

（3）产品描述信息要准确　产品描述应该是对标题中的产品进行详细的描述，包含产品参数、产品特点、有关产品优势的详细阐述以及售后服务等信息，让客户更了解产品，让交易更简单、快捷。

（4）产品图片要真实清晰　上传清晰的产品图片，给客户更好的指引，尽量增加实拍图。产品配图可以把产品形象立体地呈现出来，让客户更有兴趣。

（5）价格信息很重要　发布产品价格，客户可以把相同产品用价格进行对比，提高贸易成交率。因为价格是客户选购产品的基本要素之一。

（6）商铺分类要精确　精确的商铺分类有利于客户在商铺查看产品信息，挑选产品，提高浏览量及客户体验。

（7）批量更新　每天对自己的供应信息进行批量更新可提升网站排名。

（8）交易因素　交易额对排名有重大影响。

（9）优质的客服　保持旺旺在线状态每天不少于8h。

6. 商机标题建立技巧

关键词（这里的关键词是表示商机标题的关键词）的设置也是企业发布信息最为关键的一部分，是影响发布效果的关键。同时，选择好的关键词不但可以增加潜在客户对网站的访问量，而且可以进一步提高销售的转换率。那么该如何选择关键词呢？怎样才能选好关键词呢？下面一起来看看关键词设置的方法。

第一种，列举关键词。每个企业都有几个关键词，有的企业甚至有成千上万个关键词，首先要把企业所有可能的关键词尽可能多地列举出来。列举出来的关键词与网站的相关度要高。列举的关键词可以短也可以长，可以是搜索量大的，也可以是搜索量小的。列举出关键词后就要根据百度、百度指数等一些工具加以分析，如百度关键词分析工具，然后确定关键词。例如，某五金厂部分关键词见表18-2。

表 18-2　某五金厂部分关键词

序号	关键词	序号	关键词	序号	关键词	序号	关键词
1	五金螺母	5	五金螺钉	9	五金滑轨	13	五金曲手
2	古典拉手	6	现代拉手	10	家具拉手	14	五金铁皮
3	散热器材	7	家具五金配件	11	铝合金试模	15	铝合金压铸试模
4	通信五金配件	8	电器铝合金配件	12	电器锌合金配件	16	装潢铝合金压铸件

第二种，关键词单发。如果只是企业名称或产品名称，这样的商机标题搜索量是不会太大的，因为潜在客户并不知道你的企业名称，所以客户以企业名称去搜索的可能性很低，除非是老客户。建议使用关键词组合或者联想的形式。

例如，"天津市某化工有限公司"编辑的商机标题是"双氧水厂家直销"，而不是直接的企业名（注意：部分商机标题可以是企业的一些宣传语，但主推的必须是与产品相关联的标题）。

第三种，型号+关键词。例如，AB32+壳牌奇伟士。

第四种，地区+关键词。例如，安徽+线路板。

第五种，厂家+关键词。例如，济南某某园艺制品厂+（生产）花箱。

第六种，品牌+关键词。例如，卡西欧+手表。

第七种，性能+关键词。例如，耐油+高压胶管。

第八种，供应+关键词。例如，供应（低价）+PET专用自动破碎机。

第九种，用途+关键词。例如，建筑工地+大型洗砂设备。

第十种，材料+关键词。例如，丁腈+高压胶管。

第十一种，地区+厂家+关键词。例如，广东+广州市某某环保科技有限公司+健宜生态仪。

第十二种，地区+品牌+关键词。例如，深圳+卡西欧+手表。

第十三种，品牌+关键词+厂家。例如，卡西欧+手表+深圳表业有限公司。

第十四种，材料+性能+关键词。例如，丁腈+耐油+高压胶管。

第十五种，地区+品牌+关键词组合。例如，温州+黑神牌+耐油高压胶管（关键词组合）。

第十六种，地区+厂家+关键词组合。例如，温州+宇力液压+耐油高压胶管（关键词组合）。

第十七种，地区+厂家+品牌+关键词组合。例如，温州+宇力液压+黑神牌+耐油高压胶管（关键词组合）。

第十八种，淘宝型+关键词。例如，正品+铝合金压铸（限时、反季促销、团购、包邮）。

第十九种，百度型+关键词。例如，深圳哪里的女装质量好+便宜、实惠。

第二十种，肯定式关键词句子。例如，专业脚踏垃圾桶就是好。

第二十一种，长尾关键词。主关键词或者一些和网站的内容相关的辅助关键词。例如，护坡砖制品模具厂商，辽宁护坡砖制品模具直销。

第二十二种，口语式关键词。例如，口语中的"高压橡胶管"一般都是指高压胶管，很多人不懂行业术语，会直接搜索"高压橡胶管"。专业术语的口语式叫法各个地方不同，可以通过客户电话反馈中得到经验，选取口语式关键词。

第二十三种，搜索引擎（百度、谷歌、搜狗）下方的推荐词。例如，百度"冰柜"后面会出现"冰柜价格""冰柜尺寸""冰柜哪个牌子"……

【实训内容】

以小组为单位，联系大家熟悉的企业，经过网络和实地调研，为该企业在 B2B 电子商务平台上建立推广店铺。

1）根据该企业的特点，选择 10 个关系密切的 B2B 电商平台。
2）在一个平台上完成店铺建设，上传产品不少于 10 个。
3）店铺内容建设要注意提升流量技巧。

【效果评价及考核内容】

1）搜索并写出 10 个与该企业相关的电商平台。
2）店铺建设布局及形象。
3）产品标题、产品描述、图片处理符合页面优化原理。

实训 11　网络商务信息的整理与发布

互联网上的信息资源非常丰富，是一个取之不尽、用之不竭的信息海洋。如果信息搜集的方法得当，你会在最短的时间内获得最有效的信息。

【实训目的】

通过百度等搜索引擎工具及阿里巴巴等第三方网站，收集整理网络营销信息，帮助学生树立自主学习的意识，提高学生信息收集与整理的能力，学会网络营销信息收集的方法与技术，同时掌握网上商务信息的发布方法。

【场景设计】

小张前一阵一直忙忙碌碌，又是发广告，又是上传文件，还添加了其他知名网站的链接，希望能够让更多的客户了解网络营销网站及产品信息，增加网站的流量，带来可观的销售额。而一般客户在网络上大多选择使用搜索引擎来查找自己感兴趣的网站或相关的产品或信息，于是小张采用搜索引擎收集先前发布的新闻、产品信息、文件和广告等。

同时，小张也想为企业发布相关的商务信息。

【相关知识】

1. 网络营销信息的特点与分类

网络营销信息不仅是企业进行网络营销决策和计划的基础，而且对企业的战略管理、市场研究以及新产品开发等都有极为重要的作用。与传统信息相比，网络信息主要有以下特点：①具有极强的实效性；②具有广泛的传播面；③是多媒体化的信息，具有视听效果的综合性，且信息之间的联系采用了非线性的超链接方式，信息容量大；④交互性不断增强，信息流动是双向的，信息投放准确；⑤具有灵活多变的传播模式。

网络营销信息可粗略地分为四个等级：①免费商务信息；②收取较低费用的信息；③收取标准信息费用的信息；④优质优价的信息。

2. 网络商务信息的收集方法

互联网凭借其跨时空、低成本、效率高等优势，已经成为企业采集信息不可或缺的平台。世界各地数以亿计的网民、企业可以利用互联网进行信息交流和资源共享，从而有效地降低了信息收集的成本，提高了信息搜集的质量与效率。

一般而言，企业可以通过以下四个途径收集商务信息：搜索引擎、综合网站、行业网站和网络社区。

（1）利用搜索引擎收集商务信息　搜索引擎是指根据一定的策略、运用特定的计算程序搜集互联网上的信息，在对信息进行组织和处理后，为客户提供检索服务的系统。

搜索引擎主要分为以下类型：全文索引、目录索引和元搜索引擎。

搜索引擎能让客户很方便地查找到所需的信息资源。网民在互联网上登录的网站大多为搜索引擎、门户网站及公共类网站。常见的搜索引擎有百度、中搜、搜狐、搜狗、有道搜索、中国经济信息网等。

现在全球范围内已经有几千个搜索引擎网站，而且这个数量还在不断增加。在这些网站中，既有搜索引擎中的精品，也不乏一些质量不高的粗糙之作。一般来说，可以用以下标准来选择搜索引擎，即速度、返回的信息量、信息相关度、易用性和稳定性。下面对这五个标准进行详细说明。

1）速度。速度包括两个方面：一是信息查询的速度，当然是越快越好，否则等半天才看到结果，心里一定不会高兴；二是信息的更新速度，这反映了一个网站数据更新的频率，搜索引擎数据库中收集的是最新的信息，因为互联网上的信息更新非常快，每天都有新网站产生，同时也有网站消失，所以对搜索引擎网站来说，要及时更新数据库内容。

2）返回的信息量。这是衡量一个搜索引擎数据库大小的重要指标，如果它返回的有效信息量大，就说明这个网站收录的信息范围广、数据容量大，能给客户提供更多的信息资源。

3）信息相关度。一个搜索引擎网站不仅要求对查询的信息数据返回量大，而且要求准确、与客户所要求的信息关联度高，否则返回一大堆垃圾信息，再多又有何用。

4）易用性。查询操作的方式是否简便易行、对查询结果能否实施控制和选择、能否改变显示的方式和数量等，这也是衡量一个搜索引擎网站的重要指标，因为互联网是面向大众的，只有操作简单，才能被大多数人接受。

5）稳定性。一个好的搜索引擎网站，它的服务器和数据库应该非常稳定，这样才能保证为用户提供安全可靠的查询服务。

使用搜索引擎所用关键字的实用窍门：①只用产品名，去掉所有修饰词。如果想找"铜铝复合暖气片"，可以只用"暖气片"搜索，然后在找到的信息中进行挑选，或者和厂商联系后，再询问对方是否生产铜铝复合暖气片，这样就扩大了寻找范围；如果想找很多产品，建议分次搜索。例如，想找手提包和皮包，虽然用"手提包皮包"也能找到相应的信息，但是先找"手提包"，再找"皮包"，分次查找，有利于更准确地寻找信息。②相关联的产品名都找找看。想找塑料，可以用"PVC""塑料"来搜索。③用行业目录来搜索。想找"火龙果"，除了用"火龙果"，还可以用"水果"来搜索，扩大搜索范围。

（2）利用综合网站收集商务信息　综合网站是指通向某类综合性互联网信息资源并提供有关信息服务的应用系统。目前，门户网站的业务包罗万象，成为网络世界的"百货商场"或"网络超市"。我国著名的电子商务类综合网站包括阿里巴巴、慧聪网、环球资源网等。

大多数电子商务综合网站的主要内容包括供应信息、需求信息、创业加盟、竞价排名、行业资讯和论坛等。

（3）利用行业网站收集商务信息　行业网站即所谓行业门户。根据行业的类型，行业网站可以细分为以下类型：汽车汽配、商务贸易、建筑建材、工业制品、机械电子、服装服饰、农林牧渔、交通物流、食品饮料、环保绿化、冶金矿产、纺织皮革、印刷出版、化工能源等。我国著名的行业网站有"今日五金网""中国化工网""中国服装网""中国纺织网"等。这些行业网站专门提供本行业产品与服务的供应信息与需求信息、企业信息、人才信息，还设有相关论坛等。

（4）利用网络社区收集商务信息。

1）BBS。目前，很多ICP都提供免费的BBS，你只需要申请使用即可。

2）电子邮件。首先获得客户的电子邮件地址，其次通过电子邮件向各客户发送资料，最后在自己的信箱中接收客户的反馈信息，汇集反馈信件等。

3）QQ、博客、微博、微信等。

3. 网络信息平台的选择方法

企业应根据自身业务的特点来选择恰当的网络信息平台。在信息收集初期，企业需要获取大量的商务信息，此时可以通过搜索引擎网站来收集面广、量多的信息。在此基础上，为了获取与本企业相关的大量精确信息，企业可以登录电子商务类综合网站，获取较为丰富的产品与服务的供求信息。如果企业需要获取专而精的行业信息，可以通过本行业的行业网站收集。

因此，企业在选择网络信息平台时，要考虑本企业的自身业务特点，也要考虑所需收集信息的质与量。

4. 网络商务信息整理分析

网络商务信息的下载和存储的方法包括屏幕保存、网页保存、部分文本保存、图像保存和软件下载等。

网络商务信息的整理包括明确信息来源、重新命名和进行信息分类（按主题分类，用不同的文件夹存放不同类别的文档；建立信息管理系统，使用数据库对信息进行有效的分类和管理）。

【实训步骤】

1. 网络商务信息的收集

网络商务信息的收集是指企业在网络上对商务信息的寻找和调取工作。这是一种有目的、有步骤地从各个网站查找和获取信息的行为。

网络营销对网络信息收集的要求是及时、准确、适度、经济。

（1）利用搜索引擎收集商务信息　在百度搜索引擎中，输入"手机"关键字，单击"百度一下"按钮即可搜索与手机有关的信息。

（2）利用综合网站收集商务信息　以北京市一家企业准备采购暖气片为例来查询供应商数据为例，在阿里巴巴网站学习收集供应信息的基本方法。其操作步骤如下。

1）启动浏览器，打开阿里巴巴网站。

2）单击供应商，在搜索栏中输入"暖气片"，单击搜索。

3）根据需要，企业可以按照"管径"选择，也可以按照"类型"选择所需信息。在此按照"类型"选择，在此种选择中又有"串片""绕管""其他"几种类型。仍可根据需要进行选择，如选择"串片"。

如果想缩小选择范围，如该企业只想查看北京市暖气片生产企业的情况，那还可以在"所在地区"选择"北京"，在"经营模式"中选择"生产加工"，就会出现相应的结果。

至此，该企业找出了符合自己要求的供应商的列表，并通过对所获得的信息进行整理、加工和分析，从而找出最符合自己要求的供应商。

2. 网络商务信息发布

（1）通过网库企业黄页发布信息　通过本实例的学习，要求学生能够利用网库网络平台为企业发布广告信息。中国网库是全球企业间（B2B）行业电子商务平台，汇集了海量供求信息，是国内领先的单品通模式发起平台、全球领先的电子商务网上交易平台，拥有超过760万个供应商的电子商务网站，是我国各类企业销售产品、采购批发及网络推广首选的电子商务平台。

通过网库企业黄页发布信息的步骤如下。

1）在地址栏内输入 http://www.99114.com/，进入网库首页。

2）单击左上方"注册"按钮进入注册页面，填写注册信息。

3）单击"会员信息"，完善企业信息。

4）单击"销售中心"——"发布产品"，即可发布企业产品信息。

（2）企业网站发布信息　网站是企业或个人发布信息的载体，通过网站发布信息是网络营销的基本职能，也就是说，无论运用哪种营销方式，结果都是将一定的信息传递给目标人群（如客户、媒体、合作伙伴、竞争者等）。所以，通过自建网站或服务商的网站发布信息这种方式不可小视，这种方式图文并茂、快速及时、成本较低，是推销新产品的重要渠道。

在阿里巴巴发布产品信息的操作步骤如下。

1）打开阿里巴巴网站 http://www.1688.com。

2）单击"免费注册"，注册为阿里巴巴会员。

3）登录阿里巴巴网站，输入会员名及密码。

4）普通会员登录后，单击"我的阿里""发布供应产品"，可以发布产品供求信息。

（3）电子邮件发布信息　在电子邮件中，企业可以用附件的方式向客户发送产品说明、功能介绍和产品图片等信息，也可以用超链接方式，附上企业网址，使客户能够方便地访问本企业网站。利用电子邮件发布网络信息具有以下特点：可以有目的地选择发送对象，使信息发布更有针对性；以主动的方式发布信息，可以直接让邮件接收者了解信息的内容；成本低；操作简单等。

注意：在向客户发送带广告性质的电子邮件时，最好事先征得收件人的同意，以免由于滥发广告邮件（被称为 SPAM）而引起客户的反感。

（4）网络社区　这种方式宣传效果较好，如在论坛、QQ 上发布软文信息。

【效果评价及考核内容】

1. 商务信息收集

2. 商务信息发布

1）利用企业网站发布、利用第三方平台发布。

2）利用电子邮件发布、利用网络社区发布。

3）掌握网上商店工作流程。

3. 掌握信息整理技巧

掌握另存网页、图片、收藏夹等信息的整理技巧。

实训 12　博客营销

【实训目的】

了解博客营销的目的，掌握建立个人博客空间和企业博客的方法，利用博客开展营销。

【场景设计】

小张是某化妆品公司营销部的一名营销经理，在多年的工作经历中积累了一定的化妆品常识、化妆品选购经验以及化妆技巧等，她很想把自己的积累与众多客户和朋友一起分享，所以想建立一个自己的博客，同时为公司注册一个企业博客。

【相关知识】

博客具有知识性、自主性、共享性等基本特征，这也决定了博客营销是一种基于个人知识资源的网络信息传递形式。开展博客营销就是对某个领域知识的掌握、学习和有效利用，并通过对知识的传播达到营销信息传递的目的。

企业博客是独创性地将博客与电子商务、企业发展有机地结合在一起，为企业构建一个真正意义上的网上商务与工作平台，企业可以用此发布产品信息、供求信息、合作信息，开设网上销售与采购的窗口，宣传企业的形象，建立客户信任，开辟高效、直接的客户互动交流渠道，开展高效的网上协同商务和协同办公等。

企业博客的内容主要有产品评测、企业文化生活、人物聚焦、各界评论、新闻爆料、投资者关系、经营管理等。其中，新闻软文（新闻爆料）的比重最大，各界评论和企业文化生活（企业杂谈）、人物聚焦的比重次之。

企业博客营销主要表现为三种基本形式：利用第三方博客平台开展网络营销活动；企业网站自建博客频道，鼓励企业内部有写作能力的人员发布博客文章以吸引更多的潜在客户；有能力运营、维护独立博客网站的个人，可以通过个人博客网站达到企业博客营销的目的。

【实训步骤】

1) 进入企博网注册页面,申请自己的博客空间,查看该博客空间提供的功能并应用,完善空间功能后,将博客空间提交到百度搜索,将过程记录作为考核的标准。

2) 登录阿里巴巴商友圈,申请注册,查看该博客空间提供的功能并应用,将功能完善后的博客空间提交到百度搜索,将过程记录作为考核的标准。

【效果评价及考核内容】

1) 搜索博客营销的网站。
2) 了解博客营销的特点与功能。
3) 掌握博客的建立过程。
4) 熟练利用博客开展营销活动。

实训 13　微信营销

【实训目的】

1) 掌握个人对公微信号的基本营销原则和营销技能。
2) 掌握微信公众账号的注册、维护和运营方法。
3) 学会微信公众号的素材管理、客户管理、消息管理。
4) 学会使用统计功能进行客户分析、图文分析、消息分析,合理规划微信营销的内容。
5) 学会使用个人微信号与公众微信号相结合的方法进行营销宣传。

【实训项目名称及任务】

实训项目名称及任务见表 18-3。

表 18-3　实训项目名称及任务

序号	实训项目名称	实训任务
1	个人微信设置	注册并设置个人对公微信,包括名称、头像、个人签名、朋友圈等
2	创建公众微信	以组为单位创建一个或多个公众账号,建立主题模块,发展粉丝关注
3	微信营销策划	确定微信营销主题,制订营销计划,设计营销方案和素材
4	微信营销实施	利用个人微信号和公众微信号,开展营销宣传,统计分析营销效果

【实训内容】

1. 个人微信设置

任务 1:注册微信账号。

任务 2:设置微信头像、名称、个人签名、二维码名片、微信号。完善自己的朋友圈,设置朋友圈的封面。

任务3：通过通讯录和QQ联系人，或通过微信扫一扫、手机联系人、雷达加好友等方式添加微信好友，至少加50个好友。

任务4：关注至少5个和本组所选行业相关的微信公众号（添加朋友→公众号→输入关键词搜公众号→关注公众号）。

任务5：查看你所关注的微信公众号有什么有价值的信息（点开通讯录→公众号→点开一个微信公众号→右上角人头标志→查看历史信息），把你认为有价值的信息分享到朋友圈。

任务6：微信公众号认证准备。需要提供本人身份证照片，请提前拍摄并保存。

2. 创建公众微信

任务1：以组为单位，注册微信公众号（注册订阅号）。一个组可注册多个公众号，但要注意，一个身份证号只能注册一个公众号，微信号一旦确定不能更改，头像一个月可以更改一次，名称在认证时可以更改一次。所以请谨慎选择公众号名称。

任务2：策划微信公众号的定位，规划好自动回复（被添加自动回复、消息自动回复、关键词自动回复）和基本功能模块。

任务3：观察你所添加的微信公众号是如何设定的，了解其功能。参考同类行业微信公众号，策划和设计本组的微信公众号。

3. 微信营销策划

任务1：为实训8中所创立的店铺设计微信营销方案。将方案策划写在实训报告里。

任务2：根据上面设计的营销方案，设计一期微信公众号营销内容，将营销广告文案保存，以备后期编辑微信公众号素材时使用。

任务3：完善本组公众微信号的资料和内容。制作二维码，实地开展"求关注"活动，增加本组微信公众号的粉丝关注量（至少有100个粉丝）。

4. 微信营销实施

任务1：完善本组微信公众号的素材内容，将前期策划好的微信营销内容编辑到素材中，并保存。

任务2：小组组长审核素材内容，无误后向粉丝群发营销内容。

任务3：小组成员转发公众号群发的内容到自己的朋友圈，可以开展集赞等活动。

【实训步骤】

1. 注册微信公众号

1）进入微信的官方网站，单击"公众平台"。

2）单击"立即注册"。

3）输入邮箱地址和登录微信公众平台的密码，单击"注册"。

4）激活公众平台账号。进入你的邮箱，会收到一封激活微信账号的邮件，进入邮件后单击链接，激活账号。

5）选择"个人"选项，输入你的相关信息，需要真实并有效的资料。

6）公众号信息中的账号名称设置了就不能更改，想好了再输入名称。其他都根据个人的需要输入。最后单击"确定"。注册好以后，进入微信公众平台查看结果。

2. 设计微信公众号的内容

1）先将你想要发布的内容在 Word 中进行排版编辑。

2）登录微信公众号，选择"素材管理"中的"单图文消息"或"多图文消息"（按照内容选择），然后编辑图文内容。

3）编辑好内容后，单击"预览"，发送内容到你的个人微信账号，检查一下格式和内容，无误后保存。

4）保存后，为你的素材内容设置关键词自动回复，并用你的个人微信账号测试是否可以自动回复（记得在添加关键字时，单击回车键，确定该关键词）。

5）可以使用群发功能，把这个图文信息发送给关注了你微信公众号的客户。

【效果评价及考核内容】

1）掌握微信订阅号和服务号的区别。

2）将涉及的微信公众号内容截图。

实训 14　新媒体营销

【实训目的】

本实训的目的是通过今日头条的设计与制作，让学生了解企业营销目前面临的新挑战，掌握新媒体营销传播的手段和方法，并学会结合企业现实运用新媒体开展营销活动。

【相关知识】

新媒体区别于广播、电视、报纸、杂志等传统媒体，是一种新兴的信息传播交流方式。例如，大家现在常见的微信、微博、贴吧等社交平台，哔哩哔哩弹幕网、优酷、西瓜视频这类视频平台，豆瓣、天涯这类社区，都属于新媒体的范畴。新媒体营销就是在深入研究互联网资源和移动客户端资源，熟悉网络营销和移动营销方法的基础上，从企业的实际情况出发，根据不同新媒体的优缺利弊，整合多种营销方法，为企业提供新型营销解决方案。

（1）新媒体具有非常明显的即时性　新媒体的信息传播速度非常快，网民通过手机、计算机或者其他智能终端能够快速发布信息和及时接收信息，打破了传统媒体定时传播的规律。

（2）新媒体具有超强的交互性　传统媒体都是单向传播，媒体处于强势地位，用户很难进行信息反馈。在新媒体环境下，信息的传输是双向甚至是多向的。每个用户既是信息的接收者也是信息的发送者；用户最大限度地发挥了参与性和主动性，实现了信息的强力交互。

（3）新媒体具有超时空性　手机新媒体发送信息时间短、接收信息速度快，所受制约因素少，几乎不受任何时间和地域的限制，只要在移动互联网覆盖的地方，在任何时间、任何地点都可以搜索信息、查阅信息、发布信息。

（4）新媒体具有失真性　以手机微博、微信等新媒体作为传播媒介，用户可以自由表达个人观点、发布消息、传达资讯。但网络的虚拟性也导致虚假信息泛滥，信息的真实性经常遭到公众的质疑。

【实训准备】

1. 个人

个人账号名称（不能与别人重复，具有唯一性）、手机号码、清晰的头像、一个发布素材、身份证信息及其正面照片、手持身份证的照片。

2. 企业

1）企业账号（不能与别人重复，具有唯一性）。

2）账号介绍（10~30个字，需要有明确的企业相关介绍，包括但不限于对产品、服务的介绍）。

3）账号头像。

4）企业营业执照信息及其扫描件。

5）运营者：姓名、身份证号码、手持身份证的照片、联系邮箱。

6）企业公章（下述注册时需要根据提示下载确认书，确认书需要加盖企业公章）。

注意：

1）今日头条是以分享型内容为主的，所以内容不能过于营销，包括图片。

2）今日头条的产品有问答（悟空问答，性质类似百度问答、知乎问答）、头条号（软文推广、图集发布）、图虫（图片摄影），注册一个账号能同时使用今日头条下面其他产品。本实训着重于头条号的使用。

【实训内容】

今日头条（PC端）

1. 注册/申请

注册：浏览器搜索"头条号"，进入官网，单击注册，用手机号或者邮箱进行注册。

登录注册的今日头条账号，在搜索主页找到"头条号"，单击右上角"账号设置"，选择"机构"，再选择"企业"，然后输入账号信息。

1）账号名称（2~10个字，需要与企业相关，包含但不限于商标、产品、服务名称）；

2）账号介绍（10~30个字，需要有明确的企业相关介绍，包括但不限于对产品、服务的介绍）。

3）账号头像（不超过5MB，200像素×200像素）。

4）企业名称（严格按照营业执照填写）。

5）企业营业执照图片上传（不超过2MB）。

6）确认书。需要先单击"点击下载确认书模板"，然后打开该文件，将需要填写的公司名称、网站（选填）、注册账号名称、运营者姓名和身份证号码、日期填写好，然后打印出来，盖上公章，将盖了公章的确认书拍照上传（拍照时相机应与纸面保持平行）。

7）依次填写运营者的姓名和身份证号、运营者手持身份证的照片（身份证正面放置于胸前，确保照片身份证号码数字清晰）、联系邮箱（邮箱要与上述确认书一致）。

8）勾选两个"请同意"，显示"申请成功"。

9）申请成功后，可以关联"百家号""企鹅号""微信公众号"，也可以选择不关联。

如果要关联，登录各平台的账号进行授权即可。

10）申请成功后，进入账号后台"个人中心"。

① 可查看注册的账号信息。

② 功能设置。可以设置图片添加水印，然后保存（审核成功之后才能更改）。

③ 安全中心。可修改密码、更换绑定的手机号等。

注意：此处申请成功不代表注册完全成功，需要"今日头条"官方审核，所以上述材料均不可少。材料越全，越容易通过审核。审核成功会在右上角信封图标"通知"—"消息中心"提示。

2. 发布

回到"今日头条"—"发头条"，可选择文章、图集、微头条、小视频、问答，然后单击"发表"。

一般营销号以发布"文章"为主，图集发布图片、微头条类似朋友圈发文，不是很正式。注意以下发文规范：发布的内容存在规范中提到的以下问题，将无法通过审核或不被系统推荐，违规严重账号将受到处罚甚至封禁。

（1）格式

1）标题中含有错别字、繁体字、特殊符号，或标题不通顺，标题使用全英文、其他外文等。

2）正文（视频）存在全文使用繁体字、全文英文、少数民族文字，且无翻译（字幕）。

3）文章含有大段乱码、未分段、无标点。

（2）内容

1）发布"标题党"内容。

2）发布的内容涉嫌色情低俗。

3）发布的内容含有广告信息。

4）发布旧闻或重复内容。

5）发布不实内容。

6）内容低质。

7）发布的内容违背相关现行政策与法律法规。

8）其他。

（3）插入图片　使用头条号编辑器，在"插入图片—免费正版图库"中输入关键词，即可免费获取正版、高清图片。目前，图库已向全部头条号作者开放。该图库对外为付费图库，仅在头条号平台作者可以免费使用。

免费正版图库的图片在头条号发布有版权保护，无须担心版权风险。但是需要注意的是，图库中的图片仅供创作者在头条号平台发文使用，不可在其他平台或其他途径以任何方式使用。

（4）查看发布状态　在"内容管理"，可以查看文章发布状态。

今日头条（手机/客户端）

1. 注册

1）在"应用商店"下载"今日头条"App，下载完毕之后登入，单击右下角"我的"，用手机号进行注册,获得短信验证码,填写之后显示注册成功。

2)注册之后,在"今日头条"App 登录,单击"我的",再单击"系统设置"—"编辑资料"进行头像、用户名、介绍等相关设置。

单击"系统设置"—"账号和隐私设置"进行手机号绑定与更换、密码设置、允许将我推荐好友设置、允许给我推荐可能认识的人设置、社交平台账号绑定设置(新账号不能绑定微信——微信限制)、账号注销设置等。

3)注册之后,在"今日头条"App 登录,单击"我的"——(右上角)"申请认证",身份认证(个人账号)/企业认证(企业账号)。

① 企业认证,需要在计算机上操作,流程参考 PC 端。

② 在个人认证之前,需要有清晰的头像、合法的用户名、绑定手机、发布过微头条内容,才能进行身份认证。上传身份证上的姓名、身份证号码、行业、手持身份证的照片以及身份证的正面照片,用于头条身份认证。

2. 发布

注册以及申请认证成功之后,可以登录"今日头条"App,在"首页"右上角"发布"进行发文:发图文、写文章、拍小视频、发视频、提问等,发文规范以及注意事项和 PC 端一致。

实训 15　数据营销

【实训目的】

通过本实训,学生对数据营销的数据 ETL 流程有所了解,了解数据分析中的客户画像。

【相关知识】

客群画像即客群信息标签化,是指商家通过收集与分析客群的社会属性、生活习惯、消费行为等主要信息数据,抽象出客群的商业全貌,如有房一族、时尚男女等。客群画像能为商家提供充足的客户信息,帮助商家快速找到精准客群。

淘宝的千人千面是依靠淘宝庞大的数据库构建出客户的兴趣模型。它能从细分类目中抓取那些特征与客户的兴趣点匹配的推广商品,将商品展现在目标客户浏览的网页上,帮助商家锁定潜在客户,实现精准营销。淘宝首先根据客户的特征以及浏览和购买行为为其打上标签,如年龄段标签为 25~35 岁,地域标签为杭州,偏好标签为喜欢设计艺术感,客单价标签为 200~400 元;同时,淘宝也会根据进店访客的特征以及访客的浏览和购买行为为该网店打上标签,然后设法将两者进行匹配。

商家要想在千人千面搜索规则下得到更多的展示机会,就要先知道自己网店的访客有什么特征,然后根据客群画像来优化网店经营的商品和营销策略,最后形成明确、独特的市场定位,这正是淘宝希望看到的。

网店的客群画像数据一般划分为静态数据、动态数据两大类,如图 18-3 所示。

(1)静态数据　静态数据是指客群相对稳定的信息,主要包括人口属性、商业属性等方面的数据。这类信息自成标签,如果商家有真实信息则无须过多建模预测,只要做好数据清洗工作就行。

（2）动态数据　动态数据是指客群不断变化的行为信息。对网店来说，客群行为主要有搜索、点击、浏览、收藏、加购、咨询、下单、支付等。

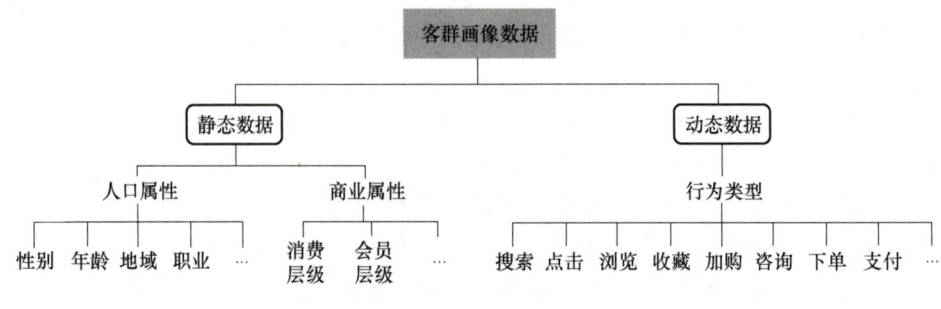

图 18-3　客群画像数据

【实训任务】

收集一家网店客群的静态数据和动态数据，绘制客群画像，具体包括客户的年龄、性别、地域、优惠偏好、消费层级、访问深度、平均停留时长、新老客户占比、来源关键词、浏览量分布和热力图等，并在此基础上提取网店客群的主要特征。

【实训步骤】

1）客群画像数据维度筛选。根据数据来源提供的数据类型和客群画像分析的目的筛选数据维度。

2）客群画像数据收集整理。

3）绘制网店的客群画像。

4）绘制网店的目标客群画像。

5）撰写《××网店的客群画像》。

6）做好汇报的准备。

【效果评价及考核内容】

1）掌握数据来源采集方法与工具使用。

2）能够对采集的数据进行清洗。

3）选择合适的算法进行数据分析。

4）实现数据分析可视化。

实训 16　综合实训

【实训目的】

通过本实训，学生应能正确运用学过的电子商务知识、市场营销知识，了解在互联网市场开展营销活动的原理和特点、环境与方法、工具和手段、目标与实施控制等相关内容，掌握开展网络营销的操作方法和相应的运作技巧，培养学生将理论应用于实践的初步能力。

【实训要求】

本实训采取小组或个人形式，小组（3~5人及以下）由组长全面负责，题目均来自实际的企业需要。在学校周边联系你感兴趣的企业，并为该企业完成网络营销整体方案设计。

学生在规定的时间内完成全部设计内容，并撰写设计报告和完成设计答辩。

每个小组提交一份网络营销设计方案（A4纸打印稿和电子稿）。

设计方案的封面内容包括设计题目、专业、班级、姓名、实习时间。

格式如下。

1. 企业背景

（各小组联系实习单位，行业不限，收集企业信息、产品图片及相关资料。）

1) 企业名称：＿＿＿＿＿＿＿＿＿＿＿。
2) 所属行业：＿＿＿＿＿＿＿＿＿＿＿。
3) 销售区域：＿＿＿＿＿＿＿＿＿＿＿。
4) 企业网址：＿＿＿＿＿＿＿＿＿＿＿。
5) 拥有官方网站＿＿＿年。
6) 网络营销部门目前员工配备（人数、岗位）：＿＿＿＿＿＿＿＿＿＿＿。
7) 在这之前一年网络广告投放额度：＿＿＿＿＿＿＿＿＿＿＿。
8) 在这之前一年网络销售额：＿＿＿＿＿＿＿＿＿＿＿。

2. 网络营销定位

1) 传统企业网络盈利模式定位。
2) 核心竞争力定位。
3) 目标客户定位。
4) 核心产品定位。
5) 网络营销差异化定位。
6) 高效网络渠道定位。
7) 关键词定位。

3. 营销型官方网站整体规划

从网站布局、内容、服务、功能四个方面进行网站整体规划。要求：定位要准，形象要靓，营销要广，体验要好，有信赖感，有黏度。

4. 营销型官方网站 SEO 方案

从 Meta、栏目、导航、标题、内容、域名等方面提出具体可实施的方案，并写出文案。

5. 网页制作

1) 主页制作。利用图、文、视频等各种形式突出展示核心产品及其卖点，视觉冲击力强。
2) 产品详细页面制作。产品展示是企业网站永恒的主题，产品展示遵循 FABE 法则（F 表示产品基本特征，A 表示产品特征具备的优点，B 表示这些优点带给客户的利益，E 表示用证据来支撑前面的描述）。

3）增强客户信赖感页面制作，如荣誉、成功案例等。

4）其他页面制作可以根据各个小组的网站规划情况完成。

5）不少于 5 个栏目。

6. 免费网络推广方案

（设计本企业网络推广方案。）

1）列出与本企业相关的第三方平台，并说明原因。

2）建设 B2B 店铺。

3）视频推广，明确视频标题，并完成一个视频，时长 1min 左右，将最具表现力的一帧画面截图并写进实训报告。

4）博客推广，写出一个博客推广文案，不需要上网发布。

5）百度百科推广。

6）其他网络推广方式及文案。

7. 总结

1）优点与不足。

2）本实施方案效果预测。

说明：本实训需要学生根据真实企业的经营情况设计网络营销整体方案，所用的知识面广，环境复杂，因此学生团队要投入较多的时间和精力，具体问题具体分析，设计方案要有根据、切实可行。

【效果评价及考核内容】

评分标准见表 18-4。

表 18-4　评分标准

评分点	分值/分	判分要求	得分/分
企业介绍/网络营销定位	10	企业介绍能让阅读者清晰了解企业情况 盈利模式设定、核心竞争力、目标客户、核心产品定位、网络营销差异化定位、网络渠道定位、关键词定位，要求具体明确、合理	
官方网站整体规划	10	定位准确、结构清晰、栏目合理	
官方网站 SEO 方案设计	10	考虑问题全面，设计方案目标明确，可操作性强	
营销型网站建设	30	1. 突出核心产品、广告语 2. 产品丰富 3. 公信力展示 4. 图片清晰，反映产品细节 5. 产品描述完整 6. 栏目不少于 5 个	
免费网络推广方案设计	10	推广手段 5 种以上，且方案可行	
字数与版面	20	3000 字以上，版面规整	
答辩	10		
总分	100		

参考文献

[1] 昝辉 Zac. 网络营销实战密码：策略、技巧、案例［M］. 北京：电子工业出版社，2013.
[2] 江礼坤. 网络营销推广实战宝典［M］. 2版. 北京：电子工业出版社，2017.
[3] 冯英健. 网络营销基础与实践［M］. 4版. 北京：清华大学出版社，2013.
[4] 李光明. 网络营销［M］. 北京：人民邮电出版社，2014.
[5] 阿里学院. 网络整合营销［M］. 北京：电子工业出版社，2014.
[6] 迈尔-舍恩伯格，库克耶. 大数据时代：生活、工作与思维的大变革［M］. 盛杨燕，周涛，译. 杭州：浙江人民出版社，2013.
[7] 王毅. 微信营销与运用策略、方法、技巧与实践［M］. 北京：机械工业出版社，2014.
[8] 查菲. 网络营销：战略、实施与实践［M］. 马连福，等译. 北京：机械工业出版社，2008.
[9] 郦瞻. 网络营销［M］. 北京：清华大学出版社，2013.
[10] 瞿彭志. 网络营销［M］. 4版. 北京：高等教育出版社，2014.
[11] 方成民，李玉清. 网络营销实训［M］. 大连：东北财经大学出版社，2009.
[12] 邓平. 网络营销实训［M］. 上海：上海交通大学出版社，2009.
[13] 斯特劳斯，弗罗斯特. 网络营销［M］. 时启亮，孙相云，刘芯愈，译. 北京：中国人民大学出版社，2010.
[14] 杨帆. SEO攻略：搜索引擎优化策略与实战案例详解［M］. 北京：人民邮电出版社，2009.
[15] 单仁. 抢道［M］. 北京：中国电力出版社，2013.
[16] 单仁. 网道［M］. 广州：广东经济出版社，2011.
[17] 单仁. 渠道新战争［M］. 广州：广东经济出版社，2010.
[18] 王宇川. 电子商务网站规划与建设［M］. 北京：机械工业出版社，2007.
[19] 赵刚. 数字经济的逻辑［M］. 北京：人民邮电出版社，2022.
[20] 中璋. 效应：舆论传播的100个定律［M］. 北京：中信出版社，2020.
[21] 淘宝教育. 新淘宝运营制胜［M］. 北京：电子工业出版社，2022.
[22] 华迎. 新媒体营销实务［M］. 北京：人民邮电出版社，2024.
[23] 陈钦兰，周飞，陈小燕. 新媒体营销：数字、工具与运营［M］. 北京：机械工业出版社，2023.
[24] 吴俊. 一本书读透Martech智慧营销［M］. 北京：机械工业出版社，2020.
[25] 邵贵平. 电子商务数据分析与应用［M］. 2版. 北京：人民邮电出版社，2018.
[26] 吴超，赵静，罗家鹰，陈新宇. 营销数字化：一路向C，构建企业级营销与增长体系［M］. 北京：机械工业出版社，2022.
[27] 贺爱忠，聂元昆. 人工智能营销［M］. 北京：机械工业出版社，2023.
[28] 柯丽敏，张彦红. 跨境电商运营从基础到实践［M］. 北京：电子工业出版社，2020.
[29] 伍蓓，谢甜. 跨境电子商务基础［M］. 北京：人民邮电出版社，2023.
[30] 阿里巴巴商学院. 跨境电商运营实务：跨境营销、物流与多平台实践［M］. 北京：电子工业出版社，2019.
[31] 陈进. 跨境电子商务［M］. 北京：人民邮电出版社，2024.
[32] 阿里巴巴商学院. 跨境电商营销［M］. 北京：电子工业出版社，2023.
[33] 何晓兵. 网络营销基础与实践［M］. 北京：人民邮电出版社，2017.
[34] 谭贤. 新媒体营销与运营实战从入门到精通［M］. 北京：人民邮电出版社，2017.
[35] 李东进，秦勇，陈爽. 网络营销：理论、工具与方法［M］. 北京：人民邮电出版社，2021.
[36] 杨兴凯. 电子商务概论［M］. 大连：东北财经大学出版社，2021.
[37] 王永贵，项典典. 数字营销：新时代市场营销学［M］. 北京：高等教育出版社，2023.